「日光大観」を読む

岸野 稔
Minoru Kishino

目次

はじめに

　下野国芳賀郡高岡（現真岡市高岡。生誕地『仏生寺《ぶっしょうじ》』）生の勝道上人による天平神護2年（766）の開山以来千二百余年。連綿と歴史を紡いできた『日光山』は、平成11年12月（1999）「日光の社寺」（『Shrines and Temples of NIKKO』。日光東照宮、日光二荒山神社、日光山輪王寺）として世界文化遺産に登録された。『日光山』の悠久なる時の流れは、神仏習合の聖地としての繁栄、兵火による堂舎焼失・混乱、広大な領地の没収、神仏分離による混乱等々、決して平坦ではなかった。

　東照宮造営以降の『日光山』は、国家の一大聖地として大名から一般庶民まで多数の来晃者で賑わい、彼らを目的とする絵図・案内書・地誌書等が発行され、この流れは近代以降も変化することはなかった。それらのうち江戸期における地誌書「日光山志」（植田孟縉著、全五巻、天保八年〈1837〉刊）、明治期の案内書「日光名所図会」（石倉重継著、明治34年〈1901〉刊）、そして本書の「日光大観」（山下重民著、大正元年〈1912〉刊）が出色であろう。

　特に「日光山志」は、幕府の地誌書編纂事業にも参画し、且つ『日光火之番』（承応元年〈1652〉～明治元年〈1868〉）に当たった『八王子千人同心』の組頭として日光勤番を勤めた植田孟縉の全5巻になる労作で、幕末の日光地域を知る第一級の史料的価値を有するものとして評価が高い。また、「日光名所図会」は体裁としては前書と同様であるが、随所に「日光山志」、「御山絵図 日光山名跡誌」（大嶋久兵衛蔵板、享保13年〈1728〉初版・天保11年〈1840〉改版）、「下野国誌」（河野守弘著、嘉永3年〈1850〉刊）等の地誌書の類や古文書原文を引用し記述を深めると共に、近代以降の日光・足尾地域における新たな動静（神仏分離、保晃会、足尾銅山、田母沢御用邸等々）を若干加え、神社関係事項の多さに若干の違和感を有するが、総頁数464の重厚な案内書として仕上がっている。

　本書「日光大観」の内容構成はほぼ前二書同様であるが、記載事項は「日光名所図会」のやや専門的箇所は割愛し、より参拝者・旅行者の利用の便を考慮した内容・体裁の案内書（変型A4、総ページ数104頁、写真多用等）となっている。また、記載事項は明治中期以降の奥日光地域の観光地化進展を考慮し、山岳(本文「みやまめぐり」)・湖沼（「うみめぐり」）・滝（「自然の音楽」）に関する項目が多く、更に日光町概要（「旅路のやどり」）・西澤金山や日光精銅所（「みやまのたから」）・日光の四季（「四季のながめ」）等の記述が加わる。そして、本文冒頭の「凡例」に明らかの様に、本書記述に際してはその筋の専門家・知識人に当たり内容の正確さに特に意を払い、著者の真摯な記述姿勢は本書の価値を高くしている。

　なお、本書以後もガイドブック(案内書)・絵図・地図等日光に関する多種多様なもの、或いは諸事象を網羅的に記述するのでなく専門的に詳述したもの等多数刊行されるが、それらに関しては他書に譲りたい。

令和4年8月吉日

岸野　稔

【凡例】

・「日光大観」の出版は大正元年（1912）であり、今日迄1世紀以上の時が経過した事を考慮し、特に掲載諸事項の変化に注目し適宜補足説明し、誤りは訂正した。
・本文の白ページの箇所は白ページのまま掲載した。
・注釈を加えた箇所(マーカー箇所)は、その本文を引用し、同時に頁数と行数を示した。「日光大観」には本文左右下段部分に漢数字の頁数が付されているが、本書では便宜上上段洋数字の通し頁数に相当する。
・引用本文は「」で示し、必要に応じ旧漢字・かなは常用漢字・かなに改めた。
・注釈の順序は本文を尊重したが、必要に応じ順序を若干組み替えた。
・本文「凡例」にある通り、特に社寺建造物に関してはその筋の専門家に意見を求め、厳正な記述を心掛けており、建造物に関しての注釈は極力避けた。
・注釈で引用文献等は文中に（「」）で示し、巻末にそれらの一覧を掲載した。
・読者諸氏の内容理解の一助に、地図・写真等を文末に掲載した。写真は岸野が撮影し、それ以外の場合は提供者名を記した。

復刻「日光大観」

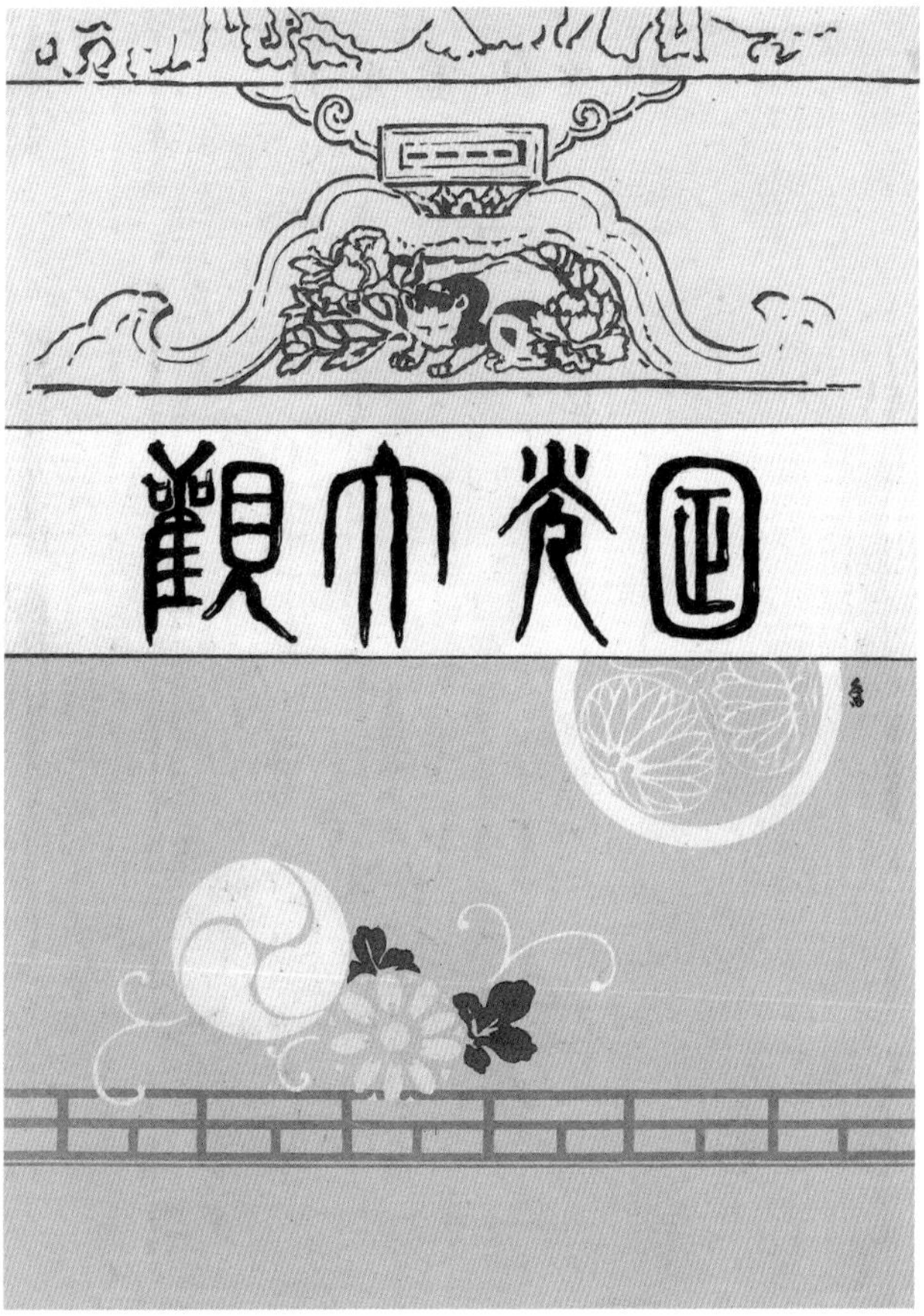

P176 注釈参照

日光山歌

余編日光大觀。適會　大喪。不堪慟哭之至。文思爲索然。因賦古詩一章以述其意云。

翠雲罩山喬杉連。朱虹跨水神橋懸。靈境初地何奇絕。先奪其膽登山前。登山忽看琳宮美。畫粱繪壁輝雲烟。後人辛苦修金碧。永護英雄長夜眠。高僧遺蹟伽藍聳。法燈不滅千載傳。金枝玉葉曾當職。宗圖殊認延慶年。二荒古社三神鎭。國幣捧來人敬虔。刀痕休說銅燈怪。緋櫻堪見春色遷。行行更窺造化技。神斧靈削天工全。飛瀑噴雪轟深谷。澄湖磨鏡横絕巓。群燕安棲巖角壘。遊客笑泛山上船。別有霜葉擅秋色。紅錦曝出青嶂邊。若使小杜停車愛。石徑斜處驚且顚。又見黑髮峯頭嶮。白衣人拜紅旭姸。天風浩浩吹不斷。八州平野鞋底延。又見湯湖湖畔路。客館到處盈溫泉。一浴撥簾對前嶺。殘雪盛夏敷白氈。不啻溫泉醫宿疾。爽凉如灑衾欲穿。名山靈氣何所作。化爲珍草驚神仙。學徒采采補其學。不須逐古携豬鞭。歸來意氣衝碧落。將揮雄筆凌群賢何圖一朝山嶽動。龍馭登遐人茫然。喪章滿目乾坤黑。無由金碧粧此編。名山亦應諒吾意。風悲雨哭神州天。

大正元年八月初五　東京　山下重民謹稿

P176 注釈参照

凡例

一日光山の天下に喧傳するや久し。而して其の特絶の美觀と希有の勝地とを説明し。來遊者の指導に供せしもの。世間其の書に乏しからずと雖も。或は煩瑣に失し。或は粗雜に流れ。讀者の意に適するもの甚だ稀なり。是に於て吾輩不才を顧みず。筆を提げて親しく其の實況を探査し。叙述以て此編を成す。未だ十分に特絶の美觀と希有の勝地とを發揚するに足らざるも。他の紛紛たる從前の著書に比すれば。聊か其の選を異にせりといふを得べし。

一從前の著書は往々誤謬を沿襲し。正確なるもの幾むど稀なり。因て本書は之を編輯するに當り。日光山の二社一寺及び日光町の廨署に就て專ら其の材料を求め。實地を歴巡して古今の事實を探査し。編次の後各其の筋の檢閲を經たり。建築物に關しては。日光大修繕所技師工學士大江新太郎君精細に校訂せられ。一楹一梁の彫鏤彩繪寸尺に至るまで。嚴正に筆を加へられ。爰に始て本書の完成を告げたり。編者は謹みて謝意を表す。

一本書の編輯に就ては橋口兼孝君紹介の任に當り。東陽堂竹内喜太郎君專ら之を主管し。風俗畫報繪畫部員山本昇雲君は圖畫に。同寫眞班吉川庄太郎君は撮影に從事したり。

P176 注釈参照

日光大觀挿圖及寫眞目次

記事中間の寫眞

P176 注釈参照

木版

P176注釈参照

記事目次

P176 注釈参照

記事目次

P176 注釈参照

P176 注釈参照

陽明門

輪王寺門跡彦坂諶照師

二荒山神社宮司村上信夫君

日光警察署長中津川秀太君

東照宮宮司阿知和安彦君

日光町長西山眞平君

P176注釈参照

東照宮

明治四十五年六月一日東照宮官祭當時の記念撮影

前列中央に烏帽子直垂を著したるは公爵徳川家達公なり

P176注釈参照

日光附近之圖

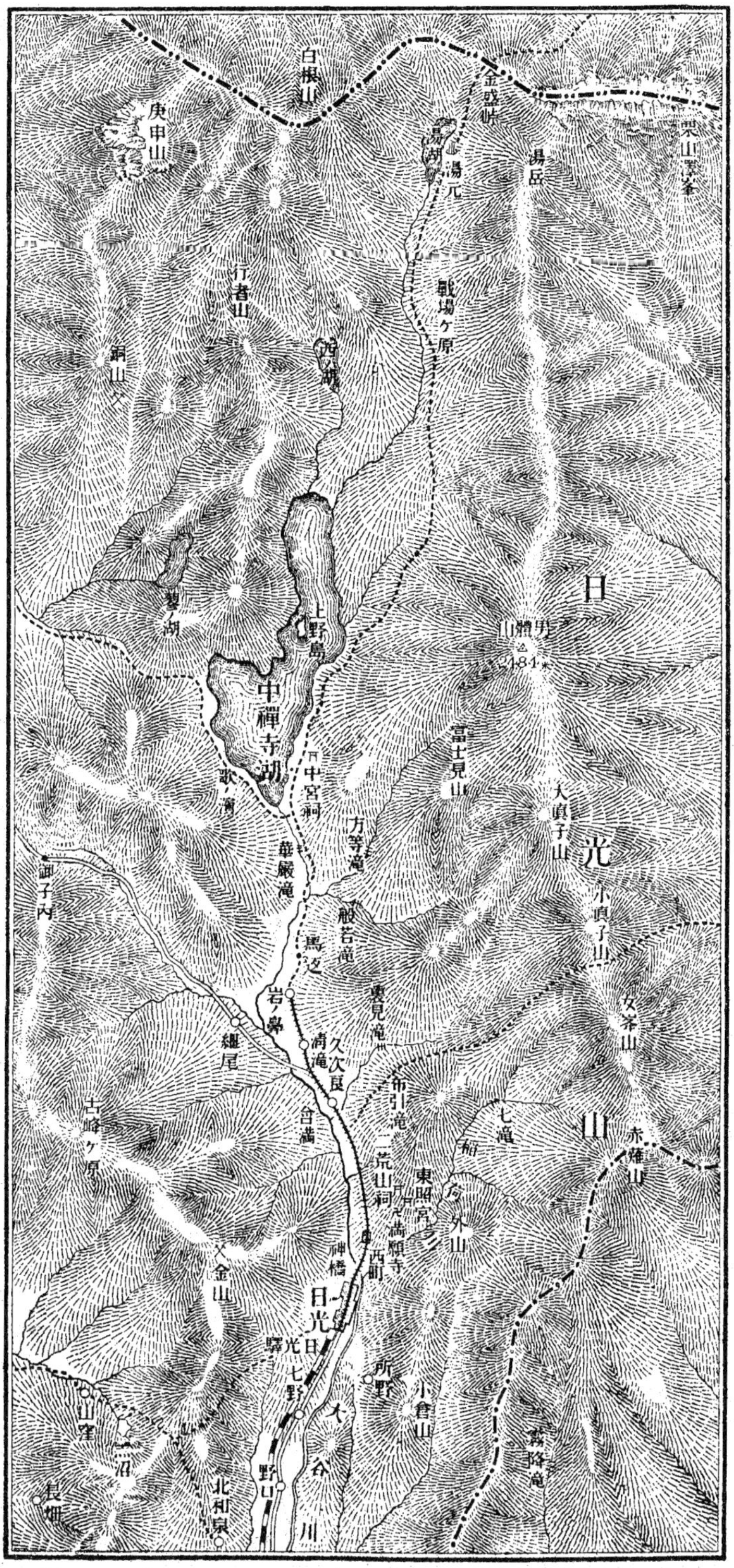

P176 注釈参照

日光大観

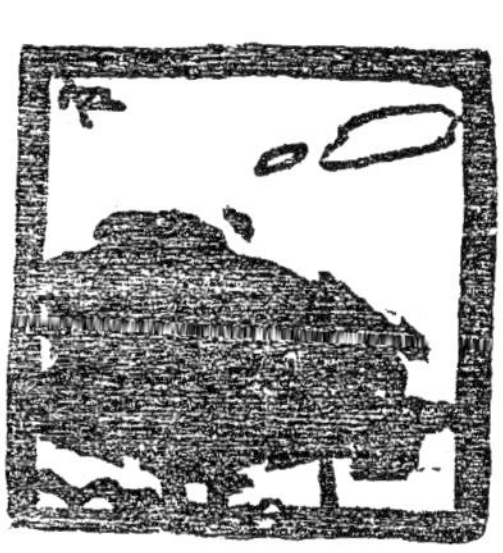

ふたらのみやま

東京　山下重民編輯

◎全山の概要

世界特絶《せかいとくぜつ》の美觀を尋ね。萬國希有《けう》の勝地を探《さぐ》る者は。先づ第一に指を我が帝國《ていこく》の日光山に屈《くつ》せざるは莫し。親《した》しく來り細かに觀る者は。驚嘆漣賞《きやうたんれんしやう》して去るに忍びず。又未だ目撃《もくげき》せざる者は寤寐《ごび》の間も之を推想《するさう》すといふ。嗚呼何に因て其《そ》れ然る乎。

抑々日光山は啻に山水《さんすゐ》の秀麗《しうれい》なるのみにあらず。琳宮紺宇《りんきうこんう》の結構實に特絶《とくぜつ》なり。乃ち美術の精華《せいくわ》と造化の奇巧《きこう》と相待て兩ながら其の宜《よろ》しきを得たるものなり。世界《せかい》の中萬國《ばんこく》の間豈に此の如き一双の美觀《びくわん》を具備《ぐび》するものあらむや。日光山《につくわうざん》の天下に喧傳《けんでん》せらるゝ故《ゆゑ》ある哉。

今順次項を逐ふて建築《けんちく》の美風景の勝を細説《さいせつ》するに當り。先づ全山《ぜんざん》の概要《がいえう》を紹介《せうかい》すべし。

日光山は栃木《とちぎ》縣下野《けんしもつけ》國上都賀《かみつが》郡に在り。古より二荒《ふたら》山と號す相傳ふ上世山間の洞穴《どうけつ》より春秋の二次暴風《ばうふう》の起るあり。全山《ぜんざん》為めに其の害《がい》を受く故に名くと。釋空海の登山《とざん》に當り。二荒を音讀し更に日光の文字《もんじ》を以て之に充つ。蓋《けだ》し雅字に改るは當時《たうじ》の慣例《くわんれい》なり。又二荒の國訓梵語補陀洛に近《ちか》きを以て一に補陀洛山とも稱したり。今は舊號《きうがう》に復《ふく》し正しくは二荒山と號すれども。通俗《つうぞく》には尙ほ日光山と呼《よ》べり。今姑く之に從て書す。而して日光《につくわう》の號、法華經《ほけきやう》の照レ于二東方萬八千土一の文に基けりといへる東照宮《とうせうぐう》の號と符合《ふがふ》するも一奇と謂ふべし。

日光山は諸峰《しよはう》より成立す。其の中央に巍立《ぎりつ》するを男體山又黒髪山といふ。古よりの二荒山にして。之を望《のぞ》むに蔚乎として蒼々《さう〳〵》たり。（海拔八千一百九十五尺）女峰（七千八百六十六尺）赤薙（七千五百六十尺）の二山其の東《ひがし》に列《れつ》し。太郎山其の北に聳《そび》ゆ。（七千九百二十尺）而して大眞名子（七千八百七十尺）小眞名子（七千七百二十尺）其の間に連る。恰も親子《おやこ》の相包《はう》擁《えう》するに似たり。西南には溫泉ケ嶽、白根山ありて外房に當《あた》るものゝ如し。日光町に接《せつ》しては小倉、外山の兩山ありて翠

P177 解説参照

色掬《きく》すべく。神橋附近には鳴蟲山ありて相掩映《あひえんえい》し。大谷川の石潤藍碧《せきじゆんらんぺき》を砕て其の下を流《なが》る。笻《こう》を移して僅かに山内に入らむか。老杉森立《らうさんしんりつ》の下金碧煌燿《きんぺきくわうえう》として眼を射《ゐ》る。親しく其の宮に入り其の殿に登り。輪奐《りんくわん》の美彫鏤《てうる》の巧を目撃《もくげき》するに及び。導者一々指示《しじ》して云く。飛越《とびこえ》の獅子《しゝ》。云く陽明門《やうめいもん》。云く鳴龍《なきりう》。云く睡猫《ねむりねこ》。云く石之間《いしのま》。云く鑄抜門《ゐぬきもん》。云く夜叉門《やしやもん》。云く皇嘉門《くわうかもん》。云く化燈籠《ばけとうろう》。云く相輪樘《さうりんたう》云く三佛堂《さんぶつだう》。左右應接遑あらず。恍然《くわうぜん》酔《ゑ》へるが如し。天下の美てゝに鍾《あつま》るかと疑《うたが》はる。

日光は二社一寺より成《な》る。二荒山神社、東照宮、輪王寺是なり。中宮祠《ちうぐうし》、本宮《ほんぐう》、瀧尾《たきのを》等は二荒山神社に屬し。大猷廟、慈眼堂、釋迦堂、立木觀音等は輪王寺《りんわうじ》に屬《ぞく》せり。而して東照宮の大祭行列。輪王寺の强飯、延《ゑん》年舞。二荒山神社の諸神事の如きは。世に喧傳《けんでん》する所にして。他邦に類なきものなり。是れ日光に於ける人工《じんこう》の美なり。請ふ更に天造《てんざう》の美を説かむ。全山の湖水《こすゐ》大小四十八と稱《しよう》せらる。其の中最大《さいだい》なるを男體山の麓《ふもと》にある中禪寺の湖とす。今之を幸の湖といふ。空海が池鏡無レ私、萬色誰逃と賛《さん》せし者。風光絶美《ふうくわうぜつび》にして澄水洋々《ちようすゐやう〱》たり。明月の夜景《やけい》は絶勝と爲す。又山峡岩壑《さんけふがんがく》の間には懸るに七十七の飛瀑《ひばく》を以てす。其の特に雄大《ゆうだい》なるを華嚴といふ。水霧濛々《すゐむまう〱》日光之を射て虹霓《こうげい》の現するに至りては。其の美觀《びくわん》いふべからず。其の他龍頭、霧降、裏見、湯瀑等亦頗る奇觀《きくわん》にして。玉を砕き雪を捲《ま》く。其《そ》の下流藍《あゐ》に似《に》たるの溪水《けいすゐ》岩に激《げき》して琤然たるは。豈に山中自然《さんちうしぜん》の音樂《おんがく》にあらずや。夏は則ち山亭水榭到る處清涼《せいりやう》にして隻蚊《せきぶん》なく。一握の扇子も之を携《たづさ》ふるを要せず。試みに瀑畔《ばくはん》に立むか。寒冷の氣は骨に徹《てつ》し。烈暑《れつしよ》に於る烘爐《こうろ》

蒸甑《じようそう》の譬は全く此地に不用なるを知る。秋は則ち石徑斜《せきけいなゝめ》なる處車を停るの吟客多く。深澤一帯の美觀《びくわん》を以て之に擧《あぐ》るも已に十分なり。況んや全山錦繡《ぜんざんきんしう》ならざる所なきをや。紅葉青山水急流の一句。此景《このけい》を盡して餘蘊《ようん》なし。春の八入花《やしほばな》、冬の六《りく》出花《しゆつくわ》之を賞するも趣《おもむき》あり。若し夫れ高山植物《かうざんしよくぶつ》の如きは。最も豐富《ほうふ》にして其の數算《すうさん》するに勝へず。殊に太郎山、戰場ヶ原の御花畑《おはなばたけ》は珍花異草《ちんくわいさう》諸人の採集を待《ま》つものゝ如し。當山《たうざん》は實に一大植物園といふべし。其の他驛路《えきろ》の並樹《なみき》東照宮附近の喬杉《けうさん》天《てん》を摩《ま》するの狀。女峰の偃松《はへまつ》蜿蜒數里に亙《わた》るの景は。他に於て看るを得べからざるもの。而して脚力の健《けん》なる壯丁《さうてい》は。奮《ふん》進《しん》一番、岩角を踏破《たうは》し鐵鎖を縋《つな》し。男體の絶頂《ぜつちやう》に攀《よ》づべし。天風颯《さつ》として至り。眼界《がんかい》の雲海忽ち破れ。曉天《げうてん》を報じて一道の曙光搖曳《しよくわうえうえい》し。紅旭杲《かう》として昇るを看るに及びては。其の壯《さう》快《くわい》なること殆むど富嶽《ふがく》に類し。白栲《しろたへ》を著《き》たる信徒にあらざるも。覺えず拜迎拍掌《はいげいはくしやう》せざるを得ず。且つ八州の諸山歷々《れき〱》我が脚下に在りて指呼《しこ》に應《おう》ずるが如きは。未だ必らずしも論《ろん》せずして可なり。

以上は日光天造の美觀《びくわん》なり。こゝに都人《とじん》のめづらしく感ずるは。七八月の候老鶯《うぐひす》と杜鵑《ほとゝぎす》とは互に春夏を語り。慈悲心鳥《じひしんてう》亦奇聲《きせい》を發《はつ》することと是なり。

日光に至り食に魚《うを》なきやと問へば。則ち在《あ》りといふ。幸の湖の鱒《ます》、鯉《こひ》、鮒《ふな》の類鮮美《せんび》賞すべし。加ふるに鬼怒川《きぬがは》の香魚《あゆ》を以てす。山路亦開拓《かいたく》して危險《きけん》ならざれば。人車《じんしや》を通ずべく。目下岩鼻までは電車の利便《りべん》さへあり。即ち食有レ魚兮出有レ車もの。長鋏《ちやうけふ》何ぞ歸るを須《もち》ゐむ。日光の登覽は容易《ようゐ》なり。諸人盍《なん》ぞ其の軫《しん》を發せざるや。嗚呼日光の大觀《たいくわん》に接し。始てこゝに

日光旅館　小西別館之全景

同上　小西旅館本店之圖

P178 注釈参照

結構《けつこう》を談《だん》ずべきのみ。

◎勝道上人の功績

日光山に遊《あそ》ぶものは第一に勝道《しようだう》上人の功績《こうせき》を思はざるべからず。上人の千艱萬難《かんばんなん》は空海嘗て健筆《けんぴつ》を揮《ふる》ひて巧に之を叙述し開山碑《かいざんひ》に載せたるも讀む者すら多からざるは遺憾《ゐかん》なり。

上人は下野國芳賀郡高岡の人。天平七年四月廿一日を以て生《うま》る。俗姓は若田《わかた》氏《し》。垂仁天皇第九の皇子池速別命《いけはやわけのみこと》第十八世の裔高藤介の子なり。母は吉田氏。初め法諱《はふき》を嚴朝《げんてう》といひ。後ち勝道と改む。

上人の當山《たうざん》に到りしは。天平神護二年三月にして。大谷川《だいやがは》を渡るにも先づ橋《はし》なくして困苦《こんく》せり。山菅蛇橋《やますげのじやばし》の傳説を以て當時の狀況を推察《すゐさつ》するに足れり。夫れより漸次荊榛《けいしん》を披《ひらき》て道路を作り。深《ふか》く山中に入り。二荒の山頂を究《きは》めむとして果《はた》さず山中に苦行《くぎやう》すること殆むど十四年。天應二年三月延暦元年に至り遂に其の山頂に達し宿志《しゆくし》を遂《とく》るを得たり。編者一日徒歩《とほ》して神橋より湯元に至る。其の間道路險峻《だうろけんしゆん》ならず。尚ほ且つ疲勞《ひらう》せり。上人久しく山中に苦行《くぎやう》し。無人無徑《むにんむけい》の絶嶮《ぜつけん》を踏破し。八千尺以上の山頂に登《のぼ》る。其の耐忍困苦《たいにんこんく》果して如何ぞや。而して四本龍寺、中禪寺等を創立《さうりつ》し。二荒山神社、輪王寺の基《もとゐ》を開《ひら》きたり。其の後空海來りて瀧尾《たきのを》を開き。圓仁到りて三佛堂等を創建《さうけん》せしも。皆上人の遺跡《ゐせき》に就て事を爲せしなり。上人の功績《こうせき》や偉大《ゐだい》なりといふべし。空海が開山碑《かいざんひ》は中宮祠の條に載せたり。宜しく熟讀《じゆくどく》せらるべし。

旅路のやどり

◎日光町

親《した》しく日光山の美觀に接《せつ》せむとして。遠《とほ》く各地より來れる旅客は。日光停車場にて車より降《お》り。是非とも日光町《につくわうまち》を過經《けいくわ》し若くはこゝに其の旅館《りよくわん》を求めざるべからず。されば先づ之を紹介《せうかい》するの必要《ひつえう》あり。

そも日光町といふは。宇都宮《うつのみや》を距《さ》ると九里にして。下野國《しもつけのくに》上都賀郡に在り。卽ち日光山麓《さんろく》の市街地《しがいち》なり。東西《とうざい》の二區に分れ鉢石《はついし》町（上中下）稻荷《いなり》町、御幸《ごかう》町、石屋《いしや》町、松原《まつばら》町、磐戸《いはと》町を東町と唱ふ。舊日光町是なり。又山内西方《せいはう》に在るを四軒《けん》町安川《やすかは》町、袋《ふくろ》町、本《ほん》町(上中下)大工《だいく》町(上中下)板挽《いたひき》町と稱し。之を西町或は入町と唱《とな》ふ。明治二十二年市町村制實施《じつし》の際《さい》之を併合し。更に近傍の野口《のぐち》、北和泉《きたいづみ》、山窪《やまくぼ》、七里《しちり》、所野《ところの》、久次《くじ》良《ら》、清瀧《きよたき》、細尾《ほそを》の八ヶ村を編入《へんにふ》したれば。日光町の區域は甚だ擴大《くわくだい》し。東西約七里、南北約四里に亙《わた》れり。最近《さいきん》の調査に據《よ》れば戸數二千五百〇七、人口《じんこう》一萬三千六百五十七を有せり。記者《きしや》のこゝに先づ紹介《せうかい》せむとするは舊日光町なりとす。

○日光停車場

日光停車場は磐戸町《いはとまち》と松原町《まつばらまち》の間より北に入りし處に在《あ》り。

P178～180注釈参照

(今は相生町といふ)海抜《かいばつ》已に一千七百四十六尺に達《たつ》す。東京より九十哩六十七鎖にして。今より二十三年前《ねんぜん》の設置《せつち》に係る。其の頃までは此邊《このへん》林藪《やぶ》にて甚平小屋《じんぺいこや》と稱するもの一軒ありしに過ぎずとは。茶店老媼《らううん》の話説する所なり。此處より神橋《みはし》までは十四丁にて。毎一間に三寸許の上《のぼ》り勾配《かうばい》を有す。停車場前には日光電車軌道株式會社の電車發著場《でんしやはつちやくぢやう》あり。(發著時刻賃金等は別表に掲ぐ)目下《もくか》岩鼻まで開通《かいつう》す。又人力車數十輛あり。十錢を投《とう》ずれば舊日光町何れの旅館《りよくわん》にも達《たつ》するを得べし故に汽車の發著毎に常《つね》に雜沓《ざつたふ》せり。各旅館の出張店は道《みち》の左右に其の檐を連《つら》ぬ。徒歩の客は是より其の旅館に案内《あんない》せしむるを得。參考《さんかう》の爲めに日光驛乘降者の人員を左に掲《かゝ》ぐ。

明治四十四年　乘車人員

一月	七、〇五八	五月	二七、六〇二	九月	二二、二八〇
二月	一一、七二〇	六月	一六、六〇六	十月	三八、〇九六
三月	一七、〇〇四	七月	一七、一六五	十一月	一七、四三七
四月	二五、三二四	八月	二四、三六二	十二月	九、六三八
計	二三四、二九二人				

明治四十五年

一月	九、一六五	二月	一三、四四八	三月	二二、六九六
四月	三七、一八二				

明治四十四年　降車人員

一月	六、八七七	五月	二五、八九五	九月	二二、四六二
二月	一一、三九〇	六月	一四、二二〇	十月	四一、四五七
三月	一八、〇九一	七月	一七、八二八	十一月	一七、八三二
四月	二五、〇八五	八月	二五、二六九	十二月	一〇、六六七
計	二三七、〇七三人				

明治四十五年

一月	九、一六二	二月	一二、六九〇	三月	二三、七八三
四月	四〇、一六七				

かくて旅館出張店の前《まへ》より右折《うせつ》し杉の並木《なみき》を過れば。

〇舊日光町

の通り松原町とす。是ぞ日光入口の町にて。もとは木戸門《きどもん》の設けあり。左に番屋《ばんや》ありて參詣人《さんけいにん》の居住地等を訊問《じんもん》せしよし今は四十六年前の一夢《む》となりぬ。むかしは松原《まつばら》なりしより此名ありとぞ。舊圖《きうづ》に徵すれば中鉢石町の方より一條の清渠道《せいきよみち》の中央《ちうあう》を貫きて流《なが》れ來り。木戸は三ヶ所にあり。道路亦層々段を成《な》す。今は左右に小溝あるのみにて。中央《ちうあう》には清渠なく道路亦平坦《へいたん》なり。蓋し三島通庸氏縣令《けんれい》たりし時改築《かいちく》する所といふ。次を石屋町と稱す。北側に瑞雲山龍藏寺あり。東照宮造營の際諸國《しよこく》より召集《せうしふ》せし石工等假小屋《かりごや》を設けしより町名とす。其の南方の山を神主山《かうのすやま》といふ。土人は之を鴻巣山《こうのすやま》と呼べり。次を御幸町とす。もと山内中山《さんないなかやま》にありしが。寛永十七年こゝに移《うつ》さる。むかしは新町《しんまち》と呼びしと。其の北裏《きたうら》を稲荷町といふ。稲荷神社あり。むかしは本宮社地の東に在りしが。稲荷川水害の爲めに流亡《りうばう》してこゝに移《うつ》せり。次を鉢石町とす上中下に分《わか》ち日光山の方を上とす。長《なが》さ凡七丁。此處は日光草創の舊地なり。其の形鐵鉢《てつぱつ》の如くなる大石《おほいし》ありしより命名《めいめい》せしといふ。もとは鉢石宿とも稱し。本陣《ほんぢん》は高野氏脇本陣は平野氏なりし。(御幸町の本陣《ほんぢん》は入江氏なり。現戸《げんこ》主《しゆ》入江喜平氏は篤實家《とくじつか》にして。明治二十五年六月二十五日勅定《ちよくてい》の藍綬褒章を賜《たまは》りたり)中鉢石町は南方山腹《さんぷく》に観音寺あり。鉢石山と號す。往古《わうこ》よりの寺院《じゐん》なり。當町《たうちやう》には日光町役場、日光警察署《につくわうけいさつしよ》、日光郵便局、銀行、足尾銅山出張所、製麻會社等《せいまくわいしやとう》あり。上鉢石町より松原《まつはら》町までの間にある旅館《りよくわん》は左の如し。但神橋よりの順序《じゆんぢよ》と知るべし。

小西旅館　電話二番
中野屋惣吉　電話一〇四番
大野屋重藏　電話二六番
油屋長三郎　電話一五番
古橋保平　電話四番　（環翠樓）
小林兼吉　電話四〇番
神山旅館　電話八番
星野屋安三郎　電話架設中
三河屋きた　電話架設中

神橋館　電話・三八番
あいづや喜平　電話三九番
紙屋半平　電話六二番
釜屋善三郎　電話一一四番
旭館　電話架設中
するがや吉松　電話架設中
桐屋ゐい　電話架設中
竹屋安平　電話架設中
上州屋貞次郎　電話架設中

ふりこめられてもけしきよき日光の山

The brilliant view though in rain.

此外下乘石《げじようせき》南方の山上に金谷ホテル（電話一番）あり。外國人《ぐわいこくじん》は多くこゝに投宿《とうしゆく》す旅館《りよくわん》には何れも夫れぐの特色《とくしよく》を有すべきも。記者の知《し》れる所を以てしるせば。其の最《もつと》も大なるを小西旅館とす。本館と別館とに分《わか》てり。使役《しえき》人員六十八より百人に及《およ》ぶ。本館は三層樓《そうろう》にして北側に在り。別館は南方の山に倚《よ》り。地勢三層を成し。屈折《くつせつ》して樓閣《ろうかく》を構ふ小倉山、外山は仰《あふ》ぎて其の翠を掬《きく》すべく。大谷川、稲荷川は俯して其の藍を挹すべし。客室《かくしつ》三十有六。毎室瀟洒《せうしや》。書畫の扁幅《へんぷく》を懸く。宮内省の吏員並に華族紳士《くわぞくしんし》多く投宿《とうしゆく》す。此の如く隆盛《りうせい》を極るに至りしは。先代喜一郎氏の苦辛經營《しんけいえい》に成る。氏は宮内省の御用《ごよう》を勤るも。羇旅《きりよ》の衆を待つに貴賤《きせん》の懸隔《けんかく》を設けざりしといふ。今の當主《たうしゆ》喜一郎氏亦溫厚《おんこう》の人にして。旅館組合長として德望《とくばう》あり。宮内省の御用等《ごようとう》は依然之を奉仕し日光廟社修繕漆工《しうぜんしつこう》の用務を負擔《ふたん》し。且つ公共の事業に盡力し居るは賞すべし。記者《きしや》は其の庭園《ていえん》より傍なる山上に登《のぼ》りしに日光全體の諸山《しよざん》一眸中に萃《あつま》りて風景絶佳《ふうけいぜつか》なりき。足尾銅山の定宿なる會津屋にも別館あり。眺望《てうばう》亦小西に同じ神山は之なきも鳴蟲山を遠景《えんけい》として其の缺を補《おぎな》ひ居れり。試みに日光町投宿《とうしゆく》の人員を調査《てうさ》するに左の如し。

明治四十五年　内國人

一月	二、〇五七	五月	一八、六一六	九月	一七、五四〇
二月	四、一七七	六月	八、四一八	十月	三五、六九三
三月	九、四八三	七月	一三、二〇六	十一月	八、二二九
四月	一四、六五八	八月	二三、四五九	十二月	二、九九九

合計　一五八、五三三人

明治四十五年

一月	二、〇八五	二月	三、二七三	三月	九、五六九
四月	一九、四二七				

明治四十四年　外國人

一月	一九二	四月	一、六一四	七月	二、六三六
二月	六九	五月	二、七五七	八月	四、二八七
三月	四三〇	六月	一、七七七	九月	二、二一三

P181 注釈参照

十月　一、八五二　十一月　一、一一八　十二月　三〇三
合計　一九、二四八人
明治四十五年
一月　三二〇　二月　三六六　三月　二八七
四月　六七六

○名　物

當町には繪葉書《ゑはがき》、寫眞《しやしん》等の商店多く。又外國向の骨董店《こつたうてん》も少からず。平素《へいそ》販賣《はんばい》する所の當地《たうち》名物《めいぶつ》を左に列記す。苟も日光の旅客《りよかく》としては。何れかの名物《めいぶつ》を「ミヤゲ」として携《たづさ》へ歸らざるはなし。

日光羊羹《につくわうやうかん》　一寸角長六寸折詰
日輪《ひのわ》まんぢう
日光唐辛《たうがらし》　紫蘇巻折詰
湯《ゆ》婆《ば》
大谷川海苔《のり》
日光塗《ぬり》(漆器)　盆、巻煙草入、菓子皿、硯箱の類
日光彫《ほり》　卓子、椅子、机、棚、盆臺の類
神代木細工《ざいく》　額縁、小楊子入、絲巻、小箱の類
埋木《うもれぎ》細工《ざいく》　盆、茶托、の類
寄木《よせぎ》細工　硯箱、小箱、玩具の類
曲《まげ》物《もの》　辨當入、おはち、栗山桶の類
山女《むべ》蔓細工　籠類
日光下駄《げた》　表附にて異製なり土人は皆之を穿つ
五徳《ごとく》杖《づゑ》　藤蔓にて製せしもの

此外魚類《ぎよるゐ》には「やまめ」「いはな」「ます」鬼怒川の「あゆ」などもあり。

列肆中「油げん」といふ「ほしやうかん」を賣る店頭《てんとう》に藤根の蟠結せしを利用《りよう》して蛇を彫刻《てうこく》したるものを置けり。観るべし。

○日光山殿堂の參拜並に拜觀の手續

日光山に詣《まうづ》る一般の旅客は。必らずや其の殿堂《でんだう》を參拜拜觀《さんぱいはいくわん》して故郷《こきやう》への語り草《くさ》とす。空しく外觀を瞻望《せんばう》して止むべきにあらず。當山《たうざん》には參拜の場所に限界《げんかい》あり。

二荒山神社は御拜殿濱縁
東照宮は表御門
大猷廟は仁王御門
三佛堂は濱縁

右は敬意《けいい》を失はざる限りに於て随意《ずゐゐ》參拜《さんぱい》するを得るも。此の限界以内を拜觀せむとする者《もの》は。左に定る拜觀料《はいくわんれう》を納《おさ》めざるべからず。

一普通拜觀料　金八十錢
　一般の拜觀者
一第一種特別《とくべつ》拜觀料　金四十錢
　軍服著用《ちやくよう》の軍人。又は五十人以上の團體《だんたい》にして汽車賃の割引《わりびき》を受けたる者。
一第二種特別拜觀料　金二十錢
　官公私立學校生徒《がくかうせいと》にして職員附添修學旅行《りよかう》の者。又は社寺に縁故《えんこ》ある講員《かうゐん》にして其の社寺の證明《しようめい》ある者。又は行軍演習中《えんしふちう》の軍人團體にして便宜拜觀《べんぎはいくわん》を乞はるゝ者拜觀者にして社寺の寶物《ほうもつ》を拜覽《はいらん》せむとする者は。其の場所に就き。左の拜覽料《はいらんれう》を納《をさ》め入場するを要す。
一二荒山神社(本宮社内)　金三錢

一東照宮　金八錢
一輪王寺　金八錢
一護王殿北白川宮能久親王殿下御分靈所　金三錢

殿堂拝觀の時間は四月　日より九月三十日までは。午前七時より午後四時。十月一日より三月三十一日までは。午前八時より午後四時までにて。拝觀者《はいくわんしや》には社寺合同事務所《じむしよ》より必らず案内人《あんないにん》を附添《つきそ》ふるを例とし。案内人なき者には殿堂《でんだう》又は其の門内《もんない》に入るを許さゞる規定《きてい》なれば。先づ鉢石町なる殿堂案内人會所に申出る方便宜《べんぎ》なるべし。

拝觀者の心得《こゝろえ》としては。殿堂の内に入らむとする時は帽《ぼう》及び靴を脱し。神佛《しんぶつ》の前に於て敬意《けいい》を表し喫煙《きつえん》すべからず。

又東照宮の御内陣《ごないぢん》を拝觀《はいくわん》せむと欲する者は。金拾圓（二人以上は一人金七圓）を奉納《ほうなう》して特別祈禱祭を依頼《いらい》すれば。衣冠を著し（衣冠は貸與）神官《しんくわん》と共に其の内に入るを得《う》るなり。

二社一寺の參拜人員表《さんはいじんゐんへう》を左に錄す

東照宮の部

明治四十四年

一月	一、四二三	五月	一七、四七七	九月	一二、九六六
二月	五、三八七	六月	五、六九二	十月	二九、七〇一
三月	一一、一三一	七月	七、八三一	十一月	八、三七九
四月	一、六四六	八月	一〇、六五一	十二月	二、二九八

合計　一三一、六九五人

明治四十五年

一月	二、三九一	二月	六、四四一	三月	一四、九八〇
四月	三〇、七三五				

二荒山神社の部

明治四十四年

一月	一、六九四	五月	一六、〇六六	九月	一〇、八七五
二月	五、二九六	六月	四、八二八	十月	二六、八〇一
三月	九、三八二	七月	五、九六九	十一月	六、九九六
四月	一三、九一六	八月	九、〇〇三	十二月	一、九〇八

合計　一一二、七三四人

明治四十五年

一月	一、七七六	二月	五、八六三	三月	一四、〇六七
四月	二六、三三二				

輪王寺の部

明治四十四年

一月	一、四一三	五月	一七、〇〇二	九月	一二、七〇八
二月	五、二七八	六月	五、三三六	十月	二八、〇七九
三月	一一、一四九	七月	六、五七九	十一月	七、七五四
四月	一六、一〇七	八月	一〇、三六四	十二月	二、一六八

合計　一二三、七三七人

明治四十五年

一月	二、一九四	二月	六、二九八	三月	一四、九五五
四月	二九、二五八				

P181～182注釈参照

みやまの志をり　第一

◎神橋より東照宮に至る

是《これ》より參拜途上の案内《あんない》を記すべし。上鉢石町の盡《つき》る處左に「下乘石」あり。因て此處を下馬《げば》と稱す。二碑屹立す。一を台賜記念林碑。一を軍人紀功碑と爲す。並に其の文を左に錄し。旅客《りよかく》をして墨斗を把らしむるの勞《らう》を省く。

台賜記念林碑

栃木縣知事正五位勳五等岡田文次篆額

明治四十三年八月狂風猛雨。諸川氾濫。栃木縣被二其害一不レ尠。日光大谷稻荷田母澤諸川亦然。往々決二潰隄塘一。漂二蕩屋宇一。災害將レ至不レ可レ測。於レ是日光警察署長督二勵消防隊一。防禦頗力。先レ是　東宮同妃兩殿下同在二日光田母澤御用邸一。一日　東宮殿下親勞二玉步一。台二覽百間堤防禦作業一。百間隄防爲二日光市街最要處一。諸員感奮興起。作業奏レ功以得レ無レ事矣。既而　殿下救二恤縣下罹災民一。且特嘉二日光消防隊勞一賜二金若干一。夫日光市街之免二災害一。是　殿下稜威所レ使レ然而有二此寵恩一。衆感激不レ知レ所レ措。乃胥謀經二營記念植林一。先相二鳴蟲山及下原之地二十六町地一。種二檜杉苗六萬株一。縣當局亦大賛二其擧一與二若干補助金一。且將漸謀二之擴張一云。今茲欲四建レ碑以傳二鴻恩於二不朽一。徵二余銘一。銘曰。

幼檜楚楚　稚杉纖纖　有二凌空容一　存二冒霜髯一　神苑靈域　惠潤仁霑　佳樹所レ藝　維民所レ瞻　明治庚戌　風殘雨害　諸川氾濫　將レ浸二隄外一　壯夫百千子來雲會　戮力協心　忽廻二狂瀨一　玉音嘉尙　恐懼有レ全　天降二恩賚一　感果何如　玆企二樹藝一　共把二耒鋤一　百年之計　須二記念譽一　日培月養　乃長乃大

鬱々重陰　森々垂蓋　盛暑嚴冬　恆凝二翠靄一　梁幹棟材　萬世永賴

明治四十四年

栃木縣師範學校長正六位勳六等安達常正撰幷書

此石材は女峰山中に獲《え》たるもの。臺石《だいゝし》は輪王寺寄與のものに係《かゝ》る。四十五年一月の竣成《しゆんせい》なり。記念林に就《つい》ては別にしるす其の前方《ぜんぽう》に在るは軍人紀功碑なり。碑頗《ひすこぶ》る大。刻する所の文に云く。

元帥陸軍大將正二位勳一等功二級山縣有朋篆額

語曰兵義者勝、又曰直爲レ壯、曲爲レ老、老者敗壯者勝、余於二征淸之役一觀レ之矣、明治二十七年朝鮮內訌、淸國渝レ盟、我遂與淸國構レ兵、陸則陷二牙山中壞及遂東金州諸城塞一拔二旅順威海衛保壘一、海則擊下沈艦隊于二豐島一于中黃海上、連戰連勝所向無前、將席卷四百州、淸國乃割レ地償レ金以媾和、而臺灣土匪有二抗命者一、我師又討二平之一、嗚呼以レ地則彼倍二蓰於我一、以二礮與一レ艦則彼精二堅於我一、而一擧奏二此千古未曾有偉功一者、由二兵義直壯一、加　皇上神聖武德以莅之、將校智謀、士卒勇敢以當レ之、我武維揚　五洲刮目　不二亦宜一乎、此役也下野國都賀郡從軍者五百又九人、戰鬪守備能盡二其職一有二功績一、及二凱旋一郡中有志者胥謀、張宴於鹿沼慰勞之、又將下建二石于日光山一以不中朽其功上、來乞二余文一、因略二敍其事一、係以レ銘、銘曰、

秀矣晃山　明哉晃神　神靈山精　生二此軍人一　維是軍人　義膽忠肝　與レ石不レ磨　厥功萬春

明治二十九年十一月　高等師範學校敎授正六位勳六等南摩綱紀撰

正七位勳七等高島張輔書

兩碑《りやうひ》の文を讀みて攻防共に勝《かち》を制したるを知る。日光町の爲めに氣《き》を吐《は》くものといふべし。

南の山上に磐裂神社《いはさくじんじや》ありもと星宮と呼べり。日光最古《につくわうさいと》の神社にして。勝道上人も必らず神恩を忘《わす》るべからずと遺言せられしといふは此神社《このじんじや》なり。志あるの徒は參拜《さんぱい》すべし。其の前面の鬱《うつ》として蒼々たるは日光山にして其の下に横るを大谷川とす。水源は中宮祠《ちうぐうし》の湖より出で華嚴瀑《けごんのたき》となり。大澤幽谷を經

て流《なが》る。故に此名あり。其の水紺碧一見人をして爽然《さうぜん》たらしむ。左方に架《か》するは有名なる神橋《みはし》にして。古は之を山菅《やますげ》の蛇《じや》橋《はし》と稱せり。相傳ふ勝道上人登山の初《はじめ》。此に來りて渡るを得ず。乃ち丹心《たんしん》を碎きて祈誓《きせい》せしに。深砂大王出現し青《あを》赤《あか》の兩蛇を放ちて橋とす。上人側《かたはら》の山菅を刈《か》りて蛇背に覆《おほ》ひ渡りしを以てかくは命名《めいく》したりと。八《や》雲御《くもみ》抄《せう》に下野《しもつけ》の山菅橋《やますげのはし》とあるは是なりといへり。長《ながさ》十三間《げん》五尺餘。幅三間四尺。擬寶珠《ぎぼしゆ》十基あり。欄干、橋板《はしいた》共に總朱塗にして金物《かなもの》は悉く鍍金《めき》の斜子《なゝこ》なり。橋柱は鉅巖《きよがん》を削《けづ》りて兩岸に支ふ此の如く莊嚴《さうごん》となりしは寛永十三年にて其の以前《いぜん》は何人も通行《つうかう》し得たりといふ是《これ》より將軍家並に例幣使等《れいへいしとう》の外は渡ることを禁止し。兩端に柵して常に之を鎖す。今に至《いた》りて依然《いぜん》たり。嗚呼是れ誰の巧案ぞや。

大谷川の鮎つり　"Ayu" (a kind of trout) fishing in the Daiya.

翠林《すゐりん》の下忽然一大朱橋《だいしゆけう》を現す。配色殊に妙《めう》なり。人をして覺えず仙境《せんきやう》に入るの思あらしむ。明治三十五年の大洪水に流落《りうらく》せしが。四十年の秋架《あきか》設《せつ》の功成りて舊觀に復せり。此處海拔二千〇二十六尺。傍《かたはら》に一橋を架《か》して往來《わうらい》を通ず。名けて日光橋といふ鐵製《てつせい》にして長十四間幅四間餘なり。更に大谷川《だいやがは》を下瞰すれば。兩岸の石垣は三層《そう》に組《く》み上げ。川底《かはそこ》に石を疊みあり。此の如くせざれば川底は水《せる》勢《せい》の爲《た》めに益々深くなりて底止《ていし》する所を知らずといふもと神橋《みはし》の川上に高座石と稱する名石ありしが。三十五年の大洪水《だいかうずゐ》に流沒したりといふ。

神橋　"Shinkyo," the Sacred bridge,

むかしは鼻突石、讀誦石といふ有名の巨石《きよせき》ありしよしなるが貞享四年の洪水に埋《うづも》れて見えず。元祿十七年に再《ふたゝ》び洪水あり其の際《さい》高座石は顯れたりと傳《つた》へしが。今亦あらずなりぬ。洪水の激流《げきりう》想《おも》ふべし。日光橋を渡れば。右に霧降瀑《きりふりのたき》に行く道あり。次《つぎ》の右の阪は二

P183～184注釈参照

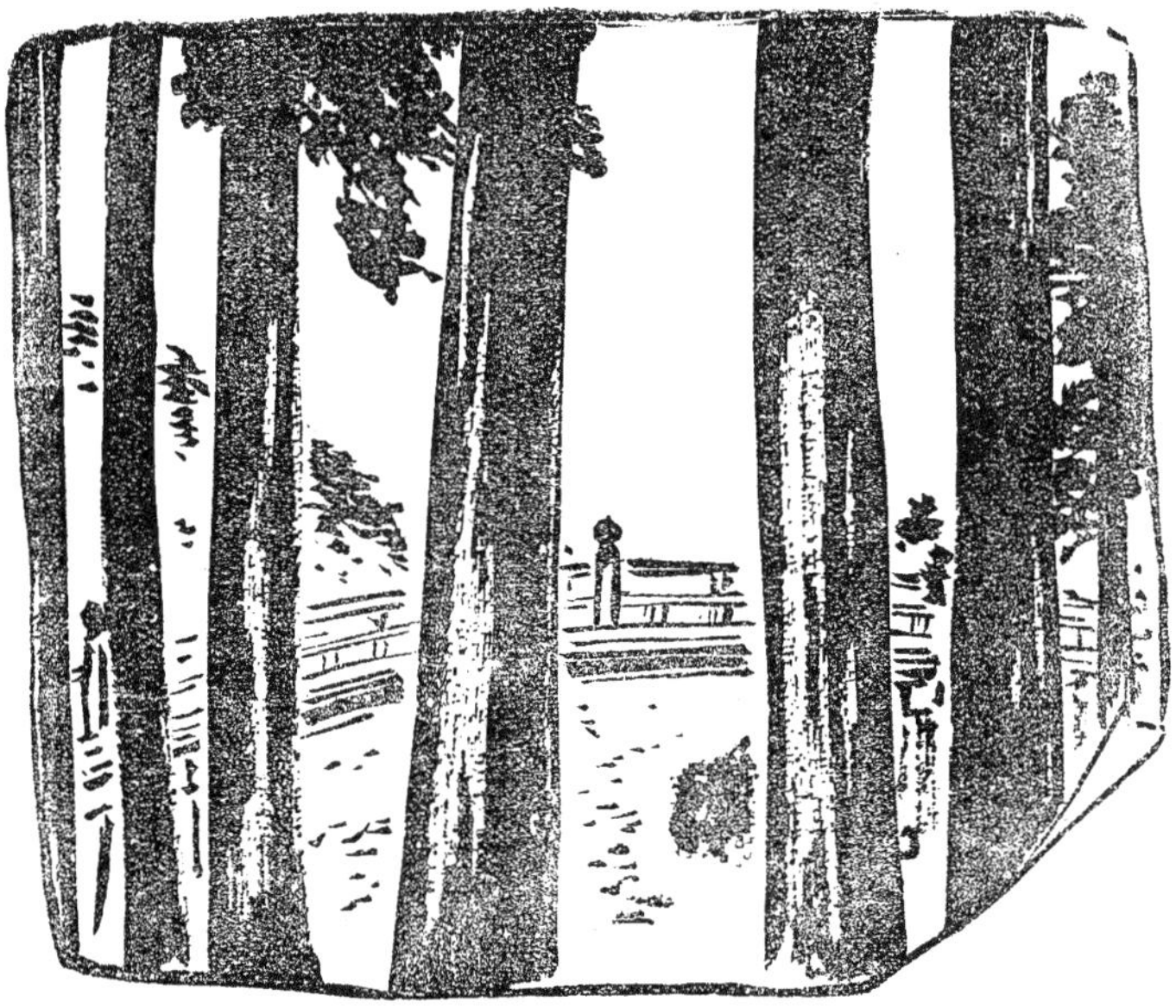

杉間の神橋　The Sacred Bridge, seen through crypsomeria trees

荒山本宮に達《たつ》すべく。中央の阪は東照宮御《とうせうぐうお》旅所《たびしよ》に通ず。路傍に松平正綱献木の碑《ひ》あり。碑《ひ》畔懸泉噴出《はんけんせんふんしゆつ》す。左に進めば右に深砂王社あり。神橋に對す。更に進めば阪あり。長阪といふ登り一町半餘。是《これ》を東照宮に詣る本道《ほんだう》と爲す。老杉の間より神橋を回《くわい》顧《こ》すれば一層の趣あるを覺《おぼ》ゆ。金谷《かなや》旅館《ほてる》の白樓朱欄は川を隔《へ》てて樹梢に現ず。阪《はん》路《ろ》一折すれば路傍渠水あり奔激《ほんげき》して來り落ちて瀑泉《ばくせん》となる。此《こ》處より眺望すれば鳴蟲山眉《なきむしやまび》を拂ふて近く聳《そび》え。大谷川に沿ふて足尾《あしを》方面より女馬子《をんなまご》の數馬を率ゐ出で來るなど。眞《しん》に畫中《ぐわちう》の觀あり長阪を登り盡せば平坦《へいたん》の地あり。中山通りといふ。右角に在るは淨土院にて（現住職今井徳順師は輪王寺《りんのうじ》執事たり）門側

に小林友孝碑寺内に安達藤九郎盛長の石塔あり石塔《せきたふ》の正面に六字の名號《みやうがう》をしるし。右の傍に俗名安達氏《ぞくみやうあだちし》。左の傍に藤九郎盛長と刻せり。左角は保晃會事務所《ほくわうくわいじむしよ》にて向ひは悉く輪王寺の構内《かまへうち》なり。其の裏門内の奥に二社一寺拜觀券《はんくわんけん》の交付所あり。左折すれば護光院、醫王院、安養院、光樹院等の寺中あり。右は輪王寺の構にて清渠滔々《せいきよたうく》として流る。此路を出れば廣小《ひろこう》路《ぢ》に達す。是れ東照宮表門の大通《おほどほ》りなり。右は輪王寺の表黑門。左は日光御用邸にて此地を御殿地と呼び來《きた》れり。そは將軍家行殿の趾《あと》なりとの義《ぎ》なり初は座禪院《ざぜんゐん》の地なりしが慶長《けいちやう》十八年住職異義《じうしよくゐぎ》の事ありて退院《たいゐん》し廢趾《はいし》となりしかば。寛永《くわんえい》十八年今の輪王寺本坊の處に在りし行殿をてゝに再築《さいちく》せり。其の後享保年間《きやうほねんかん》八代將軍徳川吉宗公《よしむねこう》の時之を撤廢《てつぱい》し。爾後將軍參詣の際は行殿に充《あて》られたり。さてこそ御殿地の稱《しよう》は殘《のこ》りけるなれ。今や時を得て以前に倍《ばい》する眞成の御殿地となりしは。因縁《いんねん》ありと謂ふべし。

此《こ》の御用邸はもと朝陽館《てうやうくわん》と稱し。東照宮社務所に屬《ぞく》せしもの

日光名物女馬子

A woman pack horse driver,
a noted scene of Nikkō.

P184～185注釈参照

日光山内

御山内絵圖

日光山誌所載 天保八年の圖

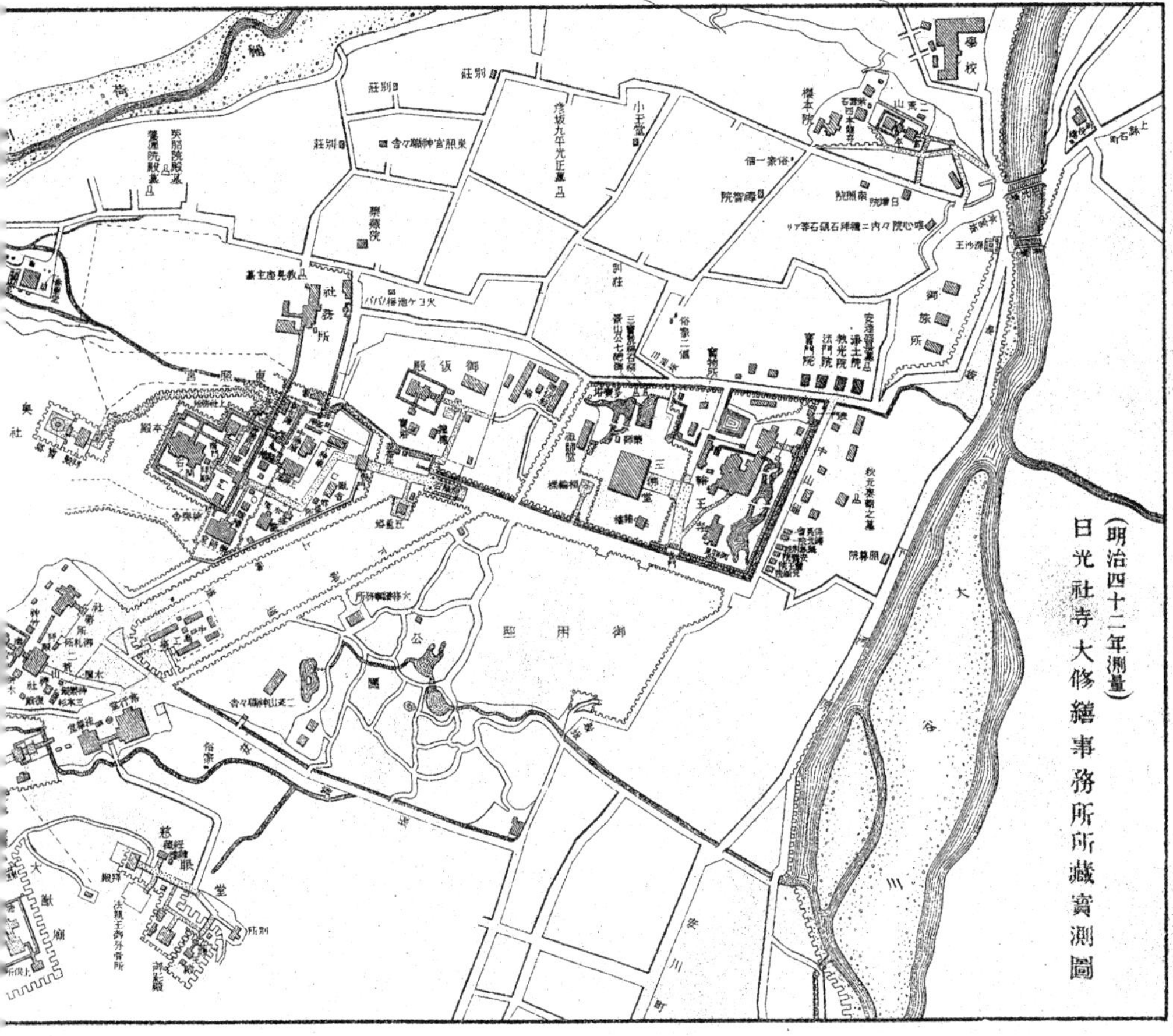

（明治四十二年測量）

日光社寺大修繕事務所所蔵實測圖

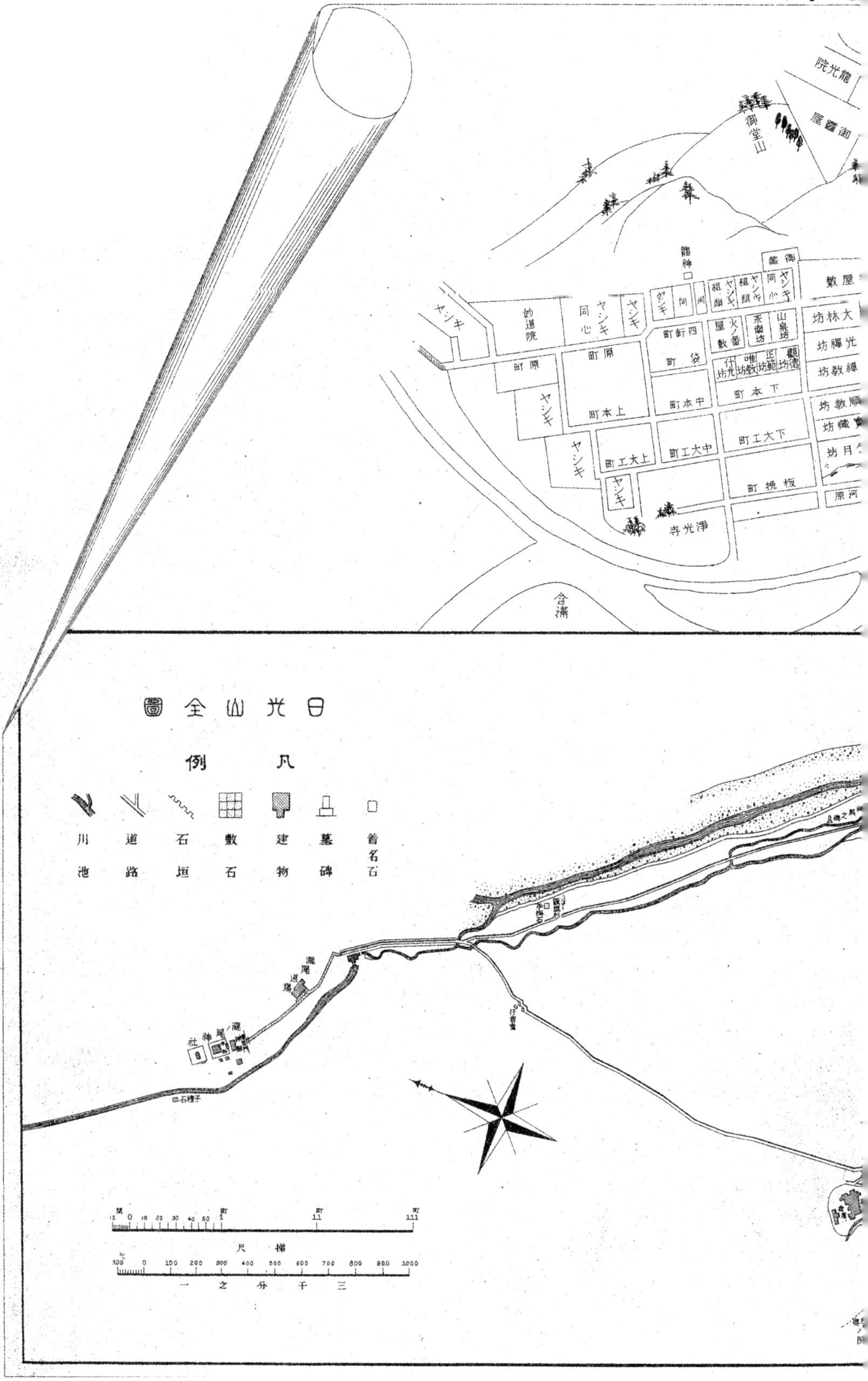
御堂山
龍光院
御靈屋
龍神
妙道院
同心
ヤシキ
原町
四軒町
袋町
火ノ番屋敷
山泉坊
禾歯坊
上本町
中本町
下本町
上大工町
中大工町
下大工町
板挽町
淨光寺
大林坊
光禪坊
禪教坊
順教坊
河原
含滿
日光山全圖
凡例
川池
道路
石垣
敷石
建物
墓碑
名着石
瀧尾道場
瀧尾神社
子種石
行者堂
間
町
尺
一之分千三

にして。明治《めいぢ》十九年五月曾て東照宮別當《とうせうぐうべつたう》たりし舊大樂院《だいらくゐん》の構造木村をこゝに移《うつ》して同八月建築落成《らくせい》したるものに係る。建坪二百二十四坪、客室《きやくま》二十有五。山色窓に入り水光欄《すゐくわうらん》に映ず風光《ふうくわう》の絶佳なる推して以て知るべし。御用邸《ごようてい》の傍より入り一曲して西町の方面《はうめん》に下る阪路《はんろ》あり。御賄阪《おまかなひざか》といふ。一に不動阪とも稱す。昔時山内の供給は西町《にしまち》に於て之を辨達《べんたつ》し。物品を此阪より運搬《うんぱん》したりしより此名あり。又《また》不動《ふどう》の稱は阪下に不動坊ありしに因ると。記者《きしや》此阪《このさか》を過るに當り。慈悲心鳥《じひしんてう》の頻《しき》りに鳴くを聽《き》けり。御用邸の前を直ちに進《すゝ》めば東照宮の大鳥居は帽簷《ばうえん》を壓《あつ》して聳ゆ。左に一路《ろ》あり。新道《みち》といふ。長さ三町餘。二荒《ふたら》山神社《さんじんじや》並に大猷廟に詣るの道なり。老杉左右に森立《しんりつ》し。冷氣人を襲《おそ》ふ。傍より入れば日光公園なり。保晃會の設くる所。池あり亭あり。丘上《きうじやう》に保晃會碑を建つ。大勳位能久親王殿下の篆額《てんがく》にて。勝安芳氏の撰文《せんぶん》を刻す。明治二十五年十一月とあり。日光大修繕事務所《につくわうだいしうぜんじむしよ》は其の一角を占據す。是より諸子《しよし》の最も注目する東照宮を案内《あない》すべし。

うまい處をつかまへた人
葵のひかり

葵のひかり第一

◎東照宮

東照宮《とうせうぐう》は日光町大字日光山内に在《あ》り。贈正一位太政大臣征夷《ぞうしやういちゐだじやうだいじんせいゐ》大《たい》將軍《しやうぐん》徳川家康公の廟《みたまや》なり。

公は元和《げんな》二年丙辰四月十七日を以て駿河國府《ふ》中城《ちうじやう》に薨ず。歳七十三。同國久能山《くのうざん》に殯葬す。翌《よく》三年丁巳四月之を當山に移し。東照大權現と稱す。正保二年乙酉十一月三日勅して宮號《きうがう》を賜ふ。明治六年六月九日別格官幣社《べつかくくわんぺいしや》に列せらる。現在の廟社は寛永《くわんえい》十三年丙子改築竣成せし所《ところ》なり。今參拜者《いまさいはいしや》の爲めに左に其の構造《こうざう》を説明すべし。

境外大手道より進《すゝ》めば俗に千人石段と唱《とな》ふる十級の石階あり此石階《このいしだん》いま一級にて上に達《たつ》せむとする中ほどの敷石《しきいし》に照り降り石といへる石あり。雨降《あめふ》らむとする時はこの石斜に半面を劃して判然濕潤《はんぜんしつじゆん》の色を顯すなり。この事《こと》いづれの記にも見えざれば知る人稀れなりしを。先年《せんねん》輪王寺門跡より竹田宮《たけだのみや》、北白川宮、兩殿下へ言上《ごんじやう》せしことありしより。多く知らるゝに至《いた》れりといふ。石階を上れば花崗《みかげ》石の大鳥居正面に屹立《きつりつ》す。高さ二丈七尺六寸五分諸書三丈に作る、巡拜圖誌には二丈八尺九寸とあり、今日光山志に従ふ。柱の直徑《ちよくけい》三尺五寸。元和《げんな》四年四月黒田筑前守長政《ちくぜんのかみながまさ》の獻進する所にして筑前國に於て鉅石《きよせき》を削り。南海を經て運致せしものに係《かゝ》る。

P185～187注釈参照

唐銅の勅額《ちよくがく》を掲ぐ。後水尾天皇の宸翰《しんかん》なり。表門に至《いた》るの參道は都て氷文の石疊《いしだゝみ》とす。左方石柵の内、辨柄塗(初層《しそう》は朱塗《しゆぬり》)極彩色の五重塔あり。巍々として老杉《らうさん》の翠雲に映徹す。所謂塔勢如ニ湧出一、孤高聳ニ天宮一もの非なる乎。總高《そうだか》十丈五尺、各重銅葺組物は二手先總極彩色初層臺輪の上通り蟇股《かへるまた》の中に十二支《し》を彫《ほ》りたり二重垂木《だうたるき》最上層は扇垂木各層《かくそう》の四方に黒塗の扉を開《ひら》き。第二層以上のものには金《きん》の葵章《あふひもん》を附す。酒井《さかゐ》讃岐守忠勝の獻進する所。文化《ぶんくわ》十二年燒亡《せうばう》の後再建せしものなり。右方《うはう》には番所並に案内所、茶店《ちやてん》あり

"Ishino-torii," the stone shrine-entrance, of the Tōshōgū.　東照宮石鳥居

表門石階の下《した》左右《さいう》に石燈籠二基を建つ。高《たか》さ一丈二三尺。寛永十八年九月若狹の國主酒井《さかゐ》忠勝《たゞかつ》の寄進。石鳥居左右の二基は慶安《けいあん》四年七月有馬《ありま》中務少輔忠賴の獻納《けんなう》に係る。高六尺餘。表門の左右に石垣あり。其の石材中二大石のあるあり。東なるを阿房丸といひ。高さ一丈一尺、横《よこ》三間半、西なるを海帶石といふ。高九尺横三間。石階《いしだん》を上れば壇上に表門あり。卽ち舊仁王門《きうにわうもん》なり。銅葺朱塗にして既《すで》に修繕を了す桁行《けたゆき》四間半梁間二間半、高《たか》さ二丈九尺。其の構造《こうぞう》たる左右切妻《きりつま》。流破風妻は二重虹梁。總丸柱、組物及門扉ともに朱塗《しゆぬり》。垂木は蠟色《ろいろ》塗にして二重各々金當を打《う》つ。天井は化粧垂木《けしやうたるき》、表裏柱上の木鼻は菊の籠彫《かごぼり》左右妻柱上の木鼻は獅子頭《しゝがしら》牡丹、獏頭、雲

東照宮五重塔

Gojūnoto, The pagoda, ot the Tōshōgū.

形の圓彫。冠木《かぶき》並に中の間前後頭貫の表裏《へうり》に葵の金紋《きんもん》を打つ内外《ないぐわい》臺輪上の蟇股總て卅二獅子《し》、虎、麒麟《きりん》の極彩色圓彫を嵌め込めたり。神佛分離《しんぶぶんり》の際金剛力士《こんがうりきし》(左輔密迹金剛《みしやくこんがう》右弼那羅延《ならえん》金剛《こんがう》)の二軀《こまいぬ》を撤去せしが。近頃又之を復置《ふくち》したり。內裏には金色の狛狗左右に蹲踞す。門《もん》の左右には銅葺總辨柄塗の箯塀を折廻らす。東西《とうざい》總て百廿餘間。西に埋み門東に通用門あり

P187～189注釈参照

"Omote-mon," the outer sacred gate of theTōshōgū. 東照宮表門

門内幅《もんないはゞ》一丈五尺の参道は悉《ことごと》く四盤石畳にて。數百歩の間三折《せつ》して中段《ちうだん》の下に至る。其の左右は一面《めん》に栗石《くりいし》を敷詰《しきつめ》たり。此石路は年々嚴寒《げんかん》の候に損壊の虞《おそれ》あれば。

近《ちか》き頃《ころ》其《そ》の根底全面をばコンクリートにて築き固めたりといふ。右《みぎ》の方に三神庫相並びぬ。桁行《けたゆき》凡九間より十二間、梁間三間より四間餘。校倉造《あぜくらづく》り、朱塗銅葺、鍍金《めつき》金物《かなもの》花鳥草木の極彩色。上及び中神庫《しんこ》向拝柱は鍍金《めつき》金襴巻《きんらんまき》。各庫の扉は蠟色塗唐戸皆階を設く。上神庫妻破風《はふう》の下に鼠色《ねずいろ》と白色との二象《ぞう》を彫れり。大《おほい》さ五尺許生《いけ》るが如し。狩

"Shinko," the first and sec nd. sacreds worehouses 東照宮上、中神庫

野探幽斎《たんいうさい》法印守信の粉本なりといひ傳ふ當宮の彫物《ほりもの》は多くは然《しか》りといふ。神庫《しんこ》の後脇の小丘に小石祠あり。由來《ゆらい》詳ならず又下神庫の後《うしろ》に辨柄塗の西浄《さいじやう》(厠)あり。厩の前に周圍一丈餘

"Shinko," the third sacred warehouse. 東照宮下神庫

の金松樹《きんしようじゆ》ありて石柵を繞《めぐら》す。俗に高野槇と稱するものなり。三代《だい》將軍《しやうぐん》家光公の手植に係る。次《つぎ》を厩とす。五間に三間の素《しら》木造《きづく》り。境内の堂塔殿閣《だうたふでんかく》二十三宇の中。素木造りは此厩《このうまや》一棟に限れり。右妻《みぎつま》と後面と、欄間《らんま》羽目《はめ》七ヶ所には松に猿を彫る右妻左より二ツ目は所謂《いはゆる》見《み》ざる、聞ざる、言はざるの庚申《かうしん》にて名手の作《さく》なり。厩に

P189～190注釈参照

"Shinkyū," the sacred stable of the Tōshōgū. 東照宮神厩

降りて内番所あり。二間に三間銅葺《どうぶき》辨柄塗りなれば。俗に赤番所《あかばんしよ》と唱ふ。社殿の警衛者監視し居れり。維新以前は日光組頭《につくわうくみがしら》支配《しはい》の同《どう》心勤番せしといふ。其の西北《せいほく》に御水屋あり。御手洗《みたらし》水盤《すゐばん》は華崗石《いし》にて長八尺五寸幅四尺許、高さ約三尺五寸。清水常に盤底《ばんてい》より湧出《ゆうしゆつ》し四方に溢る。其の覆屋は前後《ぜんご》大唐破風造り銅葺。四隅の角柱《かくばしら》も華崗石にて。一隅《ぐう》に三本づゝ都《すべ》て十二本なり。前後の欄間《らんま》は金箔に群青《ぐんじやう》を隈取れる波の透かし彫。其上《そのう》は極彩色波《なみ》に飛《ひ》龍《りう》の彫り物垂木は蠟色塗。石柱《せきちう》は上部《じやうぶ》鍍金《めつき》の金襴巻梁鼻《こしばな》亦鍍金の金物にて之を包《つゝ》む。前後虹梁及左右丸桁《まるけた》の内外面には置上極彩色牡丹唐草《ぼたんからくさ》の模様

"San-yen,," three wise monkeys hear not, say not, see not. 三猿

あり銅葺《どうぶき》なり。水盤《すゐばん》は元和四年四月鍋島《なべしま》信濃守勝茂の獻ずる所（攝津國武庫山の產石）。蓋《けだ》し石製《いしせい》水盤《すゐばし》の創始《さうし》といふ。御水屋の前《まへ》に唐銅の鳥居を建つ。俗に二の鳥居《とりゐ》と稱す。高さ二丈許。表裏《へうり》に金の葵紋五ッ宛あり。左に輪藏を見る。重層寶形《ぢうそうはうぎやう》屋根銅葺。六間三尺四面にて高さ四丈。柱及《はしらおよ》び腰長押下朱塗四方に花燈窓四ッ宛あり。上下層共に上長押の上丸桁の下は組物《くみもの》をはじめ。蟇股、羽目等總て極彩色《ごくさいしき》を施こせり。堂内中央《だうないちうわう》なる輪藏《りんざう》に一切經《いつさいきやう》を納む。前に傅大士《ふたいし》

"Mizuya,"the holy water of the Tōshōgū. 東照宮水屋

P190～191注釈参照

左に普成？普建の木像《もくざう》を安ず。一像指し笑《わら》ふの態なればとて俗《ぞく》に笑堂《わらひだう》と呼ぶよし。堂内四盤敷石《しきいし》にて四方に蠟色塗扉あり上神庫の左角石垣《いしがき》の下に鐵燈兩基を列《れつ》す。是なむ有名《いうめい》なる南蠻鐵の燈籠にて。高さ八尺五六寸。仙臺宰相《さいしやう》伊達《だて》政宗《まさむね》の奉納する所にして。俗傳《ぞくでん》にいふ此燈籠《このとうろう》鑄造《ちうぞう》に關し領内三年の租額を費《つひや》したりと。其の他諸家より獻備せる燈籠《とうろう》百十八基ありとぞ。

參拜者《さんぱいしや》は御手洗水盤にて手洗ひ嗽《くちすゝ》ぎ。此處水番あり正面の石階《いしだん》を登

東照宮飛越ノ獅子

"Tobikoe-no-shishi," a lion carved together with the fence.

れば。左右石柵の親柱《おやばしら》に柱と一ッ石にて丸彫《まるぼり》にせる獅子の控へあり。石柵を跳《おど》り超えたる狀《さま》に象《かたど》りたれば。之を飛越の獅子と名く。三代將軍家光公《いへみつこう》落成後此巧技を見て喜色《きしよく》あり。因て一に恐悦《きようえつ》の獅子とも稱すと。此事《このこと》に就ては異説《ゐせつ》あれども。姑らく俗傳《ぞくでん》のまゝを記す。此處《こゝ》を中壇とす、壇上《だんじやう》右に峙つを鐘樓とし。左に峙つを皷樓とす。高《たか》さ共に四丈四尺。樓の下

東照宮皷樓

"Korō," tne Drum tower of the Tōshōgū.

半部三間四方黑漆塗の銅板《どうばん》を以て包み。金鋲《きんべう》を打てり之を袴《はかま》腰《ごし》といふ。皷樓の傍に老杉三四株《かぶ》あり。大なるは周圍《しうゐ》一丈餘往古三佛堂の跡なるよしにて。軍茶利《くんだり》杉《すぎ》と稱す。其の他處々に大樹《たいじゆ》あり。東方に琉球《りうきう》（今の沖繩縣）獻備の唐銅燈臺を安ず。俗に蓮燈籠と稱す。最上に釭《こう》一。其の下三段《だん》に釭三十巡拜圖誌、日光山志に三十六釭に作るは誤れり六本《ぼん》の蛇柱及六ッ蝸足を以て之《これ》を支《さゝ》ふ。又同燈臺に對《たい》して和蘭陀國獻備の燈臺を置く。八角寄せ棟造りにして高さ二丈餘。八方に銅《どう》の網を張《は》れり。世人之を釣燈籠と稱す。銘《めい》に云《いは》く

阿蘭陀國遙聞ニ日光山

東照大權現大社御造替ニ貢使舶献三十枝釭之燈臺一臺ニ

因置二日光山之寶庫一者也
寛永十三年四月十七日

鐘樓の前に朝鮮國献備の洪鐘あり。鐘口外徑三尺。龍頭《りうづ》の下に一竅あるを以て俗に蟲蝕鐘と稱す。覆屋は一間半四方、高さ一丈五尺。四趾は唐銅の圓柱にて四隅の軒端に貘頭を附せり。其の序銘《じよめい》は左の如し。

日光山鐘銘并序

日光道場爲二
東照大權現一設也　大權現有二無量功德一合有二無量崇奉一結構之雄世未二曾有一繼述之孝益彰二先烈一我　王聞而歡喜爲鑄二法鐘一以補二靈山三寶之供一仍　命二臣植一叙而銘レ之銘曰
丕顯二英烈一　肇闡二靈眞一　玄都式廓　寶鐘斯陳　參修二勝緣一　資薦二冥福一　鯨音獅吼　昏覺魔伏　非二器之重一　唯孝之則　龍天是護　鴻祚偕極
崇禎壬午十月日
朝鮮國禮曹參判李植撰
行司直吳竣書

東照宮鐘樓

'Shōrō,'' the Bell tower

此鐘《このかね》と相對して同國献備の廻轉燈あり。總唐銅にて造《つく》り九角形にして各隅に蛇柱《じやばしら》あり。周圍に銅網の火屋《ほや》を張る。中に九ッ宛二段の燭釭《しよくこう》あり。一本の眞棒《しんぼう》より射出す。其上部なる九個の葵章皆倒《さか》しまなるは。外國人の事とて誤《あやま》りたるならむ。又右《またみぎ》の燈臺三基ともに歐式《おうしき》なるは。當時朝鮮琉球何れも和蘭陀に託して製造《せいざう》せし爲めなりといふ。

東照宮本地藥師堂

"Yakushidō,'' the Temple for the yakushi Buddha

左に進めば皷樓の西に藥師堂あり。本地堂《ほんちだう》とも稱す。神佛混淆時代の遺物なり桁行十一間三尺六寸、梁間七間三尺六寸。高さ五丈二尺。銅葺《どうぶき》總朱塗《そうしゆぬり》前に三扉あり。向拜柱は鍍金《きつき》金襴巻《きんらんまき》。軒先二重垂木組物《くみもの》三手先詰組四方に花燈窓あり。内陣天井には長八間の墨畫《すみゑ》の龍《りう》横《よこたは》る。狩野牧心齋永眞安信の筆《ふで》なり。頭部の下に立て拍掌すれは聲《こゑ》あり之に應ず。因て鳴龍《なきりう》の稱あり。記者幾回か試《こゝろ》みしに眞に然り。其の何に起因するものなるや未《いま》だ詳にせられずといへ

P191～192注釈参照

り。本尊《ほんぞん》は三河國鳳來寺峰《みね》の藥師《やくし》を模す。當堂朱漆美の古趣は實に三神庫のそれと並び稱して境内《けいだい》第一と許せらる。上段の正面に在るを陽明門とす。其の壯麗美觀《さうれいびくわん》なること世に喧傳《けんでん》する所なり。因て俗に日暮門《ひぐらしもん》といふ。諦視すれば日の將さに暮むとするを知《し》らざるの義なり。陽明《やうめい》の號は元來禁裏の門の名なるを朝廷《てうてい》より賜りしものといへり。群青地《ぐんじやうち》に金字東照大權現の額を掲ぐ。後水尾天皇の宸翰《しんかん》なり。因て勅額門といふ。幕府時代は庶人の門内《もんない》に入るを許さず。武士《ぶし》は佩刀を解きて趨拜《すうはい》するを得たりとなむ。兩妻入母家《りやうつまいりおもや》四方軒《はうのき》唐破風《からはふ》造《づく》り二重扇垂木。銅葺八脚樓門にして。梁行京間《けたゆききやうま》三間三尺八寸、梁間《はりま》二間半。高さ三丈七尺。組物《くみもの》は上下共に唐樣《からやう》二手先詰組。破風下虹梁上の彫物は牝牡《ひんぽ》の麒麟《きりん》。上層尾垂木の端は呵呍《あうん》の龍頭。四隅には雲龍《うんりう》の彫物皆金箔に活彩色を施《ほど》こせり。梁鼻は上層龍頭馬蹄俗にダイバと稱《しよう》する者下層獅子頭何れも白塗《しろぬり》なり。上層正面の中央《ちうあう》頭貫の面に白龍一頭。之を目貫龍といふ。周圍《しうゐ》の勾欄には唐子《からこ》の丸彫。俗に之を千人唐子の智惠遊といふ。勾欄《かうらん》の下組物毎に牡丹《ぼたん》唐獅子の彫物を組出《くみだ》す。俗に之を飛出の獅子といふ。勾欄下組物の間々には周公旦《しうこうたん》聽訟の圖、孔子、顔回等を首《はじ》め。琴、碁、書、畵或は四皓《しかう》、三笑《せう》、八仙《せん》、四睡《する》、其の外高士仙客數十人を彫刻《てうこく》せり。中の間天井に畵ける二龍は探幽齋守信《たんゆうさいもりのぶ》の筆なり。柱は　欅《けやき》の丸柱白塗にして雲紋の地彫を施てし。所々散らしの圓紋《まるもん》を置き内に鳥獸草花《てうじうさうくわ》を彫刻す。中央左の柱に木理《もくめ》の虎と稱するあり。自然《しぜん》の木理を應用したるものなり。裏側左角の柱《はしら》一本は地彫雲紋の形狀他と反對《はんたい》するを逆柱と稱し。一に魔除《まいけ》の柱といふ。當宮《たうぐう》の建築善つくし美つくせり。凡《およ》そ事十分なれば缺《かく》ることありとて。故らにかく爲せしよしいひ傳《つた》ふ。

陽明門《やうめいもん》に連りて左右二間宛の袖塀あり。之に續《つゞ》きて東西に廻廊あり。表は朱塗裏《しゆぬりうら》は辨柄塗。上長押、頭貫、臺輪、丸桁蟇股等悉く極彩色《ごくさいしき》なり。長さ百二十間三尺。門脇各三間筵席《たゝみ》を敷き蔀《しとみ》あり。此所を小詰《こづめ》といふ。祭典には幄舍代《あくしやだい》とす。正面胴羽目の彫刻《てうこく》は松竹梅、鳳凰《ほうおう》。孔雀、金鷄《きんけい》等。欄間は雲形蹴込みは波に鶴、雁《かり》、鴨、鴛鴦、鷺《さぎ》等なり。神輿舍は門内西方に在りて東に向ふ。四間《けん》四面蠟《ろ》色塗《いろぬり》。正面入母屋《いりおもや》軒唐破風二重垂木。欄間は極彩色花鳥の彫物《ほりもの》。銅葺。前後に唐戸口《からとぐち》を設け舍内に三神輿を藏《ざう》す。東方には神樂殿《かぐらでん》あり。四間に三間五尺蠟《ろ》色塗《いろぬ》り。兩妻入母屋二重垂木《たるき》、三方は蠟色塗り蔀戸正面中の間に唐戸口を設く。蟇股《まう》には花鳥、欄間《らんま》には牡丹唐草の彫

The Mokume-no-tora The tigers carved along the grain.

陽明門柱の彫刻木目の虎

P192 ～ 193 注釈参照

さかりのむかししのばる、巫子

“Miko, a site dancer.

物。何《いづ》れも極彩色なり。こゝに平日八《や》乙女《をとめ》(巫女)一人《にん》在り。白絹衣を抜き緋袴《ひばかま》を穿ち。下げ髪に膩粉《しふん》を粧ひたるが。淨財《じやうざい》を捧れば金鈴を振《ふ》りつゝ立ちて舞《ま》ふ神樂殿《かぐらでん》に對して舊社務所あり。(舊護摩堂)五間に四間入母屋《いりおもや》向拜附き。二重垂木《ぢうたるき》銅葺組物二手先詰組、向拜柱は極彩色《ごくさいしき》金襴卷。水に白蓮《はくんれ》を籠彫にしたる手挾《たばさみ》を附す。向拝上部の欄間には波紋《はもん》に鯉魚の彫《ほ》り物《もの》。本家の欄間は牡丹唐草《ぼたんからくさ》。何《いづ》れも極彩色なり。唐門《からもん》の外東方瑞籬の下に一基の燈籠《とうろ》を安ず。東福門院の御寄附なり。陽明門《やうめいもん》以内《ない》は他に燈籠なきを以て之を一本燈籠と稱す。

東照宮唐門恙の蟲

“Tsutsuganomushi An imaginery evil animal

正面の門を唐門《からもん》といふ桁行一丈梁間六尺三寸。四方唐破風《からはふう》造り。正面破風の棟上に銅獸《どうぢう》を載《の》す形は獅子《し》なり。俗に之を恙《つゝが》の虫《むし》といふ。其の何の意《い》たるやを知らず。東西の棟上に二龍あり。俗に之を鰭切《ひれき》れ(又は尻切れ)の龍といふ。門柱門扉等唐木《からき》の寄せ彫物を嵌《がん》入《にふ》す正面左右の柱《はしら》には昇降の二龍幣軸には梅竹を添たる寄木《よせぎ》の高《たか》彫《ほり》あり。扉の羽目は梅《うめ》、菊、牡丹《ぼたん》の唐木寄せ彫。上部は鞘形の透《す》かし。天井は欅《けやき》の一枚板にて天人彈琴《てんにんだんきん》の圖を刻す。破風下には巣父《そうほ》、許由《きよいう》。後《うしろ》は涙に兎。四方の臺輪上なるは堯帝《げうてい》以下七賢人、七福人等《ふくじんとう》なり。當門の彫物は都《すべ》て異朝の名木を寄《よ》せて刻したるものにて。細工《さいく》の精密なる驚くべきもの多し。唐門の左右より拜殿本殿《はいでんほんでん》の周圍を廻らすに瑞籬を以てす。長延八十七間《けん》。柱は黒塗り各間には香狹間窓に格子花狹間を透し。羽目《はめ》地板《ちいた》には置上極彩色牡丹の唐草《からくさ》を施す。上の欄間には百花百鳥《てう》の兩面彫下の蹴《け》込《こみ》には水草水禽の彫物皆極彩色な

Karamon,” The inner gate after Chinese fashion 東照宮唐門

り唐門と拜殿の間《あひだ》にある覆屋のみの廊を間廊下《まらうか》と稱す。朱塗にして甃石《いしだゝみ》の上に假りに渡り板を敷《しき》たり。こゝにて參拜人は帽及び靴を脱し。衣襟を正《たゞ》して肅然《しゆくぜん》として拜殿に登《のぼ》る。是より神官案内す。

東照宮拜殿 "Haiden," the Hall of worship of the Tōshōgū.

拜殿は南に面し。兩妻入母屋正面千鳥軒唐破風、向拜《かうはい》附《つき》組物二手先二重垂木、向拜に金鈴《きんれい》を懸く欅《けやき》の角柱四柱。さや形の地紋を彫り處々圓形《ゑんけい》を置きて禽獸花卉を刻《こく》す。左右虹梁の端先は龍頭《りうづ》海老虹梁に代ふるに丸彫《まるぼり》白龍《はくりう》を以てせり。手狹は雲形渦彫《くもがたうづぼり》の極彩色なり。升《ます》組《くみ》の間は菊水、欄間は百花百鳥を刻《こく》す。唐戸は三扉にて。其の羽目には牡丹唐草《ぼたんからくさ》の彫物あり、唐戸の框《かまち》は臘色に唐草の蒔繪《まきゑ》。七寶の散金物を打つ濱縁勾欄《かうらん》並に縁下腰組まで悉く光澤《くわうたく》ある仕立臘色塗なり、階段五級一面《めん》に鍍金《めつき》の板金を以て貼詰《はりつめ》たり。殿内を東、西、中の三區に分つ。中央は六十三疊。柱は總金漆箔。極彩色《ごくさいしき》金襴卷。長押《なげし》の上は

桐竹牡丹梅松の花木《くわぼく》に鳳凰孔雀《くじやく》、金鷄等の極彩色彫物。天井は折上格天井にて。岩紺青《いはこんじやう》地に丸龍の置上彩色を書《ゑが》く。其の形各異なり。之を百種の龍と稱す。又長押の上に三十六歌仙の扁額を掲ぐ。國歌は　後水尾天皇の御宸翰《ごしんかん》にして。畫は土佐將監光信の筆なりといふ。東西の御襖戸《おんふすまど》は金泥地にして。竹に麒麟《きりん》、牡丹に狂獅子の畫《ゑ》なり。皆探幽齋守信の筆といふ。端座拜を爲し頭《かうべ》を擧れば。三個の金幣《きんぺい》正面《しやうめい》に立つ。勅使の捧る所といふ。翠簾を掲げ一鏡《きやう》を安す。直徑二尺五寸。背に銘《めい》あり云く。

八陣六花　轉化奇正　好レ謀而成　見レ義則行　望レ氣擇レ時　星宿耀映　冀治ニ
邦家一　明如ニ靈鏡一

寛永十五年戊寅冬十一月二十二日

從四位侍從若狹國主讚岐守源朝臣忠勝嫡男酒井備後守忠朝奉納

陣法《ぢんはふ》を以て治國に譬ふ。武家の本領《ほんりやう》を失はず。此銘觀るべし。東の間《ま》は聽聞所と稱し。昔時は將軍及び三家の著座席《ちやくざせき》にして上段天井は二重折上造《おりあげづく》り。中央に伽羅《きやら》木一枚にて葵の小紋を造る。室内《しつない》の大羽目は紫檀、黑檀等の貴材を以て桐に鳳凰《ほうわう》の寄木彫欄間は花鳥《くわてう》、桝組には蒔繪《まきゑ》を施せり。西の間は門主及び大臣家の著座席にして。上段天井の中央《ちうあう》には極彩色天人を刻す。又大羽目は鷲《わし》に松柏の唐木《からき》寄彫《よせぼり》。其他は東の間に等し。拜殿の疊は黃地に赤の七寶輪違ひ心に花菱《はなびし》を織たり「リウビ」といふ縁《へり》を附す。是は龍鬢席《りうびんせき》の美なるに此緣を附せしより龍鬢縁といふにやとの說あり。次を石の間と爲す。石の間は拜殿《はいでん》と本殿との間に在る渡殿《わたりでん》にて。一段低き所なり即ち四盤石疊の上に床《ゆか》を張り。疊を敷きたるを以て此名《このな》あり此席《このせき》にて神官參拜者に神酒を頒《わか》つ。

P194～195注釈参照

本殿は三級石壇の上に建ち。桁行《けたゆき》七間五尺餘、梁間六間、高四丈五尺餘。入母屋造にて。二重垂木二手先詰組。屋上《おくじやう》に千木、勝男木あり。破風下《はふうした》には鳳凰の彫刻。尾垂木には獏頭《ばくがしら》を組出す。欄間《らんま》は松竹梅の彫物其他外部は拝殿《はいでん》と同筆法なり。前は唐戸《からと》にて金鎖し。衆庶の拝観《はいくわん》を許さず。金階の左右に一双の釣燈籠あり。濱縁の左右には純銀の花瓶一對を立つ。直徑《ちよくけい》一尺一寸、重量《ぢうりやう》十七貫。臺は梨子地《なしぢ》にして葵章の蒔繪《まきゑ》あり。十一代將軍德川家齊公《いへなりこう》（文恭院殿）太政大臣拜賀の際獻進《けんしん》せしものといふ。前に青貝摺の神饌臺《しんせんだい》あり。大和錦を覆《おほ》ふ。殿内外陣を幣殿といふ、次は内陣、其の奥は内々陣なり。通常は内陣等に入るを許《ゆる》さゞれど。特別祈禱祭を依頼《いらい》すれば。神官祈禱《きたう》の間祈願者亦同じく狩衣《かりぎぬ》をつけて内陣に列することなれば。随て其の構造《こうざう》を拝観することを得。其の美《び》其《そ》の麗《れい》素より筆舌《ひつぜつ》の及ぶ所にあらず。誠に凝望諦視《げうばうていし》去《さ》るに忍びざるものなり。

東廻廊の北詰《きたづめ》に戸口あり。其の内を上御供所《かみごくうじよ》とす。廻廊の隅より下御供所《しもごくうじよ》に通ずる門を石門といふ。左右に巨石を据ゑ。柱扉皆銅を以て裹《つゝ》む。其の續きに石敷の廊下《らうか》あり。之に接して銅庫あり。傍に八房の梅とて八重の薄紅梅あり。銅庫の傍にある清水《せいすゐ》は。御供水にて遠く瀧尾《たきを》社前より樋《ひ》を埋めて之を引く。長延十町餘に及《およ》べり。又東廻廊に潜門《くゞりもん》ありて上の蛙股《かへるまた》に一匹の睡猫を刻す。其の形は小なれども。いかにも眞に迫れり。俗に左甚五郎《ひだりじんごらう》の作と稱し其の名最も高し。此門《このもん》を出れば奥宮入口の門《もん》あり。阪下門といふ。桁行二間。柱には紗綾形《さやがた》の地紋を彫り。扉《とびら》には牡丹唐草を彫透かし。桁上は松竹牡丹と双鶴の圓彫り。格天井《かうてんじやう》は蜀紅地に菊《き》牡丹《ぼたん》等の折枝を刻《こく》したり。門内は石階並に石敷《いしゞき》參道にて專ら堅牢《けんらう》を主とし。石階は一級毎に一枚の石《いし》を用ゐ。左右に彫抜《ほりぬき》の石柵を列す。曲折《きよくせつ》二町餘にして奥宮に達す。記者《きしや》の過ぎし時は細雨蕭々として。石階拭《ぬぐ》ふが如く。柵外の大杉林《だいさんりん》は煙靄に抹せられて恰《あだか》も畫の如く。日光の美観《びくわん》は別にこゝに存するかと思はれ。徘徊之を久《ひさし》ふせり。石階の盡る所唐銅の鳥居あり。

“Nemuri-neko,” the sleeping cat.

東照宮眠猫

後水尾天皇の勅額を掲ぐ。慶安《けいあん》二年建る所。傍に銅庫《どうこ》あり。承應《しようおう》三年の創建といへり。拝殿は南に面し。桁行《けたゆき》五間三尺、梁間三間二尺。總銅《そうどう》包毛彫模様あり。格天井に五色の萬菊を畫く殿前石階の下に石猊《せきげい》二頭を置く。一は松平右衞門太夫正綱、一は秋元但馬守泰朝の寄進《きしん》なり。阪下門内の奉納《ほうなふ》は此二品に止る。
拜殿《はいでん》の後石垣の上に總唐銅鑄拔の門あり。高さ一丈一尺餘。初は唐門なりしが。慶安《けいあん》二年改造せしといふ。唐銅の狛狗左右《いう》に蹲踞す。門內《もんない》中央に寶塔あり。卽ち東照宮《とうせうぐう》家康公の墳墓なり。塔は唐銅鑄物にて直徑四尺、高さ一丈一尺餘。前に扉《とびら》あり。扉背に左《さ》の文《ぶん》を鐫すといふ。

東照宮奧社　The Grave of Iyeyasu.

是歲夏秋之間東關地大震、野之下州日光山
東照宮石寶塔差傾矣、玄孫征夷大將軍內大臣源綱吉公謂、石而有二震裂之憂一、以二金銅一鑄レ之、則永年而寶塔不レ壞、靈光無窮乎、是先世
大猷院公之遺意也、故命二侍臣一新造二替之一奉レ安二置　神體一、實是厚繼二前志一不レ顯二孝道一者也、仰冀廟塔長久與二天地一齊焉、
天和三年歲次癸亥冬十一月六日
供養導師入道親王守全記

聞く石寶塔は赤薙山《あかなぎやま》の產、人夫六千餘人にて深山《しんざん》大澤の間を挽《ひ》き來れりと。又改造の際は久次良村《くじら》の原野に四十間の工事場を設け。大工椎名兵庫《しゐなひようご》、齋戒沐浴し丹精《たんせい》を籠めて之を鑄造せり。寶塔《ほうたふ》に繞らすに石の玉垣《たまがき》を以てし。壇前に銅製の蓮華瓶と鶴の燭臺を置けり。

幕府時代《ばくふじだい》は貴賤を論せず總て奥宮《おくみや》の參拜を許さず。唯每五十年大祭の時《とき》に限り。阪下門《さかしたもん》より拜殿迄假廊を架し。勅使《ちよくし》及び將軍家の名代を首め。祭儀に關係《くわんけい》せし者のみ參拜《さんぱい》するを得たりとなむ。

參拜の歸途《きと》には表門內なる寶物拜覽所に入り。寶物を拜覽し古を偲ぶも記念の一なるべし。但寶物《ほうもつ》は文化九年寶庫の火災《くわさい》に其の過半《くわはん》を失ひしよしにて。現存《げんぞん》するものは多からず。今其の大概を左に記《しる》す。但拜覽所陳列の分のみにて內陣《ないぢん》及銅庫內並中下神庫所藏の分はこゝに列擧せず。

○夏冬裝束類。　東帶の具各四通りと婦人裝束一通り。何れも梨子地蒔繪の辛櫃に納む。

○舞樂裝束類。　羅陵王、還城樂、太平破陣樂、納曾利、拔頭、伽陵其の他の裝束を列す。

○編　鐘。　十二の小鐘を朱塗の鐘架に二段に掛け連ぬ。寬永十三年板倉周防守重宗の獻納に係る。

○上棟式具。　鍍金の曲尺、梨子地の墨壺及手斧等なり。手斧の柄は漆に金銀の薄金を卷けり。各葵紋ある錦袋に入れ。箱は梨子地龍虎の蒔繪、鉸具《かなもの》は毛彫鍍金、紫紐附く。寬永十三年四月八日吉辰、甲良豐後守藤原朝臣宗廣の銘あれば。大工棟梁の其の式に用ゐしものと見ゆ。

○大象牙。　長七尺三寸五分、重量九貫四百目蓋しマンモースの牙なるべし。

○狸時計。　其の質は銅に金を和す。狸の皷腹を爲すの狀。腹內に機關あり。罹災の際破損せしも。奇巧猶想ふべし。

○純金銀造花打枝二。　一は金銅の桐枝に金の鳳凰。慶安元年家定公參拜の時の獻備一は同斷海棠に鸞。家綱公世子たりし時獻備したるものに係る。

○太刀十數振。　何れも美麗なる造りにて梨子地に蒔繪葵の紋散らし。將軍

P196～198注釈参照

が代々獻備せしものといふ。

○甲冑一具。冑《かぶと》は桃核形、白檀塗、五枚錣《しころ》、朱塗、黑絲縅。甲《よろひ》は素鐵の鳩胸、草摺は錣に同じ。籠手、髁當は篠立《しのたて》なり。

○山駕籠一挺。總網代《あじろ》にて骨は梨子地へ蒔繪の紋あり。上は葵、下は酸漿なり。一隅に眞田幸村が狙擊せしといふ銃丸の痕を存す。

○參內傘。瓜折《つまをり》にて柄と骨は黑塗なり。

○褥。秀忠、家光兩公社參の時の用品なりといふ。

右は何人も拜覽《はいらん》し得《う》る御寶物なるが。こゝに平生拜覽《へいぜいはいらん》し得ざる御寶物《ごほうもつ》の中に。今《いま》は國寶《こくほう》となれる東照宮御緣起五卷あり。其の詞書は天海僧正のよしにて。後水尾天皇の御宸翰を染《そめ》させ給ひしを首《はじ》め奉り。當時の貴顯各々筆を揮はれしものにて。其《そ》の繪《ゑ》は狩野探幽《かのうたんいう》齋守信が將軍の命《めい》を領《りやう》し一世《せい》の心力《しんりよく》を盡し畵きし極彩色のものなり。探幽齋守信は此功に依り繪所となりしといふ。其《そ》の表裝亦頗《へうさうまたすこぶ》る壯麗を極《きは》めたり。

◎東照宮の例祭及び神輿行列

東照宮の祭事《さいじ》はむかしより其《そ》の名《な》高《たか》く世《よ》に聞え。殊に神輿行列に至りては他に類例《るゐれい》なきことなれば、毎年《まいねん》の拜觀者堵の如く牆の如し。而して今《いま》や萬國に喧傳《けんでん》せらる。傳へいふ當日《たうじつ》は雨《あめ》ふらずと。然《しか》るに本年は宿雨晴れず。當日《たうじつ》早旦は大雨なりしかば皆《みな》竊《ひそ》かに憂慮《いうりよ》したりしが。奉幣使參向の時刻に臨みて俄然として歇《や》み。滯《とゞこほ》りなく執行《しつかう》するを得たれば。人々《ひとびと》奇異《きゐ》の思を爲したりといふ。例祭《れいさいおよ》は六月を大祭とし。九月を中祭とす。請ふ左に大祭及《たいさいおよ》び神輿の行列の次第《しだい》を述《の》べむ。六月一日栃木《しちぎ》縣《けん》知事奉幣使として參向《さんかう》し。恭《うやうや》しく幣帛《へいはく》を捧《さゝ》げ祝詞を奏す。午前八時官祭ありかくて其《そ》の式終《しきをは》りを告ればば。宮司《ぐうし》は祭服にて三神輿に御魂移《みたまうつし》の祭を修め。午後一時に行列《ぎやうれつ》を整《とゝの》へ。同三時御發輿にて二荒山神社《くわうさんじんじや》に神幸《しんかう》あり。之《これ》を宵成《よひなり》と稱す。卽ち宵に成らせらるゝの義なり。(以前は午後四時揃《よ》にて同五時の御發輿《ごはつよ》なりき) 宮司以下總て供奉し同社《どうしや》にて夜を徹《てつ》す。二荒山宮司《ぐうし》以下《いか》同《おな》じく供饌の式を行ふ。翌二日午前《ごぜん》十時神輿《じみこし》は行列《ぎやうれつ》を整《とゝの》へ。同十一時愈々御發輿となる。行列《ぎやうれつ》の次第《しだい》は左の如し。

一御榊　白張百五十人　警固二人

一兵士鉾持　百人警固二人　熨斗目麻上下以下同

一町長　狩衣

一職士鉾持　神人一人

一獅子　神人三人

一獅子　神人三人

一笛　神人一人

一田樂法師　宮仕一人

一大拍子　神人一人

一八乙女　八人

一神職　騎馬　素袍一人　白張四人

一同　同　同

一御神馬　三疋

一御鐵砲持　五十人警固二人

一御弓持　五十八警固二人

一御鎗持　五十人警固二人

一鎧武者　百人警固二人

一兒子　十二人警固二人

一掛面　五十人警固二人

一御翳四本　神人四人

一御太刀主典　騎馬　御太刀附神人一人　素袍一人白張四人

一御旗主典　同　同

一齋鉾三本　白張十五人　警固六人

一祭旗八本　白張四十人　警固十六人

一葵大皷　白張三人

一鉦皷　白張一人

一子供猿　三十人警固二人

一猿牽　十人

一宮仕　六人

一神人　五十人

一伶人　十二人

一荷太皷　白張二人

一荷鉦皷　白張二人

一鷹匠　十人

一御枕木　白張二人

一御枕木　白張二人

一御幣　神人一人

一主典　騎馬　素袍一人　白張四人

一禰宜　同　同

一素袍着　五十人

二十二

P198～199注釈参照

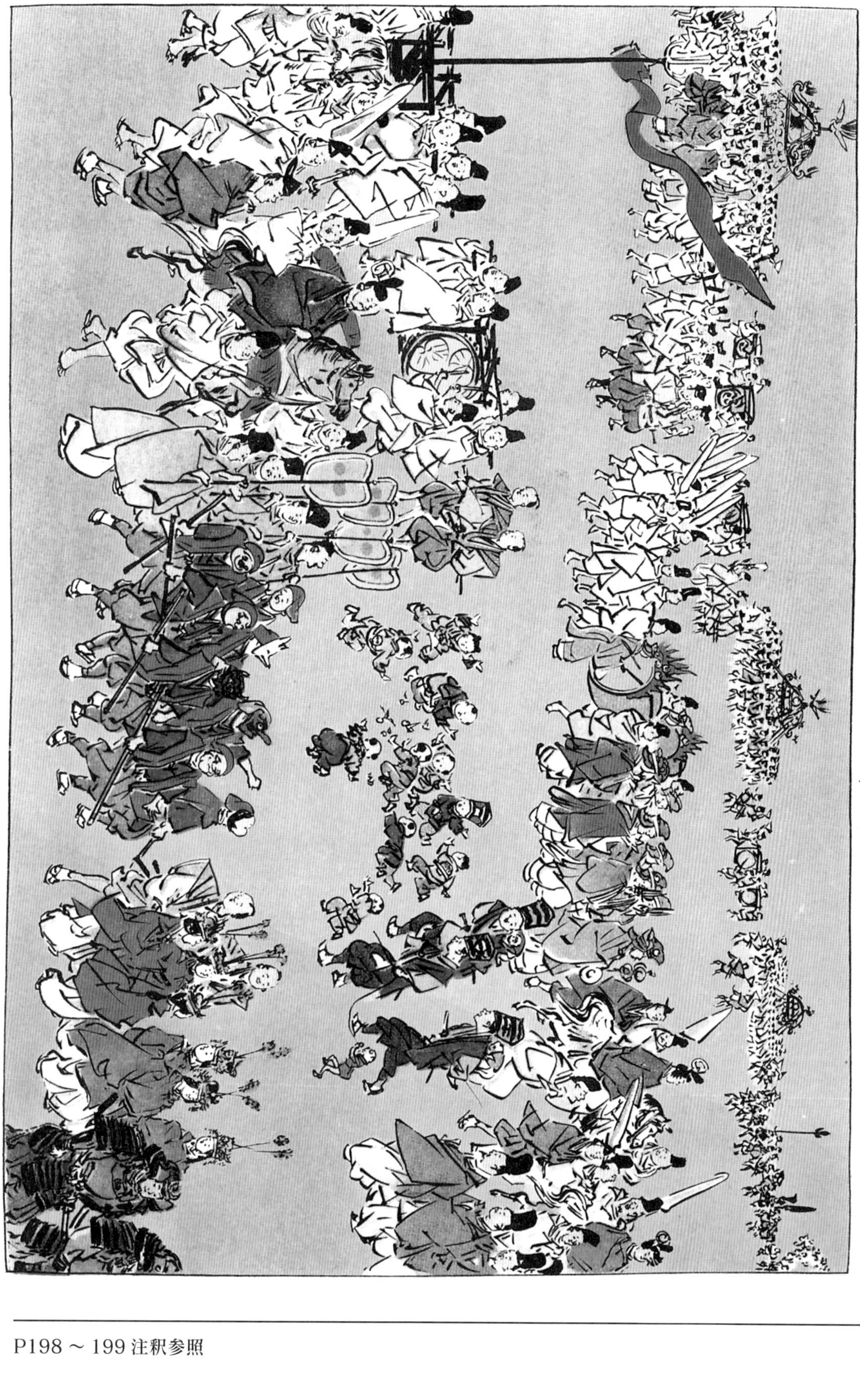

日光山御例祭の行列

P198～199注釈参照

一御本社神輿　白張五十人　警固四十人
一鉦鼓　白張一人
一御幣　神人一人
一御左神輿　白張五十人　警固二十人
一鉦鼓　白張一人
一御幣　神人一人
一御右神輿　白張五十人　警固二十人
一里山伏
一神職　同　同
一署長　制服

一巴太鼓　白張三人
一御枕木　白張二人
一御枕木　白張二人
一素袍着　二十人
一茗荷太鼓　白張三人
一御枕木　白張二人
一御枕木　白張二人
一素袍着　二十人
一宮司　騎馬　衣冠(赤袍)直垂二人、白張四人妻折朱傘一人
一主典　騎馬　素袍一人　白張四人
一同　同　同

以　上

九月十七日の中祭《ちうさい》は。右の半數《はんすう》にて二荒山神社には渡御《とぎよ》なきを例とす。

◎御旅所に於ける祭事（東遊）

神輿行列《しんよぎやうれつ》は肅々《しゆくしゆく》として沿道拜觀者の間を進《すゝ》み。御旅所に着御あれば。供奉せし伶人は御安座樂《ごあんざがく》として抜頭《ばとう》を奏す。かくて神饌を供献して十天樂を奏す。それより社頭甃石《しやとうしきいし》の上にて東遊駿河舞を歌舞す。此舞曲《このぶきよく》は當山御遷座《たうざんごせんざ》の初に京都の伶人之を奏せしが。後久《のちひさ》しく廢絶《はいぜつ》し居りしを。寶永三年五代將軍徳川綱吉公之を再興《さいこう》せり。維新後又行はれざりしが。近年《きんねん》遂《つひ》に復興したりといふ。舞人《ぶじん》は紅紗《こうしや》の袍に下襲《したかさね》藤色。表袴は白精巧に青摺《あをずり》の模樣《もやう》。下袴《したはかま》は緋精巧の大口。其の他は紫の紗袍に下襲は玉蟲色紫の刺貫《さしぬき》なり。神樂歌《かぐらうた》に篳篥、高麗笛等を以《もつ》て調節す。此東遊《このあづまあそび》の舞曲終りて。神輿《しんよ》は直《たゞ》ちに宮裏に還御するを例とせり。又撤饌の際《さい》は伶人羅陵王を奏《そう》するとかや。攀晃山記に倶$_{ニ}$赴$_{ニ}$法王殿居$_{一}$。陪$_{ニ}$觀神輿出遊$_{一}$。儀衞嚴整。道傍觀者蟻集。神輿所$_{レ}$駐曰$_{ニ}$御旅所$_{一}$。伶人奏舞。謂$_{ニ}$之東遊舞$_{一}$。舞闋、神輿還$_{レ}$宮と見《み》ゆ。今《いま》も昔と大差《たいさ》なきが如し。

按ずるに東遊《あづまあそび》とは一歌《いちのうた》、二歌《にのうた》、駿河舞等。駿河、相模の地名みゆれば。東《あづま》の歌をうたひて遊ぶよりいふなるべしと。本居太平が神樂歌《かぐらうた》新釋にしるせり。家康公《いへやすこう》は久しく駿河に居給ひしに因り。神祭《しんさい》には故《ことさ》らに東遊をば執行せらるゝとゝ見えたり。

徳川家達公《とくがはいへさとこう》は一年は久能山。一年は日光山に參拜《さんぱい》あるの例にて本年六月の大祭には、同族慶久公と共に奉幣使《ほうへいし》の奉幣せる祭場に列席せられたり。徳川家《とくがはけ》松平家等の一門は皆代拜者《みなだいはいしや》を差遣《さしつかは》し直垂《したゞれ》にて同じく其の席に列なるを常とす。

東照宮の神輿行列は。明治《めいぢ》以前《いぜん》に行はれたるものと同《おな》じ。但三綱僧其の他佛法《たぶつはふ》に關《くわん》せしものを除却したるに過《す》ぎず。其の服裝《ふくさう》等の如きは違ふ所なし。因《よつ》て日光山志《につくわうざん》に載する昔時の行列記を掲録することゝせり。

兵士鉾持《へいしほこもち》　兵士《へいし》百人《にん》　警固《けいご》二人宛《にんづゝ》　熨目麻上下《のしめあさかみしも》にて先に立事《さきたつこと》下皆《しもみな》同《おな》警固《けいご》二行《ぎやう》に前頭《ずんとう》に進《すゝ》み歩行《ほかう》す其跡《そのあと》より兵士《へいし》五十人《にん》づゝ二行《ぎやう》に歩行《ほかう》す鳥兜《とりかぶと》を被《かぶ》り麻地《あさぢ》の袍鳶色《はうとびいろ》と花色《はないろ》と五十人宛相交《づゝあひまじは》り袍《はう》に鳳凰《はうわう》を白《しろ》く染《そめ》ぬけり淺黄《あさぎ》に波《なみ》の模樣《もやう》ある奴袴《さぬきのはかま》を着《き》各《おの/\》手《て》に鉾《ほこ》を携《たづさへ》たり鉾柄《ほこつか》ともに長《なが》八尺許《さしやくばかり》柄《つか》は黒《くろ》臘色《ろいろ》かなものゝ總滅金太刀打《そうめつきたちうち》の邊《へん》に小旛《こばた》の如《ごと》きものを附《つけ》たり兩面《りやうめん》に仕立《したて》片面《かためん》萠黄片面は赤地《あかぢ》の錦《にしき》紐附《ひもつけ》の邊《へん》に巴《ともえ》の紋《もん》を滅金《めき》かなものにて附《つけ》たり長《なが》さ一尺許《しやくばかり》幅《はゞ》六寸《すん》程《ほど》にて先《さき》を劒頭《けんがしら》にし紋《もん》のもとより三流《みなが》に裂《さき》たり其劒先《そのけんさき》並《ならび》に紐附《ひもつけ》かなものゝ皆滅金《みなめつき》なり

職士鉾持《しよくしほこもち》　神人《しんぐ》壹人《にん》
鳥兜猿田彦命《さるたひこのみこと》赤面を被り萠黄地《もえぎぢ》の錦に地紋有袍《あるはう》を着し紺玉蟲色《こんたまむしいろ》にて白

P199～200注釈参照

形の模様《もやう》を織出し奴袴にて絲鞋《しかい》をはけり

獅子《しゝ》　二頭　一頭《かしら》に神人《しんぐ》三人宛《にんづゝ》都合《つがふ》六人《にん》なり

二頭ともに金色《こんじき》一頭には唐織《からおり》にて煤竹色の地《ぢ》に黒《くろ》く虎斑の文あり一頭は青地色に唐草《からくさ》の如き模様《もやう》各織文なり普通の獅子《しゝ》と號《がう》するものは繪又《ゑまた》は彫物などにもすべて垂耳なる圖なり當山《たうざん》の御神事の獅子《しゝ》は立耳《たてみゝ》にして斑文《はんもん》ある織物を被るゆゑ世俗《せぞく》は虎の頭なるべしといへり獅子《しゝ》の生獸をば和漢《わかん》ともに現《げん》に見たるものなきゆゑ古より獅子《しゝ》といへばみな垂耳《たれみゝ》長毛《ちやうもう》なるものとおもへり普通の神事に獅子を出《いだ》すことゆゑ當山《たうざん》にても獅子とは稱すれども獅子にあらず虎《とら》なるべし能其形を拜して知《し》るべきものなり

笛《ふえ》　神人《しんぐ》一人黄袍烏帽子《にんきのはうゑぼし》

田樂法師《でんがくはふし》　宮仕《きうし》一人《にん》

金色《こんじき》の立烏帽子赤地金襴の　袍《はう》奴袴《さしぬきのはかま》は茶色の綾織柏板を襟にかけて絲鞋をはけり

御法會の砌は京都《きやうと》より田樂法師數輩《でんがくはふしすはい》くだり御行列に供奉し御旅所《おんたびしよ》にて舞曲なせり先年より京都《きやうと》田樂法師の内一人當山に留《とゞ》めさせ玉ひ千萬歳《せんまんざい》とかやいへるものゝ子孫《しそん》を常には宮仕《きうしや》に被仰付　御宮《おんみや》へ勤《つと》め兩度の御神事《ごじんじ》の時には田樂法師の役にて供奉《ぐぶ》せり此黨《このたう》　京都《きやうと》にすめるもの其稱號千壽萬歲　又十萬歲百萬歲萬々歲などゝ名乘といへり

大柏子《おほびやうし》　神人《しんぐ》壹人黄袍烏帽子《にんきのはうゑぼし》

神樂男《かぐらをとこ》　神人《しんぐ》五人服色上《にんふくしよくかみ》に同《おな》じ

八乙女《やおとめ》　八人《にん》立花模樣《もやう》の服《ふく》を着し千早を襲《おそ》ひ練《ねり》なる白帽子を被る

三綱僧《さんかうそう》　一人騎馬素袍着《にんきばすはうき》一人白張《にんはくちやう》四人相隨《にんあひしたが》ふ

緋の袍裳赤地《あかぢ》錦の五條袈裟淺黄地《でうのけさあさぎぢ》八ツ藤《ふぢ》の紋ある指貫《さしぬき》を着す里俗等是を一時僧正と唱《とな》ふ一坊《ばう》中より勤《つと》む

社家《しやけ》　騎馬《きば》四人四位《ゐ》の束帶《そくたい》なり

一騎《き》へ素袍着一人宛《づゝ》白張四人宛都合二十人相隨ふ

御神馬《おんじんめ》柄挼持《ひしやくもち》　御厩《おんうまや》の舍人《とねり》一人白張

御神馬　三匹《びき》

口附二人宛各白張《はくちやう》　都合六人沓持《くつもち》一人外に一人宛《づゝ》三人皆《みな》白張着合て九人

二十四

御厩別當《おんうまやべつたう》　一人布衣《にんほい》　麻上下《あさかみしも》侍一人白張二人相隨《あひしたが》ふ

御鐵砲《おんてつぱう》　五拾挺《ちやう》

二十五人宛二行警固《ぎやうけいご》兩人前頭に進む　猩々《しやうじやう》緋《ひ》袋《ふくろ》入染火繩附持人帶刀法被花色絹紋所輪寶無地《きぬもんどころりんぽうむぢ》の股引

御弓《おんゆみ》　五拾張

二十五人宛二行警固《けいご》同斷墨塗空穗附持人法被上《はつぴかみ》に同じ

御鎗《おんやり》　五拾筋

二十五人宛二行警固《けいご》同斷御素鎗鞘《すやりさや》赤塗持人《もちびと》花色法被白の子持筋あり

鎧着《よろひき》　百人

五十人宛二行其餘同斷《そのよどうだん》紅《あか》絲《いと》威大袖佩楯兜皆金色なり太刀を佩裁附紺白の横島あり

童兒《どうじ》　十二人六人宛二行警固《ぎやうけいご》二人同斷《さん》

花瓔珞《はなえうらく》に十二支を附たるものを頭《かしら》にいたゞき精好地赤色の袍金《はうきん》にて模樣《もやう》あり

白地《しろぢ》にすり金の紋附《もんつき》たる大口《おほくち》をはけり

末社神《まつしやじん》　掛面《かけめん》

五十人二十五人宛二行警固《けいご》同斷猩々緋《ひ》の角頭巾《つのづ》同物なる袖《そで》なし羽織下た紺地に白《しろ》く鱗形附たる裁附《たちつけ》をはき種々《しゆぐ》異形なる面《めん》を被《かぶ》り各長杖を携ふ長六尺許黒臘色塗上下に滅金《めつき》かなものあり

御翳　四本《ほん》　持人《もちびと》神人四人二行

軍配團扇の大なるものなり長《なが》さ八尺許《ばかり》青貝《あをかひ》塗柄かなもの滅金《めつき》翳の地赤地紋紗にて張其中《はりそのなか》に金御紋《きんごもん》を兩面に附《つけ》たり

御太刀負社家《おんたちおひしやけ》　一人騎馬四位束帶《きばしゐのそくたい》社家一臈勤之《らうこれをつとむ》

御太刀を赤地大和錦《あかぢのやまとにしき》の御袋《おんふくら》に入眞紅の紐《ひも》にて奉背負素袍着一人白張四人相隨ふ

御旛《おんはた》負社家　一人騎馬四位《きばしゐの》束帶社家二臈勤之

御旗是も赤地《あかぢ》錦の御袋《おんふくろ》に入眞紅《いれしんく》の紐にて奉背負素袍着一人白張《はくちやう》四人相隨ふ

齋御鉾《いみのおんほこ》　三本警固《ぼんけいご》二人前頭《ぜんとう》に進事前に同

此三本を三種《しゆ》の神器《じんき》の御鉾と稱す第《だい》一の御鉾を寶劍と奉稱其次は日輪其次は月輪の御鉾と稱せり御旗吹流し龍門絹御紋を一ツ附其外は巴又は茗荷《みやうが》九曜等色々

P199～200注釈参照

P199～200注釈参照

の紋《もん》を一流《なかれ》に五ツ宛附《づゝけ》たり御紋ばかり五ツ附たるも有染色五色其外種々の染色
にて御紋を白く染貫たり柄は黒臘色塗にしてちらし蒔繪《まきゑ》あり同塗《おなじぬり》の雙臺《わゝだい》へ建て
四人にて替々是《これ》を昇紅の大綱《おほづな》を御鉾《おほこ》の柄上に附《つけ》たるを一人これを引張持皆白張
着都合五人宛三本にて十五人御鉾《おほこ》の高《たさ》凡一丈二尺許《ばかり》惣黒臘色《そうくろゝいろ》滅金《めつき》かなものあ
り

祭御鉾《まつりのおんほこ》　八本《ほん》　白張《はくちやう》五人宛都合四拾人
此八本の御鉾《おんほこ》の下に滅金《めつき》にて松紅葉又は草花《さうくわ》などを造《つく》りたり御吹流《おんふきながし》し御紋或
は染色其餘の製作前《せいさくまへ》に辨《べん》せり
御太皷《おんたいこ》　白張着三人にて荷ふ惣金色《そうこんじき》極彩色模様あり
御鉦皷《おんしやうこ》　白張着一人
御枕木《おんまくらぎ》　二基《き》　白張二人宛《づゝ》二行都合《つがふ》四人
猿面着小童《せうどう》　三拾人是《これ》を作《つく》り猿とも唱ふ
本猿牽　四人二行《ぎやう》
黒《くろ》の劒烏帽子《けんゑぼ》猩々緋の陣羽織《ぢんばおり》無反の太刀を帯せり
宮仕《きうし》　十八二行
黄絹《きゝぬ》のかさぬ衣白絹《きぬしろきぬ》の奴袴
神人《しんじん》　六拾人
二行黄麻《きあさ》の袍《はう》烏帽子《ぼし》白木綿の奴袴
東遊舞樂《あづまあそびぶがく》　舞人《のまひびと》　七人騎馬素《す》袍着《はうぎ》一人宛白張《はくちやう》四人宛都合凡三
拾五人相隨ふ装束《しやうぞく》等《とう》の事《こと》は前にいへるが如し
伶人《れいじん》　二拾人　二行白張着《はくちやうぎ》二拾人相隨ふ
烏兜半臂《はんぴ》下襲《したがさね》赤色大口袴淺黄絲鞋をはき歩行《ほかう》す伶人《れいじん》の一﨟眞先《らふ》に進み鶏婁《けいろう》とい
へる金《きん》だみの丸《まる》くて太皷《たいこ》の如《ごと》くなるものを紅《くれなゐ》の紐にて襟に掛右の手に棒《ばち》を持て
うつ又左の手に是も金《きん》だみの振《ふり》ずゞみとて小《ちい》さきつゞみの重ねたる如きものを振
ならす二﨟は太皷を打つ又末席なるものは鉦皷《しやうこ》をうつ其餘《そのよ》の伶人《れいじん》各三管を吹荷
ひ太皷荷《たいこにな》ひ鉦皷白張着《ちやうぎ》二人宛にて荷ひ都合四人なり
御鷹匠《おんたかじやう》　拾人二行
烏帽子《ゑぼし》狩衣太刀を佩手《はきて》に御鷹《おんたか》の作りものをすゑたり
御金幣《おんきんのへい》　持人《もちひと》神人一人黄袍白《きのはうしろ》　奴袴《さしぬきのはかま》
御祭禮奉行《おんさいれいぶぎやう》　二人二行

赤色衣冠宿坊の院代《ゐんだい》相隨《あいしたが》ふ素絹輪袈裟
日光奉行支配組頭《しはいくみがしら》二人二行
素《そ》袍侍烏帽子《ゑぼし》下知僧《げぢそう》二人素絹《そけん》五條着用
日光奉行《につくわうぶぎやう》支配吟味役　其餘《そのよ》諸役人《やくにんの》熨斗目《しめ》麻上下にて供奉す
鹿沼社家《かぬましやけ》　三人　木幡社家《こはたしやけ》　一人烏帽子狩衣各二行に列す
素袍着《すはうぎ》　五拾人　麻上下《あさがみしも》着五拾人二拾五人宛二行
御本社御神輿　白張着《はくちやうぎ》百人奉昇《かきたてまつる》
御神輿《おんしんよ》金梨子地金御紋ちらし錦《にしき》の御戸帳御《おんとちやうおん》かなもの金色なり四方に御鏡を掛玉ふ
を數多なり御上屋の上に金の鳳凰有其外小鳥數十羽又神輿《ぱまたしんよ》の左右《さいう》の下《した》の方《かた》に金滅
金の御衝立《おんついたて》あり竪《たて》一尺程横《ほどよこ》一尺七八寸許地紋虎の高蒔繪なり其餘の結構なる事は
進じて知べし雨天の時は猩々緋の御雨覆《おんあまおほひ》を奉懸《かけたてまつる》事は三輿ともに相同じ
熨斗目《しめ》麻上下着《あさがみしもき》　五人宛二行
御太皷《おんたいこ》　白張着三人にて荷《にな》ふ　御鉦皷《おんしやうこ》　白張着一人
御枕木《おんまくらぎ》　二基　白張二人宛都合《づゝつがふ》四人
御金幣　持人《もちひと》神人一人黄袍白奴袴　素袍着《すはうぎ》　二拾人二行
御左《おんひだり》の神輿《しんよ》　白張着五拾人奉昇
神輿金梨子地《しんよきんなしぢ》錦《にしき》の戸帳御紋巴の金紋ちらし上屋の上に金《きん》の鳳凰《はうわう》一羽外《はほか》に小鳥《ことり》前
に同《おな》じ其餘大概相同じ神輿《しん》の下《した》の方《かた》に金滅金の衝立左右に有て猿の蒔繪模様こ
れも御本社の御飾と同《おな》じ
熨斗目麻上下着《あさがみしも》　二拾人二行
御太皷　白張着三人　御鉦皷《おんしやうこ》　白張着一人
御枕木　二基　白張《はくちやう》二人宛都合《づゝつがふ》四人
御金幣《おんきんのへい》　持人神人一人黄袍白　奴袴《しろのさしぬきはかま》　素袍着　二拾人二行
御右《おんみぎ》の神輿　白張着　拾人奉昇《かきたてまつる》
神輿金梨子地錦の戸帳上屋のうへに金の寶珠あり其外に小鳥すべて金色丸の内
に向ひ茗荷《みやうが》の金御紋《きんごもん》ちらし其餘前《そのよまへ》とおなじ神輿《しんよ》の左右の下の方に朱塗の鳥居あ
り
熨斗目《のしめ》麻上下着　二拾人二行

P199～200注釈参照

大千度行者《だいせんどのぎやうじや》　二拾人二行
日光山伏《につくわうやまぶし》　三拾人二行　無髪白《むはつしろ》ふさ袈裟《けさ》篠掛《すゞかけ》裁附
里山伏《さとやまぶし》　二拾人二行　有髪兜巾《うはつときん》篠掛裁附裝束《しやうぞく》白地に紺《こん》にて鱗形　上下とも に一面に染附《そめつけ》たり袈裟《けさ》は前《まへ》と同じ

◎日光廟社造營の深旨

日光廟社《につくわうべうしや》の莊嚴《さうごん》にして建築の精美《せいび》を極盡《きよくじん》せるを觀て。之を賞揚して措《を》かざるも。造營の深旨を了解《れうかい》するにあらざれば。未だ以て日光を談《だん》ずるに足らず。因《よつ》て左に記者の所信《しよしん》に基き深旨の存《そん》する所を説明《せつめい》せむとす。

初め二代將軍秀忠《ひでたゞ》公の東照宮の廟社《べうしや》を造營するや。本多《ほんだ》正純《まさずみ》藤堂高虎《とうどうたかとら》を以て奉行《ぶぎやう》に任じ工事を監督せしむ。東武實錄《とうぶじつろく》記する所に徵《ちよう》すれば。元和二年十月二十六日を以て著手《ちやくしゆ》し。同三年三月に御本社、本地堂《ほんちだう》、廻廊、御供所、御廐《おうまや》を造り畢ると其《そ》の短日月にて落成《らくせい》せしを見るも、其の構造《こうぞう》の如何を推察《すゐさつ》するに足れり。

家康公《いへやすこう》の專ら質素《しつそ》を主とせられしは。世人《せじん》の普く知る所なり。秀忠公は孝子《かうし》なり。父君の意《い》を承《う》けて經營せしや明《あきら》けし。然るに三代將軍家光公《いへみつ》に及び。之を一變《ぺん》して輪奐《りんくわん》の美《び》を極めしは抑々《そも〳〵》何ぞや。是れ大に故《ゆゑ》あることなり。公は英明《えいめい》の人勇決の將《しやう》なり。其の志祖業《そげふ》を顯揚《けんやう》し士民をして崇敬《すうけい》の念を堅からしめ。一方には間接に諸侯《しよこう》の財を散《さん》ぜしめ再《ふたゝ》び戰旗を掲ぐるの心を絶滅《ぜつめつ》せしめむとするに在り。是《こゝ》に於て寛永元年松平右衛門太夫正綱《まさつな》。秋元但馬守泰朝《やすとも》を以て日光山造營總奉行《ざうえい》に任じ。當時《たうじ》の良匠名工を一山に集め。天下の力を盡《つく》して造營せり。此際譜代《ふだい》は勿論外樣《とざま》の諸侯と雖も。各其の貲《し》を傾《かたむ》け獻備する所あり。其の勢此の如《かく》くなりしかば山岳《さんがく》遂に光を發し林泉果して色《いろ》を增し。遠《とほ》く世《せ》界萬國《かいばんこく》を照耀《せうえう》するに至れり。今日の日光《につくわう》は實に世界に誇《ほこ》るべきの日光たり。家光公《いへみつこう》の靈必らずや欣然《きんぜん》たらむ。凡そ此等《これら》深旨の存する所《ところ》を知り。始めて以て日光《につくわう》を談《だん》ずべきのみ。編者には尚造營に關し種々議論あれどもしるさず

◎東照宮造營のことども

日光廟修理
技師工學士　大江新太郎

五歩一樓、十歩一閣、廊腰縵廻、簷牙高啄、各抱二地勢一、鈎心鬪角、盤々焉、囷々焉、蜂房水渦、矗不レ知二其幾千萬落一、長橋臥レ波、未雲何龍、複道行レ空、不レ霽何虹、高低冥迷、不レ知東西一とは杜牧之が、渭南の阿房宮を賦《ぶ》したものである、流石《さすが》に六國を滅《ほろ》ぼして、四海を統《とう》一したほどの、始皇の雄大《いうだい》なる目論見が、目《め》の前《まへ》に偲ばれるではないか、記《き》に依《よ》れば、阿房は、始皇が造營《ざうえい》しやうとした朝宮の一部前殿《ぜんでん》に過ぎなかつたので其廣《そのひろ》さは、東西五百歩、南北《なんぼく》五十丈、上に萬人《まんにん》を座すべく、下に五丈《ぢやう》の旛《はた》を建つ可しとある、今《いま》五歩《ほ》を貳間とし、尺位を假《か》りに唐尺《とうしやく》(唐尺《とうさい》一丈は我が曲尺の九尺八寸《しやくすん》なり)に從つて考へて見《み》ると、東西貳百間餘、南北わづかに八十間餘《けんよ》と見てよい、蜀山兀、覆壓《ふくあつ》三百餘里、隔離《かくり》天日、といふほどの大規模《だいきぼ》のものでもないらしい、兎《と》角《かく》支那人の詩《し》歌《か》文章は、形容が大袈裟である上《うへ》に、始皇から千年も經つた《た》後《のち》に、唐人の手に依つて、想像《さうぞう》半分に書かれたものであるから、文面《ぶんめん》通り眞に受けて讀《よ》むのは、讀む方が間違《まちが》つて居るので、辻褄《つぢつま》の合はぬの

P200～201注釈参照

も無理《むり》のない話《はなし》である。

假りに、記錄《きろく》の寸尺が眞《まこと》であつて、小杜の筆がチト大袈裟《おほげさ》に過《す》ぎたとして、さて飜《ひるがへ》つて我日光廟はと眼《め》を轉《てん》じて考へて見ると、其規模《そのきぼ》即ち大《おほ》きさは、數字の上《うへ》からいつて、阿房宮とは大同小異《だいどうせうい》である、其經營に費《つひ》やした時間は如何《いか》にといふに、阿房の成《な》つたのが始皇の三十五年《ねん》であるから、假《か》りに六國定まつて帝號を稱《とな》へた時即ち治《ぢ》の二十六年に其工《そのこう》を起こしたと想像《さうぞう》すると、丁度足かけ十星霜《せいさう》である、之を日光廟《につくわうべう》の、寛永元年に起工《きこう》されて同十三年《ねん》に竣工《しゆんこう》したのに比べて、餘り徑庭はないのである。

既に建物が宮殿建築《きうでんけんちく》と廟建築とである、共《とも》に裝飾《さうしよく》を本位とずる性質《せいしつ》の上から見て、類《るゐ》を均《ひとし》うするものであり、且つ規模《きぼ》大さが、伯仲《はくちう》して、經營に費《つひ》やした時間が、略《ほ》ぼ似《に》たものである以上《いじやう》は、出來上つた建築《けんちく》の出來榮えは、一つに、其力《そのちから》の入れ方、即ち工人《こうじん》驅數の多寡《たくわ》と、技術の巧拙《こうせつ》奈何に由つて、其優劣《いうれつ》が岐れるべきものである、斷《ことわ》つて置くが、吾輩《わがはい》は、何も茲《こゝ》に、阿房宮と日光廟《につくわうべう》との建築優劣論を、試《こゝろ》みやうとする者ではない、日光廟造營《ざうえい》の事に就《つ》いて、一ツ二ツ興味《きようみ》の有り相な事柄《ことがら》を、書いて見《み》やうと思つて、偶と聯想《れんさう》が、阿房宮まで馳《か》け出《だ》したものだから、鳥渡《ちよつと》引合にしたところ、知《し》らず識らず、比《くら》べて見る樣《やう》な羽目《はめ》になつたといふ迄である、さて阿房宮造營《ざうえい》に際し、始皇が、果《はた》して、日々幾《いく》百千の人數を使役《しえき》して、又技巧《ぎこう》が、如何なる程度《ていど》まで發達《はつたつ》して居たものであつたかといふ事《こと》は、漠《ばく》として雲を摑《つか》む樣な事ではあるが、察《さつ》する處、羅馬帝《ろーまてい》が、凱旋門《ツライアンフハルマーチ》を造つたり、埃及王が、金字塔《ピラミツド》の墳墓《ふんぼ》を營むだと同筆法で、矢張《やは》り、古今に通有《つういう》なる戰捷將軍の驕慢《きやうまん》豪宕を其儘、四境《しきやう》に贏ち獲《え》た幾萬の捕虜を使役《しえき》し、他國から掠奪《りやくだつ》して來た幾多《いくた》の技工を鞭撻《べんたつ》して、ひたすら其工《こう》を急《いそ》ぎ、其美を極《きは》めたものと思《おも》はれる、現に賦《ふ》のうちにも、妃嬪媵嬙王子皇孫、辭樓下殿、輦來於秦とある位《くらゐ》である、それにしても時《とき》は支那《しな》美術の黃金時代《わうごんじだい》といはるゝ唐代を溯《さかのぼ》る事、更に一千年《ねん》のそのかみのことである、よしや、玉《たま》は石《いし》の如く金《きん》は塊の如く、珠《たま》は礫の如くに、用《もち》ひられたものにもせよ、又釘頭の鱗《りん》々たる庾に在るの粟粒《あはつぶ》よりも多く、直欄橫檻は、九土の城郭《じやうくわく》よりも多《おほ》かつたにもせよ、建築上《けんちくじやう》の美的價値に至つては、案外《あんぐわい》幼稚古拙《こせつ》なものであつたに相異《さうい》ない、之を要するに其規模《そのきぼ》にして驚くべきものなく、其技巧《そのぎこう》の特に頌するに足《た》らずして、而《しか》も憐《あはれ》むべし一朝楚人《そじん》が一炬の下に、焦土《せうど》と化するに至《いた》つては、阿房宮も又眞に阿房宮なるかなである。

さて本題《ほんだい》に戻つて、吾輩《わがはい》は、日光廟の造營《ざうえい》に關する、一二の事實《じじつ》や觀察《くわんさつ》を少し述べて見よう。

造營《ざうえい》の目的と期待、三代將軍《だいしやうぐん》は、素より祖廟を築いて、先祖《せんぞ》に對《たい》する孝道を全《まつた》うせんとした事が、日光廟《につくわうべう》の造營された主たる目的には相違《さうゐ》ないが、一面又國家の大功臣《だいこうしん》たる家康（言ふまでもなく幕府《ばくふ》は時《とき》の政府《せいふ》である）の開《ひら》いた江戶幕府の覇業を、永く萬世《ばんせい》に記念しやうとすると同時《どうじ》に、又譜代《ふだい》の大名衆を主《はじ》め、旗本《はたもと》八萬騎の頭の底に、深《ふか》い或《あ》る印象《いんしやう》を刻み付けたいといふ念願《ねんぐわん》が、祖先を祭《まつ》るといふ主たる目的《もくてき》以外に、德川氏の窃《ひそ》かに狙《ねら》つた期待《きたい》である、此期待《このきたい》が、端なくも、明治《めいぢ》維新に際《さい》して、幕臣大鳥圭介《おほとりけいすけ》に依つて、實現されたことは耳尚新らしき出來事《できごと》である。

尙德川幕府は、此外《このほか》に、更《さら》に思慮深《ふか》き目的《もくてき》を有つて居た、そ

P200～201 注釈参照

れは丁度《ちやうど》成吉思汗が、四疆を征服《せいふく》して、尨大なる版圖《はんと》を略定してから、諸方《しよはう》の王や汗に封《ほう》じた息子達兄弟《きやうだい》が、互に墻に鬩ぐ殺伐《さつばつ》の氣風を他《た》に移《うつ》さんが爲めに、喇《ら》嘛《ま》教《けう》といふ淫猥なる一種《しゆ》の宗教《しうけう》を奬勵したと同じやうに、まだ寛永《くわんえい》の初めは、幕府に取つては、客分遇《きやくぶんあし》らひであつた所の外樣大名《だいみやう》、一寸斷つて置くが、當時《たうじ》諸侯《しよこう》の參勤交替には、將軍《しやうぐん》が、必ず名代を以て、品川《しながは》に送り迎へをして居《ゐ》たのである、それを寛永《くわんえい》元年家光が、軍職《ぐんしき》を襲いで五年後《ねんのち》の寛永六年《ねん》といふに、初めて諸侯に去就を問《と》ふて、總代《そうだい》獨眼龍の口から、臣禮《しんれい》を誓はしめたのである、此客分《このきやくぶん》の外樣大名をして、猥《みだ》りに矢の根《ね》を研ぎ、或は鐵砲《てつぱう》庫の戸を開閉てするやうな、物騷《ぶつさう》千萬《ばん》な考へを成るべく起《お》こさせまい方策《はうさく》として、此天下《このてんか》の大造營を企畫して、頓ては、大名衆《だいみやうしう》の間に、大々的《だい〲てき》普請道樂の普及を圖《はか》つたのである、詰《つま》り、一ッには殺伐《さつばつ》の氣風を軟化して、他《た》に移《うつ》さむが爲めに、やつたのである、世《よ》には、幕府《ばくふ》が、諸大名に造營費《ぞうえい》の出資《しゆつし》負擔をおし附《つ》けて、ひたすら諸侯の財力《ざいりよく》を直接に疲弊せしむるを以《もつ》て目的《もくてき》とした樣に、言ひ傳《つた》へて居るが、これは甚だ皮想《ひさう》な觀察《くわんさつ》といはねばならぬ、事實《じじつ》當時の造營《ぞうえい》事情を見ると、毫《がう》もそんな形跡《けいせき》は見られぬのである、考《かんが》へても見るがよい、寛永元年《くわんえいぐわんねん》といふ事は、漸《やうや》く大阪冬の陣が終つて、翌年《ねん》家康《いへやす》が豐國廟《ほうこくべう》を毀つた元和元年から數へて、まだ僅《わづ》かに十年《ねん》たつかたゝぬ時《とき》である、前にもいふ通《とほ》り、諸侯はまだ徳川家《とくがはけ》の客分遇《きやくぶんあし》らひにしてある時分《じぶん》である、此時に當つて、家光《いへみつ》ともあらう人《ひと》が、何《なに》を血迷うて、祖廟《そべう》の造營費《ぞうえいひ》を、直接諸侯に負はしむる樣《やう》な愚《ぐ》をなさんやである、鐚《びた》一文たりとも、大名に直接造營費《ちよくせつざうえいひ》の出資を強ひなかつた處《ところ》に、家光の家光《いへみつ》たる器《うつは》が存《そん》するのである、要《えう》は大名が、建築美《けんちくび》に趣味を起こして呉れゝばよいのである、普請道樂《ふしんだうらく》に憂き身を窶《やつ》して呉れゝば則ち事成《ことな》れりである、果《はた》せる哉、日光廟《につくわうべう》の造營が始まると間もなく、諸大名《しよだいみやう》は、爭つて其邸宅《ていたく》の普請に熱狂した、誰《た》れも彼れも、日光廟《につくわうべう》に劣らぬ樣な、たとへ物《もの》は小さくとも、漆《うるし》を塗り、金箔《きんぱく》を押し、彩色を施《ほど》こし、鍍金《めつき》を用《もち》ふるといふ風に、我劣《われおと》らじと、各自の邸宅《ていたく》を飾つて、一例《れい》を擧ぐれば、加藤《かとう》肥後守の屋敷《やしき》は、組物《くみもの》の廂《ひさし》、木端《きばな》は、波に犀の彫物《ほりもの》、總金である、大臺所《おほだいどころ》の妻には、竹に虎の大彫物《おほほりもの》、首から尾まで、長《なが》さ八間餘とある、駿河《するが》大納言《だいなごん》の屋敷表門には、組物廂《くみものひさし》、木端等、獅子《しゝ》と麒麟《きりん》の彫物、御成門《おなりもん》（當時將軍《しやうぐん》は、諸侯《しよこう》の屋敷へ、盛に御成《おな》りをしたものである、これ又決《けつ》して無意味《むみ》な御成では なかつた、そこで諸侯《しよこう》は、江戸屋敷《やしき》に、將軍御《も》成《なり》を迎へる爲め、御成門《おなりもん》を搆へなければならなかつた）は、大四足門《おほよつあしもん》、軒《のき》唐破風《からはふ》、木端《きばな》總彫物、唐戸《からと》の羽目《はめ》には、倭人形《やまとにんぎやう》、三番叟の彫物《ほりもの》、冠木端《かぶきばな》の上には、鳳凰丸《ほうわうまる》の彫物、何れも總金《そうきん》磨き箔、又松平大隅守《またまつだひらおほすみのかみ》のは、青貝塗《あをかひぬり》といつたやうな風に、種々工風を凝《こ》らして居る、まだ其他《そのた》枚擧に遑《いとま》もないが、尾張大納言《だいなごん》義直の如《ごと》きは、嗣子《しし》光友《みつとも》に、將軍の女千代姫《ちよひめ》を娶らんが爲め、半藏門内《はんざうもんない》に工を起こして、其餘《そのあま》り華麗《くわれい》に過ぎたるの故を以て將軍《しやうぐん》に窘なめられたとある、此《か》く何處《どこ》にも彼處《かしこ》にも、普請道樂が盛《さか》んに起《おこ》つて、秀吉《ひでよし》が歿後《ぼつご》僅かに三十年《ねん》、まだ桃山榮華の夢《ゆめ》さへ醒《さ》めきらぬうちに、吾々《われ〳〵》が今江戸時代の建築樣式《けんちくやうしき》と稱《とな》へて居る江戸振《えどぶ》りの、輪廓《りんくわく》と骨組は、瞬《また》く隙《ひま》に出來上つて仕舞《しま》つたのである。

建築工費《けんちくこうひ》と工事期間、造營《ぞうえい》の爲めに使役《しえき》した賦役人夫の費用《ひよう》

P200～201注釈参照

は別《べつ》として、其他の總工費《そうこうひ》は、秋元家《あきもとけ》所藏の日光山東照宮大權現樣御造營《ごぞうえい》御目錄《もくろく》の首尾を見ると明白《めいはく》である、開卷の初筆に、

寛永十二乙亥年

日光山東照宮大權現樣御造營御目錄

一金五拾六萬八千兩は小判也 内貳千兩の分は壹分判也 石川與次右衛門 山田市兵衛 より請取

一銀百貫目は 右 同 斷

一米千石は 御藏より請取

以上

とある又卷末《またくわんまつ》には、

拂合參拾五ヶ所

一金五拾六萬八千兩

一銀百貫目也

一米千石也

以上

右の通り諸職人へ相渡申候以上

寛永拾九壬午年 九月吉日

秋元但馬守㊞花押

島四郎左衛門㊞花押

庄田小左衛門㊞花押

山田市兵衛殿

石川與次右衛門殿

とある。

これ丈けの金《かね》を以《もつ》て、寛永元年正月から、十三年《ねん》四月《ぐわつ》まで、工事を續《つゞ》けたものである、之《これ》を時價に換算《くわんさん》して見ると、內輪に見積《みつも》つて、千七百萬圓位《まんゑんくらゐ》になる、右の外に、子《ね》の年《とし》から寅の年《とし》まで、卽ち寛永元年《くわんえい》から、同《どう》三年《ねん》までの丸三ヶ年間、日光より方《はう》四十里《り》の間の、男子《だんし》十五歳から五十歳《さい》まで、(五十歳から六十歳《さい》までの者には、自宅《じたく》で藁履を造《つく》らせた)女子《ぢよし》十四歳《さい》から四十歳《さい》まで、(女子には自宅《じたく》で綿を紡がせ布を織らせた)の大衆に、殘《のこ》らず賦役《ぶえき》を課した、これ等賦役《ぶえき》の入費を算入して見《み》ると、約《おそ》そ二千萬圓內外《ないぐわい》といふことになる。

建築經營《けんちくけいえい》の方法、寛永《くわんえい》元年卽ち造營《ぞうえい》を始めた年の正月、幕府《ばくふ》は御造營《ごぞうえい》奉行秋元但馬守泰朝、松平《まつだひら》右衛門太夫正綱兩人の名を以《もつ》て、時《とき》の老中《らうちう》から、斯う云ふ意味《いみ》の觸《ふ》れを出して居る、「此度《このたび》の御造營《ござうえい》には京都及奈良《なら》の諸職人《しよくよくにん》、佛師、大工をはじめ、國中《こくちう》職々の者共《ども》を、江戸表に招《よ》び寄《よ》せられるに就《つい》ては、豫《かね》て諸方へ散《ち》り〴〵になつて居る弟子共《でしども》を、夫々棟梁《とうりやう》の手元に集《あつ》め置き、沙汰《さた》次第《しだい》、早々江戸大川通りの水戸《みと》屋敷前と、誓願寺上地の二ヶ所《しよ》に仕つらへた小屋《こ》へ、八月限り罷《まか》り出《で》るやうに、尤《もつと》も、此等諸職人は、夫々《それ〴〵》父母《ふぼ》妻子《さいし》はいふに及ばず、病人《びやうにん》を抱へて居るものもあることであらうから、これ等《ら》は其藩々、城地、小地頭《せうちとう》、寺領等、所在《しよざい》〳〵の役人《やくにん》に於て、面倒を見《み》させ、少しも後顧《こうこ》の憂のない樣《やう》に、取計らつて得《え》させる、又道中筋《だうちうすぢ》には、豫て御傳馬《ごでんば》を出させてあるから、荷物《にもつ》萬端之れに托する樣《やう》に云々」又斯《か》ういふ事も達《たつ》してある、「今度日光山《ざん》の御造營《ごぞうえい》を仰出されたから、自然《しぜん》各道中筋では、往來《わうらい》も頻繁になり、從《したが》つて御傳馬《ごでんま》人足《にんそく》の遲滯する樣《やう》な事も起つて來やうから、各人面々《かくじんめん〴〵》、何事も唯了簡を專《せん》一とし、堪忍用捨《かんにんようしや》を加へて、成《な》るべく表立つ樣《やう》な事のないやうに」又た諸國から參集した諸職方《しよしよくかた》を、日光表の造營着手《ぞうえいちやく》準備が整ふまで、江戸《えど》に留めて置く爲めに、「△御山開《おやまびら》きは、多少手間の取れる事故、大工諸職人共《しよしよくにんども》は、上より沙汰のある迄《まで》、日々兩國の小屋《こや》へ詰め

P200～201注釈参照

て、御用《ごよう》を勤めよ△各職《かくしよく》から諸頭梁《しよとうりやう》二人ヅヽ、七月中に先登山申付《まをしつ》くるに依て、其心得《そのこゝろえ》で居よ、△四月朔《ぐわつさく》には一番立木伐に、石伐、棟梁等各《かく》二人宛《にんづゝ》を加へて、都合《つがふ》三組三百二十一人、日光山へ出立《しゆつたつ》申付くるぞ△御事《おんこと》初には、大工《だいく》其外諸職人の棟梁株計《かぶばか》り登山させて、戒法《かいはふ》執行するぞ」といふやうな事もある。

これ等《ら》を以て見《み》ると、今から三百年《ねん》の昔《むかし》、三百年といふと短かいやうであるが、三世紀《せいき》といふと、長《なが》い心持《こゝろもち》がする、此三世紀前《せいきぜん》に、所謂都をば霞《かすみ》と共に立《た》つて、白河では、秋風の吹いた頃《ころ》に比べて、交通状態《かうつうじやうたい》の上にさしたる進歩《しんぽ》相違《さうゐ》のなかつた當時《たうじ》に於《お》て、日本國中《にほんこくちう》から、一藝《げい》に秀でた職々《しよく/\》の者共を、無制限に喚《よ》び集《あつ》めたといふことは、取《と》りも直《なほ》さず、今で言へば、競技募集《コンペチシヨン》といふことに外《ほか》ならぬのである、固より、製圖《せいづ》法《はふ》其他總ての事《こと》が發達《はつたつ》して居ない、當時に在《あつ》ては、意匠と工作との間に、何等《なら》の差別をすることなしに、技能といふものを、人間《にんげん》ぐるみ全國から喚《よ》びむかへ、募《つの》り集《あつ》めた、と云ふことは、決《けつ》して無理のないことである、此時《このとき》に當《あて》て、吾と思はん技術《ぎじゆつ》家が、奈何に雲霞《うんか》の如く集まつたかといふことは、斯《か》ういふ觸《ふ》れを見てもわかる、「木伐と石伐の棟梁丈《とうりやうだ》けは、特《とく》に差別《さべつ》して、御山開《みやまひら》きに第一番を勤《つと》めさせるが、其他の職々《しよく/\》には、決《けつ》して甲乙はつけぬ、唯々《たゞ/\》御普請順別に從《したが》て、御用を申付けるものであるぞ」詰《つま》り天狗連の寄集《よせあつま》りであるから、甲乙先後をつけると、いろ/\面倒《めんだう》な騒動を持出《もちだ》すと困《こま》るから、かく因果《いんぐわ》を含《ふく》めたものである。

尚造營《なほざうえい》に際して、日光《につくわう》に送つた職方には、「いろは」番號を附けて、四十八組《くみ》とし、それに人足組《にんそくくみ》二組《くみ》を添へて、總《すべ》て五十組《くみ》、此五十組を二ッに分《わ》けて、一方は秋元《あきもと》但馬に、一方《ぱう》は松平右衛門太夫に附《つ》けて居《ゐ》る、其四十八組《くみ》の各には、手腕《しゆわん》の確かな棟梁《とうりやう》が、必ず二人宛《づゝ》は專屬《せんぞく》して居たのであるから、錚々たる棟梁《とうりやう》の頭數だけでも、百人《にん》は確《たし》かに居たので、明《あき》らかに競技法の實《じつ》を擧げて居《ゐ》たといふ事《こと》は爭《あらそ》はれぬ事實である。

銅瓦《とうかはら》と漆塗《うるしぬり》、寛永の造營《ざうえい》には最初《さいしよ》のうちは、銅の産出《さんしゆつ》が、充分でなかつた爲《た》め、早《はや》くに着工されたる、本社《ほんしや》、拜殿《はいでん》唐門《からもん》、陽明門《やうめいもん》、及御假殿の五ヶ所《しよ》には、屋根《やね》葺《ぶき》に際して、銅板《どういた》が間に合《あ》はなかつた、それ故、御假殿の諸堂《しよだう》はとち葺《ぶき》、他の四棟は皆《みな》ひわだ葺《ぶき》であつた、此《この》四棟が、銅瓦葺にふき替《か》へられたのは、遙《はる》か後の事で、三代將軍《だいしやうぐん》の歿後、承應《しようおう》年間の事である、一體《たい》建物の屋根《やね》を、全部銅板で葺《ふ》くといふ事は、本邦《ほんぽう》では、日光《につくわう》に於ける寛永《くわんえい》の造營を以て、嚆矢《かうし》とするのである、夫《そ》れも其筈《そのはず》で古來我國に於《お》ける銅の産出《さんしゆつ》は、寛永の頃までは至《いた》つて僅《わづ》かのものであつた、黄金《こがね》、白金《しろがね》、銅《あかがね》と並び稱せられた位で、其用途《そのようと》は、或は佛像を鑄るとか、或は朝廷諸侯《てうていしよこう》の御調度道具類《だうぐるゐ》の金物に用《もち》うるとか、又《また》此頃の武家衆が、無《む》二の身上として、そが作《つく》りに千金をも惜《をし》まなかつた刀劍甲冑《たうけんかつちう》等の物の具《ぐ》を飾《かざ》る金物として用《もち》うるとか、誠《まこと》に貴い金屬の一であつた、從て、此時分《このじぶん》の銅の價値《ねうち》といふものは、銀《ぎん》のそれと相距る甚《はなは》だ僅《わづ》かなものであつた、今《いま》でこそ銅板は、一つの屋根《やね》葺《ぶき》材料《ざいれう》として、誰一人《たれひとり》怪《あや》しむ者もないが、此時分《このじぶん》に、あかゞねの板で屋根《やね》を葺《ふ》くといへば、世人は目《め》を丸くする事柄《ことがら》であつた早い話しが、今日《けう》の世に誰《たれ》か銀の板を以て屋根《やね》を葺くものがあつたら、どうであらう、恐《おそ》らく、それは氣狂《きちがひ》だと言ふであらう、三代將軍《だいしやうぐん》は、すなはち、其氣狂藝當《このきちがひげいたう》の離れ技をしや

P200～201注釈参照

うと目論むだのである、六十四州《しう》の譜代《ふだい》外様に、吁つと眼《め》の玉を剝《む》かせようとしたのである、然《しか》し、家光とても、此《この》あかがねの騰《たか》い世《よ》の中に、何《なん》の成算もなく、出《で》鱈目《たらめ》に、こんな望を目論《もくろ》む様な無謀な人ではなかつた、實《じつ》は斯うである、頃は慶長《けいちやう》十五年將軍家の嗣《し》子竹千代《たけちよ》君《きみ》が、七歳の時であつた、備後の國《くに》の者が、下野足尾郷に入つて、其銅山《そのどうざん》であることを見定め、時《とき》の山持《やまもち》、日光座禪院の下知《げち》を得て、多くの銅《どう》を掘り、吹きわけたものを、幕《ばく》府へ奉つた、時しも、竹千代《たけちよ》君《きみ》が御袴の着《き》初《ぞ》めに、將軍家《しやうぐんけ》一統《とう》恐悦の折柄吉事なりとあつて、早速《さつそく》幕府の御用山《おようやま》となり、發掘精煉は、代官所《だいくわんしよ》の指圖に從ふ事となつた、之《こ》れがそも／＼足尾銅山《あしをこうざん》の濫觴であつて、以後《いご》幕府の監督《かんとく》保護の下に、漸次《ぜんじ》其産出を增す樣《やう》になつた、そこで、家光《いへみつ》の將軍職に就《つ》いた元和《げんな》九年《ねん》までには、もはや十年以上《ねんいじやう》の年月《ねんげつ》を經て居るので、將軍《しやうぐん》の胸中には、已《すで》に大名の眼を剝《む》かせる成案《せいあん》が、チヤンと立つて居《ゐ》たのである、尤も、此銅瓦《このどうかはら》を用ひたといふことは、何《なに》も強ち、大名衆《だいみやうしう》に眼を剝《む》かせん爲めが、主なる目的《もくてき》ではないので、眼目《がんもく》とする處は、永久腐蝕《えいきうふしよく》しない材料《ざいれう》で、屋根《やね》を葺《ふ》きたいといふ希望から起《おこ》つたことである、墳墓《ふんぼ》や靈廟《れいべう》を、永久《えいきう》に保存したいといふ希望《きばう》は、由來、東西の覇者《はしや》が、常に起《おこ》すところの一致した慾望《よくばう》である、さしも一世《せ》の豪華《がうくわ》を盡して、桃山に、聚樂《じうらく》に、輪奐の美、絢爛《けんらん》の極を竭《えつ》した太閤の榮華《えいくわ》でさへ、尙思《なほおも》ひ及ばなかつた贅澤《ぜいたく》な漆を以て、日光廟《につくわうべう》がベタ塗《ぬ》りにせられたのも、一つは矢張《やは》り此目的からである、土《つち》で燒いた瓦葺《かはらぶき》では、寒さに凍壞《とうくわい》する虞がある、木材《もくざい》の儘では、永《なが》い歲月、雨露《うろ》風化《ふうくわ》に耐《た》へまい、そこで、屋根《やね》を銅板《どうばん》で葺き、柱《はしら》や、土臺や、羽目《はめ》を漆で塗つて置《お》けば、幾《いく》十年幾百年經《た》つても、大丈夫であらう、之《こ》れが幕府《ばくふ》の自ら安心《あんしん》もし、又最《もつと》も得意とした期待《きたい》であつた、然《しか》しながら、二本の矢で、四匹《ひき》の鹿を射《ゐ》るつもりの此悧巧《このりこう》な計畫が、まんまと不悧巧《ふりこう》に了つたことを、幕府自身《ばくふじしん》が自覺するには、餘り久しい月日《つきひ》を要しなかつた、屋根《やね》の方はさうでもなかつたが、漆《うるし》の方は現《げん》に造營の終《おは》らぬ内に、もう塗換《ぬりか》へをしなければならぬといふ苦《に》がい結果《けつくわ》を得たのである、それは何故《なぜ》であるか、之《こ》れを精《くは》しく說明することは、限《かぎ》りある紙上の許《ゆる》さぬところ、玆《こゝ》には唯其結論《けつろん》だけを述べて置《お》かう、卽ち斯《か》うである、木質の屋根板《やねいた》の上へ、直《ぢか》に銅板瓦を以《もつ》て葺《ふ》いた屋根は、たとへ一滴《てき》の雨水が漏れる憂のないまで完全《くわんぜん》に、銅板張りの仕事が出來《き》て居ても、日本では、殊《こと》に日光《につくわう》の樣な氣候の土地柄《とちがら》では、到底《とうてい》永久的のものではない、又建築物《けんちくぶつ》の外部に適用《てきよう》された漆塗の壽命《じゆみやう》といふものは、塗《ぬ》りつ放《ぱな》しの儘では、太陽《たいやう》の光線が、吾々《われ／＼》の世界を照《て》らして居る限《かぎ》り、これ亦決《またけつ》して永久的のものではない、永久的はおろか、實に二十年の壽命も覺束ないのである。

造營《ざうえい》に使用された手間《てま》と材料《ざいれう》の一例《れい》、日光廟《につくわうべう》に詣づる者の一番《ばん》先きに眼《め》につくものは何《なに》かといふと、金物《かなもの》に、彩色に、屋《や》根《ね》に、內外《ないぐわい》處きらはず、きん／＼ぴか／＼と、光《ひか》つて居るところの金色《こんじき》である、これは大部分《だいぶぶん》皆金箔《きんぱく》であつて、金泥も處處に用《つか》つてある、此金箔《きんぱく》が、東照宮全體《とうせうぐうぜんたい》の建物に、どれ程用ひてあるかと、御造營目錄《ござうえいもくろく》から調べ上げて見《み》ると、二百四十八萬《まん》九千九百枚《まい》である、當時の金薄は（目錄《もくろく》には御薄云々と書《か》いてある）三寸《ずん》二分方《ぶがた》であるから、之《これ》を一枚ならびに敷き並《なら》べて見ると、七千〇八十二坪《つぼ》三分《ぶ》の面積《めんせき》を被ふ事となる、

P200～201注釈参照

又材木《ざいもく》はどれ程要《い》つたかといふに、尺〆《しやくじめ》で十四萬《まん》七千〇十二本《ほん》である、尺〆《しやくじめ》一本とは、一尺角《しやくかく》二間長さをいふのである、試に之《これ》を一本つなぎに並《なら》べて見ると、延長《えんちやう》實に百三十六里《り》の長《なが》さになる、哩數で三百四十哩計であるから、東海道鐵道線《てつだうせん》の全長より少《すこ》し短《みじ》かい。

それよりも案外《あんぐわい》驚かれるのは、大工《だいく》と人夫の手間《てま》即ち軀數である、寛永《くわんえい》元年の夏から、同《どう》十三年《ねん》の春までに、大工《だいく》が百七十八萬《まん》八千六百五十八人、人夫《にんぷ》が二百三十九萬《まん》一千二百七十五人《にん》である、丸《まる》十二年間《ねんかん》一日も休みなしに、工事《こうじ》を續けたものと假定《かてい》して、毎日大工《だいく》が四千九百六十八人《にん》に、人夫が六千六百四十二人《にん》の出面を揃《そろ》へて居《ゐ》た事となる、此《この》二た職《しよく》の人數丈《だ》けでも、一日《にち》に一萬《まん》一千六百十人である、此外《このほか》に、塗師職、錺職《かざりしよく》、石工《いしこう》、繪師《ゑし》、さては奉行所《ぶぎやうしよ》の諸役々から、小者《こもの》に至るまでを合算《がつさん》して見たら、毎日《まいにち》優に一萬五千人内外《ないぐわい》の人數が、みつちり十二ヶ年《ねん》の間、日光山《につくわうさん》の造營《ざうえい》に、詰め切つて居たのである、今から四千年《ねん》も前《まへ》に出來た埃及《えじぷと》ギゼィの大金字塔《グレートピラミッド》は、毎日十萬人《にん》の捕虜《ほりよ》を使役して、四十年間《ねんかん》を費やして出來上つたといはれて居《ゐ》る、之れに比べては、實《じつ》に九牛の一毛《もう》にも過ぎないが、四千年前《ねんぜん》の十萬人よりも、三百年前《ねんぜん》の一萬五千人の方《はう》が、吾々には興味《きようみ》のある問題《もんだい》である。

右《みぎ》の外銓索《せんさく》立てをして見《み》れば、色々《いろ〳〵》面白い事が限《かぎ》りなくあるが長《なが》くなるから、これ位《くらゐ》にして置かう。（終）

◎戊辰の戰役に於ける日光殿堂の保護者

明治《めいぢ》戊辰《ぼしん》の戰役に際《さい》し。東京上野《うへの》の瑠璃殿《るりでん》、吉祥閣《きちじやうかく》は兵燹《へいせん》に罹りて焦土《せうど》となりしに。日光《につくわう》の殿堂は幸に其《そ》の災を免かれたり。今其の實況《じつきやう》を聞くに、大鳥圭介氏等が率《ひき》ゐたる脱走兵日光山に據《よ》り。官軍は已《すで》に今市に迫《せま》り。將さに戰《たゝかひ》を交へむとするに至《いた》りたりしが。官軍の參謀《さんぼう》板垣退助氏深く其《そ》の一大美觀を失はむことを憂《うれ》ひ。内使（台林寺嚴亮）を發《はつ》して其の意《い》を山内に通《つう》ぜしより。諶厚師（後に輪王寺《りんわうじ》中興《ちうこう》第七十三世貫首となられし大僧正《だうそうじやう》なり）專ら斡旋して大鳥氏《おほとりし》等に說き。又官軍に對しては櫻本院道順、安居院慈立の兩僧《りやうぞう》監軍谷守部氏（谷《たに》干城子《かんじやうし》）に面會《めくわい》して其の厚意《かうい》を領《りやう》し。脱走兵も亦斷然《まただんぜん》日光山を退去《たいきよ》することゝなり。爰に始て兵燹《へいせん》の厄を免《まぬが》れたり。若し此の注意なく僧侶《そうりよ》亦斡旋することなかりせば。上野《うへの》と同じく日光《につくわう》の殿堂《でんだう》は焦土たりしならむ。嗚呼《あゝ》危哉。今日舊《きう》に仍りて其《そ》の美觀《びくわん》を保存し得たるは。全《まつた》く以上諸氏《しよし》の功勞なれば。日光の參拜者《さんぱいしや》は之を知悉《ちしつ》するを要す。此の事《こと》に就き輪王寺《りんわうじ》現門主彥阪大僧正《ひこさかだいそうじやう》（諶照）が嘗て史談會の爲めに起草《きさう》せられし記事あれども。長《なが》ければこゝに略す

のりのともしび

◎輪王寺

輪王寺《りんわうじ》は東照宮に詣《まうづ》る途上の右方に在り。表黒門《おもてくろもん》は舊御殿地なる日光御用邸に向ふ。輪王寺《りんのうじ》門跡《もんぜき》と標示し兩大師の金榜《きんばう》を建《た》つ。門を入れば左方に石階あり。階上に一大櫻《だいさくら》あり題して金剛櫻といふ。此櫻もと御靈《ごれい》殿門《でんもん》（中山通りに向ひたる）の東なる屏《へい》の裏際《うらぎは》に在りしを。第七十一世の貫首《くわんしゆ》（後に輪王寺中興の祖となられし諶厚大僧正《じんこうだいそうじやう》）本堂移轉の工事終らむとするころ此《こ》處《こ》に之を移植せしむ。職員等《しよくゐんら》みな二百年外の老木一たび根《ね》を堀らば生育到底望《せいいくたうていのぞ》むべからずと諫《いさ》む。貫首肯かず。吾れ本尊に祈《いの》りて必生育せしむべしとて遂《つひ》に之を移《うつ》し。樹を周《めぐ》りつゝ讀經して日を經《ふ》るまゝに果して新緑を見る。現代に至り根幹枝葉《こんかんしえふ》初に倍して茂《しげ》り榮《さか》えたれば、貫首の謚號《しがう》なる金剛心院に據りて櫻《さくら》に名けたりといふ。」

金剛櫻

"Kongō-sakura," a cherrytree planted by Arch-priest Kongō.

前《ぜん》面《めん》に佛殿あり巍然《きぜん》として聳ゆ。是を輪王寺本堂と爲す即ち三佛堂なり。其の構造《こうざう》たる銅瓦腰屋《どうぐわこしや》根兩妻入母屋《ねりやうづまいりおもや》總朱塗《そうしゆぬり》にして南向、桁《けた》行十七間一尺餘。梁《はり》間十間五尺礎《いしずゑ》石より棟《むなぎ》木まで八丈八尺當山第一の大《だい》伽藍《がらん》とす。鰐口三個を懸《か》く。堂内《だうない》には本尊阿彌陀佛、左は千手觀音、右は馬頭觀音《ばとうくわんおん》の三大座像《だいざざう》を安置せり。是れ三佛堂の名ある所以なり。嘉祥元年慈覺大師叡山《えいざん》の中堂に擬《ぎ》して創建する所。即《すなは》ち當山の根本中堂にして後に金堂《こんだう》と改む。仁治年間《じんぢねんかん》廿四世の座主辨覺僧正之を恆例山《とうれいざん》の下《もと》今の東照宮鐘樓の邊に移《うつ》せしが。

三佛堂と相輪樘

"Sanbutsu-do," a Temple for three Gods of Buddha a pagoda for Sacred books.

元和三年更《さら》に新宮の東に轉せり。慶安元年再び營造《えいぞう》するに及び壯觀《そうくわん》を極めたり。明治四年神佛分離《しんぶつぶんり》の際當寺の所轄に歸したるも。二荒山神社の境内《けいだい》に在るを以て之を移轉《いてん》するか。或は破却《はきやく》するか。何れか其の一を擇《えらば》ざるべからざるに至り。苦《く》心《しん》の末遂に移轉《いてん》に決し。九年工を起し。其の年六月適々《たまく》臨《りん》幸《かう》あり。内帑《ないど》三千圓を下賜せられ越えて十四年十一月に及び造營工《ぞうえいこう》を終りしかば。本尊正遷座《ほんぞんしやうせんざ》を兼て慶讃會《けいさんゑ》を執行せり。かくて輪王寺の舊號を復せし際。輪王寺本堂とは改稱《かいしよう》せるなり。去るに臨《のぞ》みて回顧《くわいこ》すれば。凌空の屋上《おくじやう》鵓鳩谷として啼く。堂《だう》の西南約五間の處に鐘樓あり。今尚ほ時《とき》を報ず。もとは東照宮假殿内《とうせうぐうかりでんない》に置きしが明治十四年こゝに移《うつ》す。現時の鐘《かね》は天保二年の改鑄《かいしゆ》なるが。舊鐘《きうしやう》は萬治三年五月の鑄造《しゆぞう》に係る口徑四尺。四隅に十二柱を建つ昔時《せきじ》は久善坊、圓音坊、蓮藏坊とて三人の承仕《しようし》之を掌《つかさど》りしとぞ。知《し》らず一聞深省を發する者《もの》誰ぞ。殊に名高《なだか》きは三佛堂の傍高所に直立《ちよくりつ》する相輪橖とす。高さ四丈八尺、周圍九尺五寸。副柱《そへばしら》四基高さ各一丈七尺八寸。全部青銅製《ぜんぶせいどうせい》なり。方形の石垣《いしがき》を築き五間四方の石柵《せきさく》を環《めぐ》らし。其の中央に之を建たり。仰ぎ看れば金瓔珞《きんえうらく》のかなもの連金鈴《れんきんすず》各二十四。葵金紋の下に傳教大師《でんけうだいし》六十四句の願文を鐫す。寛永二十年慈眼大師比叡山建設《ひえいざんけんせつ》のものに擬して建立《こんりふ》したりといふ。初《はじめ》は東照宮奥の院銅庫の邊に在りしが。慶安三年新宮馬場《しんぐうばゞ》の傍(三佛堂舊地の附近)に移《うつ》し。明治八年更に此相《このさう》こゝに轉せり。一見結縁《けちえん》の輩《はい》は功德無盡なりと聞《き》けり。此相輪橖石垣《りんだういしがき》の下に唐《から》銅燈籠《とうろう》兩基あり高さ二丈。慶安元年江戶、大阪、長崎の絲商等の奉納に係る此燈籠初《このとうろうはじ》め列侯のものと同じく東照宮の神前《しんぜん》に獻《けん》ぜむとせしを。町人なればとて許《ゆる》されず。已《や》むを得ずして此橖前に据ゑたるものなりとぞ。是も亦《また》橖《だう》と共に移《うつ》したるなり。本堂の背後《はいご》を回《めぐ》れば藥師堂と大師堂あり。藥師堂は本堂裏《ほんだううら》の池に架したる橋の北に在る小堂を云。藥師《やくし》の石像を安ず。眼を患《うれ》ふるもの心願《しんぐわん》すれば驗《しるし》ありとぞ。祖師堂《そしだう》は間口五間奥行三間總辨柄漆塗《そうべんがらうるしぬり》。堂に續きて小庫裡《せうくり》あり。此堂はもと内權現堂《うちごんげんだう》と稱し。延應二年座主《ざす》辨覺《べんがく》の創立にして日光三社權現を祀《まつ》り。本坊光明院の鎭守《ちんじゆ》と爲したりき。其の後光明院は荒廢《くわうはい》すれども此堂と稻荷社《いなりしや》(下に記す吒吃尼《だきに》天堂《てんだう》)とのみは今に依然《いぜん》たりと云。維新の時此の堂の神體《しんてい》は分離に依りて他に移《うつ》し。兩大師を安置《あんち》し。(兩大師はもと一山各院を毎月末交代《かうたい》に遷座《せんざ》せしなりと云。今も月末參詣人多《げつまつさんけいにんおほ》きは遷座《せんざ》に當りて參拜せし慣例なり。東叡山《とうえいざん》も同樣のと云。)後ち兩大師を慈眼大師《じげんだいし》本地堂に遷座《せんざ》せしかば。こゝには毘沙門《びしやもん》大黑辨財《だいこくべんざい》の三天を祭りて護法天堂と稱せしことありき。然《しか》るに又彼の三天を本堂《ほんだう》に移して兩大師を復座《ふくざ》したれば今は大師堂とのみいへり。又當寺《またたうじ》境内《けいだい》西北の隅に吒吃尼天堂《だきにてんだう》あり。もと稻荷《いなり》社《しや》と稱す。本尊は吒吃尼天。間口四尺三寸。奥行四尺七寸。座主辨覺の創建《さうけん》する所にして今に存《そん》するものと云。本堂の東《ひがし》なる池の東岸に景山公《けいざんこう》の碑《ひ》あり。もとは舊養源院《きうやうげんゐん》の境内に在りしを。其の廢寺《はいじ》となりし後ちこゝに移《うつ》したりと云。公の七絶の詩《し》を刻《こく》す。遒勁にして雅趣《がしゆ》に富める公が得意《とくい》の篆《てん》書《しよ》特に愛すべし。詩は左に錄す。

連嶽朝レ天雲作レ梯。奔流分レ派石爲レ蹊。知仁樂地神仙窟。
吾亦同胞揮レ筆題。　景　山

碑の邊《ほとり》に多波天堂在り小石祠《せうせきし》なり。三寶荒神《ばうくわうじん》を祭る。もと二

P202～204注釈参照

荒山神社の西廿餘間の處に在《あ》りしを。明治元年此の地に移《うつ》せしものと云ふ。石階《せきかい》を下れば二社一寺合同事務所の拝觀券交《はいくわんけんかう》付《ふ》所《じよ》あり。御靈殿《ごれいでん》は本坊に接《せつ》して東に在り。明治二十九年竣成《しゆんせい》したるものにして。輪王寺《りんのうじ》歴世《れきせい》法親王殿下の御靈牌《ごれいはい》を安置す。唐破風《からはふ》造《づくり》の門に鍍金《めつき》菊の御紋章を附す。間口七間、奥行六間。東西に方三間の附室《つけしつ》あり。東方は裝束所《しやうぞくしよ》、西方は御供所《ごくうじよ》なり。平日は堅《かた》く鎖《とざ》して參拜を許さず。但大行天皇《たいかうてんのう》奉悼會《ほうたうくわい》は一七日毎に此處《こゝ》に行はれ。有志者《いうしや》の參拜を許せり。次に和洋折衷《わやうせつちう》の寶物《はうもつ》所あり。輪王寺所藏の寶物を陳列《ちんれつ》し。參拜者に拝觀を許す左に其の寶物を略記《りやくき》せむに。

岩附枝珊瑚 三株　一根
鸞角 犀角なり長三尺七寸　一枝
阿蘭陀古製箱 角細工　一個
寫字鏡　二面
蠟石人形 高六寸六分寛文十一年四月二日稻葉美濃守正則奉納　一個
竹根人形 長五寸高二寸横臥して右手頰を支へ左手軸を持つ同上　一個
丸貝 徑六寸同上　一個
平貝 徑八寸同上　一個
黑水晶珠 徑三寸同上　一個
青磁花瓶 徑四寸二分高九寸七分松平伊豆守信綱奉納　一個
茶辨當 高四寸六分長八寸三分巾五寸四分の銅壺あり同上　一荷
釣舟形大花生 長二尺八寸巾一尺三寸慶安四年十一月廿日板倉周防守重宗奉納　一個
大水指 唐銅高一尺徑一尺一寸承應二年四月廿日牓越伊豫守奉納　一個
象牙五重玉 徑一寸五分卵殼の如きもの丶内に又卵殼の如きものあり總て五重皆網の如く穴ありて層々轉々廻旋す中心に小骰子あり方約二分にして一六四三等の記點明かなり 寛文十一年十二月廿二日松浦伊衛門奉納　一個
白玉 徑四寸延寶二年二月川越領水主江戸淺草川上流さいか淵磯際にて發見　一個
鐵《や》樹《ぎ》 長三尺四寸圖最太き處四寸大枝三條あり一名は海松三浦沖にて海士採之　一株
肥前こさん竹 軸 叉《かすものざほ》 長三尺六寸銀の鐶あり　一枝
六角岩水晶 長一尺　一個
御膳具 金梨子地唐草高蒔繪葵紋散にて掛盤、椀類、飯斗、汁桶、菓子器、重箱、三方、茶碗、長柄銚、銅柄杓、燗鍋、花足等皆具す　一式
樂器幷舞樂裝束
古面　三十六個
古鈴　二個
古鈴　二個
古刀　十一振
古劔 二尺三寸阿蘭陀製　一振
古硯　五面

等なり。是より裏門《うらもん》に出づ。普通の拝觀所《はいくわんじよ》は天台宗々務所と標示《へうじ》せる裏門より入り。拝觀券《はいくわんけん》を得て巡拝し。相輪橖門の方より東照宮に詣るを順序《じゆんじよ》とす。總て案内者の指示《しじ》に從ふを便《べん》宜《ぎ》とす。さて輪王寺本坊は表門を入りて右方《うはう》に在り。四年五月の火災後《くわさいご》六年に舊地に就き新築《しんちく》したるものにして。九年六月　行在所《あんざいしよ》たり。其の結構想《けつかうおも》ふべし。往昔徳川將軍の日光廟《につくわうべう》參詣《さんけい》の際は。本坊に駐宿し。法親王は假りに櫻本院《さくらもとゐん》に遷らせらるゝが例《れい》なりと聞けり。今も貴顯御出入《きけんごしゆつにふ》の御門は別に設けありて平日其の扉《とびら》を鎖《とざ》せり。寺務所は其の連棟中に在り。其の應接室《おうせつしつ》には秋月種樹の詩幅を掛《か》け。小野湖山の詩《し》屏風《べうぶ》を建つ。別室には舞樂《ぶがく》の圖、鐵舟の百壽字、歌短冊の屏風を列《つら》ね

P204～205注釈参照

あり。已に輪王寺《りんのうじ》の境内に入り。三佛堂、相輪樑等を巡覽《じゆんらん》し古今《ここん》の盛衰興亡を回思《くわいし》すれば。當寺はいかにして變遷沿革《へんせんえんかく》せしや。昔時日光山の列祖《れつそ》は誰なりしか。又輪門《またりんもん》の御歴代は何れの法親王《はふしんのう》にてましませしか。苟も歴史《れきし》の志ある者は之を知《し》らざるべからず。乃ち左に之を記す。

◎輪王寺の沿革

天平神護二年三月開祖勝道上人《かいそしようだうしやうにん》當山東山の地に一小坊《せうばう》を創建《さうけん》して四本龍寺と稱《な》す。大同二年下野國司橘利遠《たちばなのとしとほ》朝命に依り寺を改造して壯觀《さうくわん》を成す。（一本大同三年と記せるは落成《らくせい》の時に基《もとづ》くならむ）弘仁元年勅願《ちよくぐわん》のことあり。開祖の徒敎旻僧都《けうびんそうづ》新念を凝《こら》して驗《しるし》あり。乃ち勅して號を滿願寺と賜《たま》ひ。僧都に日光山座主《ざす》の宣旨を賜《たま》ふ。（是れ當山座主の始）爾來《じらい》滿願寺を山の總號《そうがう》とし四本龍寺を本坊の號《がう》とす。嘉祥元年慈覺大師《じかくだいし》勅を奉じて登山《とざん》し。第四世の座主《ざ》昌禪《しやうぜん》と謀《はか》り比叡山に擬して山內に東、西、中の三院を開き。衆徒《しうと》を配置《はいち》し遂に三十六坊を成す。更に總院號《そうゐんがう》を設けて一乘實相院といひ。寺號《じがう》（滿願）の上に加へ。（別に勝成就院の號あるは第廿四世の座主辨覺以來鎌倉の大御堂《だいみだう》を兼帶せしかば。彼の院號《ゐんがう》の勝長壽院といへるをこゝに轉用《てんよう》せしならむ歟）以て鎭護國家《ちんごこくか》の道場《だうぢやう》と爲す。延應二年（卽ち仁治元年）座主《ざす》辨覺《べんがく》新に本坊を建つ。（是より先四本龍寺火災《くわさい》に罹りしかば此の企《くはだて》ありきと見ゆ）此の年勅《ちよく》して寺號を光明院と賜ふ。（四本龍寺の名は當時回祿《たうじくわいろく》を免れたる千手堂に殘《のこ》りて今に至れり）後ち第三十六世の座主慈玄《ざすじげん》職を辭してより座主《ざす》中絕《ちうぜつ》し衆徒の座禪院住職が權別當《ごんべつたう》と稱して山務を管掌《くわんしやう》す。（光明院は自ら荒廢《くわうはい》して內權現堂「今の祖師堂」と

稻荷社「今の吒吃尼天堂《だきにてんだう》」とのみ殘れりといふ）天正《てんしやう》十八年豐太閤寺領《じりやう》を沒收し（當特の寺領《じりやう》は桓武平城仁明文德後鳥羽五帝の御下賜《ごかし》竝に源賴朝宇都宮《うつのみや》重綱同忠綱等の寄附《きふ》せらるゝ所下野の內二郡半七十一鄕擧げて沒收《もつしう》せられしなり）足尾鄕《あしをのがう》六百石を賜《たま》ふ。因て寺院漸く退廢し。慶長《けいちやう》の末に至りては僅に九ヶ寺を存《そん》しきと云。（天正以前《てんしやういぜん》は大坊三十六小坊三百餘ありし由舊記《きうき》に見ゆ）慶長十八年大僧正天海《だいそうじやうてんかい》（慈眼大師）當山管領の命を拜し。其の年十月登山《とざん》して座禪院を假本坊《かりほんばう》と爲す。（當《たう》山中興《ざんちうこう》）元和元年本坊（光明院）を再建《さいけん》し。支院數ヶ寺を復興《ふつこう》す。（本坊とゝもに百十と云）寬永十三年本坊を東照宮假殿用地《とうせうぐうかりでんようち》として毀《こぼ》たれたれば。復《ま》た座禪院《ざぜんゐん》を以て假本坊と爲し。十八年本坊を今の地に再建《さいけん》す。天海公海を經《へ》て後水尾天皇第四皇子（一本第二皇子となすは後光明天皇《ごくわうみやうてんのう》を第一皇子と算《かぞ》へ奉るに依れる歟）守澄法親王《もりずみはふしんのう》日光門主として山務を統督《とうとく》せらるゝに至りて。承應三年（明曆元年とも云）院宣《ゐんせん》を以て輪王寺の號を賜《たま》ふ。（爾來《じらい》光明院の號自ら廢亡《はいばう》す）

◎日光門主

東叡山寬永寺《とうえいざんくわんえいじ》慈眼大師緣起卷下（大師《だいし》の弟子《でし》僧正胤海の撰にして東叡山藏版とあり元三大師《だいし》の緣起と合せて四卷兩大師緣起《りやうだいしえんぎ》とも云）に云く。上皇《じやうくわう》の二の宮守澄親王襁褓《むつき》の內より東福門院やしなはせらうたく（愛）し給《たま》ふを。大樹の御はからひにて日光山門主に申うけさせたまひ。海師《かいし》の御弟子にと沙汰《さた》したまふ云々。又東叡開山《またとうえいかいざん》慈眼大師傳記卷下（寫本二卷のもの）に云く。寬永十五年（中略）告《テ》二紫禁之闕一請《ヒ》二第三宮《ノチ》一（高仁親王を第一の宮と算《かぞ》へ奉《たてまつ》るに依る歟）以爲二日光山門主一于レ時

P205～206注釈参照

鳳雛甚ダ妙齢也此故ニ延ベ光臨之淑装ニ海師豫メ表ニ聞家光公ニ曰ク他日必令ヲ下此宮為ニ一品親王ニ而冠中諸宗上ニ云云。晃山神社考に云く。皇子光嶺《くわうれい》に臨御《りんぎよ》したまふは當山座主第廿九世仁慧法親王第三十二世慈道法親王等の先例《せんれい》を踐《ふ》まれしものなり云云。（原漢文摘要）本照院宮守澄法親王御傳に云く。明暦元年十一月廿六日以テ院宣ヲ賜ニ輪王寺稱號ニ（中略）從レ是前雖レ奉レ稱ニ日光御門主ト此是御所務之號正非ニ親王之御稱號ニ由依ニ院宣ニ今般新賜ニ輪王寺之稱號ニ云云と。因《よつ》て思《おも》ふに輪王寺の勅號以前には單に日光御門主《にっくわうごもんしゆ》と稱せしと見ゆ。さて御資格《ごしかく》はかく日光御門主なるも。日光には毎年三回の御登山《ごとざん》あるのみにて常に東叡山に在《おは》したまひ。一宗を管領《くわんりやう》したまふが御實務《ごじつむ》なりきと見えたり。續々群書類從《ぞくぞくぐんしよるゐじう》第十二宗教部諸宗階級上に云《いは》く。比叡山顯教修行之事右者剃髪後交衆と申候而衆徒之論席初入之式有レ之十二年之間相應之勤方有レ之白素絹白五條著用卿名《きみな》にて法《はふ》問之席《もんのせき》相勤十二年後（日光東叡山者八年諸國準レ之）房號《ばうがう》に相改め黒素絹玉蟲紋白大五條著用二十五歳以上或者山外之寺院にて其功《そのこう》に寄り器《き》に隨ひ日光御門主へ願上御吟味《ねがひあげごぎんみ》の上《うへ》寺流之住職被ニ仰付ニ候云云。又云《またいは》く右山門《みぎさんもん》日光東叡山其外律院幷に一宗之寺院經歴昇進之次第大略書面之通に御座候《ござさふらう》尤日光御門主御支配下には眞言宗《しんごんしう》一向宗《かうしう》幷に尼寺其外神主社家巫女修験山伏等多輩御座候得共此度衣體等之儀者書上不申候享和二戌年二月上野（東叡山のことなり）執當《しつたう》（法親王の執事の名なるべし）住心院圓覺院《ぢうしんゐんゑんがくゐん》として寺社奉行に宛てたり。是れにて日光御門主御職務の大體《だいたい》は知らるべし。斯くて法親王を以て繼《けい》承《しよう》したまふこと十三世に至り。明治の維新《ゐしん》ありて當時《たうじ》の御門主公現法親王《こうげんはふしんのう》（能久親王）御實家伏見宮に御復歸《ごふくき》輪王寺門室廢止せられぬ

◎輪王寺門跡の中興

明治元年輪王寺門室廢止《りんのうじもんしつはいし》に次ぎて神佛分離《しんぶつぶんり》の命あり。四年正月僧侶の神勤を罷《や》め。本坊支院一百十ヶ寺悉く廢止《はいし》せらる。當寺の山僧等總代《さんそうらそうだい》を選みて（後ちに輪王寺中興《りんのうじちうこう》たりし大僧正諶厚之に當れりと云）政府に歎願《たんぐわん》し。辛《から》うじて輪王寺宮の舊《きう》殿《でん》を賜《たま》ひ。一山寺院の住職等を併合居住せしめ。（其寺宇《そのじう》は悉く毀《こぼ》ちて寺地を奉還《ほうくわん》せしめらる）滿願寺の舊號を稱せしめ遞《てい》減祿《げんろく》百石を賜ひたりき。是に於て百十ヶ寺は一朝《てう》にして一滿願寺となれること數年。此《こ》の間《あひだ》に於て寺の火災《くわさい》に遇《あ》ひしを再建し。神佛分離《しんぶつぶんり》の難事業たる堂様《だうたう》の移還《いせん》を了し。十二年一支院を復舊《ふくきう》したり。唯だ一の滿願寺茲《こゝ》に始《はじ》めて本坊支院の關係《くわんけい》を生じたり。十五年に至りて支院十四ヶ寺を復舊し輪王寺々中と稱《しよう》す。現在の寺院是《じゐんこれ》なり。十六年十月五日輪王寺の舊號を許可《きよか》せられ。滿願寺を以て輪王寺《りんのうじ》と爲し。其の住職彦坂諶厚師を以て輪王寺住職《りんのうじぢうしよく》と爲す。十八年門跡號を許可《きよか》せらる。之を輪王寺門跡の中興《ちうこう》と爲す。爰《こゝ》に輪王寺門主として歴代相《れきだいさう》承《しよう》すべき最も大切なる祕法《ひはふ》あり之を山王一實及び鎭將夜叉の法と爲す。此の法は往昔《むかし》傳教大師が山王權現より感得《かんとく》して之を桓武天皇《くわんむてんのう》に傳へ奉り。爾後歴代の天皇御相承《てんのうごさうしよう》ありて後水尾天皇に至り大僧正天海《だいそうじやうてんかい》之を乞ひ奉りて相傳ひ。天海之を以て東照宮《とうせうぐう》を祀りしより輪王寺歴世の門主《もんしゆ》たるものは必ず此の法を相傳《さうでん》すべく定められたるを。維新《ゐしん》の時門室廢《もんしつはい》せられ。時の門主公現法親王の御復歸《ごふくき》と共に此の法は一時絶えたりき。（大切《たいせつ》の法《はふ》なれば御門主の外にも東照宮別當大樂院《とうせうぐうべつたうだいらくゐん》の住職及當山傳

P206注釈参照

法職二三の人には相傳《さうでん》してありし由なれども。當時或《たうじあるひ》は沒し或は山《やま》にあらずして之を傳《つた》ふるによしなきのみならず。主職《しゆしよく》の人より相承《さうしよう》を尊《たつと》ぶことなればこゝに至りて如何《いかん》とも爲しがたかりきと云。)然《しか》るに二十四年九月十四日偶々《たま〳〵》前《さき》の御門主《ごもんしゆ》たりき能久親王の御登山《ごとざん》に際して。現諶厚門主より彼の法の御相傳を願《ねが》はれしに。幸《さいは》ひにも猶ほ御熟知にて殘《のこ》る所《ところ》なく御相承あり。(御自筆《ごじひつ》の御切紙を藏すと承《うけたま》はる)これにて輪王寺《りんのうじ》門主《もんしゆ》其の人の身分《みぶん》こそ變《かは》れ。御法脈は連綿《れんめん》絶《た》えざることゝなりたる譯《わけ》なり。斯くして相繼《あひつ》ぎ以て現代に至れりと云。今ま開山《かいさん》より歷代の貫首《くわんしゆ》を列記《れつき》すれば左の如し。

◎日光山の列祖

開山勝道上人　座主宣下なきが故にたゞ開祖と稱す
第二世座主教旻僧都
第三世座主千如上人
第四世座主神善上人
第五世座主昌禪講師
第六世座主尊蓮上人
第七世座主明秀大德
第八世座主聖兼大德
第九世座主賴肇大德
第十世座主慶眞大德
第十一世座主明覺大德
第十二世座主宗圓法印
第十三世座主快舜阿闍梨
第十四世座主有尋大德
第十五世座主良重大德
第十六世座主聖宣法印
第十七世座主禪雲
第十八世座主隆宣法橋
第十九世座主觀纒僧都
第二十世座主覺知大德
第廿一世座主靜覺大德
第廿二世座主文珍大德
第廿三世座主相辨大德
第廿四世座主辨覺僧正
第廿五世座主性辨阿闍梨
第廿六世座主尊家法印　従三位賴家の子鎌倉將軍宗尊親王の御歸依僧にて南御堂を兼帶す是より代々貴族を以て座主に任ず
第廿七世座主源惠大僧正　是より代々座主鎌倉大御堂勝長壽院を兼務して多は鎌倉に居住ず故に山務は其命を受て御留守居座禪院之を取扱
第廿八世座主仁澄大僧正　鎌倉將軍惟康親王の長男　皇族光山座主に任せられし初なり
第廿九世座主仁慧法親王　後嵯峨天皇第十四の皇子にして仁澄大僧正の法嗣なり
第三十世座主道潤大僧正
第卅一世座主聖慧權僧正　惟康親王の第三子にして仁慧親王の法嗣なり
第卅二世座主慈道法親王　龜山天皇第十七皇子曾て青蓮院門跡に住し建武元年日光山座主に任じ光明院に轉住せらる
第卅三世座主守慧大僧正　聖慧權僧正の弟子
第卅四世座主聖守法親王　系出未詳
第卅五世座主聖如僧正
第卅六世座主滿守大僧正　鎌倉滿氏の五男聖如僧正の資
第卅七世座主慈玄大僧正

此後座禪院權別當左の如し

第卅八世監守昌瑜法印　慈玄大僧正座主職中法印を以て本坊光明院を監守せしむ大僧正辭職已來御留守居權別當と稱して山務を執る
第卅九世監守昌勝法印
第四十世監守昌縋法印
第四十一世監守昌潤法印
第四十二世監守昌繼法印
第四十三世監守昌宣法印
第四十四世監守昌源僧正
第四十五世監守昌顯法印
第四十六世監守沙彌丸
第四十七世監守若王丸
第四十八世監守昌膳法印
第四十九世監守昌歆法印
第五十世監守昌廣法印
第五十一世監守昌淳法印　是れよりさき山徒屢々近國の武家と戰て漸次法運衰頽ず昌淳法印在職中天正十八年豐太閤當山の領地を沒收して山門前地の外僅に足尾郷七百石の朱印を賜ふ故坊舍年を追て減少し慶長十八年天海大僧正當山に貫首たりし頃は大坊僅に九ケ寺を存し小坊も多く廢絶せしといふ
第五十二世監守昌尊法印　衆徒と異議あり慶長十八年終に退職す應永二十七年已來座禪院住職權別當と稱して山務を閱するを十四代其年數百六十七年にして終に斷絶す
第五十三世監守中興慈眼大師
第五十四世貫首公海大僧正　海大僧正の後守澄法親王より輪王寺宮と稱す其歷代は次に之を掲ぐ

◎輪門御歷代

第五十五世貫首守澄法親王　後水尾天皇第三皇子承應三年御受職延寶八年五月十六日薨勅して本照院宮と諡

P206～207注釈参照

第五十六世貫首天眞法親王　後西院帝第五皇子延寶八年御受職元祿二年三月一日薨解脱院宮と諡
第五十七世貫守公辨法親王　後西院帝第六皇子元祿三年御受職享保元年四月十七日薨大明院宮と諡
第四十八世貫首公寛法親王　東山帝第三皇子正德五年御受職元文三年三月十五日薨崇保院宮と諡
第五十九世貫首公遵法親王　中御門帝第二皇子元文三年御受職寶曆二年八月御退隱號を隨自意院宮と賜ふ
第六十世貫首公啓法親王　中御門帝御養子實は閑院宮直仁親王御子寶曆二年御受職安永元年七月十三日薨最上乘院宮と諡
第六十一世貫首公遵法親王　安永元年九月二十七日御再住天明八年三月二十五日薨隨宜樂院宮と諡
第六十二世貫首公延法親王　桃園帝御養子實は閑院宮典仁親王御子安永九年御受職享和三年五月二十七日薨安樸心院と諡
第六十三世貫首公澄法親王　桃園帝御養子實は伏見宮邦賴親王御子寛政三年御受職文政十一年八月七日薨觀喜心院宮と諡
第六十四世貫首舜仁法親王　光格帝御養子實は有栖川宮龍淵親王御子文化六年御受職天保十四年九月二十六日薨自在心院宮と諡
第六十五世貫首公紹法親王　光格帝御養子實は有栖川宮韶仁親王御子天保十四年御受職弘化三年十月十九日薨普賢行院宮と諡
第六十六世貫首慈性法親王　光格帝御養子實は有栖川宮韶仁親王御子弘化三年御受職慶應三年十二月七日薨大樂王院宮と諡
第六十七世貫首公現法親王　仁孝帝御養子實は伏見宮邇樂親王御子慶應三年御受職明治二年十月四日伏見宮へ御復歸後北白川宮御相續

第六十八世監守大僧都慈亮　舊華藏院住職維新前より輪門室の御留守居職を勤む明治三年二月十一日入寂
第六十九世學頭代舊權大僧都覺潤　舊醫王院住職明治三年三月三日門室より當山學頭代を拜命し同四年八月辭職
舊權大僧都生戒　舊養源院住職にして覺潤と同時同職に任じ同五年春辭職す
第七十世學頭代舊大僧都山貞　舊龍光院住職明治五年春栃木縣廳より學頭代職を拜命し六年八月辭職
第七十一世學頭代大講義諶厚　舊護光院住職彥坂氏明治六年九月栃木縣廳并に天台宗務廳より學頭代職を拜命し同十二年滿願寺副住職
第七十二世兼務中敎正亮榮　東京市ヶ谷自性院住職修多羅氏明治七年十二月滿願寺兼務の命を内務卿に受け同十四年九月辭職
第七十三世貫首大僧正諶厚　明治十五年五月十一日内務卿の認可を得て副より正住職に轉じ同十六年十月五日門室號を復興して輪王寺住職と爲り三十一年七月四日寂す之を輪王寺門跡中興の祖と爲す初代門跡守澄法親王より通算すれば第十四世なり金剛心院と號す
第七十四世貫首大僧正貞典　舊法門院住職山本氏明治三十一年七月七日就職輪王寺門跡中興第二世（通算第十五世）と爲る四十四年九月二十五日寂深信院と號す

第七十五世貫首大僧正覺潤　舊醫王院住職林氏明治三十四年十月七日就職輪王寺門跡中興第三世（通算第十六世）と爲る三十五年三月六日寂法雲林院と號す
第七十六世貫首大僧正諶照　護光院住職彥坂氏明治三十五年三月八日就職輪王寺門跡中興第四世（通算第十七世）と爲る

◎輪王寺寺中　山內舊寺院

現在の輪王寺《りんわうじ》の寺中は左の如し

護光院　十二年四月再興　法門院　安養院　華藏院　照尊院
南照院　禪智院　淨土院　醫王院　櫻本院　光樹院
唯心院　敎光院　もと敎光坊と稱せり二十五年改む　實敎院　もと道福坊と稱せり二十五年改む
日增院　もと金藏坊と稱せり二十五年改む
○以上十五年八日八日再興

神佛分離以前山內寺院は左の如し　○比叡、日光、東叡之を天台の三本山と稱したりき

本坊　輪王寺　法親王御住職　學頭　修學院　權僧正より大僧正迄に昇進
衆徒《しゆと》　養源院《やうげんいん》　慧乘院《ゑじようゐん》　華藏院《げざうゐん》　法門院《はふもんゐん》　護光院《ごくわうゐん》
藤本院《ふぢもとゐん》　醫王院《いわうゐん》　禪智院《ぜんちゐん》　敎城院《けうじやうゐん》　櫻本院《さくらもとゐん》
南照院《なんせうゐん》　安居院《あんごうゐん》　日增院《にちぞうゐん》　遊城院《ゆじやうゐん》　唯心院《ゆゐしんゐん》
淨土院《じやうどゐん》　觀音院《くわんのんゐん》　實敎院《じつけうゐん》　光樹院《くわうじゆゐん》　照尊院《せうそんゐん》
東照宮別當　大樂院《だいらくゐん》　大猷廟別當　龍光院《りうくわうゐん》　釋迦堂別當　妙道院《めうだうゐん》
慈眼堂別當　無量院《むりやうゐん》　新宮上人　安養院《あんやうゐん》
一坊《いちばう》　八拾箇坊　承仕《じようじ》　三箇坊
合計百拾箇寺

◎强飯

日光の强飯《おうはん》は昔より名高《なだか》き式なり。卽ち飯を强《しゆ》るの義にて、

P206～207注釈参照

世に之を日光責《につくわうぜめ》と稱す。

其の狀飯を受る者《もの》に對し。山伏姿の者種々《ものしゆ〴〵》傲慢《がうまん》なる言動を以て大聲に責付るの例にて、受者《じゆしや》は東照宮《とうせうぐう》より賜るとの一言に已むを得ず謹慎《きんしん》して耐忍《にんたい》することとなるが、舊諸侯の中には耐へ得ずして憤り。已《すで》に刀を拔《ぬ》かむとしたるもありしと聞けり。想ふに此式《このしき》は暗《あん》に人心の歸嚮如何を試るものにして。當時《たうじ》幕《ばく》府政策《ふせいさく》の一なりとするも。不可《ふか》なきが如《ごと》し。近代まで當山に行はれし峯行（此强飯《がうはん》の役《やく》を勤めし坊中《ばうちう》にて往古《わうこ》より修せしものと云）の中に强飯の式に似《に》たる祕密の修法ありしを。いつの頃《ころ》より折衷《せつちう》して此强飯の式に利用《りよう》せしなりといふ。思ふに責道具の中に大なる煙管《きせる》あるを見《み》れば。寛永以後に設《まう》けしものならむ。然るに瀧尾《ときを》へ地藏變化《ちざうへんくわ》し來り索麪を乞ける故地藏を責《せめ》しより始《はじま》れりなどいふは笑ふべし。此式幕府時代は毎年《まいねん》四月祭禮《ぐわつさいれい》の外正月本坊にて之を行ひ。又歲晩餅練の日大樂院にても行ひしといふ。今《いま》はやんでとなき來賓等の所望《しよまう》に因《よ》り執行《しつかう》することゝせり。左に輪王寺《りんわうじ》最近《さいきん》の記錄を掲ぐべし。

◎强飯の次第

先づ受者《じゆしや》（麻上下を着したり舊幕時代の諸侯などに擬したるものと云）著席し畢《をは》るや。別室《べつしつ》にて突然螺貝《ほらがひ》の聲起り。やがて山伏姿《やまぶすがた》の强飯僧大椀に盛れる杉形の飯を膳に載せ。恭しく捧《さゝ》げて悠然とたち現《あら》はれ。徐々と步を練り運びて受者の前《まへ》に据ゑ。片膝《かたひざ》を突き。膳《ぜん》の上なる箸と木皿とを取りて。杉形飯の尖頭少許を木皿に搔《か》き取り箸をば置き、「手を出そう」と云《い》ひて木皿を受《う》けしめ、「恭《うや〳〵》しく頂戴あろう」と云《い》ひて之《これ》を頂かしめ。その終《をは》るを見《み》て立ちあがり。

又悠然と入る。次に同じ扮裝《ふんさう》したる他の强飯僧長さ一尺二寸徑二寸許なる二本の棒《ぼう》を兩腋に搔い込みて。先《さき》の如《ごと》く徐々に出で來《きた》り。受者の前《まへ》に至《いた》りて片膝にて立ち。彼《か》の二本の棒《ぼう》を橫に並べ据ゑ。その手を放《はな》たずして直《たゞち》に棒の兩木口《りやうきぐち》を左右より戞《かつ》と打《う》ちつけ。そのまゝ其處《そこ》に置き。兩手にて飯椀を取り「手を出そう」と言《い》ひて之を受者に授《さづ》け、その手《て》を放たずして傲壯峻烈なる語調《ごてう》にて、「かうべを下《さ》げよ。御供《ごくう》を頂上へ捧げよ。忝けなくも東照神君《とうせうしんくん》より賜る所の御供じや。謹で頂戴《ちやうだい》あらう。頭《づ》が高《たか》い。もそつと下《さ》げよ。おとしてはその身《み》の爲にならまい。しかともたう」など言《い》ひて、彼《か》の大椀《だいわん》を頭上に押付け。其よく捧《さゝ》げ持《も》てるを見《み》。兩手《りやうて》を胸の邊《あた》りに交叉して。「コリヤ當山古《たうざんこ》實萬代不易《じつばんだいふえき》の强飯一杯二杯デナイ。七十五杯ヅカ〱取り上げてのめそう。抑々此の强飯と謂《い》ッぱ。當山《たうざん》地主三社和光權現本地垂迹三天合行の深法《しんはふ》より事起《ことおこ》り。大黑天の寶槌《たからづち》を下しては大辨財天《だいべんざいてん》の如意寶珠毘沙門天の金甲、皆な悉《こ》く甚深の由ある事じや。依て此の强飯の一たび信心渴仰《しんぐかつかう》して頂戴あるときは。七難卽滅《なんそくめつ》、七福卽生《ふくそくじやう》、四魔退散家運長久決して疑《うたが》ふことはない。有《あり》がたう七十五杯《はい》一粒も殘さずずか〱取上げて呑《の》めそう。容易《ようい》に心得《こゝろえ》て頂戴はなるまいしかと持たう」と言《いつ》て、前なる二本《ほん》の棒を取り上げ。前《まへ》と同《おな》じ姿勢《しせい》にて徐かに入れば、次《つぎ》にいでたるは大銅皿《だいどうさら》に大根、唐辛、蓼、辛皮、の四種《しゆ》を盛れるを膳《ぜん》に載せて持ち來り。受者のあたりに据ゑて。彼の四種の菜《さい》を手摑《てつかみ》にて。受者の膳《ぜん》の上《うへ》に取《と》り。その事果てゝ菜の膳《ぜん》を持《も》ちやをら立ちて歸《かへ》れば。次《つぎ》にいでたるは又彼の棒を搔《か》い込《こ》みたるものにて。前と同《おな》じさまに大椀を頂上に捧げしめ。「コリヤ前々申《まへ〳〵まを》す通《とほ》りの强飯一杯二杯にあ

P207 ～ 208 注釈参照

らず七十五杯一粒も殘《のこ》さずづか〳〵取《と》り上《あ》げてのめそう。特に當山の珍物中禪寺《ちんぶつちうぜんじ》の木辛皮、蓼《たで》ヶ海《うみ》の蓼、御花畑の唐辛、寂光の大根、品々の珍物御料理として之《これ》を下《くだ》さる。有《あり》がたう七十五杯容易に心得《こゝろえ》て頂戴はなるまいしかと持《も》たう」と言ひて入る。次にいでたるは藁《わら》の大繩《おほなわ》を徑《けい》七八寸許の輪《わ》に結びてその兩端《りやうたん》を角《つの》の如く立てたるを胸に交叉《かうさ》したる右手に持ちて來り。受者の前に至り。片膝《かたひざ》にて立ちて藁《わら》の輪《わ》を側に置き。兩手にて前《まへ》の如《ごと》く大椀を捧《さゝ》げしめ。「此度は御供と諸共に首を上げよ」と言ひて。大椀の飯《めし》と相對《あひたい》せしめ。「コリヤ毘沙門天《びしやもんてん》の金甲七難即滅《なんそくめつ》七福即生《ふくそくじやう》諸願如意」と言《い》ひて。彼《か》の藁の輪を頭上に冠せしめ。其儘立ちて入《い》れば、やがて騷然《さうぜん》として戶障《としやう》子《じ》を震動《しんどう》せしめ。「コリヤ〳〵〳〵〳〵」と叫《さけ》びて。數名の强飯僧手に〳〵撚《よ》り棒《ぼう》、大煙管《おほきせる》、彼の二本の棒など持ちていで來り「目出たう七十五杯《はい》」と言て。彼《か》の持《も》てるものを下《した》に打《う》ち付けて入《い》る、これにて式《しき》は終《をは》れるなり。

已上

右は明《めい》治四十五年六月二日執行せしを記《しる》せるものなり。

右は最近の例なるが。全《まつた》く古式《こしき》のまゝを行《おこな》ひしなり。安永五年四月成島和鼎の私記《しき》「道芝《みちしば》の露《つゆ》」。其の他提醒紀談載する所を見るに大要相同じ。

◎延年舞

延年舞《えんねんのまひ》は昔より行はるゝ當山《たうざん》故實《じつ》の一にして。今は六月二日三佛堂の庭上に舞臺《ぶたい》を設け之を執行す。幕府時代《ばくふじだい》は毎年四月十七日大祭前に行ひ。又《また》三月《ぐわつ》二日《か》新宮《しんぐう》の祭禮にも行ひしものなり。

其の狀は僧侶二人緋緞子《ひどんす》地《ぢ》に牡丹唐草《ぼたんからくさ》の織出しある袍を著し。白《しろ》の大口袴を穿ち、蝦鞘卷鮫柄《えびざやまきさめづか》、放《はな》し目貫《めぬき》の短刀を背に斜に帶し。白足袋をはき。二人《にん》ともに白の五條袈裟にて其《そ》の頭をつゝみ。中啓《ちうけい》を携て舞《ま》ふ。一人が終りて次に立てるものは央《なかば》より黒の烏帽子を袈裟《けさ》の上より被りて舞ふ。此間《このあひだ》衆僧《しゆうそう》は舞臺の後にて舞頌を唱《とな》ふ。其《そ》の間約十分なり。・舞容古雅にして面白《おもしろ》く。名優《めいいう》團《だん》十郎《らう》嘗《かつ》て來りて之を實見し。足踏拍子の調《てうし》和等《とう》一々節度にかなへるに驚嘆したりといふ。日光山志に其《そ》の由來《ゆらい》を記して云く。

此蹈舞も事を當山《たうざん》の舊記に載たるは。古實《こじつ》の來由にて聞傳《きゝつた》ふるに。古慈覺大師、異邦《いはう》より將來し給ふ秘曲の舞なるを嘉祥年中當山の大衆へ傳《つた》へ玉ひて。摩多羅神《まだらじん》の神事の秘舞とし。其以來毎歳臘月《それいらいまいさいらふげつ》晦日の夜より正月七日の朝迄、常行堂にて修正會と稱する奥秘の法儀《はふぎ》を修行《しうぎやう》の砌《みぎり》。日々延年舞を奏し。天下泰平の法樂《はふがく》に備《そな》へ奉るゝ事《こと》といへり。中興座主辨覺大僧正の時《とき》大衆《たいしゆう》と議《ぎ》せられ。始て三月二日の神事に移《うつ》されたるものとぞ。往昔《わうせき》は叡山《えいざん》にても慈覺大師傳來し給ふ舞なるゆゑ。毎年修正會《まいねんしうせいくわい》に此舞を奏せられしなし。今は叡山にはたゑて當山にのみ傳へ。千古《こ》の星霜《せいさう》を經《へ》て修せらるゝ秘曲《ひきよく》の舞なりといふ。又《また》四月十七日御神祭の砌も新宮の社前にて此蹈舞終りて後御神事《のちごしんじ》を始らるゝ事なり。」

此によれば異邦傳來《いはうでんらい》の舞なるよしなれど。其《そ》の裝束《さうぞく》は本邦考案のものならむ。

P207～209注釈参照

◎四本龍寺

四本龍寺《しほんりうじ》は日光東山本宮の背後《はいご》に在り。天平神護《てんぴやうじんご》二年三月勝道上人の當山《たうざん》に入りて。第一《だい》に建立せし古刹《こさつ》にして。今を距ること一千一百四十五年前《ねんぜん》なり。後《の》ち大同年間《だいどうねんかん》橘利遠《たちばなのとしとほ》勅命を受て改造し大成《たいせい》するを得《え》たりといふ。當山を四神峰と號し。此處東位に在《あ》るを以て四本龍寺《しほんりうじ》と名けしよし。（東は青龍）堂は方《はう》五間《けん》にて寶形《はうぎやう》、栃葺《とちぶき》、素木《しらき》造《づく》りなり。中尊は千手大士。左に五大尊、右《みぎ》に勝道上人自刻の肖像《せうざう》を安置《あんち》す。又明治維新後神佛分離に因りて古峰《こぶ》ヶ原《はら》より金剛童子を此處に移せりといふ。塔前石階の側にある平石《ひらいし》（大サ四尺餘）を紫雲石といふ。往昔此邊《わうせきこのへん》に紫雲《しうん》たなびき。觀音大士出現ありしと傳ふ。今《いま》や積苔之を覆へり。寺に竝《なら》びて屹立する三重塔は鎌倉將軍實朝公の建立《こりつ》なりと稱《しよう》す。三間《けん》四方和樣《はうわやう》三手出組二重繁椽銅葺總辨柄塗なり。初層《しよそう》四面《めん》の蟇股に十二支の彫物《ほりもの》あり皆極彩色なり。塔《たふ》は初《はじ》め東照宮《とうせうぐう》の社邊に在りしを。寛永造營の際總奉行たりし松平正綱てゝに移《うつ》せり。今《いま》あるものは貞享元《ていきやうぐわん》年《ねん》の火災後《くわさいご》再建《さいこん》せしものなりと雖も建築の樣式に猶古式の痕を見《み》るべし。塔《たふ》の右に三面大黑天を祀れり。もと本宮別所《ほんぐうべつしよ》に置きしもの即ち摩阿《まか》迦羅《きやうら》天《てん》なり。當寺の西、東山谷《ひがしやまだに》に唯心院あり。勝道上人未だ四本龍寺《しほんりうじ》に移《うつ》らざる前。假に草庵を結れし舊蹟《きうせき》なり。境内中庭《けいだいなかには》に禮拝石、硯の石（高四尺圍九尺）あり。

◎床の神事

床《とこ》の神事《しんじ》は四本龍寺に於て輪王寺《りんわうじ》の衆徒毎歳一月二日の夜之を執行す。昔時は正月二日の夜《よ》六ッ時《どき》より新宮、本宮、寂光、中禪寺等の各別所《かくべつしよ》に於て同時に之を行ひたり。爐前《ろまへ》（オホドと稱す）に於て一坊の僧徒《そうと》採燈護摩《さいとうごま》の修法を畢へ。机上に置ける錫杖中啓《しやくぢやうちうけい》を持ち頌歌を唱《とな》へ。交々舞を奏す。（當床舞と云）舞畢て「コバンコバン」と呼《よ》ぶ。時《とき》に俗人種々《ぞくじんしゆぐ》の扮装を爲して舞踊す。舞踊畢《ぶようをは》るの後餅《うちもち》或《まるひ》は翫具、野菜、菓物等を投散し。參詣《さんけい》の諸人をして之を拾はしむ。明治維新《めいぢゐしん》の後一旦廢絶せしが再び復興せり。

◎常行堂《じやうぎやうだう》と法華堂

常行堂《じやうぎやうたう》、法華堂《ほつけだう》は新宮馬場の新道《しんみち》を過ぐれは。大猷廟に至《いた》る左方に相竝《あひなら》べり。大なるを常行堂、小なるを法華堂とす。常行堂は一に賴朝堂ともいふ。十間《けん》に十一間寶形造り正面向《しやうめんかう》拜附《はいつき》銅葺、二重垂木、組物出組四方勾欄廻はり椽總辨柄塗にして唐戸は蠟色塗《ろいろぬり》なり。向拜には極彩色《ごくさいしき》の手狹及蟇股彫刻あり。嘉祥元年圓仁和尚即ち慈覺大師《じかくだいし》の創建《さうこん》に係る。初め今の東照宮表門内《とうせうぐうおもてもんない》三神庫邊に在りしを東照宮造營の際てゝに移せり。本尊は寶冠《はうくわん》の彌陀佛《みだぶつ》。脇佛は四菩薩《ぼさつ》、後堂に摩多羅神《またらじん》を安置す。其の他堂内に數多《あまた》の佛像を排列《はいれつ》せり。是は明治二年山内の革命に依《よ》り廢堂又は廢寺《はいじ》のまゝとなれるもの。神佛分離《しんぶつぶんり》に因りて社内に置《お》き難《がた》きもの。皆此處《みなこゝ》に收置《しうち》せるものなり。堂を一名賴朝堂《めいよりともだう》といふよしは。日光山志に「鎌倉右大將家御《かまくらうだいしやうけご》信仰有《しんかうあつ》て常行三昧《じやうぎやうさんまい》修行の燈油料として。文治二年九月同國寒河郡にて。十五町の地を御寄進《ごきしん》ありし事東鑑《ことあづまかゞみ》に見えたり。ま

P209～210注釈参照

舞之手並

P208～209注釈参照

た右府實朝公も御信仰有《ごしんかうあつ》て兩將軍家より水晶の御念珠《ごねんじゆ》などをも御堂內へ納給ふ由。されば舊《ふる》くより賴朝堂《よりともだう》とも別稱せしとぞ」と記《しる》したるを以《もつ》て之《これ》を知るべし。

法華堂は其《そ》の西《にし》に竝べり。六間四方。組物《くみもの》は二手の詰組其他は概ね常行堂と同型。創建年次《さうこんねんじ》亦前《またまへ》に同じ。本尊は普賢菩薩竝に鬼子母神《きしぼじん》、十羅刹女等《らせつによとう》を安置し。傳敎大師書寫の妙典一部を納置せり。

右の二堂は比叡山に模して創建《さうこん》する所にして。當時《たうじ》山門《さんもん》より大師に隨從《ずゐじう》せし僧侶《そうりよ》十餘輩《よはい》と久住の徒を合して三十六人《にん》。其の中二十四人は法華三昧の行儀《ぎやうぎ》を修《しう》し。十二人は常行三昧の法儀を受けて怠懈《たいかい》なく修行せしより。二堂《だう》の名《な》とは爲《な》せしなり。此二堂を合せて俗《ぞく》に二ッ堂或《あるひ》は荷ひ堂などゝもいへり。

◎開山堂

開山道《かいさんだう》は東照宮奧宮の東、佛岩《ほとけいは》に在り。佛岩は往昔西《わうせきにし》の山際に在りし岩《いは》にて佛像《ぶつざう》に似たるもの列《なら》びありしが。震災の爲めに埋沒し地名となりて存せり。

開山堂一に地藏堂といふ。卽ち勝道上人《しようだうしやうにん》の廟なり。堂は東に面し、方《はう》六間半《けんはん》總辨柄塗重層寶形屋根、銅葺上層《じやうそう》三ッ斗二重棰。四面に扉あり三面《めん》に花燈窓を設《まう》く。堂內は甃石《いしだゝみ》にて正面に「開先院」の額《がく》を掲《かゝ》ぐ。一品公遵法親王の御筆《ぎよひつ》なり。中央に地藏菩薩の木座像を安置《あんち》す。丈け五尺許、運慶《うんけい》の作《さく》といふ。尊前厨子蓋し上人《しやうにん》は同菩薩《どうぼさつ》の垂迹なりとしかくの如《ごと》くせり。中に上人の影像、左右に十弟子《てし》の像《ざう》を列《れつ》す。此處は上人茶毘《だび》の地なり。

上人の墓は開山堂《かいざんどう》の背後に在り。周圍《しうゐ》に石の玉垣《たまがき》を廻らし。中に高さ五尺の三輪石塔婆《りんせきたふば》を安ず。上野島等に埋骨《まいこつ》の處あれば想ふに茶毘後各所《だびごかくしよ》に配葬せしならむ。又右に一廓あり石柵《ませがき》を廻らす徒弟の小塔《せうたふ》三基相竝《きあひなら》べり。

開山堂の南に小祠《せうし》あり。產宮《さんのみや》と稱す。俗說《ぞくせつ》に妊婦將棋の形を造り香車《きやうしや》と書して納《をさ》むれば必ず安產《あんざん》すといへり。

佛岩谷には空海《くうかい》の建立せし小玉堂《こだまだう》あり。

同所舊護光院境內に彥阪光正の墓あり（護光院正宗居士《ごくわうゐんしやうしうこじ》、寬永九壬午年二月廿九日と刻す）

◎慈眼堂

慈眼堂《じげんだう》は天海大僧正の廟にして。大黑山《だいこくやま》と唱ふる處に在り。大僧正は當山中興《たうざんちうこう》の祖にて。四十八代の座主職《ざすしよく》たり。寬永二十年十月二日を以て寂《じやく》す。慶安元年慈眼大師の諡號を賜ふ。其の地は常行、法華《ほつけ》二堂の間より南の阪路を二町程登れは。

右方石階の上に小門あり。前に唐銅の燈籠《とうろう》一基立てり。左に文珠堂あり。四間《けん》四方《はう》。銅葺《どうぶき》、二重垂木、辨柄塗正面に唐戸を開く。之《これ》を大師《だいし》の本地堂《ほんちだう》とす。今は能久親王殿下御遺物竝に慈眼堂の寶物等を陳列せり。小門《せうもん》を入《い》りて進《す》めば左右《さいう》に石燈籠を列す。左《ひだり》に覺王《がくわう》三尊《そん》の石像を安置せる辨柄塗四阿屋及御手洗井あり。水を功德水と稱す。平素封鎖《へいそふうさ》して汲むことを禁《きん》ぜり。右には鐘樓あり。四柱丸木銅葺にして總黑塗《そうくろぬり》なり。慶安元年四月大師の上足公海大僧正《じやうそくこうかいだいそうじやう》の寄進に係る。相竝びて經藏あり。銅葺辨柄塗とす。正面拜殿は八棟《やつむね》造り銅葺、軒二重繁垂木、三ッ斗、大サ五間

P210～211注釈参照

に三間。四方黒塗揚蔀欄間蟇股には松《まつ》の活彩色彫物、長押《なげし》、頭貫、組物、丸桁は極彩色《ごくさいしき》柱は鍍金《めっき》金襴《きんらん》巻《まき》なり。殿内は皆簾を掛け。長押上より天井廻り亦總《すべ》て極彩色を施《ほど》せり。四邊《あたり》には石玉垣《いしたまがき》をめぐらし。内《うち》に栗石を敷詰たり。殿後に寶塔あり。華崗《みかげ》石高《いしたか》さ一丈餘。周圍《しうゐ》に六部天、四天王の石像を置く。各四尺五六寸。其《そ》の四方《はう》は石玉垣《いしたまがき》なり。慈眼堂拝殿の坤位に當山輪王寺宮御歴代法親王の御廟あり。寶塔十二基を算す。

◎能久親王殿下の御廟

能久親王殿下《よしひさしんわうでんか》の御廟は慈眼堂と同じく大黒山に在り。明治二十九年十月二十八日建設《けんせつ》する所なり。抑々故陸軍大將北白川宮能久親王殿下《よしひさしんわうでんか》はもと當山六十七世の貫主輪王寺宮《くわんすりんわうじのみや》にて公現《こうげん》法現王と申し奉り。明治二年十四日御生家に御復歸あり。二十八年臺灣《ねんたいわん》にて薨去《こうきょ》あそばされたりかゝる御由緒《ごゆゐしょ》を以て當山に御分靈を鎮めまつれるなり。拝殿は方三間にて栃葺《とちぶき》三ッ斗二重棰にして朱塗《しゅぬり》、扉、蔀及天井は蠟色塗。正面に小松宮彰仁親王殿下御筆「護王殿《ごわうでん》」の額を掲げ。中央《ちうあう》に密壇五具足を置けり。其《そ》の次《つぎ》は御影殿にて一間社流れ造りにて拝殿《はいでん》より甃石《いしだゝみ》を以て通路とす。其の背後の三段の石階を上《のぼ》りて御寶塔あり高さ九尺餘。石玉垣《いしたまがき》にて之を環《めぐ》らせり左に三重石塔婆を建つ。而して縣下《けんか》より獻備せる石燈籠十數基鐵燈籠兩基、相列す。嗚呼殿下は戰爭《せんさう》に御因緣あり。御受職後《ごじゅしょくご》一年を經ざるに戊辰の戰亂に御遭遇《ごさうぐう》。上野を御退去《ごさいきょ》にて艱難を踏ませられ。二十八年臺灣の征討に臨まれ。遂《つひ》に彼地にて薨《こう》ぜられたり。日光《にっくわう》の山頭月明かに風淸《かぜきよ》きの夜。英靈《えいれい》儼《げん》として劔に倚《よ》り。戰場の老武者家康と御對話《ごたいわ》。御遣興《ごけんきょう》あらせらるべきことゝ推察《すゐさつ》す。

◎山内有名の墳墓

○秋元但馬守泰朝墓《あきもとたじまのかみやすともはか》　山内中山通り照尊院境内に在り。石《いし》に照尊院殿道哲泰安居士俗名秋元但馬守藤原《ふぢはら》朝臣泰朝《あそんやすとも》、寛永十九年十月廿三日と鐫す。但馬守《たじまのかみ》は今の秋元子爵家の一代《だい》にして。元和《げんわ》三年三月東照宮《とうせうぐう》の遺骸を久能山より當山に移すに當りて之を護衞し。寛永十三年宮殿《きうでん》の改築《かいちく》には總奉行《そうぶぎやう》として工事を統督《とうとく》せられし人《ひと》なり。

○養源院殿並に英照院殿墓《えうせうゐんでんはか》　山内水上なる舊養源院《きうやうげんゐん》の（水上は佛岩の北部《ほくぶ》を指す。この字は養源境の廢寺《はいじ》となりしより呼ぶもの稀になれり）境内《けいだい》に在り。寺《てら》は廢寺となりて其《そ》の儘《まゝ》なれども此墓猶存《はかなほそん》せり。寛永三年水戸中納言賴房卿の御養母《ごやうぼ》英《えい》照院《せうゐん》が其の妹於六の方の爲《ため》に造立し。慈眼大師號《じげんだいしがう》を養源院と賜ひし由舊記に見《み》ゆ。其《そ》の後《ご》英照院自《えいせうゐんみづか》らの墓をもてゝに定められきと見えて。今現《いまげん》に二基並び立てり。毎年《まいねん》水《み》戸《と》家《け》より代拝ありと云ふ。

○敎旻座主墓　東照宮社務所構内《とうせうぐうしやむしよこうない》の東に在り。五尺ばかりなる苔《こけ》むせる丸形の石塔に敎旻の二字《じ》を鐫す　敎旻座主《さうぶんざす》は勝道上人の徒弟にして師《し》の開山《かいさん》に當《あた》り其の偉業《ゐげふ》を助け。師の入寂後代りて山務《さんむ》を執《と》り始めて座主の宣旨を拝《はい》せし人《ひと》。即ち歴代貫首の内《うち》に其の名《な》を記《しる》せり。

千とせの神垣

◎二荒山神社

二荒《ふたら》山神社《やまじんじや》は國幣中社にして祭神は大已貴命《おほなむちのみこと》、田心姫命《たごりひめのみこと》、味耜高《すきた》彦根命《ひこねのみこと》の三座なり。其の本社は日光町大字日光字山内に在り。

東照宮大鳥居内五重塔の前より高石垣《たかいしがき》の篏塀に沿ふて今の新道《しんだう》郎ちもとの新宮馬場《しんぐうばゞ》を行けば、老杉路を挾《はさ》み翠色衣を染む二町許にして唐銅の鳥居《とりゐ》あり。高さ二丈一尺七寸、横一丈五尺、柱の周圍《しうゐ》六尺許。「二荒山神社」の額《がく》を掲ぐ。熾仁親王殿下(有栖川宮)の御筆《ちんぷで》なり。むかしは鳥居《とりゐ》なかりしが。元祿八年三佛堂《さんぶつだう》後の喬杉四株を伐採《ばつさい》して建設し。其の後寛政年間に至り。唐銅に改む。當山《たうざん》の座主《ざしゆ》一品公寛親王殿下の御筆に成りし「正一位勳一等日光大權現《につくわうだいごんげん》」の舊額《きうがく》は神佛分離の際之を撤去《てつきよ》し別に保存《ほぞん》す。右に社務所あり。三佛堂の移轉《いてん》後之を置く。進めば右に拜殿あり。間口《まぐち》九間一尺奥行七間一尺。棟の高四丈一尺。南向にて入母屋、銅瓦葺、和様出組二重繁極辨柄塗四方緣《はうえん》、正面三唐戸口及四方揚蔀《しはうあげしとみ》は皆蠟色塗なり。殿前には皇族下乘《くわうぞくげじやう》の榜示《ばうじ》あり。渡廊の次を唐門とす。銅葺、桁行一間一尺五寸、高一丈三尺。總黑塗、左右の門柱より銅瓦葺辨柄塗に青漆の透《す》かし格子《かうし》をはめたる瑞籬を廻《めぐ》らし本社を環護す。長延《ちやうえん》四十八間《けん》。門内正面を正殿とす間口《まぐち》六間九寸、奥行《おくゆき》六間二尺八寸八棟造、銅瓦葺、和様出組二重繁極木、大床舞臺建、總辨柄塗、前面向拜《ぜんめんかうはい》は三まにして一丈一尺一寸、

二荒山神社　The Futara Shrine

大棟の高さ四丈一尺、柱《はしら》は鍍金金襴《きんらん》巻《まき》、承塵《なげし》丸桁、組物及小壁は牡丹、鐵草唐草極彩色蟇股には花木又は花木に十二支を配したる極彩色浮彫《ごくさいしきうすぼり》をはめたり。向拜《かうはい》の手狹は左右は桐に鳳凰《ほうわう》中は牡丹の籠彫孰《いづ》れも極彩色なり。正面折唐戸は蠟《ろ》色《いろ》に鍍金《めつき》の金具を附し左右揚蔀となせり。神官は恭しく説ていへらく當社《たうしや》は創立《さうりつ》以來一千一百餘年に及へり。日光山に於て　陛下の御參拜あらせらるゝは當社《たうしや》に限れりと。一語《ご》莊重人をして肅然起敬《しゆくぜんきけい》せしむ。伏拜《ふくはい》して徐ろに頭《あたま》を擧ぐれば　勅使の捧けたる金幣翠簾の下に燦然たり。

P216～217注釈参照

唐門外の東北《とうほく》に　皇太子殿下《くわいたいしでんか》及び常宮、周宮兩殿下御手植の松あり。共に栅して之を環護せり。瑞籬の西南隅《せいなんぐう》にある唐銅の燈籠高さ七尺許なるは。是《これ》ぞ有名《いうめい》なる化燈籠と稱するものにて昔物《むかしもの》に化《ば》けて人に斬られきといひ傳へたる今刀痕らしきもの數所に在す。丸柱《まるばしら》に銘あり云く。

季三治鑄
新宮御寶前　御燈爐一基
右志者爲二三世悉地成就圓滿一也利益普及二群類一矣
正應五年壬辰三月一日
願主鹿沼權三郎入道教阿并清原氏女　敬白
大工常陸國三村六郎守季

An enchanted lantern

二荒山神社化燈籠

鹿沼氏《かぬまし》は鹿沼に居城《きよじやう》し。日光神領の總政所たりし名家《めいか》なりといふ。正應五年は今より六百二十年前《ぜん》なり。拜殿《はいでん》の傍に高野槇の老大樹《らうだいじゆ》あり廻らすに石栅を以てす。相傳《あひつた》ふ空海登山の際高野山より苗樹を齎《もたら》し來りて植る所なりき。又拜殿《はいでん》の西南隅に老杉《らうさん》三株相竝びて直立《ちよくりつ》す。之を三本杉と稱す。當社の神木たり。拜殿《はいでん》の前に神樂殿《かぐらでん》あり栃葺素木の舞臺造り。之《これ》に隣りて御手洗水盤あり。銅葺素木造り四柱を以て之を支ふ。水盤《すいばん》は大さ四尺五寸に三尺高さ三尺の花崗石《みかげいし》なり。又社地の西に日枝《ひへ》、御友の支社及神輿舍、寶庫《ほうこ》等《とう》あり社前阪下に三四株の櫻樹《あうじゆ》あり。緋櫻といふ。もと男體山珍花《だんたいざんちんくわ》の一なるが。山下にては其の色眞紅なるも。麓《ふもと》に移せば淡如《たんによ》たりと。今や稈樹をも植添《うゑそへ》あり、

左に明治三十八年八月前宮《ぜんぐう》司從六位神宮暠壽氏がしるし二荒山の由緒《ゆゐしよ》を錄して。其の大要《だいえう》を示す。

栃木縣下野國上都賀郡の高山《かうざん》を二荒山と云ふ、又黑髮山《くろかみやま》とも云へり、其外男體山《だんたいさん》國神山等の名あり、又荒尾山《あらをやま》とも云ふ。半腹《はんぷく》に湖水《こすゐ》あり、今幸の湖と稱す、此山重巒層峰の上に巍峩として聳え、滿山の草木《さうもく》蓊鬱《おううつ》として繁茂し、濃綠深翠《のうりよくしんすゐ》の色を變へざる靈山《れいざん》なり、謂ゆる男體山の東北《とうほく》に峙ちたる山を女貌山と號し、北方にあるを太郎山《たらうざん》と稱す、神代の昔《むかし》より大巳貴命、田心姫命、味耜高彥根命等の三神鎭まりたまふ、崇神天皇の皇子《わうじ》豐城入彥命の東國《とうごく》を鎭定《ちんてい》したまひし時、三神を荒尾山に崇奉りたまへり、現今神社《げんこんじんじや》三所にあり、日光町《につくわうまち》大字日光字山内にあるを本社と稱し、二荒山の山上にある三社を奥社と稱し、湖邊《こへん》にあるを中宮祠と稱す、總稱《そうしよう》して二荒山神社と云ふ。延喜の名神大社にして今の國幣中社《こくへいちうしや》たり、中にも本社は舊記《きうき》に徵するに、平城天皇《へいじやうてんのう》の大同《だいどう》三年國司橘利遠勅を奉じ稻荷川一名皆成川の岸頭《がんとう》に社殿を創立して三神を鎭祭《ちんさい》す、然るに此社地洪水《こうずゐ》の爲に崩壞するの虞《おそれ》あるを以て、淳和天皇の天長四年社殿を假に小玉殿の東に遷す、仁明天皇《にんみやうてんのう》の嘉祥三年に至り恆例山《こうれいさん》一名佛岩山の南岸を卜し、更に社殿《しやでん》を興して遷

座し奉る、近衛天皇の仁平三年又金堂の東に移す、土御門天《つちみかどてん》皇《のう》の承元四年又常行堂の後に移す、順徳天皇の建保三年又金堂の西に遷座《せんざ》し奉る、是二荒神社の本社たり。次に奥社《おくしん》は嵯峨天皇の弘仁七年釋勝道大中臣諸清と共に二荒山の山巓に登り、社殿《しやでん》を創立して大巳貴命味耜高彦根命の二神《しん》を祀り、又其半腹に田心姫命を祀る、現今社殿《げんこんしやでん》三所にあり、大巳貴命を祭るを二荒山山上二荒山神社と稱し、味耜高彦根命を祭るを二荒山山上太郎神社《たらうじんじや》と稱し、田心姫命を祭るを二荒山山上瀧尾神社と稱す、並二荒山の山上《さんじやう》にあり。又湖邊《こへん》にあるを中宮祠と稱す大巳貴命を祭れり。猶相殿に田心姫命味耜高彦根命の二神を祭《まつ》る、以上三所の五社を併《あは》せて二荒山神社と稱し、明治六年三月七日國幣中社《こくへいちうしや》に列《れつ》せられたり。

輪王寺傳《つた》ふる所は本文の紀事《きじ》と異なるものあり。日光山沿革略記に載する所を左に抄錄《せうろく》して參考《さんかう》に供す。

●延暦三年四月勝道上人二荒の山腹《さんぷく》湖北《ほく》の地に立木觀音を手刻し寺を創《さう》して中禪寺と稱す。又堂《どう》の側に一祠《し》を設け。山神を崇《あが》めて鎭守とし中禪寺《ちうぜんじ》大權現《だいごんげん》と稱す。

●同九年四本龍寺の側に一社を創設《さうせつ》して二荒の山神を祭り。寺中の鎭守《ちんじゆ》と崇む。後ち是を本宮大權現と稱す

●大同二年上人雨請の靈驗《れいげん》あり。名譽都鄙に聞ゆ。尋で四本龍寺及鎭守社とも官費《くわんぴ》を以て改造せしめらる。

●弘仁七年上人年八十有二。四月二荒の山頂《さんちやう》に登り始て山上に二小祠を設け。中腹《ちうふく》に一小祠を營む。之を男體山《だんたいさん》三社大《だい》權現《ごんげん》と稱す。

●同十一年七月空海上人弘法大師當山《たうざん》に來りて瀧尾山《たきをざん》を開き。女體中宮を勸請して瀧尾山大權現《たきをざんだいごんげん》と崇む。

●嘉祥三年座主昌禪山衆と議《はか》り。佛岩山恒例山とも云常行堂の近傍今東照宮鐘樓の地に神殿を新造《しんぞう》して寺中鎭護《ちんご》の本社とし。之を新宮大權現と云ひ。或は滿願《まんぐわん》大權現と稱し滿願寺内の鎭守社なるが故に又日光山大權現《だいごんげん》と唱ふ。是より四本龍寺の舊社《きうしや》を太郎山大權現の社とし。改《あらた》めて本宮大權現と稱《しよう》し山内神社の根本なるが故に新宮に對して本宮の稱を存す。瀧尾の女體中宮《ぢよたいちうぐう》を加へて日光三社大權現《だいごんげん》と稱す三社共渾て社務は日光山座主職の擔任にして三ケ所各々別所を置き座主の命を受け衆徒茲に輪勤す之を三社上人と云●貞觀二年始て當山神社に神主《かんぬし》を置《お》きたまふ。天兒屋根命の裔左大臣大中臣清麿四男諸清事故ありて當國に來住し其三男大中臣清眞は開山上人の外甥に當るが故に曾て山内鎭守社の神事に與からしめしが茲に至て山徒相議し　朝に奉請して公然神主たらしむ然れども社務の主權は依然として座主職之に任ぜり

右は同寺に傳ふる創設《さうせつ》に關する記事《きじ》なり。一は創立を大同三年とし。一は延暦《えんりやく》九年とし大同二年に官費《くわんぴ》を以て改造せしめられたりしと云。之に就きて沿革略記《えんかくりやくき》の編者《へんしや》は曰く。略記は日光山本宮草創日記に基きて記せり。大同三年建立のことは補陀洛山建立修行日記に出でたり。ともに勝道上人《しようだうしやうにん》の遺弟等《ゐていら》が面のあたり見聞《けんぶん》せし事實を記されたるものなれば誤謬ありとも認めがたし。思《おも》ふに延暦九年は眞の草創にて開祖《かいそ》私《ひそか》に險を攀《よ》ぢがたき老少婦《らうせうふ》女《ぢよ》の參拜に便りせむため小祠を寺の傍に建《た》てしかど。大同二年請雨の法驗等《はふけんとう》に依りて別に壯大《さうだい》なる社殿建立の恩命《おんめい》に接して其の年直に工を起し翌三年に至りて竣功《しゆんこう》したれば。さてこそ一は小を捨てゝ大《だい》を記し一は大小ともに記し。一は起工《きこう》の年に依り一は竣功の年に基《もと》づけるならむ。因て略記《りやくき》は頃者件《けいしやくだん》の意に基きて更に訂正增補《ていせいぞうほ》することゝ定めあり云々。以て讀者《どくしや》の參考に供す。二荒山神社宮司も亦此の事に就《つ》き左の如く辯明《べんめい》せられたり。

延暦九年勝道上人《しようだうしやうにん》四本龍寺の側に一社《しや》を創立《さうりつ》せしを。大

P218注釈参照

同三年に至り下野國司橘利遠を以て　朝廷《てうてい》に奏《そう》じ　勅命によりて利遠當社を建立《こんりふ》されしにて。舊記《きうき》に記載しあり。當社の記録も敢て輪王《りんわ》寺の記事《きじ》と異なるにはあらず。只此記事に延暦《えんりやく》九年の事を記せざるまでなり。

右前宮司の記する所は一切に佛法《ぶつぱふ》に闘する事を避《さ》けたるを以て舊號《きうがう》を書せせるが。神佛分離《しんぶつぶんり》以前《いぜん》は輪王寺の記にも見えたる如く。日光三社大權現と稱したりしなり。

明治四年一月の令達《れいたつ》に依り。新宮權現《しんぐうごんげん》を二荒山神社(本社)とし。本宮權現《ほんぐうごんげん》を別宮本宮神社、瀧尾權現を別宮二荒山上瀧尾《を》神社《じんじや》と改稱《かいしよう》し。中禪寺號を廢《はい》して二荒山中宮祠とせり。是より輪王寺の管理《くわんり》を脱し。舊社家《きうしやけ》六人を廢して更《さら》に宮司、禰宜、主典を置けり。

方今《はうこん》舊社家《きうしやけ》にして古より家系《かけい》の續きしもの中麿氏《なかまろし》一人存在のよし村上宮司語られたり。もとは社家《しやけ》の中一﨟《いちらう》は某社、二﨟《にらう》は某社と其の分任定《ぶんにんさだま》り居りしよし。

本文に豐城入彦命云云、延喜式《えんぎしき》云云とあるは。宇都宮《うつのみや》二荒神社《じんじや》と混《こん》ぜしものにあらざるが。次に掲《かゝ》ぐる神階等も歴史に照して之を辯《べん》ずべし。

神階　(以下數項前宮司の記)

承和三年十二月二十三日正五位下を授奉らる
同八年四月十五日正五位上を授奉らる
嘉祥元年八月二十八日從四位下を授奉らる
天安元年十一月十七日是時從三位勳四等なり
貞觀元年正月二十七日正三位を授奉らる
同七年十二月二十一日從二位を授奉らる
同十一年二月二十八日正二位を加奉らる
天慶年中正一位勳一等に進奉らる

歴朝の崇敬

桓武天皇　延暦《えんりやく》二十年武藏相模常陸上總下總五ヶ國の年貢三分の一を寄附《きふ》したまふ

平城天皇　大同二年常陸上總下總下野四ヶ國《こく》の償物《しやうもつ》を寄附したまふ

嵯峨天皇　弘仁元年《こうじんぐわんねん》武藏相模安房上總《かづさ》常陸《ひたち》の貢税三分の一を寄附《きふ》したまふ

文德天皇　天安《てんあん》元年封戸一烟を充てたまふ

清和天皇　貞觀二年勅して大中臣從四位下清眞《きよざね》を以て神主と爲たまふ

後鳥羽天皇　元暦元年薗部大平兩郷の地を供饌料《ぐせんれう》として寄附したまふ

後宇多天皇　弘安四年外寇防遏《ばうあつ》の爲祈願《きぐわん》したまふ

今上皇帝　明治九年六月七日行幸《ぎやうかう》ましく〳〵て幣帛料《へいはくれう》神饌等を納めたまふ

常宮内親王殿下　明治二十三年七月十七日行啓《ぎやうけい》ましく〳〵て幣帛料を納《をさ》めたまふ又翌《よく》二十四年八月十五日行啓《ぎやうけい》ましく〳〵て御手《おて》づから松《まつ》を植《う》ゑたまふ

周宮内親王殿下　同上此兩内親王殿下《ないしんのうでんか》は日光行啓の度ごとに御參拜《ごさんぱい》あり

皇太子殿下　明治二十九年八月二日行啓《ぎやうけい》ましまして幣帛料《へいはくれう》を納《をさ》めたまふ同年九月二十五日御參拜《ごさんぱい》ありて御手づから松を植ゑたまふ

P218注釈参照

同　妃殿下　明治三十三年八月十一日行啓ましくて幣帛料《へいはくれう》を納めたまふ此外諸皇族方《しよくわうぞくがた》の御參拜多《ごさんぱいおほ》し

臣下の尊崇

坂上田村麻呂　延暦二十年夷賊《えぞ》の蜂起《ほうき》するに際し朝敵退治《てうてきたいぢ》の願文を捧げ戰功《せんこう》の後鞍馬及弓箭甲冑等を奉納《ほうなふ》して報賽の意を表す

小山朝政　壽永二年信田義廣足利忠綱《よしひろあしかゞたゞつな》等と戰ひ二荒山大神に祈誓《きせい》して戰勝《せんしよう》の功を遂げ其報賽として中宮祠の社殿を建立す猶寶物《ほうもつ》中樺柄《ちう》太刀柏太刀等の名刀《めいたう》あり並朝政《ともまさ》の奉納なりと云ふ

那須宗高　文治元年讃岐《さぬき》の海上《かいじやう》に扇の的を射むとして二荒山大神に祈り其命中《めいちう》して無比の名譽《めいよ》を得るに感じ爾來尊崇《じらいそんすう》太厚かりき

源　賴朝　文治二年寒川郡《さむかはぐん》の內田地十五町を寄附《きふ》し又同五年泰衡《やひら》を征伐《せいばつ》せむとするに際し安達盛長《あだちもりなが》を使として願文を捧ぐ

源　實朝　建仁三年神馬《しんば》及太刀《たち》等《とう》を奉納す

藤原政綱　建保四年梵鐘一口を奉納す

藤原氏綱　建治二年鳩丸《はとまる》の太刀《たち》を奉納《ほうなふ》す

上杉氏憲　某年某月都賀郡日名田鄕の地を寄附《きふ》す

鹿沼入道敎阿　正應五年唐銅燈籠一基を奉納す

藤原高綱　文明六年太刀《たち》一口《ひとふり》を奉納す

鹽谷中務　天文六年金滅金の琵琶《びわ》一個を奉納《ほうなふ》す

宇都宮重綱　某年某月都賀郡久野村の地を寄附す

宇都宮忠綱　某年某月都賀郡久賀村の地を寄附す

壬生周長　元龜元年《げんきぐわんねん》瀧尾の社殿《しやでん》を修覆《しうふく》す

上杉謙信　某年某月《ぼうねんぼうげつ》小豆長光の刀《たう》を奉納す

源　秀忠　元和五年社殿を改造《かいぞう》す

源　家光　正保《しやうほ》二年社殿を造營す

秀忠將軍《ひでたゞしやうぐん》以下慶喜將軍に至るまで歷世累代《れきせいるゐだい》祭事修繕其他諸般の事大小に拘らず厚《あつ》く誠意《せいゐ》を盡して尊崇《そんすう》の實を表したるは一々枚擧《まいきよ》に遑《いとま》あらざる以て是に略く

秋元泰朝　寬永十三年社殿《しやでん》を造營《ぞうえい》す

酒井正勝　慶安《けいあん》三年石燈籠《いしとうろ》二基を奉納す

源　定良　某年某月石鳥居を寄進す

源　利厚　文政《ぶんせい》三年額十二面を奉納《ほうなふ》す

寶物

枝珊瑚珠一株　白玉樹一株　水晶寶塔一基　篳篥一管　八葉鏡一面　御手箱一個　尺鶴面一個　翁面一個　假面一個　錦織地奉天誥命文一枚　水晶珠一顆　唐銅狛犬一對　龍筆架一個玉簾琵琶一個　扇形箱一個　石劍一口　石槌一個　甲冑一領禰々切丸太刀一口　瀨昇太刀一口　柏太刀大小二口　樺柄太刀大小二口　拔丸太刀一口　小豆長光刀一口　名刀廿四口

古書畫

八景詩歌一卷　和漢朗詠集下一卷　後撰和歌集一冊　日光山瀧尾賦一卷　墨畫天神像圖一軸

神額

正一位勳一等日光大權現　一品公寬親王御筆

P219 注釈参照

男體大權現　一品公啓親王御筆
女體中宮　釋空海眞筆
男體大權現　一品公猷親王御筆
本宮大權現　一品公猷親王御筆
男體大權現　一品公紹親王御筆

境內支社

境內《けいだい》にはもと金剛堂《こんごうどう》、慈覺堂、毘《び》沙門堂《しやもんどう》、阿彌陀堂、大黑堂等ありしが。明治四年悉く撤去《てつきよ》し。現在《げんざい》の支社は左《さ》の如し。

御友神社　祭神少彥名命　祭日四月十六日
日枝神社　祭神大山咋命　祭日五月十五日
北野神社　祭神菅原道眞公　祭日八月四日

◎彌生祭

當社現今の祭典《さいてん》は四月にして。十三日に神輿飾式《しんよかざりしき》を爲し。十七日に官祭《くわいさい》及び渡御祭《とぎよさい》を行ふ。明治六年改曆の際七月二十日第二百五十八號の公布に依り推歩《するほ》し以て改定《かいてい》せしものなり。之を彌生祭と稱す。即ち四月十三日神輿《しんよ》を裝飾して其の式を行ひ。十四日瀧尾《たきのを》神社の神輿先づ瀧尾神社に渡御。古式の行裝を整《とゝの》へ。神職皆供《ぐ》奉す。同社拜殿に安坐神饌を供し。八《や》乙《をと》女《め》、神樂《かぐら》男《を》共に神樂を奏す。同十六日まで同社に安坐。同日行者堂《ぎやうじやだう》の道を經《へ》て本社に還御。供奉行裝前に同《おな》じ。社頭高天《たかま》の原《はら》に於て酒迎《さかむかへ》の古例神事を行ひ。洗米《せんまい》を散し神酒《みき》を灌《そゝ》ぎ。八乙女、神樂男相共に神樂を奏し。後ち拜殿に入御神饌を供す。翌十七日拜殿神輿前に於て奉幣使參向《さんかふ》。官祭の式畢りて後。市中各町より屋《や》臺萬燈《たいまんとう》或は邌物《ねりもの》、狂言《きやうげん》等を出すこと明治以前に異なるなし。各町順次拜殿を巡匝《じゆんさふ》し了るを待ち。神職を首《はじ》め數百人の供奉。三神輿の前後《ぜんご》に整列して本宮に渡御し古例の祭儀を修《をさ》めて後。本社に還御《くわんぎよ》す。當山諸祭事中最も壯嚴繁華《はんくわ》を極る隨一の祭事《さいじ》なり。聞く所に據れば。年々東町（大谷川の東に在《あ》る市街《しがい》即ち鉢石町等）と西町（大谷川の西に在る市街即ち安川町等）と狂言などの事に就き互に競爭し。果は紛紜《ふんうん》を生ぜしが。中津《なかつ》川署《がはしよ》長等《ちやうら》の仲裁《ちうさい》に因り。本年始て融和《いうわ》したりといふ。此彌生祭は維新以前は三月會《さんぐわつゑ》と稱せり。其の事次に記す。

◎三月會

弘仁以前は神宮會と稱し。毎年六月一日之を執行《しつかう》せり。同十二辛丑年二月當山の住僧《ぢうそう》即《すなは》ち勝道上人の遺《い》弟等《ていとう》相議《あひぎ》して三月二日と定め。改て三月會と稱す。滿願寺三月會記に云、弘仁十二年二月中旬、當山住僧道珍、勝尊、仁朝尊鎭、教旻、昌禪、神尊等相議云、當山者勝道上人與二空海和尚兩德一草創、而皇家鎭護靈處也、雖レ有二神宮會一法禮不敏、然何不下催二嚴重之祭祀一修中眞淨之法會上哉神宮會六月一日炎氣熾盛、而不レ稱二人意一三月初二三之日寒温調備之時也、以二此節一於二四本龍寺一執二行法會一尤宜歟、朔日可下修二讀經幷結緣灌頂法則一備中先師勝道上人之追善上第二日可下儲二般若會奉備中權現法味上、第三日行二法華三昧會一爲祈二玉體安穩國土豐饒一也如レ斯作法儀誠二佳乎、又裝二三所之靈輿一以二神人等一奉二舁渡一云云とあり、此時よりして三月會共彌生會又彌生祭共稱す　其の式たるや。先づ二月二十七日本社《ほんしや》即ち新宮を云　拜殿《はいでん》に三社新宮瀧尾社本宮を云　の神輿を裝置《さうち》し。其の前に鹿の生皮を敷き。祭具《さいぐ》を並列す。翌二十八日未の刻瀧尾社《たきのをしや》の神輿瀧尾社即ち當社別宮　に渡御。社家、伶人、宮仕《みやじ》、神人《じにん》等列を正して供奉し。坂本瀧尾境內瀧の邊なり　に到り豫め設けたる假橋《かりはし》の上に少時間神輿を停め奉る。時に上人《じやうじん》參迎《さんげい》して祭事《さいじ》を行ひ了て神輿《みこし》を進め拜殿の中央に安置し奉り。三品立《さんぼんだて》の神供を獻し。伶人《れいじん》音樂《おんがく》を奏し八乙女神樂男共に神樂を奏《そう》す。三月朔日迄同社に安座《あんざ》。同

P218～219注釈参照

日本社より七度半の神迎式あり。式畢《しきおはつ》て社家、宮仕、神人等供奉行装して。行者堂《ぎやうじやどう》の道筋より本社に渡御《とぎよ》。酒迎の神事として本社及本宮兩社の神輿に社人供奉して。拜殿《はいでん》の西三本杉《さんぼんすぎ》の側高天の原と唱《とな》ふる所に出御《しゆつぎよ》し。瀧尾社の神輿を迎《むか》へ。三神輿本社及本宮の神輿は西に向ひ瀧尾社の神輿は東に向ふ共に對列《たいれつ》し。八乙女、神樂男共に神樂を奏し。夫より本社の拜殿に入御す。翌二日早天布引太夫と云ふ者舊神領河内郡明神村（今上都賀郡落合村に屬す）福田某之を勤む、往古は神人なりと云ふ本坊元座禪院後輪王寺と云に出仕し。幣帛を切剝ぎ。神前を飾り神酒神饌を獻備し維新の際迄神酒神饌を初め祭儀に要する紙其他の器具草鞋役料金等、皆本坊より下付せり天下《てんか》泰平國家《たいへいこくか》安全《あんぜん》の神事を修し。本社社頭より宮仕を以て七度半の神迎式《しんけいしき》を受《う》け。裝束を整《とゝの》へ布引太夫は白張を著用し、腰に長き布を著け、烏帽子に緋の絹を纒ひ、後ろにて結び下げ、草鞋を穿ち兩刀を帶す、布持一人隨從す白幣を捧げ素袍を着用す長刀持二人附、馬壹疋口附二人、馬柄抜持一人、長柄傘持一人、各白張を着用す之に從ひ。下座觸《げざぶれ》をなし。高聲に下に居れ下に居れと呼ぶ本坊を發し本社拜殿に至る。續て山內衆徒《さんないしうと》の附弟二人白五條袈裟を以て頭を包み。緋純子の袍に白大口袴を著《つ》け。背に短刀《たんとう》を帶び先に進《すゝ》む。續て一山の衆徒列《しうとれつ》を正し本坊を發して金堂卽ち三佛堂今の當社社務所の地なりの南舞臺に入りて正列す。往古は座主職乘輿にて登社僧徒の兒長絹を著け騎馬にて參迎するの式ありきと云、座主登社の式は法親王宮の時代となりても、續きて維新前まで行はれたりしが稚兒參迎の式はいつの頃よりか廢絶せり是より先き布引大夫は拜殿に入り宮仕を以て幣を神前に納め。降て舞臺の前に立つ卽此時《このとき》神人《じん》三人三社の金幣《きんぺい》を捧て舞臺の前に進み立つ。一山の衆徒舞頌を唱《とな》へ附弟の兩僧交々舞曲を奏す是を延年の舞と云舊記に云延年の舞は慈覺大師異朝より傳來し當山の僧徒に傳へ毎歳十二月晦日より正月七日迄常行堂に於て法儀修行の節、日々奏せしを、二十三代座主辨覺大僧正一山の僧徒と相議し、三月二日二所の祭祀に移せしと云了て三社の金幣拜殿に入る。布引太夫及び衆徒皆行裝を正して本坊《ほんばう》に歸る。此日朝東西の各町より屋臺《やたい》、萬燈《まんどう》、邌物《ねりもの》等を曳き出し。時に依りては供奉奴《ぐやつこ》を出す、赤奴青奴の二種あり、赤奴は稻荷町より出し、青奴は鉢石町より出す金堂の南より鳥居《とりゐ》の邊に整列し。祭式及び延年の舞等了るを俟ち各町順《かくちやうじゆん》次《じ》に絲竹を鳴らし。或は舞曲を奏し拜殿を邌步一匝《ねりありきいつさふ》す。各町の邌匝《ねりめぐり》畢れば。直ちに神輿の供奉行列を正して本宮《ほんぐう》卽ち本社別宮に渡御す。時に上人神輿《じやうじんみこし》を境內の入口に參迎す。少時神輿を停め招請の法儀《はふぎ》を行ひ。祭事了りて三神輿を瑞籬《みづがき》の內に舁入れ庭上に枕木《まくらぎ》を設け安坐し奉り。三品立の神座《しんざ》が供を獻《けん》し。伶人奏《そう》樂八乙女神樂男亦神樂を奏し古例の祭式《さいしき》を終り。本社の拜殿に還御《くわんぎよ》す。是古來の祭式《さいしき》なり。

◎武　射　祭

武射祭は每年《まいねん》二月四日。中宮祠の社頭《しやとう》に於《おい》て行ふ所の神事なり。もとは正月四日なりしかば。改曆後《かいれきご》も尙ほ舊曆《きうれき》の正月四日を擇《えら》みたりしかど。近き頃《ころ》之を今の日に改められたり。古來の例たるや社家の中當社《たうしや》の社務《しやむ》を掌る者一人神人を從へ登山して之《これ》を行ふ。正德の頃までは社家總出仕して祭儀を執行せしものゝ如し先づ正月三日未刻本宮に於て祭祀あり大平弓神寳を受け。子刻出發登山し、早朝神前に於て蟇目《ひきめ》の祭事を勤め。勝軍治要祓を唱《とな》へ。弓矢祭神の式を行ひ。射場に至り湖面《こめん》に臨み。西南《せいなん》に向ひ國家鎭護の祈を爲し。偶矢鏑矢雁股を發つ。此日《このひ》日光町及び近村《きんそん》より群集參拜し。矢を發てば群參の衆人一同に大聲《おほごゑ》を發す。是上古よりの神事なり。今も此例《このれい》に仍《よ》りて執行せり俗間傳て云、上古二荒山の神上州赤城山の神と領地を爭ふ事より神戰あり、二荒の神勝利を得て赤城の神を打退けしを古例とし行ふ祭事にして、赤城の山の方位に向て矢を發つ、此日赤城山にては終日社殿の扉を閉ぢ氏子は矢拔の餅とて家々に餅を搗き、矢を避ると云ふ、是は日光山緣起と題する一冊子あり、何人の著なるやを知らず、其書中に在字中將と云ふ者の孫小野猿丸てふ者神託を請て赤城の神を射止めたることを載せたり、蓋し此小冊子より出たる俗說なるべし

P219 注釈参照

◎鎭火祭

鎭火祭《ひしづめのまつり》は俗に貉《むじな》いぶしの神事と稱し。稍々滑稽なることを傳へたり。維新後《ゐしんご》廢絶《はいぜつ》す。其の祭事《さいじ》の例《れい》たるや。毎歳正月元日夜戊刻社家一人神人等を從へ。寂光神社（今の若子神社）に至り獻饌《けんせん》鎭火《ちんくわ》の祭事を了り。夫より瀧尾の社に至り執行《しつかう》する祭事にして。當社《たうしや》は社家の二﨟社務を掌《つかさど》る。當日東照宮新宮（二荒山神社）寂光社（今の若子神社）等の祭儀を奉仕し畢りて。七曲りの坂路（禰宜通りと云今は訛りテネドウリト云ふ）を越え。瀧尾社に到り祈禱をなし。夫より別所に至り「小聖や禰宜が罷り申た」と案内す。聲《こゑ》に應じて戸を開き内に請して饗應《きやうおう》あり。里俗の傳に云。此神事《このしんじ》を行ふ社家各所の祭儀《さいぎ》を終りて後瀧尾《のちたきのを》に赴けるを以て必ず深夜《しんや》に至れるを恒とす。或時《あるとき》貉《むじな》社家と化し未だ社家の來らざるに先だち。別所《べつしよ》に到りて饗應を受《うけ》たることあり。故に其以來《そのいらい》は眞の社家の來れるも必先《かならずまづ》青松葉《あをまつば》を以て燻し。其眞僞《そのしんぎ》を試みて後饗應するを例《れい》とす。因て之を稱《しやう》して貉燻の神事《しんじ》と云

◎鎌倉起神事

鎌倉起神事《かまくらだちのじんじ》とは。毎歳正月二日未刻《ひつじのこく》本宮社前に於て執行せし所の神事《しんじ》なり。其の例たる本宮《ほんぐう》の社司（社家）七度半の使を受けて出仕し。宮仕《みやじ》神人等《じんとう》拜殿《はいでん》に集り大皷を鳴《な》らし。夫より別所に會し饗應の式畢《しきをは》りて鎌倉に赴《おもむ》くべき者兩人を定め。此者《このもの》に餠五十切懷紙三帖鳥目貳百孔を渡《わた》す。直に發途《はつと》の装をなし。假橋を渡り鉢石町入口《はついしまちいりくち》の邊迄往て歸ん來る事なり。往古亂世《わうこらんせい》の頃當山を襲《おそ》ひ討んとせし者ありしに。爭討勝利《そうとうしようり》を得其次第を鎌倉覇府に注進《ちうしん》せしを嘉例《かれい》とし行ひたりし神事にて。後世に至れるも猶《なほそ》其の舊儀を存したりきと云。維新後《ゐしんご》廢絶《まいぜつ》せり。

◎竹の會

竹《たけ》の會《ゑ》は毎歳四月二十二日中禪寺《ちうぜんじ》（今の中宮祠）の社頭に於て執行せし神事にして。往古は之を千部會《せんぶゑ》又は大登會《だいとうゑ》と稱したりき。天長五年四月五日勝道上人《しやうだうしやうじん》の遺弟千如上人の草創にして。後ち四月廿一日より同廿三日迄一山の衆徒《しうと》社家《しやけ》神人宮仕《みやし》等登山《とうさん》して之を修せり。元和年中《げんなねんちう》此の千部會廢絶し。爾後《じご》は四月廿一日總社家宮仕神人等登山通夜し。當日《たうじつ》三品立《さんぽんだて》の神供《じんぐ》を獻《けん》し祭儀を行ふ。時《とき》に宮仕《みやし》壹人白幣《はくへい》を捧げ神人等附從して。本社の緣を一周せりと云ふ。是れ亦維新後《ゐしんご》廢絶《はいぜつ》す。

◎十神事

十神事《じふしんじ》とは往昔春より夏に渉り。神人等日々本社拜殿《ほんしやはいでん》に集り社家出席して絲竹《ひとたけ》を鳴らし。操皷して神樂《しんがく》を奏す　遠近《えんきん》の人講を結び。永代十神事神樂と唱《とな》へ執行《しつかう》するよし古記《こき》に見えたれども。中古以來此神事《ちうこいらいこのしんじ》ありしを聞かず。明治以前毎歳《まいとし》五月七日に太々神樂を奏せしは。此舊儀《このきうぎ》に因《よ》れるもの歟。改曆以後は年越祈年神事《としこしきねんしんじ》として。陰曆正月《いんれきしやうぐわつ》十五日に太々神樂を奏し。現今は四月二日之を執行《しつかう》するは。蓋《けだ》し其の遺例《いれい》ならむ。

◎端午禪頂と船禪頂

むかしは端午禪頂《たんごぜんちやう》と稱し。五月五日上人小聖等の役僧《やくそう》二荒山山上に登り。神酒神供を獻じ祭事を行ふの例《れい》なりしが。維新

P220注釈参照

後廢絶せり。又船禪頂とて六月朔日《ぐわつついたち》、同十五日、十七日修行せし湖上巡拜《こじやうじゆんぱい》の年中行事ありき。其の次第《しだい》は行者已が居住地に於て七日間潔齋《けつさい》し。寶冠白衣を着《つ》けて中禪寺今の中宮祠に登り。歌の濱に到れば。當日卯刻より上人、小聖、籠衆等の役僧行者を引率《いんそつ》して船を出し。湖水を遶《めぐ》り社堂を巡拜《じゆはい》し。中禪寺に到り上陸《じやうりく》す。若し講中等の出願《しゆつぐわつ》あれば七月山禪頂の頃までは船を出して巡拜《じゆんぱい》せしむることありしが。是も亦維《またい》新後《しんご》に廢絶《はいぜつ》せり。

登拜者《とうはいしや》をして湖上を歴巡せしむといふことは興味《きやうみ》のあることなれば。快走艇《くわいそうてい》の出來後は之を復興《ふくこう》したし。禪頂とは禪定の義に基き。山頂《さんてう》に禪定するの意《い》より直ちに禪頂と書し來りしにや。山禪頂は聞《きこ》えたるも。船禪頂《せんぜんちやう》はをかしき名なり但むかしより船游山《ふなゆさん》の稱もあれば強ち笑《わら》ふべきにもあらず。

◎別宮本宮神社

別宮本宮神社《べつぐうほんぐうじんじや》は日光《につくわう》字東山に在り。味耜高彦根命を祀る。延曆九年の創建にして。もと本宮大權現《ほんぐうだいごんげん》と稱せしものなり。東山は神橋《しんけう》の東方丘上にて。日光橋《につくわうばし》を渡れば「國幣中社二荒山神社本宮」の木標《もくへう》あり。直ちに本宮阪を登《のぼ》れば常夜燈《じやうやとう》、水盤舍等あり。水盤《するばん》には有盤斯石、水維盈焉云々の銘《めい》を刻《こく》し。寶曆三年酉正月と刻す。石《いし》の鳥居《とりゐ》建《た》つ。高一丈四尺。社頭《しやとう》は大谷川に面して東北に稻荷川《いなりかは》を瞰む。老杉《ろうさん》圍《ゐ》繞《ねう》して白日尚ほ陰《いん》森《しん》たり。攀晃山記に詣二本宮一。喬木四圍。境亦靈闕と見《み》ゆ。鳥居の側にある舊別所《きうべつしよ》は本宮に給仕《きうじ》する者の詰所《つめしよ》にて。其の前にある清水は御供水なり。當山第一《たうさんだい》の靈水《れいすゐ》なりとぞ。拜殿正殿共に銅瓦葺、辨柄塗にて。拜殿《はいでん》は方四間入母屋《いりもや》造《つく》り四方揚蔀戸切目緣を廻《めぐ》らす。軒高《のきだかさ》一丈五尺五寸、棟高《むねたか》二丈五尺。正殿は間口三間三尺五寸、奥行《おくゆき》二間二尺、棟高《むねたかさ》二丈二尺、三間社流《しやなが》れ造《つく》り組物《くみもの》三ッ斗二重繁垂木大床舞臺建向拜柱は金襴卷及虹梁丸桁蟇股の彫物等《ほりものとう》は極彩色《ごくさいしき》なり。兩殿の間に中門を設く。貞享の火災後《くわさいご》再建《さいけん》せしものといふ拜殿《はいでん》の前に石あり。高さ三尺五寸餘。笈掛石と名く。昔時冬峰行者出峰の時。笈《きふ》を立掛《たてか》けしに因る。

◎瀧尾神社

瀧尾《たきのを》神社は瀧尾山に在り。田心姫命《たごりひめのみこと》を祀る。弘仁十一年七月空海、當山に來り瀧尾山《たきのをさん》を開き。女體中宮《にょたいちうぐう》を勸請して瀧尾大權現と崇《あが》むるといふものの是なり。明治六年二荒《ふたら》山神社國幣中《やまじんじやこくへいちう》社《しや》に列せられ。當社は別宮瀧尾神社《べつぐうたきのをじんじや》と稱す。

瀧尾に至るには二荒山の本社《ほんしや》の西阪《にしさか》より登《のぼ》るものと東照宮社務所東脇より開山堂前《かいさんだうまへ》を過ぎ稻荷川の方面《はうめん》より行くものと二路あり。稻荷川に沿ふて行を瀧尾《たきのを》の本道《ほんだう》とす。歩道は皆玉石を疊む。老杉路《ろうさんみち》を挾《はさ》みて自ら凄然たるを覺ゆ。旁に神馬の碑を建つ。家康公關原乘馭《じやうぎよ》の馬を瘞《うづ》めし處。一巨石あり手掛石と稱す。又老杉《またろうさん》あり周圍二丈三四尺今は僅《わず》かに其の老幹を存するのみ。之を飯盛杉といふ。もと枝《し》葉《えう》四垂《すゐ》して凸字の狀を爲せしに因る。相距る數武。此處《こゝ》に栃門《とちもん》と稱し。瀧尾の總門《そうもん》なる鳥居ありしが。目下其の礎石《そせき》を留るのみ。左に下乘の石柱を見る。境内《けいだい》の入口に石橋あり。牛王橋《ごわうばし》といふ。左方の不動堂は明治卅五年の水害《すゐがい》に倒壞して今はあらず。瀑泉岩角《ばくせんがんかく》より落つ。數流《すうりう》に分れて灑ぐの狀白絲《さましろいと》に似たり。因て白絲瀑と稱

P220～221注釈参照

す。俗に索麪瀑《そうめんのたき》と呼ぶ。是より數層の石階《いしかい》を登れば、舊別所あり。著名なる强飯の式は此別所より始《はじま》りたりといへり。其の西に隣接して如法經堂。其の傍に影向石といふあり。空海此處にて女體神影《によいしゝえい》を拜《はい》せしといひ傳ふ。正面に石の鳥居あり。高さ一丈二三尺。梶《かぢ》氏の建る所。次を樓門とす。大さ三間半に二間半入母屋銅瓦葺二重棰和樣三手

瀧尾白絲瀧

The Shiraito Water-fall, Taki-no-o

先組物總辨柄塗。卽ちもとの二王門《わうもん》なり。空海《くうかい》が「女體中宮《によたいちうぐう》」の額《がく》はこゝに掲げありしなり。鐘樓は之を毀撤せり。門內の正面は卽ち拜殿《はいでん》にて四間に三間。入母屋銅瓦葺總辨柄塗正面に黑塗唐戶及び揚蔀《あげしとみ》、高欄附の緣《えん》あり。其背後《そのはいこ》五級の石階の上に中門あり。左右に石の瑞籬を廻らす。又門外《またちんぐわい》に石柵《いしさく》もて圍める一廓左右に一つ宛《づゝ》あり大さ各一坪許內に篠《しの》を栽。神箭の料とす。正殿は東南《とうなん》に面《めん》す大さ三間に二間。三間社流《しやなが》れ造り銅瓦葺正面に蠟色塗鍍金々物を打《う》ちたる三扉《ひ》あり向拜の段階亦蠟色塗なり。其他總辨柄塗にて蟇股には極彩色花鳥《ごくさいしやくわちやう》の彫物をはめたり。社前禮拜石あり。俗に助石《たすけいし》と呼ぶ。相傳《あひつた》ふ日光責にて一時氣絶《きぜ》せし者を此石上に載《の》せ置けば、忽ち蘇生すと。舊本地堂、千手堂、多寶鐵塔堂（塔《たふ》は高さ一丈許。文明二年三月の銘あり頗る奇古）は輪王寺《りんわうじ》の所轄に屬《ぞく》す。社の背後に三本杉あり。奧院《おくのゐん》の神木と稱し。瀧尾の神出現の處といふ。現在の者は其の蘖《ひこばへ》なり。西に廻れば酒泉あり。往昔醴泉《れいせん》湧出せしと傳ふ。攀晃山記に側一泓水爲ニ摩尼酒池一。掬飮レ之有ニ酒氣一所ニ以得レ名と見ゆ其西石橋を渡りて子種石といふもあり。同書には之を石身皆蘚。大仭餘。繚籬護レ之。俗傳賽者得レ子と記せり。舊路に復して筋違橋より南の阪路を登れば行者堂あり。役小角の木像《もくぞく》を安す。更に石階數百步を下れば。藥師の靈水とて水盤に淸水を湛《たゝ》ふ。眼疾の患者此を以《もつ》て眼を洗《あら》へば功ありと云傳たりしが今は二荒山神社の御供水《おそなへみづ》となる是《こ》れより二荒山神社本社《くわうざんじんじやほんしや》の傍に出づ。

五十四

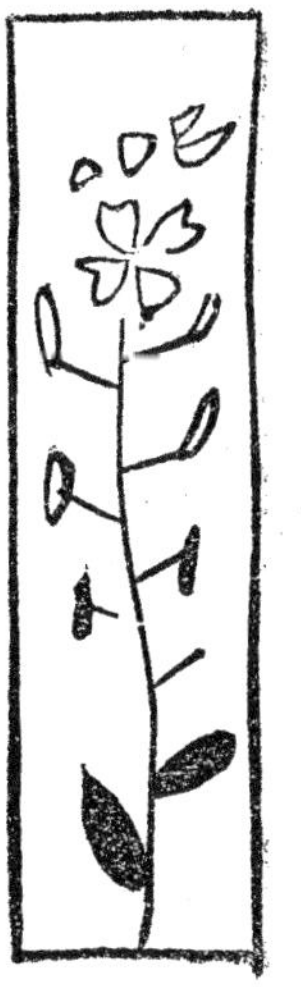

葵のひかり（第二）

◎大猷院殿の靈廟

大猷院殿《たいいうゐんでん》とは徳川三代の將軍家光公《いへみつこう》の謚號にして。公が生前東照宮を再建《さいこん》し。丕に祖父の威光を輝《かゞ》かし。永く當家の威權《ゐけん》を示したることは世人の普《あまね》く知る所なり。慶安《けいあん》四年四月二十日薨去（四十八歳）ありしかば。乃ち遺命《ゐめい》に因り此處《こゝ》に葬《ほふむ》りぬ。地勢《ちせい》は東照宮より高く且つ幽趣《いうしゆ》にして其の風趣自ら異なりとす。

東照宮大鳥居《おほとりゐ》前《まへ》より左に折れ新道《しんみち》を經。常行《じやうぎやう》、法華《ほつけ》二堂の前を過ぎて進《すゝ》めば。左に拜觀券《はいくわんけん》改所、請願巡査派出所《はしゆつじよ》等あり。一本石より彫《ほ》りたる欄干《らんかん》の石矼を渡れば石階の上に門《もん》ありて東南《とうなん》に面せり。是を大猷廟の表門《おもてもん》卽ち仁王門と稱す。桁《けた》行四間半、梁《はり》間二間半、兩妻流破風銅葺出組二重繁垂木、金箔《きんぱく》に活け彩色《さいしき》したる臺輪《だいりん》をさかひとして下部はため塗上部は組物より化粧裏《けしやううら》まで總て蠟色塗なり。柱上は鍍金《めつき》金々欄巻《きんらんまき》、木端は圓彫活彩色の獅子頭、蟇股には外部雲《くも》に麒麟《きりん》內側花鳥の彫物《ほりもの》兩妻虹梁、束、組物等の間には波《なみ》に麒麟の彫物《ほりもの》をはめこみ金物は總て鍍金《めつき》に墨繪を差したり。左右に金剛《こんがう》二力士を安置す門內《もんない》左に間口七間、奥行三間の寶庫《ほうこ》あり。入母屋向拜附出組二重繁極銅葺にして校倉造なり。總體《そうたい》辨柄塗、金物《かなもの》は鍍金墨繪差とす。石路を進《すゝ》めば右に壯麗《さうれい》なる御手洗屋あり。水盤は花崗《みかげ》石にて長さ八尺三寸、幅《はゞ》四尺、高さ二尺五寸。覆屋は桁行二間、梁間一丈。左右《さいう》切妻《きりつま》前後軒唐破風銅葺にて花崗《みかげ》石の柱十二本を以て之を撑《さゝ》ふ。虹梁、桁、臺輪組物等《だいりんくみものとう》は置上極彩色頭貫は松皮菱に菊水《きくすゐ》の地彫を胡粉摺《ごふんず》りとなせり。臺輪及び木端の木口金物は唐草《からくさ》の透《す》かし彫其他は鍍金墨繪差、欄間《らんま》は波の兩面彫をはめこみたり。鏡天井の畫龍は朴心齋狩野永眞安信の筆なり。水は前崖唐銅の龍《りう》の口より吐《は》き出され。石樋《いしとひ》をもて水盤《すゐばん》に注ぐ盥嗽し畢りて左方を仰げば第二の門巍然《ぎぜん》として立つ。乃ち石階二十一級を攀《よ》ぢて始めて達《たつ》す。

大猷院仁王門

"Niō-mon," the outer gate of the Iyemitsu Temple.

之を二天門と爲す。左右に廣目《くわうもく》、持國《じこく》二天の像を安置《あんち》す。門は東北に面《めん》し。桁行五間半、梁間三間半の八脚樓門《ろうもん》なり。屋根入母屋前後軒唐破風銅葺二重扇繁垂木《あふぎしげたるき》組物、三手先詰組にて。前後《ぜんご》の破風下には雲に貘の彫り物。上層は臺輪と丸桁の

P211～213注釈参照

大猷院二天門

'Niten-mon," the inner gate of the Iyemitsu Temple.

閣升組其他總《すべ》て極彩色《ごくさいしき》、下層の升組は蠟色塗に朱《しゆ》の面取《めんど》り其他はため塗りとす。上下層各組物《くみもの》の間は牡丹に獅子波に麒麟《きりん》等の彫物《ほりもの》、木端は活け彩色獅子頭の圓彫なり。上層正面《じやうそうしやうめん》に「大猷院」の扁額《へんがく》（竪六尺餘幅四尺餘）後水尾《ごみづを》天皇《てんわう》の宸翰《しんかん》なり。門背左右には緑色の風神《ふうじん》と朱色の雷神《らいじん》を置く。是はもと陽明門にありしものゝよし。右《う》折《せつ》して石階《いしだん》を登《のぼ》ること三十六級《きふ》。又左折して石階を拾ふこと三十七級《きふ》にして。中《ちう》壇《だん》に達《たつ》すれば左右に鐘鼓の二樓相對峙《ろうあひたいじ》す高さ三丈許總て同型《どうけい》なり。黒漆塗銅板《どういた》を以て樓腹《ろうふく》を包み金鋲《きんぺう》を打たり屋根《やね》入母屋《いりをもや》銅葺二重扇繁垂木にして。組物は極彩色、勾欄は朱塗り其他は總て蠟色塗なり。正面の第三門を夜叉門とす。兩面左右《さいう》に建陀羅、毘陀羅《びだら》、烏摩勒《うまろく》、阿跋摩《あばつま》の四夜叉を安置《あんち》するを以て此名あり。當門《たうもん》は桁行四間半、梁間三間。其の構造《こうざう》たる左右切妻《きりつま》

"Yasha-mon," the inner-most gate of the Iyemitsu Temple.

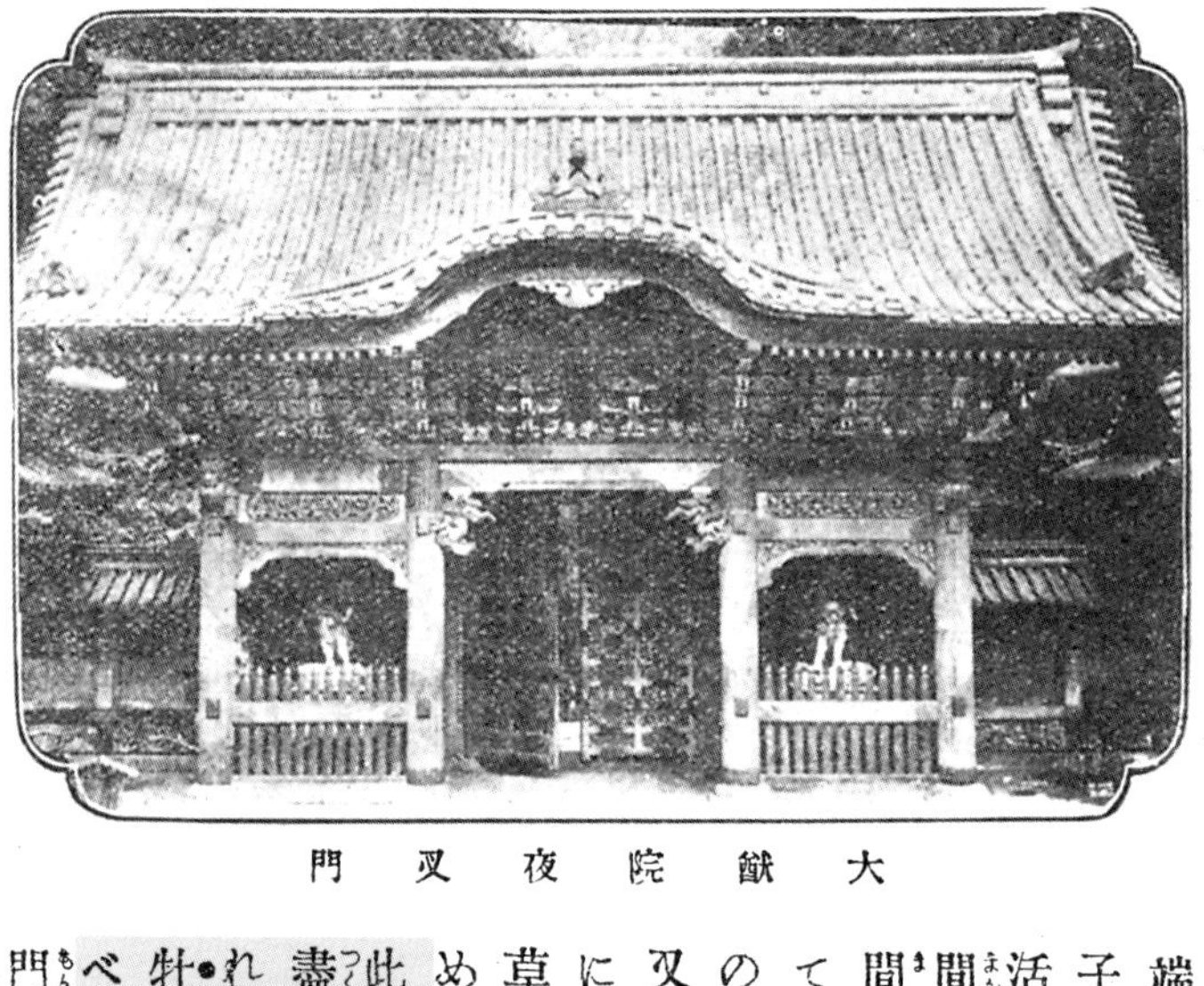

大猷院夜叉門

前後《ぜんご》軒唐破風造《のきからはふうづくり》、二手先《てさき》、二重繁垂木《ちうしげたるき》、銅葺とす。前後の破風下は牡丹《ぼたん》に唐獅子の圓彫《まるぼり》活け彩色。金色の升形には煮黒味金物《かなもの》を打ち。各組物の間に紅白《こうはく》の牡丹花を刻す。十二本の柱は各徑一尺四寸。柱面に胡麻殼《ごまがら》を刻し總朱塗《そうしゆぬり》なり。虹梁、頭貫等には地紋《ぢもん》を彫刻《てうこく》して或は金箔《きんぱく》を置き或は緑青を塗る。木端は貘頭と獅子頭との圓彫《まるぼり》活け彩色中の間格天井《まかくてんじやう》各格《かく》間《ま》には唐木《からき》にて圓環に牡丹《ぼたん》の折枝を刻《こく》す叉門扉と羽目《はめ》にも牡丹《ぼたん》、唐草の透彫《すかしぼり》を嵌めてみたり。此の如く牡丹《ぼたん》盡《つく》しになしたれば。一名を牡丹門とも呼《よ》べり。且つ満《まん》門《もん》殆ど金箔《きんぱく》を押したれば光彩燦然として翠杉に映徹す。左右袖屏の胴羽目は表側蟠龍裏側牡丹《ぼたん》孰《いづ》れも高彫堆朱塗《しゆぬり》なり。上の欄間《らんま》には花木に金雞、下の蹴込《けこみ》には波濤《はたう》を刻す。第四門を唐門とす。間口《まぐち》一丈三寸五分、控間一間。大唐破風造《はふうづくり》銅葺にて。前後《ぜんご》の

P212～214注釈参照

日光大猷院唐門及拜殿

"Kara-mon" and "Haiden," the chinese fashion gate and the Hall of worship.

破風下には雌《し》雄《いう》丹頂《たんちやう》の鶴《つる》、平桁上《ひらけたうへ》は金地の波に白龍、木端は獅子頭の丸彫《まるぼり》。前趾二本の丸柱《まるばしら》は漆箔、後趾の二柱、貫、虹梁、破風支輪、臺輪等《だいりんとう》は總て金色の地彫《ぢぼり》。格天井の格間には極彩色菊の折枝を彫刻《てうこく》し。門扉は金地に牡丹唐草《ぼたんからくさ》又は凰鳳の模樣《もやう》を刻し。控への羽目は牡丹唐草の透彫《すかしぼ》りに活彩色をなせり。金具は鍍金に墨繪《くろゑ》差又は銀地板《ぎんちいた》に金色透《す》かし彫りを重《かさ》ねたり。左右袖扉《いしうへい》の羽目には秋《あき》の七草を刻《こく》す。是より左右瑞籬を後方《こうはう》に折廻して拜殿《はいでん》相の間本殿《ほんでん》を圍《かこ》む其の胴羽目には格子《かうし》花狹間を透かし上の欄間《らんま》には松竹《しようちく》梅《ばい》花鳥特に群鳩の兩面彫を多くはめたり。俗に之を百間《けん》百態《いろ》の鳩と稱す。下の蹶込《けこみ》には表裏とも蠟色塗、菊唐草《きくからくさ》の透かし彫を金地の羽目に重《かさ》ねはめたり。唐門を入れば卽ち拜殿《はいでん》なり。拜殿《はいでん》は東北に面す。桁行十間、梁間四間、其の構造《こうぞう》たる入母屋

日光大猷院拜殿內部

The Interior of the Iyemitsu temple.

正面千鳥破風《ちどりはふ》向拜軒唐破風附き、銅葺にて組物《くみもの》は二た手軒は二重繁棰腰組緣勾欄を廻《ぐ》らす。唐戸は正面に三扉、金地《きんぢ》に龍獅の彫物其の左右より後へ折廻して揚蔀《あげしとみ》あり。屋上千鳥破風には牡丹に唐獅子《からしし》の圓彫活け彩色。向拜の破風下に桐に鳳凰《ほうわう》、欄間は松竹梅《しようちくばい》に鷹《たか》の兩面透かし彫《ぼり》。四本の柱は胡粉摺の角柱四面に菊の唐草を彫刻《こうこく》せり虹梁《こうりやう》は全面地彫に金箔《きんぱく》を置き、手挾《てはさみ》は菊の籠彫、梁鼻《はりばな》は堆朱彫《ついしゆぼ》り獅子頭、垂木と升組《ますぐみ》は臘色塗鍍金墨繪差の金具《かなぐ》を打付。四方の欄間《らんま》は百花百鳥の高彫活け彩色。檐端《えんたん》には釣燈《つりどう》籠《ろう》二十四光を垂る。阿部豐後守の進獻《しんけん》するところ也。殿內六十三疊中央《ちうあう》に鍍金《めつき》の天蓋《てんがい》を吊り。正面に金梨子地の經机《きやうつくえ》を列し、其左右に三家より獻進《けんしん》の花瓶三對及和蘭獻備たいまいの燈籠《とうろう》一對を配《はい》し。左方に樂器を陳ず拜座して更《さら》に折揚の格天井を仰《あふ》げば。岩群靑《いはぐんじやう》地に丸

P214 注釈参照

龍の置上極彩色を畫くと東照宮に同じく。承塵《なげし》は胡蝶《こてふ》つなぎの置上極彩其色上は桐に鳳凰。欄間《らんま》の蟇股には松に鷹《たか》、羽目には牡丹唐草孰《いづ》れも浮彫《うきぼり》活彩色なり。正面左右の金地《きんぢ》大羽目には獅子《しゝ》を圖せり右は探幽《たんいう》左は朴心の筆《ふで》に成り共に黄絹幼婦《くわうけんえうふ》の稱あり。殿の内外は金の押箔《おしはく》を用ゐたれば。燦《さん》として光を放てり。次の渡《わた》り殿を間《あい》の室と稱す。間口二間半《けんはん》、奥行五間半。格天井には鳳凰の置上極彩色を圖せり。室《しつ》内《ない》には香爐《かうろ》、燈籠を排置《はいち》す前田家よりの獻備《けんび》に係る。正面を本殿とす五間半四面にて佛殿造、入母屋、銅葺軒二重棰、三手先詰組物《くみもの》なり左右破風の下には波に麒麟、牡丹、唐草。破風板には雙龍を刻《こく》す。木鼻は總て獅子頭の圓彫《まるぼり》なり。殿堂の周圍悉く彫刻《てうこく》を施し金彩丹碧を附せり。内陣《ないぢん》の莊嚴《さうごん》なること《を》推して知るべし。唐門前より瑞籬に沿《そ》ふて右に行き左に折れ

皇嘉門

,‘Koka-mon,’’ a gate for the tomb.

て石路を進《すゝ》み小門を入れば。奥院入口の門に達《たつ》す。之を皇嘉門とす。其の號は朝廷《てうてい》より賜りしものにて。猶ほ陽明門《やうめいもん》に於るが如し。門の建築は俗にいふ龍宮造《りうぐうづく》りにて明朝の式に則《のつと》りしとぞ。即ち樓腹《ろうふく》は蠟色下地に白堊を塗《ぬ》りたるもの。四方の頭貫は堆朱塗り地彫に三ところ葵《あふひ》の紋《もん》を散らし刻す。組物《くみもの》は二手先詰組極彩色を施し地彫胡粉摺の丸桁を支へたり。紅白の配合《はいがふ》最も美《び》觀なり。是より直《たゞ》ちに石階を登《のぼ》ること二十五級。更に右折《うせつ》し又登ること三十七級《きふ》にして奥院拜殿の前に達《たつ》す。入口に石階及石の玉《たま》垣あり。左右に銅桶を置き鍍金《めつき》の荷蓮を挿む。拜殿は入母屋軒唐破風造りにて桁行五間半、梁間三間板圍の霧除《きりよ》けを施《ほどこ》せり。殿後の石壇上に唐銅鑄拔の唐門を設け。中央《ちうあう》に一丈許の唐銅寶塔を鎮す。東照宮のものと同型基石は八稜五級なり。

大猷院奥ノ院

The tomb of Iyemitsu.

P214～215注釈参照

皇嘉門前の石壇より拜殿《はいでん》、相《あひ》の間、本殿の側面《そくめん》を望めば權現造りの規模一畔《ばう》の裡《うち》にありて景光《けいくわう》甚だ佳なり。總て大猷廟は屈折多くして風趣《ふうしゆ》に富《と》めり。石階多くは一本石にて。境内《けいだい》には三百十一基の燈籠《とうろう》あり。其の中唐銅のもの六十四基《き》。今一一之を記せず。御供所《おくうしよ》は御靈屋の別當龍光院《べつとうりうくわうゐん》にして。境内西北隅に在り。

◎兩忠臣の墳墓

已に大猷廟を記し了《をは》りたれば。本廟に關係深《くわんけいふか》き兩忠臣の墳墓《ふんぼ》を紹介《せうかい》すべし。一は從四位下侍從兼豐後守阿部忠秋の墓にて御手洗屋《みたらしや》の傍なる石柵外《せきさくぐわい》に在り。法名は透玄院天國空煙大居士。其の石碑《せきひ》は小なる自然石《しぜんせき》にして。空煙の二字を刻す。忠秋は左馬助正吉の子猷嚴《いうげん》二公に事《つか》へ。政を輔くる三十餘年。武藏國忍の城主《じやうしゆ》たり。忠厚篤實《ちうこうとくじつ》なりしこと世の普く知る所なり。延寶三年五月三日逝去《せいきよ》。遺命に因り靈廟《れいべう》の近傍に葬る。一は從四位下左兵衛督源朝臣梶定良の墓なり。奥院近《おくのゐんちか》き柵外に在り。法名は照光院月嶺圓心大居士。定良は家光《いへみつ》公に奉仕《ほうし》し深く恩顧《おんこ》を蒙《かうむ》りたれば。殉死《じゆんし》せむとせしも猶ほ思ふ所あり生涯廟前に奉仕し厚恩《かうおん》に報《はう》ぜむことを願ひ。許可《きよか》を得て居を當山に移し。朝暮《てうぼ》廟前《べうぜん》に出仕し給仕《きふし》することと生に仕ふるに異ならず。元祿十一年五月十四日歲八十七にて逝《ゆ》けり。因てこゝに葬《はうむ》る。其の行狀は載せて墓側《ぼそく》の碑文《ひぶん》に在り。左の如し。

左兵衛督梶君之碑

從五位下守大學頭林衡撰

故從四位下左兵衛督梶君者。長島城主。織部正菅沼氏臣同族。某之子爲二亞父梶君某所一レ養。而冐二其姓一。其仕當二寛永正保之間一。以二忠誠愨謹一稱二於一時一。大猷大君。使三其常侍二左右一。雖レ在二後庭中冓一。亦必從焉。大君厭レ代。遺　命葬二于野州二荒山一。君扈二從　靈柩一。遂留家焉。自レ是四十七年。毎旦拜レ廟。不下以二祁寒暑雨一廢上云。君諱定良。晩號二左入居士一。初爲二亞父之義子一。既而亞父生二親子一。乃讓爲レ嗣。有レ旨特賜二俸米二百苞一爲二小從人一。寛永中累增俸至二六百石一。擢二小納戸一。嚴有大君時。敍二從五位下一。增俸至二千石一。　兩朝眷注之渥　恩賚荐臻。時　召抵二　廷中一。而君堅持二宿志一。以終レ身焉。君在二野州一。鷄鳴初起。澡浴戒潔。辨色詣レ廟。獨二坐殿前一。俯仰齋慄。儼如レ事レ存。方二冬春之交一。立二于凍風寒雪之中一。輙至二於體僵口噤不一レ已。年八十五。稍衰。始用レ轎來還。然入二　廟門一。未二嘗杖一焉。君恒言。身被二　君恩一。銘レ骨浹レ髓。雖レ老矣而日侍レ于　レ廟。是可二以償一素志一耳。言終欷歔。以二元祿十一年五月十四日一。病卒二于野州之第一。距二其生慶長十七年一。享壽八十又七。葬二之　大猷大君塋域之後一。蓋成二其志一也。水戸義公。爲レ文祭レ之云。曾聞孝子廬レ親墓一者。未レ覩下忠臣廬二君墓一者上。乃今於二居士一乎見レ之。君幼而慧。七歲能騎。十一能レ銃。十七講二兵法一。其決意辭レ爲レ後二於亞父一。年纔十九焉。比レ長不レ喜二聲色一。不レ求二溫飽一。奉レ己極儉朴。而至レ購二良弓駿馬一。則不レ惜二千金一。恬二于勢利一。謙卑自二牧爵一至二四位一。不二以自崇一。毎與二　朝士一立。輙避二下位一。祿至二二千石一。不二以自封一。而振救施與。乃以爲レ樂。寛文之水患。貞享之火殃。請賑二濟於　官一。野州之民賴以全活者居レ多。君畢生不レ娶。遂絕二繼嗣一。其意謂一委レ質爲レ臣。臨二緩急一而顧二家累一非レ夫也。雖レ曰レ非二中道一。而其所二以報一レ國之意。則有レ足レ多焉者。嗚呼四十七年之久。而詣二拜　廟殿一者未三嘗有二一日怠一焉。自レ非二忠之盡而誠之至一。孰能如レ是乎。小野良久者。嘗得レ事レ君。而其曾孫良純。今列二　朝士一。官二于野州一。獨悲三君墓無二碑記一。而謀伐レ石劉レ銘。遂屬二筆于余一。今也距二其卒一已百年矣。而得二良純而始傳。是君雖レ無レ後。而猶有レ後也。良純之此擧。不二亦善一乎。余樂爲二之敍一。以係二銘辭一曰。

閒氣所レ鍾。百夫之特。維誠維忠。克敬二臣職一。出處終始一二厥德一。生事死事咸不レ忒。毅魄功允足。勒二肇貞珉一表二兆域一。石雖レ泐。而名弗レ泐。英魄靈爽罔二終極一。長在二乎荒山之側一。

寛政九年歲次丁巳五月

杉浦吉統書

小野良純建

P215注釈参照

山路の栞　第二

◎西町　近藤氏と恆心會

西町《にしまち》は入町《いりまち》とも稱し。前に記せし鉢石町等を東町《ひがしまち》と稱するに對して名けたり。御賄阪《おまかなひざか》より西に在りて。山内より中宮祠或は寂光《じやくくわう》、荒澤《あらさは》若くは足尾《あしを》への通路なり。幕府時代はこゝに日光奉行《ぶぎやう》の屋敷あり。之に連りて妙道院の隣地まで組頭《くみかしら》、同心《どうしん》の屋敷あり。組頭の屋敷に對して火之番《ひのばん》屋敷あり。是は山内の防火隊《ばうくわたい》にて。慶安五年六月より八王子《はちわうじ》千人組《にんぐみ》に命ぜられ。頭《かしら》兩人、兩組同心駐在せしが。寛政の初に下鉢石の駐在を廢し。此地の一所と爲し。夫より千人頭一人組頭五人同心四十人。外に人夫《にんぷ》ありて山内を警衛《けいゑい》し。もとは五十日交代《かうたい》なりしが。後には半年づゝの駐在となれり。又奉行屋敷の前側には東に教光、蓮勝、理宣、慶性。西に大林、光禪、禪教等の諸坊《しよばう》ありたり。舊圖に就て之《これ》を檢《けん》すべし今は屋敷寺坊はなく。舊奉行屋敷跡《やしきあと》に日光ホテルあり。現今の町名《ちやうめい》は左の如し。

四軒町　安川町　本町　大工町　板挽町　下河原

當町に於て記《しる》すべき者《もの》は近藤金次郎氏の家なり。氏は嘗て日光協贊會の副會長現に恆心會《かうしんくわい》の幹事《かんじ》たり。編者數回《すうくわい》訪問せしが。玄關《げんくわん》の前《まへ》に「是より先きわ人間の道」わはハの誤のよし氏に語りしに氏は直ちに書きて給るべし。石に刻し置かむといふ。因て之を書したり。過を悛るに吝ならざる。推して以て知るべしと題《だい》したる石標《せきへう》先づ奇なり。傍を見るに又高札《かうさつ》あり。昨日在宅、今日不在、明日他行と記《しよ》したり。第二奇なり。家屋の護墻《したみ》を葺くに棕櫚皮《しうろかは》を以てす。第三奇なり。玄關《げんくわん》に古佛像を置く第四奇《き》なり。庭園に「たぬき」庵《あん》ありて前に陶器の老狸《らうり》眞《しん》の笠《かさ》を被《かぶ》りて立つ第五奇なり。然るに其の人は甚だ眞面目《まじめ》にて達摩堂の次室には兩親《りやうしん》其の他の肖像《せうざう》を掲《かゝ》げあり。室内には今の輪王寺門跡諶照師の筆せしものを多く掛く。其《そ》の中《うち》恆心と題せし額に歌あり。

たれもみな恆の心はあらまほし
　　つねのなりはひよしやなしとも

是れ孟子《もうし》の語《ご》に基《もとづき》て少しく其意《そのい》を改《あらた》めたるものなり。人はみなかくこそあらまほし。恆心會員《かうしんくわいゐん》は丸に心字を以て紋章とす。此の恆心會《かうしんくわい》といへるは戊申詔書《ぼしんせうしよ》の聖旨に則りて之を組織したるものにて。自彊の精神を以《もつ》て和合《わがふ》一致《ち》し。勤儉力行《きんけんりきかう》兼て公益を謀《はか》るを以て目的《もくてき》とし。向五箇年間毎月金五圓づゝ積立るものとす。

◎憾鋡が淵

憾鋡《かんまん》か淵《ふち》は大谷《だいや》川《がは》の上流にて。向河原《むかふかはら》より遡ること五六町の處に在り。林羅山が碑《ひ》文《ぶん》に日光山中有㆓淵潭㆒。世稱㆓不動明王來現處㆒也。故探㆓其種字㆒。號㆓憾鋡淵㆒。誠是勝地靈區也とある者是なり。即《すなは》ち憾鋡は「カンマン」の假字《かじ》なり。故に又含滿に作る。何れにても差支《さしつかへ》なし。但ガンマンと濁《にご》りて讀《よ》むは非なり。

惜哉此勝地靈區も明治二十五年九月二十八日大暴風雨ありて大谷川の水勢猛激し。爲めに四邊《へん》の面目《めんもく》を變《へん》じ。未だ全く囘復せず。今姑《いましばら》く舊觀を記して現景《げんけい》を覽る者と對照せしむ。大谷川の岸《きし》に至れば一大巨岩の淵潭《えんたん》に枕みて屹立するあり。絶壁《ぜつぺき》削るが如し。上に不動《ふどう》の石像を安置す。其の下は激流《げきりう》にして幾千年の間亂石《らんせき》と相嚙相鬪ひ。廻奔倒湧し爭て深潭《しんたん》に落《お》つ。洵に水石の奇絶《きぜつ》を極るもの。壯快いふべからず。絶壁《ぜつぺき》に「カンマン」の大梵字を剜《ざん》す。

かんまんかふち

是れ當山修學院第五世(養源院住持)山順僧正の點《てん》する所《ところ》。俗に弘法《こうぼふ》の投筆《とうひつ》といふは誤《あやまり》なりといふ。南涯岩石相連る處。上に一亭を設く。號して靈庇閣といふ。蓋し護摩《ごま》壇址《だんし》なり。圓柱四阿幽趣愛すべし。

水涯路傍《ろばう》に石地藏《いしぢざう》數百體を列す。各三尺許《じやくばかり》。もと是れ慈眼大師の衆徒等過去萬靈自己菩提《じこぼだい》の爲めに彫造《てうざう》せしもの。其の數の多くして幾囘算《いくゝわいさん》するも同《おな》じからざるより。俗に之を化地藏と呼べり。地藏豈に變化《へんくわ》せむや。寃《えん》なりといふべし。化地藏《ばけぢざう》を過《す》ぎて其の奥に進むこと一町許《ちやうばかり》。納骨塔あり。礎石一丈許徑凡二間。背後《はいご》に穴を穿ち納骨《なうこつ》に便《べん》にす。上に林羅山の撰文《せんぶん》を刻《こく》す。明曆戊戌七月吉日と欵す。文佳《ぶんか》ならざれば錄せず。之を讀みて東照宮《とうせうぐう》の背はもと叢墓《さうぼ》たり。營宮の日其の枯骨《こゝつ》を遷《うつ》してこゝに埋めたるを知る。

以上憾䤄が淵の大要なり。向河原《むかうがはら》なる發電所の前《まへ》を西《にし》に過りて突き當りに杉林《すぎばやし》あり。慈雲寺の舊跡《きうせき》といふ。石地藏など立てり。是邊より總て「カンマン」と稱せり。

講暇游錄に憾䤄潭と題し記して云く。環異絶特之觀必在二險峻難レ到境一。目未レ暢而足已勞。不レ得二逍遙極二其樂一。其不レ勞而有レ樂者惟憾䤄潭。一潭大谷川下流所二滙而成一。巉石拔レ地。爭作二奇狀一雖下不レ解二山水之趣一者上。亦徘徊不レ能レ去也。朝鮮李邦彦嘗來觀。有レ詩云。深潭徹底淸。潭上蒼苔古。下有二白龍潛一。時々作二雷雨一。可レ謂レ得二其槪一矣。攀晃山記には卽ち云く。過二憾䤄潭一。潭之兩岸皆巨石。詭態百出。蹲者立者倚者欹者走者欲レ鬪者。潭水流注二其間一。洄爲二深淵一。激爲二飛泉一。極二水石之勝一。此淵の定評は此の如し。以て余が記事の虛ならざるを知るべし。

◎中宮祠道

幸《さち》の湖《うみ》卽ち舊中禪寺の湖水と華嚴《けごん》の大瀑《だいばく》とは。日光山に來れる者の必らず觀《み》ざるべからざるものなり。今《いま》や新道《しんだう》開けたれば人力車を驅りて登《のぼ》るを得《う》べく。又日光電氣軌道《きだう》株式會社の敷設せし軌道は岩鼻まで通ずれば。一里半《りはん》は電車《でんしや》を利用するを得べし。

P224 ～ 225 注釈参照

神橋を渡《だ》り大谷《だいや》川《がは》に沿《そ》ひ。水聲琳々の中に鳴蟲山を望みつゝ下《しも》河原町《がはらちやう》の停留場より阪路《はんろ》を登《のぼ》り左折すれば入町に出づ。こゝに田母澤御用邸あり。皇太子殿下御避暑《ごひしよ》の地《ち》にして。三十ヶ所の勝景《しようけい》に富《と》む。三島侍講嘗《かつ》て之を記せり。右に妙道院の舊跡あり。釋迦堂を存す。其《そ》の傍《かたはら》に殉死者の墓碑相列《あひれつ》するを見る。是れ三代將軍《だいしやうぐん》家光公の恩眷《おんけん》に感《かん》じ。いさぎよく割腹し主君の後を追ひし堀田《ほつた》加賀守紀朝臣正盛。阿部《あべ》對馬《つしま》守藤原重次。内田《うちだ》信濃守藤原正信。三枝《さへぐさ》土佐守源守重。奥山茂左衛門藤原安重の五人《にん》にして共に慶安《けいあん》四年辛卯四月廿日とあり。其他松平正綱を首め。諸家《しよけ》の墓十八基《ほ》を列す。寺門《じもん》に並びて八幡神社並に延命《えんめい》地藏尊《ざうそん》の小堂あり。此地藏尊は元祿年間湯本より移せし者にて。俗に犬牽地藏尊と稱《しよう》す。勝道上人《しようだうしやうにん》の作のよし。昔當國都賀《たうごくつが》郡板橋《いたはし》の城主板橋將監《しやうげん》其の靈否を驗せむとし。獵犬と共に湯湖《ゆこ》に投《とう》ぜしに却て犬《いぬ》を牽《ひき》て岸に達したりとの傳説《でんせつ》あり。町の盡る處に羽黒《はぐろ》、寂光の瀑に通ずる道なりとの標示を認む。田母澤《たもざは》の橋《はし》を過れば華石山に出づ。もと蓮華石山といふ人家《じんか》相接《あひせつ》す。町の南側に方《はう》二間許《けんばかり》の蓮華石あり。故に名く。行くこと三町許裏見《うらみ》の瀑《たき》に通ずる道あり。荒澤より。切通《きりどほ》しなる白崖を踰《こ》ゆれば。やがて清瀧に達す、神《しん》橋を距る一里十四丁。人家《じんか》四五十烟《えん》あり。こゝに清瀧神社を鎭座す。もと清瀧權現《きよたきごんげん》と稱《しよう》せしものなり。又清瀧寺並に清瀧觀音堂あり。寺は弘法大師の開基《かいき》にて觀音は勝道上人《しようだうしやうにん》の手刻なりといふ。此門外《このもんぐわい》に紀伊國屋文左衛門が建《た》てし榜示石標《ばうじせきへう》あり。右は中宮祠即ち舊中禪寺道《きうちうぜんじみち》。左は足尾道とす。右に進めば日光電氣精銅所あり。工場の附近職工宿舍《しよくこうしゆくしや》の連《つらな》るを見る。數丁にして岩鼻に著《ちやく》す。是を目下電車《でんしや》の終點と爲す。こゝに一茶亭ありて老媼爐《ろ》に當《あた》る。星野屋と稱《しよう》す。座に籠鶯あり。頻りに嬌聲《けうせい》を弄《ろう》す。余私かに之を名けて「うぐひすの茶屋」といふ此を過ぎて右折すれば大谷川上流《だいやがはじやうりう》の河原に出《い》づ。路は山に接して其の川涯《かはがけ》に連《つらな》る。洪水の跡歴々見《み》るべし。一大石上水神の碑を建つ。俯視すれば一派《ぱ》の水《みづ》をこゝより堰入《せきい》れ。清瀧の電氣《でんき》に供給《きやうきふ》す。既にして人家《じんか》に會《くわい》す。茅屋の檐尚ほ枯菖蒲を挿む。此地端午の舊例《きうれい》を修《をさむ》るを知《し》る。是を馬返と爲《な》す。神橋より一里《り》三十丁《ちやう》。往時登山せし者此處《こゝ》より乘馬《じやうば》を返《かへ》したるを以て名く。住民多くは耕樵《かうせう》を業《げふ》とす。只旅舍《りよしや》を兼る茶店一戸あり。「蔦屋」といふ。行客《かうきやく》は大抵休憩《きうけい》するを例とす。室内には五絶《ぜつ》の詩幅《しふく》を掛く。

　山水氣靈淑。煙雲爲相葆。一游人自娛。終古天不ㇾ老。

湖山七十二醉翁《すいおう》と署《しよ》す。小野老人探勝の際書《しよ》せしものと知らる。又楣間に停車解鞍《かいあん》の四字を認む。適切の題辭なり。

馬返に至る途上の溪流
Rapids on the way of Uma-gaeshi.

此邊《このへん》にはあつもりさう、くまがやさう等《とう》あり。道路一轉すれば一條の河原道に出づ。近傍《きんばう》は土砂の流出《りうしゆつ》甚きを以て土砂扞止保安林の標示《へうじ》あり。兩巨石道路の左右《さいう》に偃臥す。大《おほき》さ四五間明治三十五年洪水《こうずゐ》の際流出《さいりうしゆつ》せしものにして。幸に此に止りし爲め。水勢を殺《そ》ぎ蔦屋災を免《まぬが》れたりといふ。

馬返し
"Umagayeshi," Station on the way of Chiujenji.

乃《すなは》ち其の水神碑ある一石《せき》に上《のぼ》りて撮影せり。進みて右《う》方の前二荒山を仰げば峭壁面に一大《だい》洞穴《どうけつ》あるを見る。是れ有名《いうめい》なる風穴にて。往昔春秋の二回大風《ふう》を吹出したりといひ傳ふるものなり今の學説《がくせつ》より考ふれば熔岩囊なるべしとの説《せ》あり山迫りて路盡く乃ち一橋《けう》を架《か》す幸橋といふ。明治四十二年九月の竣功に係る。橋畔崖腹に縁りて棧道を通ず。三面の斷崖石縫に楓樹《かへで》群生《ぐんせい》し。處々に瀑泉《ばくせん》を懸《か》く。風景絶佳南畵《なんぐわ》に似《に》たり。霜辰紅葉の美觀推想《びくわんすゐさう》するに餘りあり。又一橋を得之を榮橋といふ。同年《とうねん》十一月架《か》する所《ところ》。此邊《こゝ》を深澤と稱す。或は御澤《みさは》又は三澤《みさは》に作《つく》る。山廻り壑轉し路《みち》益々險《けん》なり。傍に黑柱の破屋あり。之を深澤の地藏堂と唱ふ。昔時女人、牛馬結界《けかい》の界《さかひ》とするが故に土人《とじん》は女人堂といへり。是より阪路ヶ登れば劍ヶ峰の茶亭《さてい》に達《たつ》す。此處左右深谷《しんこく》にして日光《につくわう》の連山四方に聳立《じうりつ》す。右の深谷《しこく》二瀑懸る。右を方等といひ左を般若といふ。茶亭より坐《ざ》して望《のぞ》むべし。盤旋して登《のぼ》れば平地《へいち》を得る。

馬返し水神塚
"Suijin-tsuka," the tomb of water God.

茶亭あり中の茶屋と呼ぶ中庭に巨石《きよせき》あり磁石石《じしやくいし》といふ。上に寶篋印塔を置く。蓋し石の一部に磁針《じしん》を引き附る所あるを以《もつ》て名《なづ》く。之を試るに果して然り。斷崖《だんがい》に立て俯瞰すれば。前方谷を隔《へだ》て、阿含瀑を認む。劍《けん》ヶ峰《みね》の茶亭は遙かに脚下《きやくか》に在《あ》り。是より路益ゝ險峻不動阪といふ。もと不動堂《ふどうだう》ありしを以てなり。山頂に達すれば地濶くして平坦《へいたん》なり。路は林間に通ず。此處《こゝ》を大平と稱《しよう》す。實に其《そ》の名《な》の如《ごと》し。其の間七八町楲樹の種類《かず》百を以

P228～230注釈参照

て算《さん》すべしと聞《き》く。秋色《しょくしょく》の美《び》想《おも》ふべきなり。左に華巖瀑への

The short cut

新路《しんろ》あり。石標を建て歌《うた》を刻し星野《ほしの》氏《し》の功績を稱賛す。星野氏卽《すなは》ち五郎平翁は觀瀑の新路を開《ひら》きし者《もの》なり。是より直行すれば大尻《おほしり》より中宮祠に到《いた》る。何人も此に至て身《み》の山頂《さんちやう》に在るを知らざるもの丶如し。

中の茶屋磁石岩
"Jishakuishi a magnet stone.

さちのうみ

◎舊中禪寺湖

幸《さち》の湖《うみ》は男體山の南に在るを以て一に南湖《なんこ》といふ。或は中宮祠湖と稱す。卽ち舊中禪寺湖《きうちうぜんじこ》なり。

けはしき坂を下るハイカラ
A beauty down the steep.

此地は海面を拔くこと四千二百尺にして。東西約三里、南北一里許。其《そ》の水清冽《みづせいれい》其の色藍の如し。洋々《やうく》たる湖面《こめん》一漂芥を見ず。深きは東部なる歌《うた》が濱《はま》の前面《ぜんめん》にて五十尋に達すといふ湖を環りて皆山《みなやま》。樹木鬱蒼として影《かげ》を鏡面《きやうめん》に浸《ひた》す。白帆其の間を來往し。風景絶佳。近《ちか》く八丁出島《はつちやうでじま》を左に見。遠く白岩を右に望む。雲煙變幻《うんえんへんげん》散じて又合す。晴《せい》にして好《よ》く雨にして奇なり。春晩には八入《やしほ》花綻びて山々《やまく》其の妍を競ひ。夏日は淸風

髪を吹《ふ》きて爽涼湧《さうりやうわ》くが如《ごと》く。秋夜は則ち明月山頭《めいげつさんとう》を離れて金波萬條。美觀《びくわん》いふべからず。冬は則《すなは》ち前山の雪簾を撥《はら》つて望むべし。又夕陽將さに湖上《こじやう》に傾《かたむ》かむとするの景《けい》。人をして轉た吟興《ぎんきよう》を發《はつ》せしむ。余が一行は此時《このとき》の風光を撮影せり。

中禪寺湖の白帆
The Yachting at chuzenji

幸の湖の稱は明治九年天皇陛下《てんのうへいか》中宮祠に行幸あり。古來此地《このち》に行幸ありし事《こと》なかりしに因り。之を當山開闢《かいびやく》以來の一大幸事大光榮とし。尊《たふ》とき御恩徳を記《き》念《ねん》せむが爲めに。湖水の新名《しんめい》を賜《たま》はらむことを。二荒山神社《じんじや》より供奉の杉宮內大輔に懇願《こんぐわん》せしかば、同官筆を執り「幸之湖」と題《だい》し官氏名を署して下付せられたり。卽ち此の名の起原にして。今其の額面《がくめん》は社務所に揭《かゝ》げあり。中宮祠の境內に湖水《こすゐ》に魚《うを》を放《はな》ちたりし事を記《しる》したる碑文《ひぶん》あり其の文は左の如し

山幸もおのがさち〳〵、うみ幸も己がさち〳〵といへる古事あり、しかるに此湖よ水ありて魚すまぬは、千とせにあまるむかしより御佛のいまし〻故なりとも、又水寒ければおのづから生出ぬなりといひて、我はなたむといふをさまたぐる人のみぞ多かりける、人言は耳ふたきてまつ其事を前宮司戸田忠友の君にはかりければ、うへ試みよとてこがね百ひらをなむたまはりける、こを魚にかへて放ちけるに、猶あまりあれはそのあくる年、又湯の湖にも放ち遣りて試みるに、ふた所ともにいとよく育ちたり、かくてこそうみ山の幸全く備りぬれされば今幸の湖と名をだ〻へて、此湖につりする絲のながき世までにつたへむとす。

今よりはさち〻さつ矢の遊ひせむうみさちの山やまさちの湖

明治十一年五月二十五日　二荒山神社宮司權少敎正柿沼廣身

此碑文に徵すれば。魚《うを》を放《はな》ちしより幸《さ》の湖と稱するが如くに見ゆれども。其《そ》の實《じつ》は前記《ぜんき》の如《ごと》し。聞《き》く所《ところ》に據《よ》れば始て魚を放ちしは明治《めいぢ》六年《ねん》にて。其の魚はイハナなりき。翌《よく》七年《ねん》にはコヒ及《およ》びフナ。九年にはハラカ。其の後十二年にウナギ、ドジヤウ。十五年にはマス、サケ及びアメノウヲ。二十三年《ねん》に至《いた》りてヒガイ。二十五年《ねん》に米國產のマスを放ち。漸次繁殖《ぜんじはんしよく》を謀《はか》りしに。其の成績最も良好にして三十九年に宮內省御料局より其《そ》の湖畔《こはん》に養魚場を開設《かいせつ》し。專ら其の事業《じげふ》に當《あた》ること〻なれり。今や漁業組合もありて眞に幸の湖の名に負かざるに至りぬ。

○歌が濱　立木の觀音

歌《うた》が濱《はま》は幸の湖の東岸に在り。相傳《あひつた》ふむかし勝道上人此處にて勤行せし時。天人降《てんじんくだ》りて詠歌讚嘆したりしを以て此名《このな》ありと（他に尚ほ諸說あれども之を略す）こ〻に到《いた》るには湖水の排出口卽ち華嚴瀑の上流《じやうりう》に架《か》せし南岸橋。俗に大尻橋《おほしりばし》といへるを渡《わた》るべし。是れ古峯《こぶ》ヶ原《はら》及び足尾道なり。木標之をしる

P231～233注釈参照

す。進めば右に佛國大使《ふつこくたいし》の別莊《べつさう》あり。大葉ショリマ卽ち齒朶を庭上等《ていじやうとう》に栽連ねあり。路《みち》は林間《りんかん》に在りて狹《せま》く。左右に矢車草、麻葉カヘデ等叢生《さうせい》し。林容は全く深山《しんざん》の趣を呈《てい》し。樹梢猿《さる》麻桛《ちがせ》(さがりでけともいふ)の懸《かゝ》るを見《み》る。水楢《みづなら》の最も大なるあり。林盡くる處是《これ》を歌が濱と爲《な》す。左に吉祥堂、金剛堂並に不動の石像など列り。冷水《れいすゐ》琤然として灑く。之を金剛水といふ石壁の下湖に面して一基《き》の鳥居《とりゐ》立てり。舟にして到《いた》るものはこれより上陸《じやうりく》すべし。立木観音堂は石壁の上御料林の山下《さんか》に在《あ》り目下堂宇は建築中にて日光山《につくわうざん》社寺大修繕技師工學士大江新太郎氏設計《せつけい》の下に技手長谷川常太郎氏工人を指揮し工事を監督し居れり。余一行は氏の厚意《こうゐ》に因《よ》り。故らに幕を撤し其《そ》の尊像《そんざう》を拜《はい》するを得たり。是れ勝道上人が男體山《だんたいざん》の絕頂を窮《きは》めむとして。兩回まで其の意《ゐ》を果《はた》す能《あた》はざりしかば。立木《たちき》のまゝ此尊像を刻みて祈

中禪寺湖上野島
Uyeno islet, Chuzenji.

念したるものなりと傳ふ。古朴《こぼく》にて黑色《こくしよく》なる千手観音《しゆくわんおん》とす。抑々此観世音はもと中宮祠の西《にし》に安置《あんち》しありしが。明治《めいち》三十五年《ねん》の霖雨に際し。大薙《おほなぎ》卽ち山嘯《やまつなみ》の起《おこ》れる時《とき》。土と共に湖水に流れ出しをこゝに移しまつれるなりとぞ。其《そ》の左右《さいう》に立《た》てる四天王の像は運慶《うんけい》の作なりと云《い》ひ傳《つた》ふ。

中禪寺湖歌ケ濱の晚鐘
The Knell of parking day, Utagahama.

當所は阪東《ばんどう》第十八番の札所《ふだしよ》にして御詠歌《ごえいか》と稱するものは左《さ》の如し。

中禪寺のぼりて拜《をが》むみづうみの歌の濱路に立つはしら波

補陀落やのぼりて拜むみづうみの岸に立つ木の誓久しき

堂の傍に二圍餘の老楓二株《かぶ》あり。一は一枝《えだ》のみ存在《そんせい》し。大蔦の纏《まと》ひ居《を》るを認《みと》む。鐘樓の觀《み》るべきものもあり。而して風景は湖岸中他に冠たり。

右の立木《たちき》観世音は昨年修理を加《くは》へたるものにて。幸に當時《たうじ》修

中禅寺立木観音

P233～234注釈参照

理の任に當りし山本瑞雲氏が。東照宮の修繕《しうぜん》に關し。山内に居らるゝを聞《き》き。之を訪ふて其の製作上《せいさくじやう》の事を質したるに。氏は東京《とうきやう》美術學校教授高村《たかむら》光雲氏監督の下に修理《しうり》したるよしを述べ。作法に就て左《さ》の如く談話《だんわ》せられたり。

中禪寺の御本尊《ごほんぞん》観世音は丈六にして。頂上佛《ちやうじやうぶつ》まで總長《そうたけ》一丈八尺餘。彫刻の様式は極《きは》めて粗《そ》なり。殊に中部以下《いか》は斧を以て刻せしと見《み》えて。其の刀痕歴々徴《ちよう》すべし。即ち大膽《だいたん》なる技倆《ぎりやう》は雄大なる作風《さくふう》を顯はせり。刀法は權作《ごんさく》なるべし。而して此の古作が粗《そ》なる刀法に因りて。却《かへつ》て脱俗して非常に崇高《すうかう》の念《ねん》を起さしむ。又古作《こさく》即ち年代に就ては御面相《ごめんさう》殊に御口等には争ふ可《べ》からざる弘仁間《くわうにんかん》の様式を顯はせり。かゝる刀法と嚴威《ゐげん》とを兼備せる本尊に對《たい》しては。拙腕の余等《われら》には到底眞の修繕は不可能《ふかのう》なれども。多少《たせう》之に接近《せつきん》すべく。平素の經驗《けいけん》と苦心と第一観世音の加護《かご》に因りて漸く竣成《ゆんせい》するに至れり。余は從來《じうらい》多くの國寶即ち古佛像《こぶつざう》の修繕をなせしが。傑作の佛體に接《せつ》する時は。藝術上の見地《けんち》よりして作者が其《そ》の當時《たうじ》非常なる苦心と卓絶せる技能《ぎのう》とを費したるを思《おも》ひ。知らず識《し》らず敬信の念を起し自然に低頭《ていとう》せり。又其の寺院の開山《かいざん》が焦心苦慮のことを聯想《れんさう》して。愈々傑作の佛前には絶大《ぜつだい》の利益あらむことと信《しん》じて疑はず。余が修繕《しうぜん》せし中禪寺御本尊《ごほんぞん》は弘仁期の權作《ごんさく》即ち聖僧たる手に成《な》りしこととなれば。開山《かいざん》勝道上人《じん》の御作たることは確《たし》かなり。されば開山自身が御本尊を御製作になりしと思《おも》へば。余が持論とする傑作佛《けつさくぶつ》に就ての信念は。更に一層《そう》の深きを加へ。かゝる尊き佛體を修繕《しうぜん》せしことは。非常《ひじやう》なる名譽なりと欣喜《きんき》し居れり云々《うんぬん》。瑞雲氏は高村《たかむら》光雲氏の高弟にして。東京《とうきやう》彫工會第六部副部長、日本《にほん》彫刻會代表者、竹《たけ》の臺《だい》茶話會常務幹事《かんじ》たるよしなり。

○寺《てら》が崎《さき》

寺《てら》が崎《さき》は歌が濱の西方八九町の處《ところ》に在りて湖中《てちう》に斗出せり。俗に八丁出島《でじま》と稱す。

中禪寺湖（白岩の靜波）

The ripples near the white rock.

慈覺大師の舊《きう》蹟《せき》にして藥師堂あり。嘉祥元年の草創《さうさう》にて大師自作の藥師《やくし》如來を安置す。世《よ》に之を寺が崎の藥師と稱《しよう》す。山景の佳絶なるを以《もつ》て參詣する者は雲集《うんしふ》するのみならず遊覽《いうらん》の客亦た必《かな》らず棹を停《とゞ》む。

○老松《おひまつ》が崎《さき》と黑檜山《くろひのきやま》

老松《おひまつ》が崎《さき》は南岸の中央にして日輪寺《にちりんじ》舊蹟の邊をいふ。其《そ》の南に聳る山を黑檜山《くろひのきやま》といひ。其の東麓に夕暮宿《ゆふぐれじゆく》、多和宿《たわじゆく》とて夏峰行者の宿所跡《しゆくしやあと》を存す。

○上《かう》野《つけ》島《しま》

P234～235注釈参照

老松が崎の西北《せいほく》に當り鬱然として水上《すゐじやう》に横るを上野島《かうづけしま》と稱す。周圍《しうゐ》一町なれども奇石珍木に富《と》めり。湖中唯一の島《しま》にして勝道上人分骨の處。上人《しやうにん》は嘗て上野講師に任《にん》せられしを以て名く。弘法大師《くわうばふだいし》の開基せし磐若寺の舊蹟《きうせき》もあり。湖中《こちう》には船禪《ふなぜん》頂《ちやう》の拝所《はいしよ》なり。梵字岩と稱するあり。大師《だいし》が梵字を點せしなどいへり。

○赤《あか》岩《いは》崎《ざき》

赤岩崎《あかいはざき》は日輪寺舊蹟の先に在《あ》りて風光亦賞すべし。岸《きし》を離れ

中禪寺湖（赤岩の紅葉）

Crimson maples at the Red rock

て湖中に冠石《かぶりいわ》と稱する石あり。之を赤岩《あかいは》といふ。大さ百間餘《けんよ》。幸の湖名所《めいしよ》の一なり。

○白《しろ》岩《いは》

白岩《しらいは》は赤岩に對して湖中に在《あ》り。大石累々として上《うへ》に姫小松を生ず。全岩《ぜんがん》白色なるを以て中宮祠《ちうぐうし》より遠望するを得。

○千《せん》手《じゆ》崎《さき》

千手崎は西隅《せいぐう》の湖岸にして。延暦《えんりやく》三年勝道上人千手觀音《くわんおん》を創建し。補陀落山千手院と號《がう》せしより。此名あり其の後弘法大師「補陀落山發心壇門」の額《がく》を書して掲《かゝ》げしが。惜哉《をしいかな》野火の災に罹《かゝ》りて燒失せり。文政《ぶんせい》二年の春公猷法親王の御筆《おんふで》を請けて掲《かゝ》げしよし日光山志《につくわうざんし》に見えたり。

◎中宮祠

大平《おほたひら》の林間を過ぎ華嚴瀑を觀《み》畢《をは》りて西に進めば。幸の湖の北《ほく》岸《がん》に達す。是を中宮祠即ち舊中禪寺と爲す。日光《につくわう》町に屬する一部落にして。鉢石《はついし》町より新道四里五丁、舊道《きうだう》三里十二丁。湖水の風光《ふうくわう》を眺めつゝ行けば。右《みぎ》に婦女の形を成《な》せる一石あり。巫女石《みこいし》といふ。牛石と共《とも》に古來其の名高し。傳説《でんせつ》あり信ずるに足らず。當面《たうめん》に黒色の冠木門を存す。舊中禪寺境内《けいだい》の入口にて合門と稱《しよう》せしものなりとぞ。

むかし勝道上人此地《このち》に中禪寺を建設せし以來《いらい》。地名をも久しく中禪寺《ちうぜんじ》と呼び來りしが。神佛《しんぶつ》分離に際し中宮祠と改《あらた》めたり。然れども通名《つうめい》には依然として中禪寺と唱《とな》へ居れり。旅館《りよくわん》は入口の方よりすれば。橋本屋《はしもとや》。小平。伊藤《いとう》や（補陀洛樓）（電話七番）山田《やまだ》や。米屋（電話一番）つたや（電話五番）泉《いづみ》屋《や》（電話三番）山城屋。小金山《こかねやま》の九軒あり。何《いづ》れも湖水に枕みて樓を構《かま》へたれば。眺望は齊しく佳ならざるはなし。箱根蘆《あし》の湖《うみ》の沿岸は霧深くして簾《すだれ》を捲くに適せざるも此《こ》處はしからず。空氣《くうき》は最もよろし。

氣候は八月七十一二度《ど》。極暑の時と雖《いへど》も八十二度より上《のぼ》りしことなし。十月中旬《ちうじゆん》は五十度前後。冬季は日中《につちう》二十二三度、朝夕は十七八度なりといふ。本年余一行《かう》のこゝに來《きた》りしは六

P234～235注釈参照

P236 注釈参照

月三十日なりしが。土地《とち》の人は一人として單衣を著《ちゃく》ずる者なく。且《か》つ合せ羽織を穿《うが》ち居たり。

當地は戸數《こすう》七十戸、人口三百あり。電車の通ずるに至《いた》れば必らず多數の增加《ぞうか》を見む。

小學校日光《につくわう》分教場、巡査駐在所、郵便局《いうびんきよく》等《とう》あり。郵便局は毎年六月十六日に開《ひら》き十月三十一日に閉《とぢ》るといふ。電話あり、日光《につくわう》、足尾は勿論。東京、横濱《よこはま》にも通ずれば。最《もつと》も便利なりとす。

レーキホテル（湖邊《こへん》旅館《りよくわん》）は南岸橋の東丘に在《あ》り。帝國式《ていこくしき》を西洋室に應用《おうよう》したるものにして。樓階《ろうかい》には朱ぬり欄干《らんかん》に擬寶珠を附《ふ》するなど。總て外來客《ぐわいらいかく》の意に投ずるが如《ごと》く作れり。談話室、舞踏室《ぶたうしつ》、食堂あり。六十五の客室《かくしつ》

あり。食堂《しよくだう》は七間に十二間なれば百五十人《にん》乃至二百人を容《い》るべし。館主は阪巻氏《さかまきし》支配人は高濱《たかはま》氏なり。

南岸橋の北中宮祠の道《みち》に岡本庄九郎翁の家あり。高山植物の端書《はがき》を鬻く。東宮殿下並に有栖川宮《ありすがはのみや》、北白川宮兩殿下の御買上を賜りしものにて。原料《げんれう》は當山に繁茂せる珍花《ちんくわ》奇草若くは樹葉叉は日光特産の苔類等の實物《じつぶつ》を貼附したれば、優雅《いうが》にして趣味を有《いう》せり。旅客の購求して理科學《りくわがく》の參考品とするもの甚《はなは》だ多《おほ》し

◎二荒山中宮祠

二荒《ふたら》山中宮祠《さんちうぐうし》は二荒山の麓に在《あ》りて幸の湖に臨《のぞ》めり。祭神は大巳貴命にして田心姫命、味耟高彦根命を配祀す。神佛《しんぶつ》分離以前は山上の社《やしろ》を男體山三社大權現と稱《しよう》し。此處に立てるを中禪寺《ちうぜんじ》權現、日光權現《ごんげん》などゝ呼びたりき。

湖水に面《めん》して銅製の大鳥居あり。是《これ》より三所の石階を登《のぼ》れば。正面に拜殿あり。二荒《ふたら》神社《じんじや》の金字額を掲ぐ。入母屋造銅葺總朱ぬり。四方緣にて間口六間三尺、奥行七間五尺。軒の高さ一丈四尺五寸。棟《むね》の高三丈一尺五寸なり。正殿《せいでん》は流造、銅葺、總朱塗、高欄《かうらん》彫物彩色、正面《しやうめん》三扉《じやう》黑塗、間口三間《げん》二尺、奥行四間《けん》三尺、前拜六尺、軒の高さ一丈一尺八寸、棟の高《たか》さ二丈七尺とす。腕木造り厚板葺《あついたぶき》の瑞籬を廻らす。長延《ちやうえん》三十四間。塔は明治《めいぢ》維新已に火災に罹り。鐘樓《しやうろう》は歌が濱に移《うつ》されたり。もとは境内《けいだい》に三層の朱塔、鐘樓等《しやうろうとう》ありしが。社務所は其《そ》の東に在り。昔時の中禪寺《ちうぜんじ》別所なり。不斷火《ふだんび》とて當寺開闢《かいびやく》以來斷絶せざる火と稱し。大居爐裏に大材木《だいざいもく》を燻へ置れしが今《いま》は絶えたり。

P235～237 注釈参照

さちのうみ

内大臣三條《てう》實美公が明治十九年に書《しよ》せし「北岳南湖閣」の額《がく》を揭《かゝ》ぐ。當時公は紅葉《もみぢ》をみて左の歌《うた》を詠ぜられたり。

もみぢ葉《ば》のにしきにかこふさちの湖《うみ》
きゝしにまさるけしきとぞみる

中宮祠二荒山神社拝殿
The Futara Shrine Chugushi.

從四位秋月種樹《あきづき》子は是より先《さ》き十四年七月中宮祠に謁《えつ》して。詩を賦し其《そ》の筆蹟を留《と》めぬ。

巨靈鎭國幾千年。降雨起雲威赫然、來拜中宮祠畔路。荒山高聳野州天。

皇太子殿下《くわうたいしでんか》年々行啓あり。樓上の眺望《てうばう》最美の處を以て御座所《ござしよ》に充つ。侍講三島《しま》中洲翁陪從來宿せし時《とき》の詩あり。

金輅陪從不レ覺レ疲。雲邊一夜宿ニ嶔巘一。暑中無レ暑何清爽。山上有レ山皆秀奇。震レ谷瀑聲欺ニ白雨一。映レ湖燈影漾ニ紅漪一。尤欽恩賜香鱒味。氷玉滿盤傾ニ酒巵一。

庚午八月二十七日尾ニ東宮殿下一宿ニ北岳南湖閣一忝賦

侍講三島毅未定艸

當社務所は古精舎《こしやうしや》の蹟とて今尚ほ古風《こふう》を存したる所ありてゆかし。日光山沿革略記に「延暦《えんりやく》三年四月勝道上人二荒の山腹《さんぷく》湖北の地《ち》に立木觀音を手刻し。寺《てら》を創して中禪寺と稱《しよう》す。又堂の側に一祠《し》を設け。山神を崇めて鎭守《ちんじゆ》とし中禪寺大權現と稱《しよう》す」とあるもの。卽ち中宮祠《ちうぐうし》の起原なり。立木觀音の事《こと》は歌が濱の條に記《しる》す。左に古の記念として古鐘《こしやう》の銘竝に古棟札の寫を表出《へうしゆつ》す。

日光山權現御寶前　奉施入鑄金一口事

右志者ノ爲メ下左衛門尉藤原政綱北方藤原氏竝所生愛子等御息災延命恒受ニ快樂一心中所念決定成就センカ上也

建保四年丙子三月廿二日

願主左衛門尉藤原政綱

當上人覺音房

建保四年は今《いま》より六百九十四年前《ぜん》なり。惜むべし此鐘《このかね》は文化八年丙丁の災に罹《かゝ》りたりきといふ。

人王八十四代　藤原國綱妻子

順德天皇御宇　景綱入道妻子

奉建立一間二面御殿一字

征夷大將軍　宗綱入道妻子

源實朝公御代　親綱入道妻子

藤原有房妻子

建保五年丁丑四月十八日

同六年戊寅七月十九日

結緣衆左衛門尉藤原朝政

鎭守之地頭

◎勝道上人開山碑

勝道上人開山碑は弘法大師《くわうぼふだいし》の撰文にして。題《だい》して「沙門勝道歴山水瑩玄珠碑」といふ。古《いにしへ》の碑《ひ》は荒廢せしに因り。輪門第三世《ぜ》の宮《みや》一品公辨法親王筆を染て之を銅板《どうばん》に鐫し。大碑に嵌し。二荒山登拜口に再建《さいけん》せられしものなるが。神佛《しんぶつ》分離の際撤去し。其《そ》の礎石のみ存し碑石は社側に放置《はうち》しあり。而して銅碑は今輪王寺に寶藏せり。攀晃山記に祠後卽男體麓。扃門不レ許ニ常登一。側建ニ勝道上人碑一。釋空海文。剝蝕甚。後改ニ鐫原文於銅版ニ覆レ之とあるもの是なり。

沙門勝道歴山水瑩玄珠碑幷序

沙門遍照金剛文幷書

蘇巓鷲嶽異人所レ都、達水龍坎靈物斯在、所ニ以異人卜宅一、所ニ以靈物化產一、豈徒然乎、請試論レ之、夫境隨レ心變、心垢則境濁、心逐レ境移、境閑則心朗、心境冥會、道德玄存、至レ如下能寂常居以利見《シ》妙祥鎭住以接引、提山垂迹孤岸津梁上、並皆靡レ不下依ニ仁山ニ託ニ智水上、臺鏡瑩磨俯中應ニ機水上者也、有ニ沙門勝道者上、下野芳賀人也、俗姓若田氏、神邈《ハリカニツ》ニ救蟻之齡一、意淸《スメリ》ニ惜囊之齒一、桎《トメ》ニ枷四民之生事一、調ニ飢三諦一之滅業、厭ニ聚落之轟々一、仰ニ林泉之皓然一、粤有ニ同州補陀洛山一、葱嶺挿ニ銀漢一、白峰衝ニ碧落一、磤雷腹而鼉《ダ》吼、翔鳳足而羊角、魑魅罕レ通人蹊也絕《マタ》借《クリ》問一、振古未レ有ニ攀躋者一、法師顧ニ義成一而興レ歎、仰ニ勇猛一以策レ意、遂以ニ去神護景雲元年四月上旬一跋上、雪深嚴峻、雲霧雷迷、不レ能レ上也、還住ニ半腹一三七日而却還、又天應元年四月上旬更事ニ攀陟一亦上不レ得也、二年三月中春ニ爲諸神祇一寫レ經圖レ佛 裂レ裳裹レ足、弃レ命殉レ道、繦ニ負經像一至ニ于山麓一、讀經禮佛、一七日夜堅發レ願曰、若使ニ神明有レ知、願察ニ我心一、所ニ圖寫一經及像等當下至ニ山頂一、爲レ神供養以崇ニ神威一饒中群生福上、仰願善神加レ威毒龍卷レ霧、山魅前導、助ニ果我願一、我若不レ到ニ山頂一、亦不レ至ニ菩提一、如レ是發願訖跨ニ白雪之皚々一、攀ニ綠葉之璀璨一、脚踏一半、身疲力竭憩息信宿、終見ニ其頂一、恍々惚々似レ夢似レ寤、不レ因レ乘レ查忽入ニ雲漢一、不レ嘗ニ妙藥一得レ見ニ神窟一、一喜一悲、心魂難レ持、山之爲レ狀也、東西龍臥、彌望無レ極、南北虎踞、棲息有レ興、指ニ妙高一以爲レ儔、引ニ輪鐵一而作レ帶、笑ニ衡岱之猶卑一、哂ニ崑崙之又劣一、日出先明、月來晚入、不レ假ニ天眼一、萬里目前、何更乘レ鵠、白雲足下、千般錦華無レ機常織、百種靈物誰人陶冶、北望則有レ湖約計一百頃、東西狹南北長、西顧亦有ニ一小湖一、合《ベシ》レ有ニ二十餘頃一、眄レ坤更有ニ一大湖ニ羃計一千餘町、東西不レ闊南北長遠、四面高岑倒ニ影水中一、百種異莊、木石自在、銀雪數レ地金花發レ枝、池鏡無レ私、萬色誰逃、山水相映、乍看絕レ腸瞻佇未レ飽、風雪趁レ人、我結ニ蝸菴于其坤角一住レ之、禮懺勤經ニ三七日一、已遂ニ其願一、便歸ニ故居一、去レ延曆三年三月下旬更上、經ニ五箇日一至ニ彼南湖邊一、四月上旬造ニ得一小船一、長二丈廣三尺、卽與ニ二三子一棹レ湖遊覽、遍眺ニ四壁一、神麗夥多、東看西看、汎濫自逸、日暮興餘、强託ニ南洲一、其洲則去レ陸三十丈餘、方圓三十丈餘、諸洲中之美華富焉、復更遊ニ西湖一、去ニ東湖一十五許里、又覽ニ北湖一、去ニ南湖ニ三十許里、並雖レ盡レ美總不レ如レ南、其南湖則碧水澄鏡、深不レ可レ測、千年松柏臨レ水而傾ニ綠蓋一、百圍檜杉竦レ巖而構ニ紺樓一、五彩之花一株而雜レ色、六時之鳥同響而異レ囀、白鶴舞レ汀、紺鳧戲レ水、振レ翼如レ鈴、吐レ音玉響、松風懸レ琴、坻浪調レ鼓、五音爭奏ニ天韻一、八德澹澹自貯、霧帳雲幕、時時難陀之羃靂、星燈電炬數々普香之把束、見ニ池中圓月一知ニ普賢之鏡智一、仰ニ空裏慧日一覺ニ遍智之在レ我、託ニ此勝地一、聊建ニ伽藍一、名曰ニ神宮寺一、住レ此修レ道、荏苒四祀、七年四月更移ニ住北涯一、四望無レ碍、沙場可レ愛、異華之色難レ名驚レ目、奇香之臭叵レ尋悅レ意、靈仙不レ知何去、神人髣髴如レ存、忽ニ歲精之無レ記、惜ニ王侯之不一レ遊、思ニ餓虎一而不レ遇、訪ニ子喬一而適去、觀ニ華藏於心海一、念ニ實相於眉山一、蘊蘿遮レ寒、蔭葉避レ暑、喫レ菜喫レ水樂在レ中、乍《ユキ》乍《トヾマリ》出ニ塵外一、九皐鶴聲易レ達ニ于天一、去延曆中柏原皇帝聞レ之、便任ニ上野國講師一、利他有レ時、虛心逐レ物、又立ニ華嚴精舍於都賀郡城山一、就レ此住レ彼、利レ物弘レ道、去大同二年國有ニ陽九一、州一司令ニ法師祈一レ雨、師則上ニ補陀洛山一祈禱、應レ時甘雨滂霈、百穀豐登、所有佛業不レ能ニ縷說一、咨日車難レ駐、人間易レ變從心忽至、四蛇虛羸、攝誘是務、能事畢矣、前下野伊博士公與ニ法師一善秩滿入レ京、于レ時法師歎ニ勝境之無一レ記、要ニ屬文於余筆一、伊公與レ余故、固辭不レ免課レ虛抽レ毫乃爲レ銘曰、

雞黃裂レ地、粹氣昇レ天、嶦鳥運轉、萬類跰闐、山海錯峙、幽明殊レ阡。俗波生滅、眞水道先、其一 一塵構レ嶽、一滴深レ湖、埃涓委聚、畫ニ飾神都一、嶺岑不レ梯、鸞鷟無レ圖、皚々雪嶺、曷矚誰廬、其二 沙門勝道、竹操松柯、仰ニ之正覺一、誦ニ之達磨一、歸ニ依觀音一、禮ニ拜釋迦一、殉レ道斗藪、直入ニ嵯峨一、龍跳ニ絕巘一、鳳舉經過、神明威護、歷ニ覽山河一、其三 山也崢嶸、水也泓澄、綺華灼灼、異鳥嚶嚶、地籟天籟、如レ筑如レ箏、異人乍浴、音樂時鳴、其四 一臨消レ憂、百煩自休、人間莫レ比、天上寧儔、孫興擲レ筆、郭詞豈周、拙哉同志、何不ニ優遊一、其五

弘仁之年敦牂之歲月、次ニ壯朔ニ三十之癸酉也、

人之相知不ニ必在ニ對面久話一、意通則傾蓋之遇也、余與ニ道公一生年不ニ相見一、幸因ニ伊博士公一、聞ニ其情素之雅致一、兼蒙レ請ニ洛山之記一、余不才當レ仁不ニ敢辭讓一、輒抽ニ拙詞一、並書ニ絹素上一、詞翰俱弱、深恐ニ玄之猶白一、寄以ニ瓦礫一表ニ其情至ニ百年之下莫レ忘ニ相憶一耳、西岳沙門遍照金剛題

勝道上人《しやうにん》が山を開くに當り。いかに苦辛《くしん》せしか。當時の實況は斯文に徵して明《あきら》かなり。碑背の文は大字にて刻《こく》せり。雨水の殘溜を拂《はら》ひつゝ讀みしに左《さ》の如し

重建ニ勝道上人補陀洛山碑一記

人藉ニ靈境一以進レ道、境因ニ勝人一而彰レ名、如ニ補陀落山一亦徵哉、勝道上人創窮ニ其頂一、精練功成、弘法大師揮ニ天縱才一文レ之詳矣、於レ是世人昭々知ニ其爲ニ名山一也、其文則載ニ性靈集一傳到ニ于今一、而其碑則歷レ年遼邈、掃レ地不レ存、嗚呼廢而不レ興非ニ人情一也、近者余鼎樹ニ貞珉一刊ニ其文一焉、庶乎使下登臨者讀ニ雄文一以審中靈境上、知ニ靈境一、誠爲ニ進道之緣一矣、然則此舉豈曰レ無レ所レ係乎、世有下高談淨レ已蔑ニ視山水一者上、不ニ亦謬一哉、因題ニ碑陰一、聊紀ニ歲月一云、

寶永二年歲次乙酉春三月前天台座主一品公辨親王識

此碑は舊位置に復《ふく》し。もとの如く建設《けんせつ》する計畫なるよし。

黒髪の白梼

◎登拜祭

二荒山の奥社《おくしや》卽ち黒髪山《くろかみやま》の山上に鎭座まします三社《しや》を登拜することは昔よりの例にて。信徒《しんと》の團體《だんたい》を成して來り會する者甚だ多し。

每年五月十五日に先づ開山祭を爲し。八月十五日より同月二十一日まで七日間《かん》を登拜祭《とうはいさい》と稱し。毎朝中宮祠本社及び山上の社頭に於て神饌を供し祭典を行ふ。此間男女《だんによ》を問はず白衣

P238～239注釈参照

髑髏男

P238 注釈参照

にて日々登山《とざん》を許《ゆる》す。一人金三十五錢を納めしむ 常例の登拜者は一府八縣の信徒なりといふ。

東京府　神奈川縣　埼玉縣　群馬縣　千葉縣
茨城縣　栃木縣　福島縣　長野縣

登拜者は維新後《ゐしんご》登山前のみ齋戒する規定に改《あらた》め。著山の日一日水行潔齋を爲し。翌朝登山《よくてうとざん》せしむ。其の日の夕刻登拜者を本社に延き。内陣《ないぢん》を開き參拜せしむ。之を御内《ごない》陣入《ぢんいり》と唱ふ。然るに人々我先きに登山せむと競《きそ》ひ。翌《よく》朝《てう》を待ざるの勢なれば。十二時後は翌日の部分なればとて之を許すことゝせり。されば中宮祠にて夜半十二時を合圖《あひづ》に打鳴《うちな》らす一番大皷の響だう〳〵と耳を貫《つらぬ》けば。信徒はすはこそ時至《ときいた》れと。皆登拜口へ押し寄す。神官卽ち門《もん》を開《ひら》けば白衣《びやくい》に金剛杖《こんがうづゑ》を携へたる登拜者(初日は約《やく》五六千人)各小田原提燈《をだはらてうちん》を手にし。互に先を爭ふて攀登《はんとう》す。健步者《けんぽしや》は三時頃山上に達すといふ。山路は峻嶮《しゆんけん》にて

The summit shrine of Mt. Nantai. 男體山頂奥社

五合目以上は山崖《さんがい》に鐵梯《てつのはしご》を伏せ鐵索《てつさく》に縁《よ》り或は木根に頼《よ》りて進む。五合目と七合目とに茶店《さてん》あり。山上までの里數は三里八丁とす。

山上の奥社《おくしや》及び八合目の瀧尾《たきを》神社《じんじや》には。前日より神官數名幷に強力十五人詰居り。三社共に開扉《かいひ》拜禮《はいれい》せしむ。又神酒、神供をも授與《じゆよ》す。(無料なり)

山上は海拔八千一百九十五尺なれば。盛夏《せいか》と雖《いへど》も夜氣寒冷に堪へず。因て登拜者は處々に焚《と》き火《び》を爲して暖《だん》を取《と》る。紅炎白衣と相映じて最も奇觀《きくわん》なり。山上《さんじやう》に鐵劍を建つ。幅八寸長三間。霧島山《きりしまやま》の逆矛に擬せしならむ。奥社は正東《せいとう》に向ひ。前に對面石と稱する名石《めいせき》あり。勝道上人《しようだうしやうにん》開山の際此處《こゝ》にて三神の影向を拜せしといひ傳ふ。信徒はこゝにて夜の明《あく》るを待ち。大陽《たいやう》の初めて昇《のぼ》るを拜す。俗に之を「ゴライクワウ」といふ。御來光の義なり。

仲秋登拜祭は九月二十日より同《どう》二十二日に至《いた》る三日間にて。祭儀及び齋戒《さいかい》、水行《かづぎやう》等は都て八月登拜祭の例に同じ。當山《たうざん》は古來深澤《ふかさは》を限り女人の登山を禁止《きんし》す。維新《ゐしん》後結界を解除せしも。平素《へいそ》は奥社《おしや》の登拜を許さず。陰暦八月朔日より三日間までを限り。女人登拜祭《によにんとうはいさい》を執行せしが。其の名稱《めいしよう》を廢《はい》したると共に。女人も今は男子同樣登拜《とうはい》するを得《う》るに至れり。

かくて十月十五日に至り。閉山祭《へいざんさい》を執行《しつかう》して山を閉づ。此間卽《すなは》ち五月十五日より十月十五日までの間は。臨時《りんじ》登拜《とうはい》を許すの例あり。登山者《とざんしや》多くは遠國の人若《も》しくは外國人《ぐわいこくじん》にして。總て登拜祭に異ならざるも。山上奥社《さんじやうおくしや》の開扉を爲さず。

裏山(日光裏山《につくわううらやま》の事は別に記す)には志津と稱《しよう》する處に。社務所、行小屋、賄所等ありて。登拜祭中《とうはいさいちう》は神官二名、雇員數

P238～239注釈参照

名、强力及び賄方《まかなひかた》數十人詰居り。裏山越《うらやまご》し登山者（初日には凡千人）を取扱《とりあつか》ふこと略ぼ表山《おもてやま》に同じ。表山とは此中宮祠より登《のぼ》るをいふなり。

信徒（登拝講員《とうはいかうゐん》）の日光社堂の拝観は。普通拝観料《ふつうはいくわんれう》（金八十錢）の四分の一金二十錢を納《をさ》むれば特別拝観《とくべつはいくわん》を爲すを得るの便宜《べんぎ》あり。又二十五人以上の團體《だんたい》には汽車の割引あり。鐵道院運輸部に於《お》いて取扱《とりあつか》はるゝ團體乘車割引規程《きてい》は左の如し

男體山へのぼる白衣の人

第一條　二十五人以上の團體にして同一列車に乘車する場合に於ては左の割合を以て旅客運賃の割引をなすを得
但本條の哩程は片道の哩程とす

哩程＼人員	廿五人以上五十人未滿	五十人以上百人未滿	百人以上二百人未滿	二百人以上三百人未滿	三百人以上
百哩未滿	二割	二割二分五厘	二割五分	二割七分五厘	三割
百哩以上三百哩未滿	二割五分	二割七分五厘	三割	三割二分五厘	三割五分
三百哩以上	三割	三割二分五厘	三割五分	三割七分五厘	四割

第二條　本規程に依る割引は片道二十哩以上にして等級の同一なる場合に限るものとす

第三條　第一條の人員又は哩程に達せざる場合と雖も之に該當する人員又は哩程に對する運賃を支拂ふときは同條に依り割引をなすを得
片道二十哩に達せざる場合と雖も二十哩に對する運賃を支拂ふとき亦前項に同じ

閉山祭は方今十月十五日を以《もつ》て執行《しつかう》す。一に之を小會といふ。古來毎歳《こらいまいさい》九月九日上人小聖等登山して神饌《しんせん》を供《きよう》し祭事を行ふ名けて御戸閉《みととぢ》禪頂又は重陽《ちようやう》禪頂といへり。維新後猶ほ陰暦九月九日を以て執行《しつかう》し來りしが。方今は前記《ぜんき》の如く改《あらた》めたり。祭典《さいてん》の式《しき》は開山祭に同じ。爾後《じご》登拝の門戸を鎖して山上に登るを禁止す。

○登拝者の宿舍　禪頂小屋

登拝者《とうはいしや》は一時多數に來會《らいくわい》するを以て。中宮祠境内の高地《かうち》及び湖畔に宿舍の設けあり。今は之を登拝小屋《とうはいごや》と唱へ。むかしは之を禪頂小屋《ぜんちやうごや》と稱したりき。棟數二十餘。間口何《まぐちいづ》れも二十間より二十五間に至る。社務所《しやむしよ》に接して賄所《まかなひしよ》あり。即ち食堂なり。十三間に十二間にて大釜《おほがま》（軍用に供するものに同じ）十二を現存《げんそん》す。竈《かまど》は屋外假庇の下に列す。現時《げんじ》の信徒《しんと》はこの宿舍（夜具等の設備は昔《むかし》よりなし）に就かず。旅館に投ずるもの却《かへつ》て多《おほ》しといふ。宿舍の飲食《いんしよく》は賄方に於て其要求に應ず。食堂は一食千人と稱し。長卓《ちやうたく》にて相對食《あひたいしよく》すといふ。聞くむかしは禪頂する行者《ぎやうじや》には日光御門主より御賄《おまかなひ》を下《くだ》されしよしにて。上壇《じやうだん》に役人出張して之を監視《かんし》し。給仕人は「おはしる」はよしか。「御供水《おくうづ》」はよしか。「おいさみ」よしかなど呼《よ》ばはりてありきしとぞ。「おはしる」とは汁《しる》。「おくうづ」とは湯。「お勇《いさ》み」とは酒《さけ》の事なり。

解説参照頁
P239 注釈参照

華嚴瀑

戰場ケ原

幸の湖（舊中禪寺湖）

むかしは禪頂小屋《ぜんちやうごや》に盡く登山者を收容《しうよう》する能はずして。其の附近《ふきん》に露臥する者多く。各處に白衣の團丘を見たりきと。今は旅館も少からねば此《かく》の如《ごと》きは稀なりとぞ。

○昔の禪頂者

改曆《かいれき》以前《ぜん》は男體禪頂者と稱し。毎年七月朔日より中禪寺《ちうぜんじ》に登り。湖邊の禪頂小屋に籠《こも》り居て。潔齋水行《けつさいみづぎやう》を修し。中禪寺上人と衆徒《しうと》中《ちう》より年番に當れる僧先達《そうせんだつ》し。小聖《こひじり》、社家《しやけ》等の諸役人之を率ゐ七日の寅刻《とらのこく》より登山す。但七月朔日此禪頂小屋《ぜんちやうごや》に來著《らいちやく》する七十日以前より。其の居住地《きよぢうち》の精進《しやうじん》行屋《ぎやうや》に入り寶冠白衣を著けしものなるよし。此小屋に來りし後も湖上に水行場を設《まふ》け。垢離《こり》を取りたりきといふ。

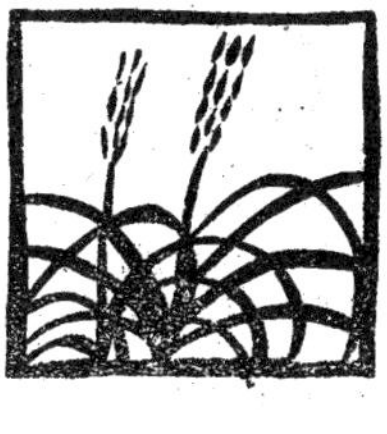

山路の栞

第三

◎湯元道

中宮祠を拜し幸《さち》の湖《うみ》の勝景を探りし上は。進《す》みて湯元《ゆもと》の仙源を尋ね浮世《うきよ》の塵を洗ふべし。いでや是《これ》より歩を進めむ。中宮祠の鳥居より湖《うみ》に沿《そ》ふて西し。屈折して進《す》めば一里にして菖蒲《うぶ》の濱《はま》に出づ。此間獅子が淵などの險崖《けんがい》あれど。道路は困難ならず。攀晃山記に沿ニ緣湖壖一、歔逕一綫、老株偃、巨石立、乃蝸附蛙躍而過とあれば。舊路《きろ》の狀想ふべし。菖蒲か濱日光山志には菖蒲沼《あやめがぬま》とあり。湖畔《こはん》の小部落にして二三の茶店を見る。北の山中に洞窟あり瑠璃壺と稱す。勝道上人《しようだうしやうにん》の遺骨を納めしよしを傳ふ。林間《りんかん》の路を行けば左に帝室林野管理局日光出張所あり。養魚場《やうぎよぢやう》を設く。現今は技手谷口理三郎氏其の事を掌る。余一行の到りし時は適々《たまたま》不在《ふだい》にて小使星野與作といへる翁案內《あんない》せり。池は數《す》ケ所《しよ》ありて帝國及び各國の鱒《ます》を養へり。孵化場《ふくわぢやう》ありて數萬の魚苗浮動するを見る　鱒《ます》は五十日間にて尾を生じ。七十日にて魚形《ぎよけい》を成《な》す。生長一寸五分許に至《いた》り百萬尾を湖水《こすゐ》に放つなど語れり。行くこと數丁《すちやう》にして地獄川《ぢごくがは》の橋畔に地獄茶屋と稱するあり。此附近《ふきん》に地獄窟と名け。窟底の深さ知《し》るべからざる洞穴あるに因る。地獄茶屋《ぢごくぢやや》といへば其の名おそろしけれども。憩《いこ》ふ客《きやく》は皆な地藏顏にて極樂の人なるも一興《きよう》なり。左の丘上なる支亭《してい》に入れば龍頭瀑を觀るを得べし。（瀑の事は別に記《しる》す）此處より屈折《くつせつ》して阪路を登る一行《いつかう》は六月三十日に經過《けいくわ》せしが。淡紅色の躑躅花盛りに咲

The trout hatchery, Chugushi.　中宮祠菖蒲ヶ濱養魚場

けり。車丁に問ひしに土人は泣き花と稱し居れり。其の故は此花の咲ける間は。客《きやく》の來ること稀《まれ》なり土人《どにん》爲めに泣く。因て此稱ありと。是《こ》れ花《はな》が見《み》る人なきが爲めに泣くといふにあらず。人が人の來らざるに因《よ》りて泣《な》くなり。無心《むしん》の花にして此名《このな》を得《え》たるは自から哀《あはれ》に覺ゆ。笑《わら》ひ花《ばな》と稱するはなきやといひしに。客花といへるがあり。此《この》花散《はなち》りて後開く。此頃より客多《きやくおほ》しと其花は躑躅《つゝじ》に類似せるものなりと。車丁の言蓋し戯れにあらざるが如し記して遊客の一笑を博《はく》す。既にして男體山の西麓一面の平原《へいげん》に出づ。之を戰場が原といふ一に赤沼《あかぬま》ケ原《はら》と稱し又は標芽《しめぢ》原《はら》と名く。六帖に「下野や標芽がはらのさし艾《もぐさ》のが思ひに身をや燒《やく》らむ」よみ人しらず夫木に「下野やしめぢが原の草がくれさしもはれにしもゆるおもひぞ」光俊朝臣と詠《よ》みしは此處なりと。標芽《しめぢ》原《はら》は栃木縣宇都宮川原田村の邊にもありいづれか是《ぜ》なるを知らず。

"Senjyoga-hara"the "battle fields"plain. 戰場ヶ原

赤沼《あかぬま》といふは原の東隅に沼あり清水湧出《しみづようしゆつ》す。其の底血《そこち》を瀝《れき》するが如し。故に名く。相傳ふ大古二荒山の神《かみ》と上野赤城山《あかぎさん》の神と互に國領《こくりやう》を爭《あらそ》ひ。此處に於て交戰《かうせん》せり。是より戰場《せんぢやう》が原《はら》と稱すと。殊におかしきは糠塚と唱ふる高地《かうち》あり。云く神軍《しんぐん》兵糧《ひやうりやう》の糠積んで此丘を成せりと。最も抱腹《はうふく》に堪へざるは。鐵砲松と稱するものにて。其の幹に圓形《ゑんけい》の空洞あり。是れ當時砲丸の痕《あと》なりと傳ふ。日光山志に「赤沼《あかぬま》と唱ふる本說は此野の中に清水湧出の靈沼《れいせう》あり。開祖上人閼伽《あか》の水を汲給ひし謂《いはれ》を以て後世之れを閼伽沼原《あかぬまばら》といふ。また赤沼とも書は神戰ありし時血《ときち》ながれて赤かりしといふ說《せつ》よりいへり。又た戰場原の名もこれより起《おこ》りしとぞ」とありて小田、上杉合戰の事をも記せり。因りて板倉侯が遊中禪寺記嘉永三年七月二十一日には忽得㆓平原㆒方二十餘里。禿木矗立。蓋爲㆓野火所㆑燒。謂㆓之赤沼原㆒。相傳太古山神交戰處。故一曰㆓戰場原㆒。其説荒唐。嘉慶二年小田直高父子叛㆓鎌倉㆒。鎌倉使㆓上杉朝宗討㆑之。戰敗遁㆓于男體山㆒。十一月二十四日戰㆑于㆑此。鎌倉大草紙所㆑載如㆑此。恐是其所㆓由名㆒乎とあれど。地理を考るに日光の男體山にあらず。此說據り難し。戰場《せんぢやう》ケ原《はら》は千町《せんちやう》が原《はら》にて廣き原野の意なりしを神戰の古傳說此の如き古傳說は所々にありあるより附會《ふくわい》せしにあらざるか。湯元《ゆもと》への通路《つうろ》は其の中央を貫《つらぬ》き。三本松など稱するものありて風致を添ふるのみならず。回顧すれば男體の山高く聳《そび》えて雲煙の間に出沒し。珍花奇草《ちんくわきさう》に富むを以て一に御花畑とも呼べり。明和安永《めいわあんえい》の頃には白鶴此邊に棲《す》みしといふ。戰場が原の盡る處に一小川横《よこた》る。之を逆川といふ。却て湯元の方に流《なが》るゝを以てなり。進めば路傍に茶店《さてん》あり。古《こ》ケ谷《や》一口水と題す。前方に清泉《せいせん》の湧出《ようしゆつ》せるあり。冷かなること氷の

P241～242注釈参照

湯本及湯の湖北面

如く一口より外飲《ほかの》むものなしといふ。是《これ》より五六町にして左に湯瀑へ降る路あり。此邊山林《このへんさんりん》にて水楢の大樹多し。山中には林木禿立して全《まつた》く白色なるあり。野火《のび》に遇《あひ》て此の如しといへり。直行《ちよくかう》すれば湯《ゆ》の湖《うみ》の傍に出づ。眼界頓に改《あらた》まり。風光頗る佳なり。湖に遵て林下を行けば。こゝに始めて湯元の仙源《せんげん》に達《たつ》す。

出湯のけふり

◎湯本

湯本《ゆもと》或は湯元と書す。本名は日光入湯本《につくわういりゆもと》と稱し。湯平《ゆたいら》と號す。もとは中禪寺溫泉と呼べり。中宮祠より西北《さいほく》三里《り》に在りて。日光神橋より六里《り》十町《ちやう》あり。海拔《かいばつ》五千〇八十八尺。其の地勢《ちせい》たる東西北の三面は白根、金精、溫泉の三山之を擁繞し。南方の一面に湯《ゆ》の湖《うみ》を控ふ。講暇遊錄に既而達ニ湯基一。湯戸數字。而浴槽十二所以ニ陰梘一引レ之。灌ニ輸各處一。熱者溫者從ニ病之所一宜。有ニ二湖一。湯泉所ニ湛而成一。名曰ニ溫湖一。四面峰巒繚繞。猴聲哀號。眞奧寂境也とあり。記者《きしや》の到りし時は哀猿の聲を聞ざりしがっ杜鵑連叫し人をして覺えず雲埋ニ老樹一空山裏の詩を想起《さうき》せしむ。戸數《こすう》二十餘あり。現在の溫泉旅館《りよくわん》は南間《なんま》新十郎、松本半左衞門、渡邊吉郎平、大類九平(板屋)、鯨吉平(米屋)、小林辰造(釜屋)の六軒《けん》とす。記者の投宿せしは南間旅館《りよくわん》にて。路を隔《へだ》てゝ別館《べつくわん》あり。外人の旅宿に充つ。滯在《たいざい》するもの少からず。館主は當地旅館の組合長《くみあいちやう》にて土地の發展に盡力《じんりよく》し德望《とくばう》あり。浴客には無料《むれう》にて扁舟を貸與し。湖上に釣を垂れしめ。消閑《せうかん》の具に供《きよう》するなど注意到れり。又夕食の膳《ぜん》に西洋料《せいやうれう》理《り》の一品を上《のぼ》すこと小西旅館に異《こと》ならず。松本其の他にも各特色ありて待遇親切《たいぐうしんせつ》のよし。氣候は鉢石町に比して約《やく》十度《ど》低《ひく》しといふ。試みに明治四十年九月二十四日の觀測記《くわんそくき》を檢するに。午前二時華氏四十五度、正午《しやうご》六十度《ど》、午後四時五十五度(室外《しつぐわい》)とあり。烈暑《れつしよ》の候と雖も八十二度を昇《のぼ》らず。隆冬は氷點以下一二度に低下す。記者《きしや》は七月一日の朝樓上より前白根山《まへしらねさん》を望みしに。殘雪《ざんせつ》白く堆を成して所々の峽間に存せり。寒衣を著し火《ひ》桶に對す。京人としては奇異《きい》の思を爲《せ》ざるを得《え》ず。されば十一月に至《いた》れば家《いへ》には雪圍《ゆきかこひ》を施し。主人のみ家《いへ》を守《まも》りて他は皆山《みなやま》を下《くだ》るといふ。隨て家屋《かおく》の構造《こうざう》

Yumoto. 湯本

出湯のけふり

P241～244注釈参照

は堅牢《けんらう》にて屋上に木材を交叉しあり。浴客《よくかく》は五月より十月に至るを期として來遊《らいいう》せり。

●郵便は中宮祠局の區内にて。午前十一時午後《ごご》四時の二回《くわい》に發《はつ》すれば。茲《こゝ》に至るは午後一時半頃と六時半頃なり。小包《こづゝみ》は一時半一回配達《はいたつ》す。目下湯本《ゆもと》より大平《おほだいら》まで三里十餘丁の間電車を通《つう》ずるの計畫あり、開通に至らば浴客は必《かな》らずや倍蓰せむ。紅葉の盛《さか》りは十月十日乃至二十日なり。

◎溫泉

湯本溫泉《ゆもとおんせん》は黑髮山の西北に在りて。赤薙《あかなぎ》、女峰《にょほう》の山脈溫泉山の南麓に涌出す。日本鑛泉誌《にほんくわうせんし》に據れば。泉質は硫黃泉《いわうせん》、無色透明にして硫化水素臭を帶《お》ぶ。其の中稍溷濁《こんだく》のものあり。其の味は大率《おほむね》鹹《かん》味なれども。荒湯は酸味にして御所湯《ごしよゆ》は殆ど無味に屬す。其の反應《はんおう》は總て弱酸性なり。諸泉《しよせん》に就て左に説明を試《こゝろ》むべし。

○河原湯《かはらのゆ》　最南に在りて湧源《ようげん》二所相接《しよあひせつ》す。陰覌を通じ之を浴槽に瀦す。日光山志《につくわうさんし》に甚熱なり。湖水湛《たま》る時は熱《ねつ》し乾く時はぬるしとあり。

○緞子湯《どんすのゆ》　河原湯を距る北三十九間家屋《かおく》の石壁《せきへき》下より出づ。舊名藥師湯《きうめいやくしのゆ》と稱す。溫泉中最低溫のものなり。同書《どうしよ》に第一眼病によしとあり。さてこそ藥師《やくし》の名《な》を負ひたれ。

○中《なか》の湯《ゆ》　緞子湯より四間許《けんばかり》を離るゝ石壁底より流出《りうしゆつ》す。同書に熱《ねつ》なりとあり。

○御所湯《ごしよゆ》　中の湯の側に在り下の三湯《たう》と相接《あひせつ》し。岩石の罅隙《こげき》或は槽底より涌出す。

○瀧湯《たきのゆ》　同書に甚冷なりとあり。

○姥湯《うばゆ》　同書に黑苦味とあり。

○笹湯《さゝゆ》　同書に寒暑の濕《しつ》をはらふとあり。

○荒湯《あらゆ》　極北小池畔の平地《へいち》に一坪半の井《ゐ》を作《つく》り。其の中より沸騰す。溫泉中《をんせんちう》最高溫、最多量《たりやう》のものなり。同書に熱湯なりとあり。

○自在湯《じざいゆ》　荒湯を樋《とひ》に導《みちび》く一丁餘にして始て澡浴に適《てき》す。即ち其の浴槽の名なり。同書に平淸《へいせい》なり。洪水の時遣ひ水不自由なる時此湯《ときこのゆ》にて飯《めし》を炊きても匂ひなしとあり。

○蓼《たて》の湯《ゆ》　俗にあひるの湯と稱す。荒湯《あらゆ》に接《せつ》し溫泉餘土の沈積せる間の小裂罅《せうれつこ》より湧出す。薄濁にて瘡氣《さうき》に効あり。

○鶴《つる》の湯《ゆ》　俗に裸湯《はだかゆ》といふ。極南《きよくなん》湯の湖邊岩石堆裏より湧出す。湖畔《こはん》には尙ほ數ケ所の小湧源あれど。多量《たりやう》ならざれば其の儘に放流《はうりう》し置けり。

又最北蘆荻叢生せる沼地《ぬまち》岩層《がんそう》の間より無名の熱泉湧出《ねつせんようしゆつ》せるよし。

溫泉には內湯《うちゆ》、外湯《そとゆ》の別あり。內湯は各旅館《かくりよくわん》の一室を浴場に充るものにして。宿泊人《しゆくはくにん》の浴用《よくよう》に供す。外湯は特に浴場を建設して浴客《よくかく》の共同に入浴するを得るものとす。但注意《ちうい》すべきは當地溫泉は硫黃質なれば銀製《ぎんせい》のものは其の氣に觸れば忽ち變色《へんしよく》す。故に時計、簪等に用心せらるゝは勿論《もちろん》。婦人に在りては白粉をつけたるまゝ入浴《にふよく》すべからず。黑く醜《みに》くゝなるの恐あり。醫治《いぢ》効用《かうよう》は胃腸病、皮膚病、リウマチス、眼病《がんびやう》、婦人病等なり。鑛泉誌載する所《ところ》の溫泉分析表《をんせんぶんせきへう》を左に掲ぐ。

P242～244 注釈参照

泉名	温度 華氏	硫化水素	盬素《コロール》	硫酸	重炭酸 炭酸	硅酸	燐酸	石《カル》灰《キ》	曹《ナト》達《ロン》	苦《マグネシ》土《ア》	加《ホッタ》里《シーム》	鐵	固形分合計
河原湯	甲 百四十九度 乙 百三十四度	〇、〇三九六瓦	多量	多量	多量	多量	〇	多量	多量	少量	少量	〇	一、三〇四〇瓦
緞子湯 舊名 藥師	百零五度	〇、〇二六〇	多量	少量	〇	多量	痕跡	痕跡	多量	痕跡	少量	少量	一、一九五〇
中湯	百二十三度	〇、〇四一九	少量	多量	少量	少量	痕跡	多量	多量	少量	痕跡	〇	〇、九四五〇
御所湯	百四十九度	〇、〇四五三	那篤留母 〇、一三三五	石炭盬 曹達盬 苦土盬 加里盬 分量共に下に出づ	石灰盬 〇、〇六二四	〇、〇九二九	〇	硫酸盬 〇、四七四七 重炭酸盬上に出づ	硫酸盬 〇、二八五六	硫酸盬 〇、〇二五六	硫酸盬 〇、〇九九三	痕跡	一、一九一五
笹ノ湯	百四十五度	〇、〇三九六	多量	多量	多量	多量	少量	多量	多量	少量	痕跡	〇	一、七六六五
荒湯 自在湯 浴場 浴場	百五十六度 浴場 百三十度	〇、〇二六三	多量	多量	〇	多量	痕跡	多量	多量	少量	少量	痕跡	一、一七六〇

○鶴湯 一名ハダカ　温度　百十六度　硫化水素　〇、〇三四〇

○瀧湯　温度　百十八度　硫化水素　〇、〇〇五六

○姥湯　温度　百四十九度　硫化水素　〇、〇四五三

○蓼湯 一名アヒル　温度　百三十二度　分析を經ず

右水一「リートル」中に含有せる固形成分なり

「リートル」は三寸三分立方の桝目なり瓦は「グアラム」と讀む

一瓦目方二分七厘にて一「リートル」は卽ち千瓦なり

P245 注釈参照

みやまめぐり

◎小倉山　外山

小倉山《をぐらやま》は海拔二千六百七十五尺、萩垣面《はぎがきめん》の北に在りて日光橋《につくわうばし》より稻荷川《いなりがは》を渡り高照庵を經て以て達《たつ》すべし。此山は獨り從容として風景絶佳《ふうけいぜつか》。小倉の春曉《しゆんげう》は昔時日光八景の一たり。山上には小舍《せうしや》ありて休憩《きうけい》に便す。日光各旅館の樓上より翠色《すゐしよく》の掬《きく》すべきものは。此小倉山《をぐらやま》なり。外山《とやま》は海拔三千尺。小倉山の西《にし》に特立《とくりつ》す。麓《ふもと》に二基中腹と山上に各々一基《き》の石鳥居を建つ。山頂《さんちやう》まで十町に過ぎざれども半腹以上は嶮峻《けんしゆん》なり。頂上に毘沙門《びしやもん》を祀る。日光山《につくわうざん》の鬼門に當るに因る。昔時將軍家《せきじしやうぐんけ》の遠望臺《ゑんばうだい》に充てたりといふ。遠近の風景《ふうけい》一眸《ぼう》の中に在り。聞く所に據れは。山麓《さんろく》には毎春蕨《わらび》を生ず。大なるは尺二寸に至る。採收《さいしう》するも多くして盡《つく》ることなしと。

◎鳴　蟲　山

鳴蟲山《なきむしやま》は大谷川の右岸憾谽《かんまん》の後に聳立《しやうりふ》す。神橋より直ちに左方に見ゆるもの是《これ》なり。鳴蟲とは蟲《むし》の鳴くの謂《いひ》にあらず。此山雲を生ずれは果《はた》して雨《あめ》ふるより。彼の小兒《せうに》の數々啼くを俗に「ナキムシ」といふに比《ひ》したるなり。本名《ほんみやう》を大讖法嶽《だいせんほふだけ》と稱す其の後に在るを小讖法嶽《せうせんはふだけ》と稱す。月見《つきみ》、二宮《にのみや》、松立《まつたて》等は皆此の山脈中《さんみやくちう》の名なり。當山の紅葉《もみぢ》は昔時より有名《いうめい》にして。八景《けい》の一に算せらる。本名を讖法と稱するは當山《たうざん》に冬峯《ふゆみね》 行者讖法修《ぎやうじやせんはふしゆ》 行《ぎやう》の處あるに因れり。

◎赤　薙　山

赤薙山《あかなぎやま》は女峰山の東《ひがし》に在り。海拔七千五百六十尺。地質は輝石安山岩にして。表土《へうど》剝落《はくらく》し山骨露出し全く赭色《しやしよく》なり。日光山堂社建立記に閼伽擲山に作る。曰く

閼伽擲山ハ山菅橋ヨリ三里餘北ニ在リ。舊記曰ニク摩訶薩房玄長ト云行者アリ苦修積年一日自ラ汲ニ淨水チ一上ニ山頂ニ有ニ化人請ニ閼伽水ヲ一玄長應ニ其聲ニ以ニ淨水ヲ擲ニ山上ニ故名ニ閼伽擲ニ云。元享五年八月摩訶薩房玄長(六十二歳)入峰四十一度。深山巴ノ宿ニ札今ニ有リ云々

と惟《おも》ふに文字の煩《はん》を省かむため後人赤薙に作り。赤薙《あかなぎ》の字面に依り薙《なぎ》の跡《あと》赤き山なればいふなどの解釋も出で來《き》しならむかといへり

(附記)化人《くわじん》の閼伽を請ひしと云と奇怪《きくわい》に似たれども。一心《しん》不亂《ふらん》の行者《ぎやうじや》には斯かる感覺《かんかく》を起す事珍らしからざるべし。山上に二石祠あり少彥名命《すくなひこなのみこと》を祀る。赤倉《あかくら》、三笠《みかさ》、錫杖等の諸峰並立《しよほうへいりつ》す。女峰より峰傳《みねづた》へに登れば約一里あり。半腹以上凸兀《とつこつ》たる怪岩のみなれば、白衣行者《びやくいぎやうじや》の外獵師採藥者ならでは登《のぼ》らずといへり。

◎女峯山　蔓延松

女峰山《にょほうざん》は女貌或は女寶《にょほう》に作る。男體山《なんたいざん》に對して名くる所なり

P245～247注釈参照

亦如寶に作る。海拔《かいばつ》七千八百六十六尺。地質《ちしつ》は輝石安山岩なり。

其の位置は男體山《なんたいざん》の東北に在りて西に太郎山《たらうやま》を控《ひか》へ。大眞名子、小眞名子《こまなこ》を擁《よう》し。東は赤薙山《あかなぎやま》に連りて上都賀郡と鹽谷郡の境界《きやうかい》を劃《くわく》せり。

女峰山に至《いた》らむには。野州原を經由すべし。野州原《やしうばら》とは女峰山東面に於ける一帶《たい》の高原をいふ。晩春《ばんしゆん》には八入花《やしほ》の爛漫たる風光《ふうくわう》は最も賞すべし。此路《このみち》に殺生禁斷石と兒《ちご》が墓とあり。此墓は延文年間《えんぶんねんかん》に實道坊といへる僧冬禪定《そうふゆぜんぢやう》に入りし時。其の侍兒《ちご》慕《した》ひ來りしが。嶮路《けんろ》の爲め果なくなりしを。一山の僧之を憫《あはれ》み。建たるもの。夫《それ》より八風の石室及び七瀑《なゝたき》を俯瞰すべき處を過《す》ぎ。箱石金剛より唐澤宿に到る。此地女峰山の南なる半腹《はんぷく》なり。宿とはいへど行者《ぎやうじや》の宿坊一宇あるのみ。是より八町の急嶮を攀《よ》ぢ。始て峰頂《ほうちやう》に達す。頂上尖立錐の如し巖頭《がんとう》に二荒山神社の境外《きやうぐわい》末社女峰山神社あり。田心姫命を祀る。散米造り銅扉《どうひ》、間口五尺二寸奥行《おくゆき》六尺、高さ八尺五寸。祭日《さいじつ》八月十五日なり。

此峰頂附近は日光《につくわう》にて有名《いうめい》なる「ハヒマツ」あり。是は姫小松と稱する幹徑《かんけい》三四寸の五葉《えふ》の松《まつ》にて。其の名の如く四方八方に蔓延《まんえん》し。其の根《ね》株《かぶ》の在る所を知らず。峰修行《みねしゆぎやう》をする行者は此松の枝上を渡《わた》りて登拜《とうはい》すといふ。蒼々《さう〱》青々《せい〱》溪壑《けいがく》を越えて蔓延するの狀《じやう》奇觀といふべし。此の松は此峰にのみ在りて他にはなし。講暇游錄に有二怪松一高不レ盈レ丈。抶レ石而出。平頂五鬣盤二屈數里間一。不レ知二根株所在一。俗呼二蔓松一 甚奇とあるもの是なり。町長西山氏《にしやまし》が日光山《にくわうざん》を帝國公園と爲すの第二請願書の一節《せつ》に云く。夫れ女峰山《によほうさん》は海拔八千餘尺。天《てん》を衝《つ》き雲間に聳え。日光《につくわう》三六山の一にして。其背面《そのはいめん》に方り幾《いく》千載《さい》を經たる五葉の老松。蒼々《さう〱》蔚々《うつ〱》大小高低《だいせうかうてい》の山嶽を匍匐して數里の間枝より枝《えだ》に傳へて根節《こんせつ》を生じ。未だ何人も其主《そのおも》たる根柢の所在を知るものなし。盤根錯節其風姿《ばんこんさくせつそのふうし》雄壯《ゆうさう》なる恰も群集《ぐんしふ》せる靈蛇神龍の蜿蜒《えん〱》として蟠《わだかま》るが如し。俚諺に其主たる根柢は岩代國盤梯山に在りと。是《こ》れ無稽《むけい》の説《せつ》に過ぎずと雖も。其勝景《そのしようけい》の絶大なる推《お》して知《し》るべきのみ。」

社頭《しやとう》の背後《はいご》より直下の嶮路《けんろ》を劍峰といふ。投足《とうそく》の處僅に一尺左右深く崩陷す。恰も劍背《けんはい》を渡るが如し。一條《でう》の鐵鎖《てつさ》其の命を支ふ。當峰《たうほう》は日光町より約《やく》六時《じ》間《かん》にして達するを得べし。女峰《によほう》の西に專女山《せんによざん》あり。約七千尺。鐵鎖《てつさ》に縋りて登るべし。又其の西に帝釋山《たいしやくさん》あり。頂上に一宇の石寶殿《せきはうでん》を安す。眺望すれば會津、越後《ゑちご》の遠山《ゑんざん》相連りて波濤の如く。栗山鄕《くりやまがう》の村落は近く其の鞋底《あいてい》に在り。

女峰より大小兩眞名子《だいせうりやうまなこ》を越え太郎を廻るを三山がけと稱す。三山に亘りて歷巡《れきじゆん》するの義なり。

◎小眞名子山　大眞名子山

小眞名子山《こまなこやま》は七千七百二十尺。帝釋山《たいしやくさん》の麓に馬立と稱する處あり。栗山に赴く通路《つうろ》にて村民の荷物《にもつ》運搬《うんぱん》及び駄馬の繼替を爲す所とす。此《これ》より登《のぼ》ること十八九町にて山頂《さんちやう》に達す。一石祠を安し。健御名方命《たけみなかたのみこと》を祀る。

大眞名子山《おほまなこやま》は海拔七千八百七十尺。小眞名子《こまなこ》との間に鷹巣と稱する所あり。八月開山《かいざん》の日村民茶店を設く。平時《へいじ》は通行すべき路にあらず。此處《こゝ》より登れば急峻《きふしゆん》ならず。約《やく》三十丁にして山上に達《たつ》す。小祠あり。散米造總銅包間口五尺二寸、奥行

P246～248注釈参照

六尺、高八尺五寸。味耜高彦根命を祀《まつ》る。少《すこ》しく降《くだ》れば表阪にて千鳥返の嶮あり。左右の山脚《さんきやく》崩壊《ほうくわい》し。峭巖の一角屹立す。飛鳥《ひてう》尙《な》ほ越《こえ》がたくして返《かへ》れりと傳ふ。此嶮《このけん》前後三丁に過ぎざれども其の間四脚《きやく》の鐵梯《てつてい》を架せり。御嶽講《おんたけかう》の行者は毎年登攀《とはん》するを例とせり。降《くだ》り盡せば男體山の間なる志津に達すべし。

◎太郎山

太郎山《たらうざん》は大眞名子山の北に在り。海抜《かいばつ》七千九百二十尺。大眞名子より高《たか》きこと五十尺《しやく》。志津より西十八九丁。左《さ》側《そく》に老婆閣と稱し。覆屋の下異《い》形《けい》の石像一軀を安す。俗《ぞく》に「おんばさん」と稱し頭巾、腹掛等を寄進して小兒の息災《そくさい》を祈る。夫より湯元道《ゆもとみち》に出て右折して登山すべし。神橋より麓《ふもと》まで四里。頂上まで一里半《りはん》といふ。其の八九合目より下は土石崩壊《どせきほうくわい》し深きこと幾《いく》千丈《じやう》なるを知らず。是ぞ有名なる太郎山《たらうさん》の新薙なり。其の中腹に斜面《しやめん》なる一枚石あり之を横切《よこぎり》て一徑を通す。若し蹉躓《さしつ》せむか身は深谷の枯骨とならむ。凡《およ》そ日光の三大難所と唱《とな》ふるは。女峰の劔峰《けんがみね》、大眞名子の千鳥返《ちどりがへし》、太郎山の新薙《しんなぎ》なりといへり。頂上に唐銅《からかね》の鳥居ありて小祠を安す。味耜高彦根命を祀る。散米造りにて間口《まぐち》三尺五寸、奥行三尺一寸、高《たか》さ七尺《しやく》五寸《すん》なり又一本梵天岩と稱する高さ五六丈の巨巖《きよがん》あり。梵天と唱ふる幣に似たるを以て名《なづ》く。其の他護摩壇石、胎內潜り、曼陀羅石、三本梵天等の奇岩あり。登高者の最も賞するは新薙の上に當る高原「御花畑」にて。廣袤三町の間《あひだ》七八月の候には諸種の草花《くさばな》恰《あだか》も毛氈を敷《し》きたるが如く。其の美いふべからず。此御花畑は噴火口址《ふんくわこうし》ならむとの說あり。下山の道は戰場ヶ原に出て湯元に行くも。中宮祠《ちうぐう》に出《いづ》るも随意にて。何《いづ》れも三時間を要《えう》す。

◎溫泉ヶ嶽

溫泉《おんせん》が嶽《たけ》は一に湯嶽と稱す。入湯本の北西《ほくせい》に在り。溫泉其の麓より湧出《ゆうしゆつ》するを以て名く。海抜《かいばつ》六千七百二十六尺《しやく》。地質は石英粗面岩なり。頂上に石祠《せきし》あり藥師《やくし》を安置《あんち》しありしが。近年社殿を建築《けんちく》し。之を溫泉神社と崇祀し。設けて移遷し。藥師堂と稱《しよう》せり。其の登路は一里半西澤金山道を行き。金精峠《こんせいたふげ》より右折して峰通苅拂の趾《あと》を登れば半里にして達《たつ》す。

◎金精峠

金精峠《こんせいたふげ》は入湯本より一里半。白根山《しらねさん》の東北に在り。海抜《かいばつ》六千七百二十六尺。群馬縣上野國《ぐんまけんかうづけのくに》との境界線に當り。沼田《ぬまた》への通路なり。伊香保《いかほ》へも通ずるを以て近來交通《きんらいかうつう》漸《やうや》く將さに頻繁ならむとす。峠の中腹《ちうふく》に金精權現と稱し來れる小祠あり。鄙野《ひや》の說を傳ふ。蓋《けだ》し山中に肉蓯蓉と稱する異草を生し。補腎《ほじん》の功ありとの說《せつ》あるより。金精《こんせい》の名も起りしなるべし。地質《ちしつ》は石英斑凝灰岩《せきえいはんぎくわいがん》なり。

◎白根山

白根山《しらねさん》は前白根、奥白根《おくしらね》の二山あり。前白根山は奥白根《おくしらね》の東より少し南に位置《ゐち》し。入湯本《いりゆもと》より約二里。海抜七千七百六十六尺。白根火山《しらねくわざん》即ち奥白根の外輪山《ぐわいりんざん》な

P247～250注釈参照

りといふ。盛夏《せいか》の候と雖も峽間《けふかん》には殘雪尙ほ皚々《がいく》たり。頂上に小石祠あり。白根山神社前社と稱す。俗に之を太郎神社と呼《よ》べり。味耜高彥根命を祀る。祠邊《しへん》矮樹《わいじゆ》匍匐《ほふく》し。自ら園趣あるを覺《おぼ》ゆ。

奥白根山は海拔《かいばつ》八千五百〇二尺にして日光第一《につくわうだい》の高山なり。其の位置は入湯本《いりゆもと》の西より少し南に在り。地質《ちしつ》は輝石安山岩にて。全山石骨《ぜんざんせきこつ》なれば樹木生せず。前白根《まへしらね》の頂上を經て登る約三里。其の路嶮峻《けんしゆん》四時間餘《よじかんよ》を要す。頂上に唐銅鑄造《からかねちうざう》の小社あり。白根山神社奥社と稱す。大巳貴命を祀《まつ》る。もと白根權現と稱《しよう》せし者にして。僧教旻《けうびん》の創立に係《かゝ》る。

山頂には數多《あまた》の噴火口《ふんくわこう》あり。北方にあるものは大さ數《すう》百間。坑内雲霧《うんむ》旋渦《せんくわ》し硫黄《いわう》の氣鼻を衝けり。此山は上下兩野の國境《くにざかい》にて。東方より山頂《さんちやう》までは下野國。山の西方八分の處《ところ》より上野國に屬《ぞく》せり。噴火は近世數回《きんせいすうくわい》あり。卽ち寬永《くわんえい》二年《ねん》噴火《ふんくわ》の後二十年を經て慶安二年には近鄕《きんがう》に灰を降らす二三尺といふ。明治《めいぢ》に至りては五年三月に噴火《ふんくわ》し。翌《よく》六年三月には木石《ぼくせき》四里外に飛散し。利根川の魚族斃《たふ》れたりと傳《つた》ふ。越えて八年《ねん》二月噴火せしといへり。こゝに日光山中特產のものを附記すべし。

○慈悲心鳥《じひしんてう》は其の聲「ジヒシン」と聞《きこ》ゆるを以《もつ》て名とす。鷹の如くにして小《せう》なり。羽毛《うまう》灰黑、其の四趾《し》齊《ひと》しく分る。山中幽僻《ゆうへき》の處に棲み。時《とき》あり山内《さんない》に來る。高野《かうや》の佛法僧に於るが如《ごと》く。特に此山中に產すといひ傳《つた》ふ。日光山志に沙羅樹に此鳥《このとり》の止れる狀《じやう》を圖し。紫溟驤の詩を題したり。

　神山靈鳥自呼ㇾ名。薄夜層巒陰籟生。鶻鵃久休宮裡語。頻迦已脫　中聲。珠林開處啣ㇾ花去。瑤闕過時向ㇾ月鳴。樹色深深看不ㇾ見。天風吹度梵王城。

○巖燕《いはつばめ》は翅黑く腹白く。尾端《びたん》の尖毛針の如し。好《この》みて巖壁に棲む。華嚴瀑《けごんのたき》に群翔す。余《よ》は嘗《かつ》て足尾に於て之を觀たり。

○日光蜩《につくわうひぐらし》は松蟬にて夏初聲《ごゑ》を發す。其の聲は振鐸《しんたく》の如く分分然たりといふ。

○苔桃《こけもゝ》は男體山麓戰場ヶ原より龍頭《りうづ》の瀑《たき》に至る間に在り。小紅實を結《むす》ぶ。俗傳《ぞくでん》にいふ之を食へば齡を延ぶと。

○娑羅双樹《さらさうじゆ》は綠葉白苞、四五月花《ぐわつはな》を開く。俗《ぞく》に夏つばきといへり。娑羅は梵語《ぼんご》堅固《けんご》正確《せいかく》の義にて。四時不凋なればいふ但葉々《しやくなげ》相並《あひなら》びて立ち一は榮《さか》え一は枯る。故に双樹と稱す。

○石楠花は山中甚た多し。高きものは丈餘に至る。以て杖を製すべし。夏日紅花《かじつこうくわ》を開《ひら》き其の枝頭に攢簇《さんぞく》す。

○肉蓯蓉《にくじゆよう》は「きむら茸」と稱す。講暇遊錄に有ㇾ草鱗甲櫛比。突起如ㇾ箏。其色黃其味苦。とある者是なり。藥品にして能く腎經《じんけい》を補すといひ傳ふ。

○樹衣《きりごけ》は樹枝に纏ひ。髮の如く網《あみ》の如く垂下す。嵐霧の凝結して成る所といふ。卽《すなは》ち猿麻桛《さるをがせ》のことにて。一名さがりごけといへり。攀晃山記に採納二之枕函一。可ㇾ愈二頭風一。又煎服能治ㇾ痴。尤宜二婦人積聚一。好事者或以供ㇾ餐。醃瀹皆可。とあり果《はた》して然るや否《いな》。

赤古名《あかこな》の老槭《かへで》は日光町《につくわうまち》を距る約一里半。鳴蟲山《なきむしやま》の麓字赤古名の林間に在り。大さ數圍《すうゐ》。其《そ》の狀屈曲凸凹《じやうくつきよくとつあう》せるのみならず贅塊無數《ぜいくわいむすう》にて地上數尺の上より分れて三幹となり。枝條四方に垂下《すゐか》し。恰も天蓋《てんがい》の如し。樹下數十人を容《い》るべし。但迷徑多くして容易《ようい》に到り難し。

P249～250注釈参照

湖水めぐり

日光山中には四十八海《かい》と稱《しよう》し。大小《だいせう》の湖水所々に在り。其の中最大なるは幸の湖《うみ》即《すなは》ち中禪寺《ちうぜんじ》の湖にして。次《つぎ》に人《ひと》の知れるものを湯の湖《うみ》と爲す。其《そ》の他《た》に至《いた》りては人の訪ふ者甚《はなは》だ稀《まれ》なり左《さ》に著名《ちよめい》のものを紹介す。

◎湯　湖

湯湖《ゆのうみ》は白根山及び金精峠に連《つらな》る前《ぜん》白根山の東麓に在り。湯本《ゆもと》温泉の注ぐ所故に此名《このな》あり。長約二十町幅廣《はゞひろ》き所凡そ十七町湖の東方に針葉樹《しんえふじゆ》を擁する鬱蒼《うつさう》たる半島を見る。之を兎島といふ。周圍《しうゐ》には「こめつが」「だけもゝ」「からまつ」「たうひ」「あずなろ」等《とう》の綠樹繚繞して其の枝《えだ》を藍水《あゐすゐ》に垂《た》る。南間館主余一行の爲めに舟《ふね》を泛《うか》ぶ。纜を解《と》き岸《きし》を辭するに隨《したが》ひ。一棹容與として鏡面《きやうめん》に漾《たゞよ》ふ。鵑聲裂帛の中徐に諸山《しよざん》の頂奇雲の來往《らいわう》するを指點《してん》し。其の風光の優美なるを賞《しやう》す。操櫓の童曰く。此湖の絕景《ぜつけい》は夕陽將さに沒《ぼつ》せむとする時に在り。即ち紫雲の間より漏《も》るゝ光線《くわうせん》前白根山に反射して湖面に映じ。小舟《こぶね》兎島の陰より現れて一道の櫓痕萬條の金龍《きんりう》を走《は》する處《ところ》。眞《まこと》に一幅の活畫なりと。余之《よこれ》を觀《み》るに及《およ》ばざるは遺憾《ゐかん》なり。仙緣幸に盡きずば再《ふたゝ》びこゝに來《きた》らむのみ。湖水產する所の魚類《ぎよるゐ》には「ます」「こい」「ふな」「うなぎ」等あり。蓋し明治《めいぢ》以後《いご》放養繁殖せしものに係《かゝ》る。聞《き》く所《ところ》に據れば鮒《ふな》の如《ごと》き其の骨尤も軟《やはら》かにして四期魚卵を藏すと。太公望《たいこうばう》も亦余の望む所なり。

◎西　湖

西湖は幸の湖《うみ》の西《にし》に在るを以て名く。其《そ》の地《ち》は幸の湖の西岸柳川を遡ること約二十丁餘の山中《さんちう》なりとす。周圍《しうゐ》凡一里。溪《けい》流之《りうこれ》に會《くわい》し。水清く樹茂く。風景尤も佳《か》なり。赤腹魚《いそ》一名あ殊に多く。僅《わづか》に鱒《ます》を產す。菖蒲《しやうぶ》ヶ濱《はま》より千手に通ずる徑路を行くべし。

◎蓼の湖

蓼《たて》の湖《うみ》は强飯《がうはん》の辭にも「蓼の湖の蓼」とある如く。むかしは多く蓼を產したるを以て其《そ》の名《な》を得《え》たり。入湯本より西澤《にしざは》金《きん》山《ざん》に通《つう》ずる徑路《けいろ》を行《ゆ》く約十二丁餘にして達す。周囘凡一里。其の形瓢の如く南北に長し。鱒《ます》を產す。明治《めいぢ》七年《ねん》入湯本の人大類九平の放《はな》つ所《ところ》なり。植物《しよくぶつ》のめづらしきものには「たでのここんろんそね」あり。

◎切込の湖　刈込の湖

切込《きりごめ》及び刈込《かりごめ》の湖は蓼の湖を過ぎて山路《やまぢ》凡三十丁餘の地《ち》に在《あ》り。日光山志に刈込を狩籠に作る。且《か》つ一說《せつ》を掲《かゝ》げて云く。上世山中に人《ひと》を害《がい》する毒龍《どくりう》すみける故。靈神此所に狩籠給ひしゆゑ名くといふと。兩湖相距《りやうこあひさ》ること僅に十四五間。何れも鬱蒼《うつさう》たる森林中に在《あ》り其《そ》の形瓢《かたひさご》に似たり。但切込の方大なり。魚族《ぎよぞく》には「ふな」及び「うなぎ」を產《さん》す。素《もと》より人馴れ

P251～252注釈参照

ざれば之を釣ること容易なり。

◎五色沼

五色沼《ごしきぬま》は奥白根山の東麓《ひがしふもと》に在り。圓形《ゑんけい》にして蓼《たて》の湖《うみ》に似たり諸種の現象に因り湖面の色一様《やう》ならず。故《ゆゑ》に此名《このな》あり。日光山志に魔湖《まのうみ》とあるもの此湖《このうみ》にはあらずやと思《おも》はる。其の記に「是は奥白根と前白根との間《あひだ》にあり。四邊水際《へんみづぎは》より深きことは數尋にて。此湖《このうみ》の端へ畏れて近《ちか》づくものなし。夫故に魔湖と名くるか」とあり。又佛湖と題《だい》し。是《これ》は前《まへ》の魔湖と相對してあり。廣さ三四丁四方もあるべし。佛舍利《ぶつしやり》を出す。湖の形は山越の彌陀の尊容なりとて名《なづ》けたるよしとしるせり。宜しく實検《じつけん》して正すべし。

◎赤沼

赤沼《あかぬま》は戰場ヶ原の東隅《とうぐう》に在り。沼底泥土深《ふか》く水濁《みづにご》りて赭色を帶ぶ。此附近は一帶《たい》の濕地《しつち》にして。沼は之に接續《せつぞく》し。高山特有の植物に富めり。「赤沼《あかまぬ》なるろう」の類概ね赤沼を冠して其の名を呼べり。魚族《ぎよぞく》には「ふな」「どじやう」を產す。

◎光德沼

光德沼《くわうとくぬま》は湯川の支流にて戰場《せんぢやう》ヶ原《はら》の西北端を流る丶光德川の中流に在り。往時は全く沼を成せしが今《いま》は川《かは》に連《つらな》りて其《そ》の形を失へり。

◎鬼怒沼

鬼怒沼《きねぬま》は一に絹沼に作《づく》る。もと錦沼《にしきぬま》と稱《しよう》せり。栗山郷の山中に在り。入湯本を距る十里。海拔《かいばつ》七千一百尺。其《そ》の廣《ひろ》さ方一里といふ。卽ち鬼怒川《きぬがは》の水源《すゐげん》にして。水は三方に落ち。一は會津《あひづ》に至り。一は上野山中に入《い》りて利根川《とねがは》の源となる。此附近《よきん》は高山植物《かうざんしよくぶつ》に富み。大小の沼合せて二十有五あり。

P252～253注釈参照

自然の音樂

◎華嚴瀑

華嚴瀑《けごんのたき》は幸の湖の水南岸橋の下《した》を流《なが》るゝこと數町。忽ち一大絶壁に會し。奔放跳盪して直下《ちよくか》七十五丈。未だ其の下《した》に達《たつ》せず。既に碎けて霧となり煙《けむり》となる。其《そ》の壯觀《さうくわん》快絶啻に日光山に冠たるのみならず。關東《くわんとう》第一と稱せらる。瀑の附近に岩燕と稱する鳥《とり》あり。群飛回翔す。煙字林子の來るや。適々瀑涸《か》れて涓水《けんする》注がず。空《むな》しく絶壁の天を指すを見るのみ。故《ゆゑ》に雄筆を龍頭瀑《ひうづばく》に揮《ふる》ひて華嚴に及ぶ能はず。講暇遊錄には左の記事あり。

にしきひろいに左りつまをうしろでとる西洋婦人

Foreign ladies hunting for scenery.

余於二晃山之勝一。頗得二詳晰一。獨以レ不レ觀二華嚴瀑一爲レ恨。再遊實爲レ此也。時屬二秋霖一。湖水盈溢。瀑泉快瀉爲二一偉觀一矣。謂二之素練一耶未也。謂二之白龍一耶未也。一道銀河挾二千百雷霆一。飛舞倒擊。天爲レ之崩地爲レ之裂。卽非二茲瀑之眞面目一耶。蓋其始湖水奔注。抵二瀑口一爲二崖石所一レ束。不レ能二畢吐一。拗怒鬱勃而墜。既離レ口水勢奔放而下。盡化爲レ霧。日彩射レ之。絢爛奪レ目。而其聲之激盪。人對語不二相聞一。初疑紛碎而下。勢不レ得レ不レ綏。徐而察下有二盤石一受レ之。不レ任レ受。激射噴薄以爲レ霧。人見二其霧一而不レ知二霧之爲一レ水也。余觀二晃山瀑布一衆矣。霧降以二綺麗一勝。龍頭以二雄壯一勝。而此瀑兼レ之。是其所三以爲二冠也。

華嚴の大觀は此《これ》を以《もつ》て知《し》るべし。支那《しな》人《じん》はいかに之《これ》を觀たるや。王韜の扶桑遊記《ふさういうき》に曰く。

道經二華嚴瀑一。停レ輿觀レ之。奇詭萬狀。震二駭心目一。誠巨觀也。(中略)晃山名勝甲二天下一。而尤以二瀑布一爲二大觀一。華嚴瀑從二山隙中一迸出。奔騰澎湃。濺レ雪跳レ珠。近レ之凛然寒二毛髮一。非下從二華嚴法界一來上。能如レ是耶。

瀑勢の雄偉實に彼をして震駭《しんがい》せしめしを徵《ちよう》すべし。瀑畔華嚴茶屋の傍巨碑を建設《けんせつ》し。湖山翁の長篇を刻す。

華嚴瀑布歌

晃山勝槩甲二天下一。華嚴瀑布冠二晃山一。偉哉眞宰造二巖壑一。更作二大湖一滙二其間一。湖缺二一隅一如二天缺一。水勢奔飛大瀑懸。一落千丈又萬丈。怒號撼地雷霆闐。是水非レ水雪非レ雪。亂爲二珠玉一散爲レ煙。山日倒射溪風激。使二人耳聾目眩心膽寒一。壯則如三孟軻直養之氣貫二天地今古一。快則如三項羽鉅鹿之戰殲二人馬萬千一。不レ數廬岳天臺勝。斷爲二宇宙眞大觀一。謫仙逝矣仙才絕。欲二敢題一詩厚顏。我聞佛有二諸宗一華嚴居二第一一。乃以名レ瀑非二偶然一。

華嚴之瀑聞レ于レ世舊矣。頃者誠素社諸子謀三立二一碑於其側一。因書レ此贈焉。

明治十一年戊寅七月　湖山小野長愿撰

文人墨客の爲めに賞揚《しやうやう》せらるゝこと此《かく》の如《ごと》し。瀑亦一段の光輝を發《はつ》するものといふべし。高さ七十五丈といふと記せしは。日光山志《につくわう》にて。攀晃山記には所レ云五十丈者果非二虛語一とあり。日本地誌《にほんちし》提要には高四十丈と見え。得能良介氏の巡回日記《じゆんくわいにつき》には。瀑の傍の標柱に高

"Shirakumo" Water-fall. 白雲の瀧

五十五間強「ブールドン」の「バロメートル」を以《もつ》て之《これ》を測る。高五十四間強細繩を以て之を度る。明治《めいぢ》十二年《ねん》七月東京大學理學部物理學生としるしありたるよしを記《しる》せり。幅《はゞ》も凡そ十五間といひ。或《あるひ》は三間といひ一定せず。余《よ》は何《いづ》れか確實《かくじつ》なるを知《し》らずと雖《いへど》も。最後《さいご》のもの眞に近きが如し。觀瀑の場所むかしは其《そ》の設なく。甚《はなは》だ危險《きけん》なりしよし。漫遊文草に其の狀《さま》を記して云。觀者托㆓一足於岩角㆒。腹如㆑屬《つく》㆑壁。手控㆓樹根㆒。而後下㆓一足㆒以置。至㆑無㆓足可㆑置之處㆒乃止。狼顧以觀焉猶不㆑及㆓龍腹㆒。而下瞰㆓龍尾㆒。目眩不㆑可㆑睹也。其登恰如㆑出㆓井中㆒。既出。皆云。髮何不㆑白。令㆓人病㆒悸哉。いかに其の困難なりしかを推察《すゐさつ》すべし。然るに今や大平《おほだひら》の一端華嚴の茶屋《ちやゝ》より遠望すべく。尚《なほ》一丁餘新徑を下《くだ》れば之を正面《しやうめん》に望むを得むべく。更《さら》に山路を下《くだ》れは。瀑潭《たきつぼ》に達するを得べし。此新路を開きしは明治《めいぢ》三十三年十月の事にして。中宮祠《ちうぐうじ》の湖畔に住する星野五郎平といへる老翁《らうをう》(七十二)なり。即ち中宮祠の本道九丁前より南折《なんせつ》し行《ゆ》くこと二丁。是より阪《さか》を降《くだ》る約二丁にして白雲瀑に出づ。是《こ》れ翁《おう》が發見《はつけん》せし瀑布にて。其中央に吊橋を架す。之を鵲橋といふ。一丁を進《すゝ》めは翁が茅亭「五郎平茶屋」あり。倚《よ》りて以《もつ》て華嚴瀑《けごんたき》の全體を看《み》るを得。老翁の功や大なりといふべし。藤村操が嘗《かつ》て巖頭の感《かん》を楢樹に刻し。身《み》を投《とう》じたるは。瀑口巖頭の右角にて。今《いま》は木柵《もくさく》を巡《めぐ》らして之に近《ちかづ》くを得《え》ず。且つ巡査の監視所を設置しあり。

龍頭の瀧

"Ryūzu" Water.fall.

◎龍頭瀑

龍頭瀑《りうづのたき》は幸の湖畔菖蒲《しやうぶ》が濱を過ぎ地獄川《ぢごくがは》を渡り阪路に登る左方に在り。湯川《ゆかは》の下流岩石に激《げき》し幾段《いくだん》となりて奔下す。下級中央《ちうあう》に一大岩の槭樹《もみぢ》を帶《お》びて突出《とつしゆつ》するあり。兩崖に樹根の虬狀を成《な》して露出《ろしゆつ》する

P253～254注釈参照

あり。爲めに數層の風趣《ふうしゆ》を添《そ》ふ。樫宇林子の嘗て激賞《げきしやう》し之を攀晃山記に特筆す。瀑《たき》の名聲《めいせい》是《これ》より揚る。其の記左の如し。

憩湖上傳餐焉。余欲觀龍頭瀑。導者云。距此二里而近。時尚停午可往。因投箸出。中略逕旁瀑泉奔吼頗壯。導者云人或以此瀑充龍頭。龍頭迥非其比。予興益奮。竭蹷行。忽値絕嶠劃前。架以獨木。衆皆有難色。余作氣率先。躍然度之。有一盤陀揷出。其上平衍可列數筵。當瀑正面。是爲龍頭瀑。瀑非布非簾。彌澗皆石。矗層齦齶爭峙。瀑水穿貫其隙。級々相承。分爲數十道。高者踰丈。卑亦不下七八尺。其所瀠濩。左旋右洄。經緯羅織。若一大白玉網萬目畢張井井然。竟復合瀉。蜿蜒作白龍奔躍之勢。挾盤陀去。震盪之聲隆隆動地。眞雄偉奇特之觀也。余與騰之絕叫稱快不已。雖騶從僕隷宿無韻趣者。亦徘徊顧眄不忍舍去。導者語。瀑四邊多楓樹。迨霜紅辰。望中皆成錦繡世界。因又名紅葉瀑。時孟夏過半。而楓芽未吐。地之高寒亦可知。有矮松僅五尺。客生於巖縫間。虬枝瘦硬如畫。中禪傍近無松。唯此一株云

龍頭瀑の美觀《びくわん》は此《こゝ》に盡せり。

◎湯瀑

湯瀑の流出する處を湯川《ゆがは》と爲す。湯川忽ち急峻《きふしゆん》なる岩壁《がんぺき》の斜面を奔下して一大瀑を成す。之《これ》を湯瀑《ゆだき》といふ。側面《そくめん》より迂折して下れば瀑潭近き中央《ちうあう》に小丘あり。槭樹《もみぢ》等繁茂し尤も風致に富む。瀑泉を仰げば壯快《さうくわい》いふべからず。講暇遊錄に得瀑布垂絹十餘仭。震激飛濆而下。倏復倒立欲升。傾瀉之勢龍頭瀑之所無也と記したるもの卽《すなは》ち此瀑《このたき》なり。明治八年笠原文平榛荆を拂ひて觀瀑《くわんばく》の徑路を開きしより。其の名益々顯る。大《おほ》槻博士《はかせ》其《そ》の事《こと》を記す。

晃山湯瀑記

復軒大槻文彥撰

晃山之瀑。其數七十有二。世所謂三大瀑者。曰華嚴。曰霧降。曰觀背。觀背以幽奇勝。霧降以綺麗勝。華嚴以雄壯勝。然是特言其顯者。不知有其隱於榛莽荊棘中之最奇也。中禪湖北。有龍頭瀑。久沒林莽。天保中。樫宇林子。一觀激賞。其名始顯。然其最奇者。莫若龍頭上流湯瀑焉。而其名之顯。蓋自北越三條人笠原文平始。白根山。巋然峙湖北二十里。麓出溫泉。匯而成湖。曰湯湖。湖之委流。潰決奔南壑。是爲湯瀑。高四十五丈。幅十丈。其水自一大斷崕。傾瀉盤旋而下。殷々然。轟轟然。若千萬白虬 蜿蜒飛躍。噴雪吐霧。相挐攫而降。草木震盪。山鳴壑撼。眞瑰偉絕特之觀也。明治八年乙亥八月。文平與其鄕人源川小阪井山田諸子。游溫泉。一日入山見之。絕驚曰。己有此大奇觀。豈可使荊榛塞路。沒其美邪。慨然相偕捐貲。剪榛莽。除荊棘。新開一徑。爾後遊此者。皆得其便。湯瀑之名始顯云。其闡幽顯微之功。奚翅樫宇氏之比。可謂偉矣。客歲。余遊晃山。亦來見之。乃評曰。其麗似霧降。其大有華嚴之雄。若龍頭觀背。瞠乎其下矣。於是。創選晃山五名

湯本湯瀧　"Yutaki" Water-fall Yumoto.

八十八

瀑一。華嚴之雄大。湯瀑之偉麗。霧降之綺麗。龍頭之勇壯。觀背之奇峭。而他凡庸飛泉不レ與焉。既而。有下人傳二其記一。入二新聞紙一者上。時笠原氏既歿。嗣子覽レ之喜レ表章二其父之美一也。終遠道出レ都。來謁曰。湯瀑之奇。發二於先人一。而先人之志。藉二先生之文一以顯二于世一。悲喜交集。欲下爲建二一碑瀑下一。圖中不朽上。願更記レ之。余有レ感二其孝思與二奇遇一也。於レ是。不レ辭作二之記一。明治壬午八月。

◎霧降瀑

日光三名瀑の一なる霧降瀑《きりふりのたき》に至らむには。大谷川に架《か》せる日光橋を渡り。右折《うせつ》して小學校の前《まへ》を過ぎ稲荷川を踰れば。阪路あり。阪路《はんろ》盡《つき》れば老杉岑蔚《しんうつ》の一境を得。之《これ》を興雲律院といふ。享保年間一品公寛法親王の開基《かいき》なり。樓門《ろうもん》に「聞薫閣」佛殿に「威光殿」の額《がく》を掲《かゝ》ぐ。幽邃愛すべし。境外《きやうぐわい》東より南に

霧降瀧 “Kirifuri” Water-fall.

亘れる地を萩垣面といふ。昔萩垣町ありしが。寛文《くわんぶん》二年六月の洪水に流失《りうしつ》し。爾後畑地面に住するより名《なづ》く。地内に梅園《ばいゑん》あり。池を開《ひら》き亭を設く。之《これ》を高照庵と稱し諸人の休憩《きうけい》に便す。梅樹二三百株、園《その》を賁《かざ》る。水清淺月黄昏其の詩《し》趣《しゆ》想《おも》ふべし。東方にもと別莊《べつさう》ありて法親王遊息の地《ち》たり。春秋《しゆんしう》の佳矚に富む。京極《きやうごく》黄門小倉の山莊に擬せしものなりき。其《そ》の前《まへ》の原野を御漆園《ごしつゑん》と稱しむかし多く漆《うるし》を植《う》ゑしが。後ち野火の爲めに燬かる。今《いま》は御料地《ごれうち》たり。夫より小倉山《をぐらやま》の南麓を廻《まは》り。丘上に登れば。東南曠豁《とうなんくわうくわつ》。諸山の風光歴々辨ずべし。丘《をか》は霧降瀑と邃谷を隔《へだ》てゝ相對し。好個《かうこ》の觀瀑臺《くわんばくだい》たり。鉢石町より此に至る一里十五丁。

霧降瀑は二級に分ち一の瀑二の瀑と稱す。一の瀑《たき》は高さ十三四丈。幅《はゞ》五間《けん》に滿《み》たず。二の瀑《たき》は高さ十二三丈。幅は十五六間。其の水二派に分《わか》れて奔下し。突起《とつき》せる岩角《がんかく》に觸れて飛散し。濛々《もうく》たる大霧を作せり。是《こ》れ其《そ》の名《な》の起る所以なり。講暇遊錄に其の狀を記して云く。練帛一道如二雪花一如二柳絮一隱二見崕樹間一。趨二就其下一仰二視之一。向之雪花柳絮者爲二淵涙雲頽一。繽紛亂二墜於頭上一。既落レ潭與二盤石一相激。湃贔之聲殷々動地。至レ此絶叫稱レ快其の綺麗想ふべし。險徑あり瀑趾《たきつぼ》に通ず。此瀑《このたき》危險《けん》ならず。三伏の俟浴すべし。古人《こじん》華嚴《けごん》、裏見、霧降を以て日光の三名瀑と爲す。蓋《けだ》し的評《てきひやう》にあらず。龍頭湯瀑を忘れたるが如し。

◎胎内瀑

胎内瀑《たいないのたき》は霧降の上流十餘丁の地《ち》に在り。里俗之を眞闇《くらやみ》の瀑《たき》と呼ぶ。其の地勢《ちせい》たる岩石左右に對立《たいりつ》し。正面の一方僅かに九

P255～256注釈参照

尺許を開けり。故に此名あり。高さは五丈、幅《はゞ》三間許《げんばかり》。蓋《けだ》し奇觀なり。

◎滑川瀑

滑川瀑《なめかはのたき》は霧降の下流小百村《こびやくむら》に在り。日光町より約《やく》一里《り》を隔《へだ》つ高さ凡そ二丈、幅十五六間。滑川の流水岩石《りうすゐがんせき》間を瀉下するものにして、其《そ》の上流《じやうりう》は數丁《すうちやう》の間白色の一枚石にて。行人裳を掲げ。清淺の水を徒渉す。亦奇《またき》ならずや。

◎裏見の瀑

裏見《うらみ》の瀑《たき》は神橋より一里十五丁荒澤川《あらさはがは》の上流に在り。田毎澤《たもざは》橋《ばし》を渡《わた》り華石町《はないしまち》より本道を進み。左の小阪を降《お》りて先《ま》づ大日堂に詣るべし。大日堂《だいにちだう》は座像《ざぞう》の大日如來を安置《あんち》したる小堂にして。傍に一宇の寮《れう》を設《まう》く。幽靜閑雅にして清泉池《せいせんち》中《ちう》より涌出す。庭園の風趣愛《ふうしゆあい》すべし。芭蕉翁《ばせををう》俳句の碑あり。

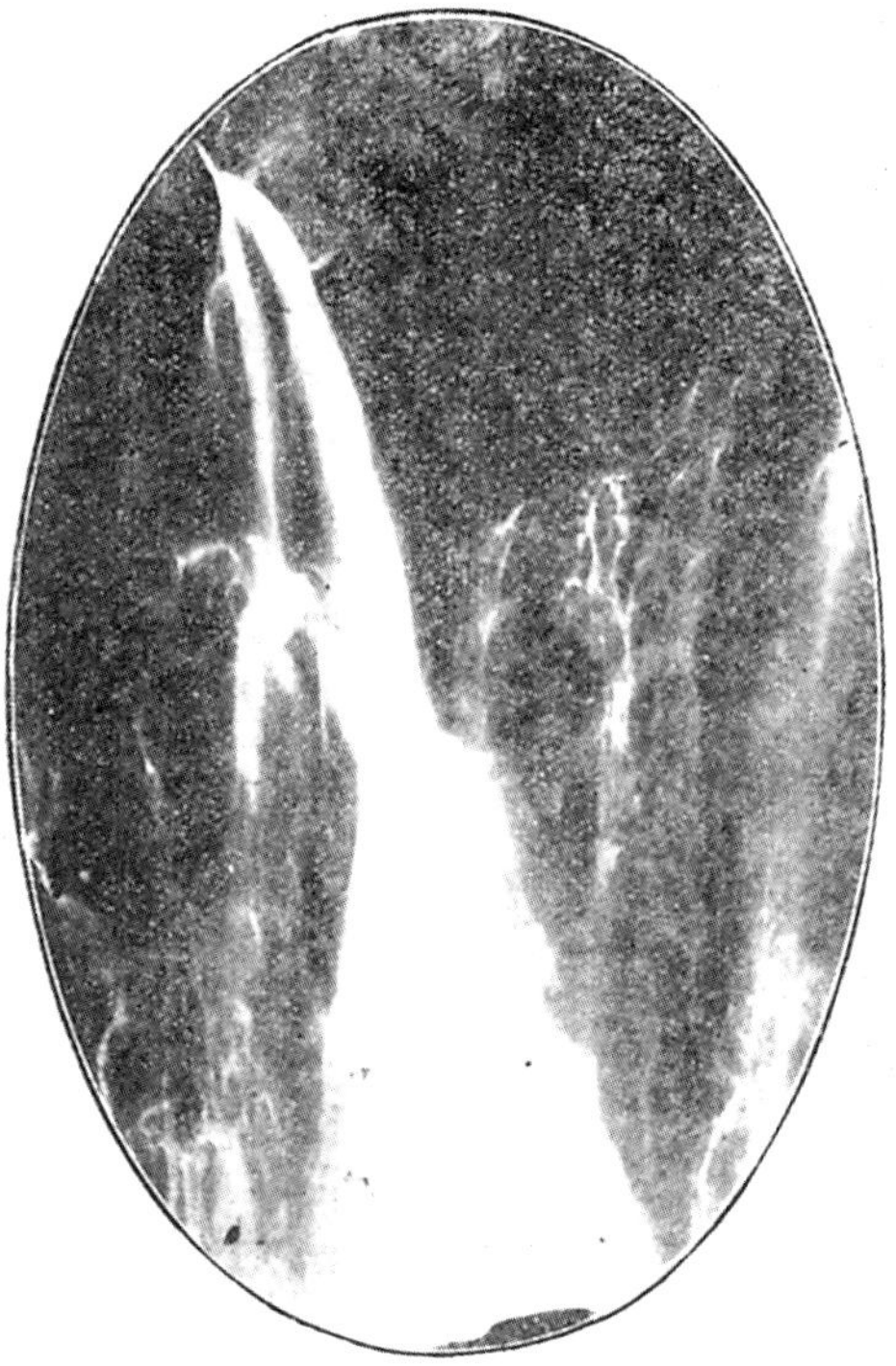

裏見瀧　Urami Water-fall.

九十 あらたふと青葉若葉の日の光

惜哉明治三十五年洪水《こうずゐ》の爲めに舊景《きうけい》を變じたり。瀑の道は華石町より右《みぎ》に入《い》る。卽ち御嶽山登拜道と記せる榜示杭に循《したがひ》て。行くこと十七八町。久次良村荒澤《くじらむらあらさは》の一茶亭に達す是より左折して石徑を躋れば始《はじめ》て瀑布《ばくふ》を觀《か》るを得べし。瀑の高さ十餘丈、幅凡そ二間。山上斗出せる岩石《がんせき》より奔放し。勢建瓴の如し。其《そ》の下部《かぶ》は彎曲《わんきよく》して五尺餘の一徑《けい》を有《いう》し。左方の崕道より自由に往來《わうらい》し。瀑背を觀《み》るを得《え》たりき。是《こ》れ裏《うら》見の名ある所以《ゆえん》なり。然るに三十五年洪水《こうずゐ》の爲《た》めに岩石崩壞《がんせきはうくわい》して奇觀を失《うしな》ふに至《いた》りしは遺憾《ゐかん》の事なり。裏見《うらみ》は今や恨みとなりぬ。但《たゞ》し其《そ》の左《さ》右《いう》に幾多《いくた》の小瀑ありて岩壁《がんぺき》を激下す。瀑右には荒澤不動の石像を安置し。左側には小亭《せうてい》を設《まう》く。樹木森《じゆもくしん》蔚《うつ》として幽邃限りなく。水沫飛散して夏《なつ》尙は寒《さむ》く。未《いま》だ一名勝たるを失《うしな》はず。

昔より華《け》嚴《げん》、霧降《きりふり》と共に三名瀑と稱せられ。奇峭《きせう》を以て其の名を博したるは。世《よ》の知《し》る所《ところ》なりしに。今その舊觀《きうくわん》を奪《うば》ひたるは。抑々造化《さうくわ》の惡戯にや。瀑《たき》は無心《むしん》にして恨む所《ところ》なかるべきも。人は應《ま》さる恨《うら》むべし。

◎慈觀の瀑

慈觀《じくわん》の瀑《たき》は丹青《たんせい》、荒澤《あらさは》兩山の間に在りて裏見《うらみ》の瀑の上流《じやうりう》に位す。卽ち荒澤の茶屋より志津道《しづみち》を登ること里餘《りよ》にして達す。瀑の上部は横《よこ》十五六間長五六十間《けん》なる一大磐石の斜面《しやめん》を奔流し來り。尖端の凹所より數派《すうは》に分岐し。更《さら》に二條に分《わか》れて懸崖を飛下すること三丈餘《じやうよ》。其狀《そのさま》拭目すべし。慈觀僧正《じくわそうしやう》の發見する所《ところ》たるを以《もつ》て此名あり。

町長西山氏日光山《につくわうざん》を帝國公園と爲す第《だい》二請願書《せいぐわんしよ》中に此の瀑の事を記して云く。慈觀《じくわん》の瀑布は其水源二荒山麓の東北《とうほく》に起り數里《すうり》程《てい》の間一種一疊の美麗《びれい》なる奇巖怪石にして。其《その》流域《りうゐき》廣《ひろ》からず。狹《せま》からず。凸凹《とつあう》淺深人工を以て磨《ま》礪彫刻《れいてうこく》せるが如く。流清く水明にして或《あるひ》は沿岸《えんがん》の青砂を嚙み。或は河身に突出せる奇石に躓《つまづ》き。滾々《こん〳〵》として迸て慈觀の瀑布《ばくふ》となる。一たび此《こ》地《ち》に笻《つゑ》を曳くもの日《ひ》將《まさ》に暮《く》れむとして歸るを忘る。然るに明治三十五年非常の大水害に遭遇《さうぐう》し。勝地の大部分を決潰《けつくわい》し。今日殆ど來往《らいわう》の人を絶つに至れり。實《じつ》に痛惜に堪へざるなりと。

◎七　瀑

七瀑《なゝたき》は女峯《によほう》、赤薙《あかなぎ》兩山の間、稻荷川《いなりがは》の上流《じやうりう》に在りて實に其の水源を爲せり。所謂《いはゆる》深山《しんざん》幽谷《いうこく》にして訪《と》ふ者稀《ものまれ》なり。日光町より野州原《やじうはら》を登りて行くを便とす。

七瀑は其《そ》の名《な》の如《ごと》く一大赤壁より七條の大瀑《おほだき》相並びて懸《かゝ》るを以て名く。第四瀑と第七瀑とは最《もつと》も奇《き》にして、第二瀑と第五瀑とは最も大なり。高《たか》さ十丈或は十四五丈《じやう》あり。而《しか》して奇岩怪石其の瀑趾を壓し。飛沫《ひまつ》渦上して雲煙《くもけむり》を作す。此瀑は幽僻深奥の地《ち》に在《あ》るを以て雲霧常に之を鎖し。晴日と雖《いへど》も容易《ようい》に其《そ》の全景《ぜんけい》を辨知《べんち》する能《あた》はずといへり。

日光の飛瀑中一所に七瀑を並看《へいかん》するは此處に限れり。好奇者《かうきしや》は宜《よろ》しく一遊《いう》すべし。

◎索　麵　瀑

索麵瀑《さうめんのたき》は向河原《むかふかはら》を距る三丁餘。鳴蟲山《なきむしやま》の北麓に灑く。世俗《せぞく》瀧尾白絲瀑を誤《あやま》りて索麵瀑と稱《しよう》す。混《こん》ずべからず。此瀑《このたき》の高さ約二丈。數段に分《わか》れて流下《りうか》し更《さら》に數派《すうは》となりて降る。其の狀索麵を懸《か》けたるの觀あり。故に此名《このな》を得《う》。遊客《いうきやく》履を穿ちて瀑《たき》を昇降《しようかう》し得といふ。奇《き》なりといふべし。

◎若子　布引瀑　羽黑瀑

若子之をジヤクコと讀《よ》む。即《すなは》ちもとの寂光《じやくくわう》なり。明治《めいぢ》四年神佛分離の際《さい》。佛に屬《ぞく》するものは悉《ことごと》く之《これ》を廢除《はいじよ》し。かく其の名を改めたり。

若子に到る順路《じゆんろ》は西町を經《へ》て殉死五良《じゆんしごりやう》の墓《はか》ある釋迦堂の傍より。北折して行《ゆ》くこと八九丁。池石《いけいし》に至る。池石は一に生石《いきいし》と稱し。高《たか》さ六尺許大さ五六尋《ひろ》。常《つね》に水を湛へ渴することなし。因《よつ》て此邊《このへん》の小名とす。夫《それ》より直線の徑路《けいろ》をば六七町行き。一二の溪水《けいすゐ》を渉り。四五町進めば若子神社に達す。

若子神社は二荒山神社《じんじや》の攝社《せつしや》にして下照姬命《したてるひめのみこと》を祀る。もと寂光權現と稱《しよう》せしものなり。石《いし》の鳥居《とりゐ》あり。惜哉明治《めいぢ》維《ゐ》新《しん》の後樹木《じゆもく》を伐《き》りつくし。社堂亦空しく野火《のび》の燒《や》く所となれり。境內《けいだい》の瀑布を布引瀑《ぬのひきのたき》と名く。凡《おそ》そ十八九丈。七段を成《な》し疊々たる奇岩《きがん》に沿ふて飛流《ひりう》す。其の狀恰《さまあたか》も白布《しろぬの》を晒すに似たり。故に此稱あり。俗に七瀑《なゝたき》ともいへり。

寂光瀑布　　伊藤東涯

峰尖松暗白雲迷。雪瀑半巖懸欲レ低。料識山僧長對看。不レ知露却黑迦黎

羽黑瀑《はぐろのたき》は若子神社の東北《とうほく》約八町字倉下《くらした》に在《あ》り。羽黑山《はぐろやま》の南麓に懸れり。一に一《いち》の瀑《たき》と稱《しよう》す。高五丈幅五間。水勢大《すゐせいだい》にして

P257～259注釈参照

壯觀《さうくわん》なり。三十五年の洪水《こうずゐ》に其の道絶えたるが。西山町長《にしやまちやうちやう》再び之を開き。各殿下《かくでんか》の御成ありて漸《やうや》く舊觀《きうくわん》に復せり。附近は紅葉の勝地《しようち》なり。

◎相生の瀑

相生《あひおひ》の瀑《たき》は一に白絲の瀑《ばく》と稱《しよう》す。羽黒の瀑より山路《やまぢ》八町餘の處《ところ》に在り。瀑《たき》は二所に分れ。雌雄を以て之を稱《しよう》す。相生の名は是より生じたり雄瀑《をだき》は南に面し。高さ約十丈、幅八間。雌《め》瀑は西に面し。高《たか》さ約十二丈、幅《はゞ》五間。其《そ》の水勢岩石《すゐせいがんせき》の爲めに四散し。飛沫《ひまつ》紛下の狀。白絲《しらいと》を亂すに異《こと》ならず。

◎般若の瀑　方等の瀑

劔ヶ峰の茶店《ちやみせ》より眺望すれば。右方《みぎかた》の絶壑《ぜつがく》に二瀑の懸《か》るを看るべし。是《これ》を般若《はんにや》、方等とす。華嚴瀑《けごんのたき》と同じく緇徒の名くる

“Hōtō” Water-fall. 劔ヶ峰方等

所とす。般若は北方に懸《か》る飛泉《ひせん》にして。高《たか》さ五六丈幅五六尺

“Hannya ” Water-fall. 劔ヶ峰般若

瀑底に至れば其《そ》の背《せ》を潜行《せんかう》するを得べし。故《ゆゑ》に小裏見《こうらみ》の稱あり。方等は般若《はんにや》の西南に在《あ》り。高《たか》さ七八丈幅二三間なり。二瀑は素より大《だい》ならずと雖《いへど》も。其《そ》の觀望臺《くわんばうだい》は劔《けん》ヶ峰の好位置に在るを以て。登山者《とざんしや》は必《かな》らず杖《つゑ》を停む。紅葉の期最も佳絶と爲す。

◎三界瀑

三界瀑《さんかいのたき》は女峰山の北裏《きたうら》に當り。峰《みね》を隔てし深山《しんざん》に懸《か》れり。馬立より栗山村大字野門《のかど》に下らむとする坂路《はんろ》の中腹《ちうふく》より之を南方に望むを得《え》べし。飛流《ひりう》三層凡そ三四十丈といふ。未《いま》だ徑路の開通《かいつう》しあらざるを以て之《これ》に接する能はず。

◎白絹瀑

白絹瀑《しらきぬたき》は栗山村日光澤より五六町奥《おく》に在り。一に恐《おそ》ろし瀑といふ。遙なる山上《さんじやう》茂林の間より落下《らくか》し。危岩《きがん》に觸れて二派《は》となる。其《そ》の高《たか》さ幾丈《いくぢやう》なるを知らずといふ。

◎緑瀑　庵の瀑

緑瀑《みどりだき》は源を奥白根に發《はつ》し。幸湖《さちのうみ》に注《そゝ》ぐ外山澤《とやまざは》の上流二派に分るゝ處に在《あ》り。卽《すなは》ち菖蒲《しやうぶ》ヶ濱《はま》を過《す》ぎて戰場《せんぢやう》ヶ原《はら》に出でむとする處《ところ》より西の細道に入り。更《さら》に外山澤に沿ふて上流《じやうりう》に溯《さかのぼ》れば達すべし。

庵《いほり》の瀑《たき》は緑瀑の西。外山澤の支流《しりう》に在《あ》り。卽《すなは》ち外山澤の上流より支流《しりう》を左に溯れば達《たつ》すべし。

◎美彌來瀑

美彌來《みやこ》瀑は外山澤とヤナギ澤《さは》（源を溫泉が嶽に發す）の間を流《なが》るゝ上流《やりう》に在《あ》り。

以上の三瀑は共に美觀《びくわん》なれども。道路《だうろ》の險惡《けんあく》なるより行て之を賞《しやう》するもの幾《ほと》むど稀なり。凡《およ》そ人《ひと》には好惡《かうを》のあるものなれば。日光山中《につくわざんちう》の諸瀑を觀るに就ても、亦其の人に因《よ》りて其の評を異にすべし。又一回觀《み》し者《もの》と數回觀《すうくわいくわ》し者とは更に其の見を同《おな》じくせず。又全山《またぜんざん》の諸瀑を看盡したる者は益々《ますく》異論あるべし。故に編者《へんしや》は唯其の實見せし所《ところ》と其の傳聞《でんぶん》せし所とを記し。諸子《しよし》の論定に一任《にん》すといふ。

杉の木立

杉《すぎ》の木立《こだち》といへば。世人は直ちに美觀《びくわん》なりとの感《かん》を生ぜざるべきも。日光街道《につくわうかいだう》より日光山に到り。喬杉《けうさん》の森立《しんりつ》せるを實見せられなば。何人《なんぴと》も必らずや感嘆已《かんたんや》まざるべし。杉《すぎ》の木立《こだち》は今や日光に於て缺《か》くべからざるものとなり。全《まつた》く日光《につくわう》の美觀を添へ。一層の光輝《くわうき》を發揮《はつき》し居れり。余は汽車中《きしやちう》より舊例幣使街道及宇都宮街道（舊御成街道《きうおなりかいだう》）の並木《なみき》卽ち喬杉《けうさん》の積翠《せきすゐ》天を摩して遠く相連《あひつらな》るを望み。又山內の社殿《しやでん》を均しく環護せるものを仰ぎて感嘆《かんたん》し。更に東照宮の墓域《ぼいき》に達する數丁の長磴《いしだん》を攀《よづ》るに當り。喬杉各々心地《こゝち》よく矗立《しよくりつ》し。嵐翠滴る處雲霧其の間を抹刷《まつさつ》し。一方には金棟《きんとう》の彩光《さいくわう》を放てるを見て。いかにも特絶なる美觀に恍惚《くわうこつ》し。徘徊躊躇《はいくわいちうちよ》して去ること能《あた》はざりき。嗚呼《あゝ》此大計を畫《くわく》せしものは誰《たれ》ぞや。松平右衛門太夫正綱なり。正綱久しく幕府《ばくふ》の財政を管理《くわんり》して名聲《めいせい》あり。宜《うべ》なる哉《かな》斯人にして此遠大《このゑんだい》の計を畫せしこと。相傳《あひつた》ふ正綱は當時家資豐裕ならず。故に他と同じく偉器《ゐき》を獻進《けんしん》する能はず。因て已《や》むを得《え》ず植樹《しよくじゆ》の計に出たるなりと。恐らくは然《しか》らず。正綱《まさつな》は秋元但馬守泰朝と共に日光《につくわう》の工事を監督《かんとく》したる總奉行《そうぶぎやう》たり。卓絶なる識見《しきけん》を具したるや知るべし。想《おも》ふに正綱は遠大《ゑんだい》なる謀慮を

P261 ～ 262 注釈参照

以てかゝる美觀《びくわん》を世に殘《のこ》したるならむ。

阿知和宮司が頃者《けいしや》其の株數を實算《じつさん》せしが。現存《げんぞん》の者は今市より日光《につくわう》に至る部分を除《のぞ》き。今市より大桑《おほくは》に至る千三百二十七本。今市《いまいち》より山口《やまぐち》に至る四千七百〇六本。今市より小倉《をぐら》に至る九千六百〇二本。合計《がふけい》一萬五千六百三十五本とす。之《これ》に今《いま》市《いち》より日光に至る部分《ぶぶん》を加算《かさん》すれば約二萬本とす。縣廳《けんちやう》よりは五十萬圓の見積價額《みつもりかかく》を以て四五年前に東照宮《とうせうぐう》に引繼《ひきつ》がれたれど。實際《じつさい》の價値は七十五萬圓乃至《ないし》百萬圓なるべし。宮司《くうんし》又云く。かゝれば正綱獻木《まさつなけんぼく》の功は陽明門《やうめいもん》を一手にて築造したるよりも勝《まさ》れり。誰か其の遠謀深慮《ゑんぼうしんりよ》に服せざらむや。因て余は將さに此並木《このなみき》の保護を講《かう》ずると共に。正綱の爲めに一大祭典《だいさいてん》を修めむとするの意圖《いと》あり。本多博士《ほんたはかせ》嘗て並木を來檢して語《かた》りて云《いは》く。海外諸國にも行樹《かうじゆ》の遠く數百哩連續《れんぞく》せるも

日光街道の杉並木　Nikko.

のなきにあらず。然《しか》れども二百餘年《よねん》の星霜《せいさう》を經。矗立摩天《しよくりつまてん》の美觀《びくわん》を有し百萬の價値《かち》を有せる此杉並木《このすぎなみき》の如きは未だ嘗て見ざる所なり。乃《すなは》ち之を世界第一《せかいだい》と評《ひやう》して可なりと。蓋し適切の評《ひやう》ならむ。故に外人《ぐわいじん》の多數及び苟《いやしく》も植林に趣味を有する内地の人々は。途上《とじやう》今市又は文挾《ふばさみ》にて下車し。ことさらに林間《りんかん》の舊道を徒歩《とほ》し。親しく摩天《まてん》の美觀に接《せつ》するもの少からず。宮司は保護《ほご》の方法に就て種々談《しゆくだん》ぜられたれば。將來《しやうらい》益々其の價直を增大《ぞうだい》するに至《いた》らむ。

抑々《そもく》此杉樹は一朝一夕に栽植《さいしよく》したるにあらず。實に二十餘年を費《つひや》して成功《せいこう》したるものなり。石標《せきへう》に其の事を刻せり。

下野國都賀郡小倉村河內郡大澤村同國同郡大桑村自二此三所一至二日光一二十餘年之間植二杉於路傍左右幷山中十餘里一以奉二寄進東照宮一

慶安元年戊子四月十七日從五位下松平右衛門太夫正綱

慶安元年《けいあんぐわんねん》は今より二百六十五年前なり。林檉宇が攀晃山記に入二小倉村一。地名界石。北卽大廟祀田。喬杉夾レ路。櫛比雲屯。皆大數十圍。路傍有レ碑表レ之。慶安中松平右衛門太夫綱正(こゝに碑《ひ》とあるは前記《ぜんき》の碑なり。綱正は正綱の誤り)所二寄獻一云。自二宇都宮一則大澤村。自二壬生一則小倉村。自二會津一則大桑村。各朝山路。而爲二祀田界一。從レ此而北。引及二山中一盡然。眞偉擧也とあるもの是《これ》なり。日光山《につくわうさん》に詣《いた》る者は宜しく仔細《しさい》に之を觀察《くわんさつ》すべし。

P262 注釈参照

一橋よりの眺望

四季のながめ

◎春光

日光の氣候《きこう》は素より他の都會等《とくわいとう》と一様《やう》ならざれば。其の和風の始て吹渡《ふきわた》り。日中寒氣を覺《おぼ》えざるは五月なりとす。五月には梅《うめ》、櫻《さくら》、一時に開き。互《たがひ》に其の清艶を競《きそ》ふ。小倉山の曉色《ぎやうしよく》最も賞すべし。外山山麓《とやまさんろく》の蕨《わらび》亦摘むべし。然れども日光に於て特に観るべきは。八入花《やしほはな》の妍葩《けんぱく》と落葉松の新緑なり。八入花《やしほはな》は躑躅の一種にして此地《このち》の名產《めいさん》に係る。攀晃山記に八鹽、俚語。無㆓定字㆒。躑躅一種。稠葩裏㆑樹。紫艶可㆑賞とあるもの是《これ》なり。其《そ》の勝地は日光町附近にては鳴蟲山《なきむしやま》の連山野州原《やしうはら》、田母澤川《たもざはがは》の上流久治良山《くじらやま》、中宮祠に至る途上、馬返に面《めん》する一帶の山腹《さんぷく》。又中宮祠に於ては寺《てら》ヶ崎《さき》、赤岩附近《ふきん》。入湯本《いりゆもと》に於ては前白根等なりとす。落葉松《らくえふしやう》は冬季に葉全く落盡して。恰《さなが》も枯木の観を爲《な》すものなるが。春季は其の枝條悉く新芽《しんが》を吐《は》き。翠色《すゐしよく》將さに滴《したゝ》らむとす。其の景や愛すべし。勝地は戰場が原を第一とし。太郎山《たらうやま》の南麓《なんろく》。男體山《だんたいざん》の西麓《せいろく》之に次ぎ。野州原《やしうはら》及び鳴蟲山《なきむしやま》の西部亦観るべし。

◎夏景

夏の日光は世人《せじん》の多く知る所なり。即ち清涼無塵《せいりやうむぢん》の靈境なれば。第一に消夏保養《せうかほやう》に適し。瀑泉《ばくせん》の迸《ほとばし》る處冷氣肌に沁し。茂林の蔭《かげ》する邊《ほとり》暑光の漏《も》るゝを許さず。幸の湖に快艇《コツト》を泛《うか》べむか。水波《すゐは》渺々《べう〳〵》として涼風襟に灑《そゝ》ぎ。其の樂みいふべからざるものあらむ。菖蒲《しやうぶ》ヶ濱《はま》の養魚場に游鱒《いうそん》の洋々焉たるを観。古《こ》ヶ谷《や》の茶店《さてん》に清泉の冽々《れい〳〵》たるを掬《きく》し。湯元の樓上に前白根の殘雪《ざんせつ》を望むなど、他方に於て得《う》べからざるの逸興《いつきよう》とす。又男體の山頂《さんちやう》に旭日を拜《はい》し。太郎の峰巓《ほうてん》に御花畑《おはなばたけ》を訪ふは此時に限れり。七月の初には躑躅《つゝじ》、溪蓀《あやめ》の類は戰場が原附近《ふきん》に盛《さかん》に咲《さ》き居れり。兼て恣《ほしい》まゝに鵑聲《けんせい》、鶯語《あうご》を耳にし得るは。都人士《とじんし》に於て奇《き》とする所なり。

◎秋色

日光の秋色《しうしよく》は他に比《ひ》すべき者なし。其《そ》の秋色の美觀《びくわん》は素より紅葉に在り。碓氷《うすひ》、鹽原《しほばら》も亦其の後へに瞠若《どうじやく》たり。蓋し山高く谷深《たにふか》く。水石の排列《はいれつ》自然の佳景《かけい》を成すに因る。滿山の霜葉燦《さん》として二月の花よりも紅《くれなゐ》なる時に當りてや。風流の小杜《せうと》にあらざるも。尚《な》ほ石徑《せきけい》に車を停め。坐《そゞ》ろに之を愛す。況や好事《かうず》の士《し》に至りては。林間《りんかん》に酒を煖《あたゝ》めて樂天《らくてん》を學ぶもの尠しとせず。十月來遊者《らいいうしや》の最も多《おほ》きを以て之を卜《ぼく》すべし。其の早《はや》きものは九月二十日前後《ぜんご》より已《すで》に見るを得べきも。大抵十月中旬を全盛《ぜんせい》の候《こう》とす。其の勝地《しようち》は小倉山《をぐらやま》、霧降《きりふり》附近《ふきん》、神橋《しんけう》より西町に入る間大谷川《だいやがは》の右岸。馬返《うまがへし》より中宮祠の間に於ては。深澤《みさは》、劍峰《けんがみね》を以て絶勝《ぜつしよう》とし。中之茶屋。不動阪。華嚴等《けごんとう》之に次ぐ。中宮祠《ちうぐうし》附近《ふきん》にては歌ヶ濱、寺《てら》ヶ崎《さき》、菖蒲ヶ濱、赤岩等《あかいはとう》とす。湯元《ゆもと》に在りては湯瀧、蓼《たて》の湖《こ》、金精峠《こんせいたうげ》等なり。幸《さち》の湖《こ》の明月《めいげつ》殊に賞すべし。是れ亦紅葉《こうえふ》の候なりとす。

P262～263注釈参照

四季のなりめ

廻國雜記に云。此山《このやま》のうへ三十里に中禪寺《ちうぜんじ》とて權現《ごんげん》ましくけり。登山《とうざん》して通夜《つうや》し侍《はべ》る。今宵《こよひ》はことに十三夜にて月はいづくにすぐれ侍《はべ》りぬ。渺漫《べうまん》たる湖水侍り。歌《うた》の濱《はま》といへる所に。紅葉色《こうえふいろ》をあらそひて月に映《えい》じ侍れば舟《ふね》に入りて。

敷島《しきしま》のうたの濱邊《はまべ》に舟《ふね》よせて
紅葉《もみぢ》をかざし月《つき》を見《み》るかな

古人已に湖上《こじやう》の月を賞《しやう》せり。今人豈に等閑《なほざり》に看過《くわんくわ》すべけむや「錦《にしき》の包《つゝ》む鏡《かゞみ》」と詠《えい》せしは。紅葉《もみぢ》にかゝれる明月なるべし。

日光山には楓樹《もみぢ》の種類《しゆるゐ》多し。今其の一斑《ばん》を左に揭ぐ。

○まるばかへで（中宮祠歌ケ濱）
○うりはだかへで（同）
○こみねかへで（中宮祠）
○はうちはかへで（同）
○いたやかへで（小倉山）
○あさひかへで（同）
○おにかへで（同）
○あさのはかへで
○やまもみぢ
○こうりはだかへで（瀧尾）
○みねかへで（馬返）
○こはうちはかへで（瀧尾）
○おうはらけは（いたやめいげつ又は日光いたや馬返）
○みねばかへで（霧降）
○かぢかへで（清瀧）
○からぎかへで（白根山）
○やましでかへで
○しでかへで（以上瀧尾）。

此外《このほか》馬返《うまかへし》より中宮祠に至る間に分布《ぶんぷ》せる楓樹の種類中には○かうもりかへで○みつでかへで○おからばな○しらはしのき○ひめをからばな○るりはだ等《とう》あり。

◎冬　望

冬《ふゆ》の日光《につくわう》はいふまでもなく甚《はなは》だ寒《さむ》し。湯元、中宮祠の附近は積雪《せきせつ》三尺に達す。隨《したがつ》て來遊の客は冬籠《ふゆごも》りを目的とするものゝ

外。殆《ほと》むど其の跡《あと》を絶《た》つ。而して玉山、銀谷《ぎんこく》の奇《き》景《けい》空しく寂《せき》寥《りやう》として秘閉し。寒水琤々《かんすいさうさう》の外徒らに饑《き》猿《ゑん》の哀音《あいおん》を傳ふるのみ。幸《さち》の湖上《こじやう》堅氷の適處なく。氷滑《こほりすべ》りは行はれざるも。山原多ければ雪滑《ゆきすべ》りを行ふを得べし。想《おも》ふに必らずや早晩《さうばん》之を擧《きよ》

行《かう》するものあるに至らむ。電車《でんしや》の外《ほか》蓑笠《さりつ》を披《ひら》きて畫中《ぐわちう》の人となり。轌《そり》に乘《の》りて山行を試《こゝろ》む亦奇《またき》ならずや。昔は冬峰行者《ふゆみねぎやうしや》とて。破堂に苦寒《くかん》して修法《しゆはふ》を爲すものあり。之に比《ひ》すれば。雪中《せつちう》の遊覽《いうらん》は容易《ようい》ならむのみ。

P263 注釈参照

みやまのたから

◎西澤金山

西澤金山《にしざはきんざん》は日光の奥山卽ち下野國《しもづけのくに》鹽谷郡栗山《くりやま》村大字川俣《かはまた》小字

經營者　高橋源三郎氏

Mr. Takahashi, the Proprietor.

西澤《にしざは》の官林中に在り。鑛山事務所《くわうざんじむしよ》は海拔約四千六百六十尺の高地を占む日光町《につくわうまち》より中宮祠を經《へ》て約七里餘とす。特許鑛區は西澤《にしざは》に四區、湯澤《ゆざは》に一區ありて。其の坪數《つぼすう》は總計二百二十三萬《まん》〇〇七十二坪《つぼ》にて。鑛業主は西澤金山《にしざはきんざん》探鑛株式會社とす。社長は野澤泰次郎氏。專務取締役《せんむとりしまりやく》は高橋源三郎氏なり。

當鑛山は明治《めいぢ》四十四年《ねん》一躍して。本邦《ほんぱう》重要鑛山に列《れつ》したるが。現今《げんこん》の重要鑛山產金《さんきん》山四十六ケ所《しよ》の內第八番に位す。卽ち釜《かま》石鑛山《いしくわうざん》の次位に在りて。彼《か》の有名《いうめい》なる生野《いくの》の上位に在り。

記念館と望企閣の前景

又四十一年《ねん》下半期には始て十三萬《まん》四千六百八十八圓《ゑん》二十五錢の產額《さんがく》を出し。純益金六萬《まん》七千二百圓《ゑん》(配當年四割《はいたうねんわり》)を得たりしが。四十三年下半期《ねんしもはんき》は十四萬四千〇五十八圓《ゑん》三十五錢。四十四年上半期《ねんかみはんき》には十九萬《まん》〇百八十七圓四十三錢《せん》の產額を出《いだ》し。發展《はつてん》の機運《きうん》を增進するに至《いた》れり。

鑛業に從事《じうじ》する人口は四十年《ねん》には四百八十三人なりしも。四十四年《ねん》には一千〇八十八人となり。家屋の棟數《むねすう》十一なりしもの同《おな》じく八十八に增加《ぞうか》し。而《しか》して嘗《かつ》て設置せざりし機械《きかい》選鑛所、製煉所《せいれんしよ》、分析所、製金所《せいきんしよ》、附帶事業《じげふ》としては製板所、機械製作所《きかいせいさくしよ》、鑄物場、煉瓦製造所《れんぐわせいぞうしよ》、發電所及び病院並に隔離舍《かくりしや》、私立小學校、巡査駐在所《じゆんさちうざい》等の新設備を見るに及べり。

源橋より山神坑口を望む

P263～264注釈参照

坑道《こうだう》の延長《えんちやう》は四十年度末に於ては。三千四百七十三尺なりしが。四十四年度《ねんど》末《まつ》に至りては。實《じつ》に一萬三千九百四十四尺の延長《えんちやう》を有《いう》し。今後益々其の率《りつ》を増大せしむる希望《きばう》を有せり。現所長《げんしよちやう》兼技師長武市又太郎《たけいちまたたらう》氏は本年度《ほんねんど》に於て坑内起業《きげふ》の方針を定めたり。

山神坑内

全鑛區《ぜんくわうく》を構成し本山の鑛床を夾有《けふいう》する所の岩石は。最古地層《さいこちそう》を貫きて迸發したる石英《せきえい》斑岩及石英粗面岩の二種なりとす。鑛床は石英《せきえい》斑岩中の裂目《さけめ》を塡《てん》充《じう》する所の石英鑛脈にして。其の鑛質《くわうしつ》及び生成の順序に據り。左《さ》の四種に分類す。

第一種の鑛脈《くわうみやく》は白色石英及び黄鐵礦より成《な》りて。稍々《やゝ》縞狀構造を爲《な》すもの。即ち粘澤《ねんたく》小瀧澤の上流《じやうりう》及び本澤に多く現出す。是《これ》を古鑛脈《こくわうみやく》とす。

雪中全景の一

第二種の鑛脈《くわうみやく》は本山主要《しゆえう》の銀鉛鑛脈にして。白色及び黝色石英閃亞鉛鑛、方鉛鑛《はうえんくわう》、輝銀鑛及び黄鐵鑛《わうてつくわう》より成りて往々縞狀構造を爲《な》すもの。即ち本澤旭坑の露頭、粘澤第九號脈其の他是《これ》なり。要《えう》するに第二回の生成《せいせい》に係り。銀鉛の外《ほか》少量の金及び蒼鉛《さうえん》を含む。

第三種の鑛脈《くわうみやく》は金銀鑛脈にして。黝色及び白色石英《はくしよく》、輝銀鑛、自然金及び少量《せうりやう》の黄銅鑛より成り。時《とき》に輝蒼鉛、銀鑛《ぎんくわう》を混有し常《つね》に縞狀構造《こうざう》を爲すもの。即《すなは》ち旭坑大直りの鑛脈《くわうみやく》是なり。第三回《だいくわい》の生成に係る。

雪中全景の二

第四の礦脈は白色《はくしよく》の石英脈にして有用《いうよう》鑛物を含蓄《がんちく》せざるもの即《すなは》ち旭坑内に於て金《きん》銀《ぎん》鑛脈の破片を包有《はういう》するもの是なり。其《そ》の有望《いうばう》なるは第二第三なりとす。

抑々《そもそも》本山の此に至《いた》りしは一朝一夕の事《こと》にあらず。前鑛業人たりし今の専務取締役《せんむとりしまりやく》高橋源三郎氏が、不屈不撓《ふくつふぎやう》克く困難に耐《た》へ從事經營《けいえい》したると。渡邊工學博士(渡)の苦心《くしん》助力したるの功に因《よ》れり。嘗て中外《ちうぐわい》商業新報に金山探鑛《きんざんたんくわう》成功談と題《だい》し。詳細に其の事《こと》を載掲せり。就《つい》て見《み》るべし。

機械撰鑛場内部

◎日光精銅所

日光《につくわう》精銅所は日光町大字清瀧《きよたき》に在り。故古河市兵衛氏の基礎を築きし古河《ふるかは》合名會社の經營《けいえい》せる電氣銅及び銅線製造《せいざう》工場にして。其《そ》の規模の宏大にして製出《せいしゆつ》の巨額なることは帝國第一を以《もつ》て推さる。同《どう》所《しよ》は明治《めいぢ》三十九年の創立に係《かゝ》り。爾來本邦電氣事業界《ほんぱうでんきじげふかい》の振興に隨ひ。數次に擴張《くわくちやう》し。殊《こと》に力を各種《かくしゆ》銅線の製《せい》造《ざう》に盡し。其製造の現額一箇《か》年《ねん》千五百萬斤《まんぎん》にして。帝《てい》國《こく》に於《お》ける總製造額の大部分《だいぶぶん》を占む而《しか》して此が材料《ざいれう》たる銅《どう》は同《おな》じく古河合名會社の經營《けいえい》に係《かゝ》る足尾《あしを》、阿仁、永松《なかまつ》、不老倉《ふろうくら》、大鳥、水澤、草倉等《とう》の各鑛山に於て採掘製煉《さいくつせいれん》したるものとす。但同所《たゞどうしよ》は多數縱覽人《じゆうらん》の出入は職工の耳目を動《うご》かして。作業《さげふ》の妨げとなることを慮《おもんぱか》り。一般人民の縱覽《じうらん》は之を謝絶《しやぜつ》するの方針を執れり。因《よつ》て玆に其《そ》の内容《ないよう》を記載すべし。同所に於ける主要《しゆえう》なる工場と其の作業の大體とを說明《せつめい》せば左《さ》の如《ごと》し。

古河日光精銅所
全景

（一）煉銅工場《れんどうこうぢやう》　先づ足尾《あしを》其の他の銅山より送り來れる原料銅を熔解《ようかい》して一種の型銅《けいどう》となす所なり。

（二）原板工場《げんばんこうぢやう》　型銅を更に赤熱《せきねつ》し機械により壓搾《あつさく》し以て扁平なる板狀《ばんじやう》となし、之を適宜《てきぎ》の尺度に切斷する所なり。

（三）分銅工場《ぶんどうこうぢやう》　上記の板狀銅《ばんじやうどう》を電解溶液《ようえき》を以て滿たしたる槽中《さうちう》に併列せしめ、之《これ》に電流《でんりう》を通じて銅中に包含《はうがん》せる金銀其の他《た》の雜鑛物を排除《はいぢよ》する所なり。即《すなは》ち此より生《しやう》じたる銅は所謂《いはゆる》電氣銅にして。殆《ほとん》ど純粹の銅《どう》と稱して差支《さしつか》へなしこの電氣《でんき》銅《どう》は一部《ぶ》は其の儘《まゝ》之を市場に販賣《はんばい》するも。大部分《だいぶぶん》は再び煉銅工場に送りて熔解《ようかい》し後棹銅（銅線原料《どうせんげんれう》）と爲す。

第一製線工場

（四）展延工場《てんえんこうぢやう》　棹銅を灼熱して機械《きかい》に依り製銅線（荒引線と稱《しよう》す）となす所なり。

（五）製線工場《せいせんこうぢやう》　荒引線を更《さら》に機械に依り展延《てんえん》して大小各種の

P264～265注釈参照

銅線《どうせん》となす所なり。

(六)分銀工場《ぶんぎんこうぢやう》　分銅工場に於《おい》て銅中より排除《はいぢよ》せる金銀其の他雑鑛物《ざつくわうぶつ》を夾雑せる沈澱物《ちんでんぶつ》を材料として精銀(金を含める)を製出《せいしゆつ》する所なり。

右《みぎ》の諸工場は同社《どうしや》が屢々技師を海外《かいぐわい》に派遣し。歐米に於ける最新《さいしん》最良の施設《しせつ》に則り建設《けんせつ》したるものなれば、毫《がう》も泰西先進國《せんしんこく》の工場に比《ひ》し遜色《そんしよく》なきのみならず、或點《あるてん》に於ては先進國《せんしんこく》をも凌駕せり。昨年《さくねん》秋來朝したる米國《べいこく》鑛業團の一行《かう》も歎稱措かざりしと傳《つた》へらる。

第二製線工場

同所《どうしよ》に於て製造する銅線《どうせん》の種類は。普通《ふつう》銅線、電車線《でんしやせん》、平角線、硅銅線《けいどうせん》等なるが。更《さら》に直徑の大小《だいせう》に隨ひて數《すう》十種《しゆ》に別れ。其太きものは棒の如く、細《ほそ》きものは針《はり》の如く。東京市内の電車用線《でんしやようせん》は勿論都鄙《とひ》各地の空中に蜘蛛《くも》の巣《す》の如く懸れる針金《はりがね》は大概同所に於《おい》て製造《せいざう》せらるゝものなり。

目下同所の所長《しよちやう》として操業萬端《ばんたん》を主宰せるは奥村龜太郎氏なり。同氏《どうし》の下に幹部を組織《そしき》せる人々は精銅《せいどう》係長長谷川鐵太郎、伸銅係長加來壽六、電機係長中川清、試驗《しけん》係長鹽見勉、經理係長小野義夫の諸氏《しよし》なりとす。

日光電氣《につくわうでんき》軌道の終點岩鼻《いははな》に立ちて前方を展望《てんばう》するときは。大谷川の彼岸《ひがん》約十町を隔《へだ》てゝ。數條の大鐵管《だいてつくわん》山上より山麓に向つて斜《なゝめ》に横はれるを見《み》るべし。是《こ》れぞ日光《につくわう》精銅所々屬事業《じげふ》の一部たる細《ほそ》尾水力《すゐりよく》發電所の水路なりとす。同發《どうはつ》電所は明治《めいぢ》三十八年《ねん》に創設《さうせつ》し。四十二年《ねん》に其の設備《せつび》を倍加《ばいか》し。今や約一萬馬力《まんばりき》の電力を造《つく》り。其の三分《ぶん》の二は細尾峠《ほそをたふげ》の險を上下する電線《でんせん》に由りて之《これ》を足尾に送《おく》り三分《ぶん》の一即《すなは》ち約三千五百馬力《ばりき》は日光精銅所《につくわうせいどうしよ》の機械運轉に使用《しよう》しつゝあり。同發電所用の水《みづ》は華嚴瀑《けごんたき》を落下する中禪寺《ちうぜんじ》湖水《こすゐ》の一部を割きて。山腹を蜿蜒《えんえん》せる隧道に依り之《これ》を送致せるものにして。是《こ》れ亦同地方《ちはう》の一偉觀《ゐくわん》たり。

展延工場

目下日光精銅所《せいどうしよ》に在勤せる職工《しよくこう》の數は約千人にして。彼等《かれら》の

P264～265注釈参照

受《う》くる給料《きふれう》は少きも一日四十錢《せん》を下らず。多きは一圓《ゑん》五十錢に達《たつ》す。職工等の住宅《ぢうたく》は工場前《こうぢやうまへ》の廣場に在りて。一ケ月家賃三十錢《せん》許。又彼等《かれら》の飲食《いんしよく》物其の他日用品の一切は同所在勤《どうしよざいきん》の職員《しよくゐん》、雇員及び職工により共同《きようどう》に組織經營せる購買組合《こうばいくみあひ》に於て之《これ》を販賣せるを以《もつ》て。普通商店《ふつうしやうてん》より購ふよりも非常に廉價なるのみならず。其《そ》の利《り》益金《えききん》は年度末毎《ごと》に組合員一同《どう》に配當せらるゝ規定《きてい》なれば。職工等《しよくこうら》は便益兩つながら之を得《う》るものとす。而《しか》して其生活費《せいくわつひ》も案外低廉なれば。何《いづ》れも滿足して事業に出精《しゆつせい》しつゝあり。加之同所《どうしよ》當局者は頗《すこぶ》る意を勞働者の優遇に用ゐ。精銅館《せいどうくわん》と稱する劇場式《げきぢやうしき》娛樂場を設けて時々歌舞音曲を催《もよほ》し。勤續賞與金《きんぞくしやうよきん》の制度を備へて職工等の後榮《こうえい》を圖り。養老《やうらう》保險隨意加入《かにふ》の法を作りて。其保《そのほ》險料《けんれう》の四割乃至七割を補助《ほじよ》し。共救義會を組織《そしき》して不慮《ふりよ》の傷痍疾病に罹《かゝ》りたる者を扶助《ふじよ》救恤する等。頗る良好《りやうかう》なる新施設《しんしせつ》あれば。大に資本家と勞働者《らうどうしや》との和衷協同《わちうけふどう》せる實績を擧《あ》げつゝあり。されば同所《どうしよ》の職工等《しよくこうら》は何れも柔順《じうじゆん》にして能く規律を重むじ。悦服《えつぷく》して其の業《げふ》を勵《はげ》み居るは、世上《せじやう》稀に見る所《ところ》の美風といふべし。

みやまのいろく

◎日光の舊八景

日光《につくわう》八景《けい》とて今に至《いた》りて傳稱するものは。正徳《しやうとく》元年九月一品公辨法親王の選定《せんてい》し給ひし所なり。八景《けい》の品題《ひんだい》左の如し。

小倉春曉　鉢石炊煙　含滿驟雨
寂光瀑布　大谷秋月　鳴蟲紅楓
山菅夕照　黑髮晴雪

當時《たうじ》の八景《けい》畫並和歌、八景詩歌各一軸。八景詩集一冊は今尚《いまな》ほ輪王寺《りんわうじ》に所藏す。

◎日光植物分園

日光植物分園《につくわうしよくぶつぶんゑん》は山內字佛岩に在り。東京帝國《とうきやうていこく》大學植物園の分園にして。各地《かくち》の高山より採收《さいしう》せし草花類を栽培《さいばい》す。其の種類三千を超ゆ。日光は高山植物《かうざんしよくぶつ》に豐富なるを以て。特に此園を設置《せつち》し。而して教員《けうゐん》、學生、生徒《せいと》の研究に資す。園の廣さ數《すう》千坪《つぼ》。瀑泉あり池沼《ちせう》あり。又假山《つきやま》あり。珍草異卉を巧《たく》みに其の間《あひだ》に排植せり。花期《くわき》は四月より七八月の候《こう》とす。苟も植物採收《しよくぶつさいしう》の爲めに日光山に入らむとするものは。先《ま》づ此園《をん》を訪ひ。主任者《しゆにんしや》に就て其の產地《さんち》、種類、路程等《とう》を尋れば便益を得《う》ること多大《たたい》ならむ。

聞く所に據《よ》れば。目下田母澤《たもざは》御用邸の近傍に一大植物園《だいしよくぶつゑん》を開設中なりと。理科學家《りくわがくか》の爲めに慶賀《けいが》すべきことなり。

◎台賜記念林

台賜記念林は。台賜《だいし》の恩榮《おんえい》を記念する爲《た》めに設くる所の植林にして。日光町《につくわうまち》永遠の基本財產《きほんざいさん》なる公有林に屬す。其《そ》の所在地は上都賀郡《かみつがぐん》日光町大字所野字下《しも》の原《はら》百十二番の一山林十町二段《だん》五畝《せ》二十步。同《どう》日光町字向山鳴蟲山千七百五番の一山林《さんりん》十五町九段《たん》九畝《せ》六步《ぶ》にして。苗樹は之《これ》を今市町より

P266 注釈参照

購入し。四十四年《ねん》五月十二日《にち》より下の原の植附《うゑつけ》に着手し。同十九日《にち》に終る。杉檜《さんくわい》の數三萬本。鳴蟲山は六月《ぐわつ》一日より着手し。同九日《か》に終《おは》る。其の數《すう》一萬本。而《しか》して四十四、四十五の兩年度にも植樹《しよくじゆ》し。合計四萬一千五百本《ぼん》に達せり。其《そ》の詳細なる事實《じじつ》は載せて「台賜記念林之記《だいしきねんりんのき》」に在り。其の概要は上鉢石町の碑文《ひぶん》に徴《ちよう》して之を知るべし。

當時日光《にっくわう》警察署長《けいさつしよちやう》中津川秀太氏警察官《けいさつくわん》を指揮し。消防隊を督勵《とくれい》し。水害防御《ばうぎよ》に努めたるのみならず。記念《きねん》植林事業を計畫し。恩榮《おんえい》に奉答するの道《みち》を講じたるは。洵《まこと》に其の宜しきを得《え》たるものといふべし。

◎町長と警察署長

現日光町長は正《しやう》五位《ゐ》勳《くん》五等《とう》西山眞平氏。現警察署長は栃木《とちぎ》縣《けん》警視從《じう》七位《ゐ》勳《くん》六等《とう》中津川秀太氏とす。兩氏《りやうし》は日光の發展に就き。平素《へいそ》大に盡力《じんりよく》せらる。日光大觀を編撰《へんせん》するに當り。兩氏の功績は逸《いつ》すべきにあらず。因《よつ》て其の一二を左に記述《きじゆつ》す。蓋し其《そ》の事は皆日光に適切《てきせつ》にして後來日光の歷史《れきし》に載すべきものなり。余《よ》の硬骨《かうこつ》は人の知る所。豈《あ》に阿諛するものならむや。

○町長西山氏の家《いへ》は御幸町に在りて。庭園の泉石《せんせき》甚だ趣あり。天王山《てんのうざん》は樓の前面に當《あた》る。常宮《つねのみや》、周宮《かねのみや》兩殿下嘗て行啓あらせられたり。其《そ》の際《さい》兩殿下には西山氏《にしやまし》の家に御立寄ありて賜物などありしことは。御用掛《ごようがゝり》阪正臣氏が御幸山供奉の記に詳かなり。氏《し》は明治《めいぢ》四十四年に日光町《にっくわうまち》の代表者として貴衆兩議院に日光山《にっくわうざん》を帝國公園と爲《な》すの請願書を提出《ていしゆつ》し。同四十五年一月再《ふたゝ》び之を提出《ていしゆつ》し。素願の達せむことを期《き》せり。第一請願書に云《いは》く。

恭しく惟るに。當日光山《たうにつくわうざん》は往古高僧勝道上人の開基《かいき》に係り本邦東北《ほんぱうとうほく》唯一の靈場にして。國幣中社《こくへいちうしや》二荒山神社祭神大巳貴命鎭座したまひ。

上御歷代に於《お》かせられては。桓武《くわんむ》天皇、平城《へいじやう》天皇、嵯峨《さが》天皇、仁明《にんめい》天皇、後鳥羽《ごとば》天皇の御崇信《ごすうしん》殊に厚く。下武門に於《おい》ては源頼朝《みなもとよりとも》、豐臣秀吉等の尊敬《そんけい》最も深く。尋《つい》で德川覇府に至《いた》りては當日光を祖廟《そべう》の地と定め。其《そ》の由緒の顯著なる史《し》乘《じやう》に章かなるを以《もつ》て今茲に贅《ぜい》するを用ゐざるなり。然《しか》り而《しか》して宮內省は曩《さき》に御用邸を建設《けんせつ》せられ畏れ多《おほ》くも 東宮殿下、東宮妃殿下《とうぐうひでんか》、皇孫殿下、內親王殿下又 皇族殿下《くわうぞくでんか》 は年々《ねんく》暑を當地に避《さ》けざせたまひ。其の他締盟《ていめい》各國本邦駐剳の大使公使《たいしこうし》を始め內外の貴賓紳士《きひんしんし》。日光山天然の秀麗明媚と人爲《じんゐ》美術の微妙《びみやう》を極めたる金光玉色の社殿《しやでん》と相待て高尚優美《いうび》なる風致を愛慕《あいぼ》し。夏期に中《あつ》ては中宮祠《し》湖畔《こはん》湯本《ゆもと》溫泉湯の湖邊の幽邃閑雅《いうすいかんが》の地を卜して避暑靜養《ひしよせいやう》し。春秋の好季節に當《あた》りては內外の人士團を作《つく》り隊を爲して來遊《らいいう》し。其の來往《らいわう》の頻繁なる恰《あだか》も一小都會の觀《くわん》をなす。今や日光山《につくわうざん》は啻に大日本帝國《だいにほんていこく》の一大勝地たるのみならず。東洋《とうやう》の公園又世界の樂園《らくゑん》と目せられ。其美名《そのびめい》年を逐ふて嘖々たるもの決して偶然《ぐうぜん》にあらざるなり。然るに日光山《につくわうざん》は明治維新以前《ゐしんいぜん》に在ては德川覇府《とくがははふ》の威力に依り。土地《とち》の保全《ほぜん》は勿論其他社殿《しやでん》の經營至《けいえいいた》れり盡せりと雖ども。維新後《ゐしんご》俄然孤立し以て之を維持するの道《みち》なく。宏壯《くわうさう》なる寺院は概ね減滅《げんめつ》し。名所舊蹟は月《つき》を累《かさ》ね年を逐ふて荒廢《くわうはい》し。荊棘蔦蘿雜草《ざつさう》繁生して狐狸雉兎の巢窟《さうくつ》と爲り。通路《つうろ》は全く人跡を絶《た》ち實に見るに忍《しの》びざる狀態《じやうたい》を呈せり。加ふるに當地《たうち》は鬼怒川《きぬがは》の水源地にして急流激湍《りうげきたん》たる大谷川及稲荷《いなり》川《がは》の兩川に壓迫《あつぱく》せられ。年々水害の災厄《さいやく》に遭遇し慘害殆ど底止《ていし》する所なからんとす。豈《あに》長歎大息《たいそく》せざらんと欲するも得んや。情況《じやうきやう》此くの如くなるを以て爾來《じらい》町民《ちやうみん》は社寺職員と戮力協心《りよりよくけふしん》只管之が復興と保全《ほぜん》とを庶幾ひ。或《あるひ》は社廟《しやべう》の修繕に或は防火水道《すゐだう》の布設に或は山内公園《こうゑん》の設置に企畫《きくわく》腐心するもの年ありと雖《いへど》も。・時機《じき》到らず力亦《また》及ばず。未だ之が施設を遂ぐる能《あた》はず。監督《かんとく》官廳亦非常の苦辛《くしん》と注意とを拂《はら》ひ。孜々《しし》汲々復舊維持に勉《つと》むと雖も。縣費《けんぴ》の補助《ほじよ》等のみを以て之《これ》が完備《くわんび》を期せんとするは到底不可能のことに屬《ぞく》す。蓋し土地《とち》の榮枯《えいこ》盛衰興廢存亡《そんばう》は時勢の變遷《へんせん》により數の免《まぬ》かれざる所なりと雖《いへど》も。若し此日光の地をして現狀《げんじやう》の儘に放置《はうち》せしめん乎。東洋《とうやう》の公園叉世界の樂園と目《もく》せられ美名の嘖々《さく〳〵》たるもの終に有名無實《むじつ》となり。獨《ひと》り當地の不幸《ふかう》たるのみに止まらず。延《ひい》て大日本帝國の面目に關《くわん》するや言を俟たずして明《あきら》かなり。且つ明治《めいぢ》五十年大博覽會盛擧《せいきよ》の時期漸く切迫《せつぱく》し來れるの時に當り。國家《こくか》的《てき》施設を要《えう》すべき諸般の事業《じげふ》多々あるべしと雖《いへど》も。就中日光山を大日本帝國公園《だいにほんていこくこうゑん》と爲し。歐米に於ける國《くに》の公園に遜色《そんしよく》なからしむるは最も時宜《じぎ》に適《てき》したる有力なる事業《じげふ》たるを信ず。仰ぎ願くば政府《せいふ》に於て今《いま》より之を經營《けいえい》せられ。日光山の名實をして相伴《あひともな》はしめ。益々《ますく》大日本帝國の精華《せいくわ》を發揚《はつやう》せられんことを。

第《だい》二の請願書《せいぐわんしよ》には此意を紹述し。且つ女峰山匍匐の松《まつ》慈觀の瀑等《とう》を稱揚して勝景《しようけい》奇觀に及べり。

○日光《につくわう》警察署長警視中津《なかつ》川《がは》氏は補職僅かに二ヶ年《ねん》餘に過ぎざるも。其《そ》の施設《しせつ》せし事業は單《たん》に警察上の取締に止《とゞ》らずして。土《と》地《ち》の發展《はつてん》に資する所少からず。

彼《か》の鬼怒《きぬ》川《がは》水力電氣工事の如き。其《そ》の從業者幷に人夫《にんぷ》は頗る多數《たずう》なれば。提警《ていけい》に關する訓諭の一策《さく》としては。戊申詔書《ぼしんせうしよ》の一節《せつ》即ち忠實服業勤儉治產の文字《もんじ》を輪王寺《りうのうじ》門跡諶照師《じんせうし》に揮毫を乞《い》ひ。印刷《いんさつ》表裝して之を彼等《かれら》に配付し其の心性《しんせい》より陶冶《たうや》し居《を》れり。日光町の發展《はつてん》に就ては。先づ日光《につくわう》、中宮祠、湯元各宿屋營業者各別《かくべつ》に宿屋組合を設《もう》けしめて。其《そ》の業務の改善を講《こう》じ。尚《な》ほ進みて日光町全般《ぜんぱん》の利益の爲《た》め。此等《これら》各組合中より選出《せんしゆつ》したる代議員を以て晃山旅館組合を組織《そしき》し。各組合《かくくみあひ》の利《り》害《がい》を調和し。公共《こうきよう》且つ共同心を以《もつ》て其の營業《えいげふ》は勿論交通及び風致《ふうち》保存《ほぞん》等の協定より實行《じつかう》まで處理することゝせり。而《しか》して交通《かうつう》の整理《せいり》就中人力車夫の矯正《きやうせい》に於ても。組合を改造《かいぞう》して旅館《りよくわん》と共に觀光客《くわんくわうきやく》を滿足せしむることゝせり。叉日光羊羹組合員を覺醒《かくせい》せしめて。品質《ひんしつ》の優良と商業《しやうげふ》振りの堅實を計り。或は日光町《につくわうまち》消防組を指導《しだう》して。台賜記念殖林を造成して百年の基礎《きそ》を固《かた》め。日光山内の應急防火豫備《ばうくわよび》の不足を補ふが爲めに。山内火防組合を組織して百餘《よ》個の輕便消火器を備《そな》へ得たり。且つ貯水池《ちよすゐち》の新設、組合員の火災豫防上の行動《かうどう》幷に規律等は同組合《どうくみあひ》長今井徳順師の斡旋に因りて完成せり。是《こ》れ氏が施設事業《じげふ》の一部にして。常《つね》に公共心と共同心《きようどうしん》の訓練に力を致し。其《そ》の圓熟《ゑんじゆく》なる發展を希望《きばう》し。勤勉心を鼓吹《こすゐ》して他に誘惑せられざる樣盡瘁し居らるゝは。敬服《けいふく》すべきことなり。

P266～267注釈参照

◎旅館宿泊料と晝食料の標準

日光町
宿泊料　四十錢より二圓迄
晝食料　十五錢より一圓迄
中宮祠
宿泊料　四十錢より一圓五十錢迄
晝食料　十五錢より八十錢迄
湯元
宿泊料　六十錢より一圓二十五錢迄
晝食料　三十錢より五十錢迄
日光より各名所に至る車賃と駕籠代金は左の如し

◎人力車賃金（日光神橋より）

入湯元迄二人輓往復　金參圓八拾錢
同　片道　金貳圓拾錢
中宮祠迄二人輓往復　金貳圓參拾錢
同　片道　金壹圓七拾錢
裏見及霧降迄（二人輓往復）　金壹圓
同　片道　金五拾參錢
馬返迄一人輓往復　金七拾錢
同　片道　金四拾錢
大日堂䂓滿廻一人輓　金參拾錢
細尾迄一人輓　片道　金參拾錢
清瀧迄一人輓　片道　金貳拾五錢
御宮廻り一人輓　金參拾錢
停車場より西町遠近晝夜雨雪泥濘に拘らず一人輓片道　金拾八錢
同所より東町神橋際迄同斷片道一人輓　金拾貳錢
中宮祠湯本より裏見瀧廻り金貳拾錢増
神橋より湯本まで七里十五丁

一人一日買切金壹圓　案内人日當金五拾五錢
同半日買切金五拾錢
神橋より中宮祠まで四里五丁
夜半惡路雨雪泥濘の節は三割増
神橋より裏見まで一里十五丁
泥濘雨雪夜中なる時は五割増
神橋より馬返まで二里
乘客用便の爲め停車一時間以上に渡る時は一時間毎に金貳錢五厘増
手荷物三貫目以上は一貫目毎に一里六錢

◎駕籠賃金

入湯元迄　往復　金五圓
同　片道　金參圓貳拾錢
中宮祠迄　往復　金貳圓
同　片道　金壹圓貳拾錢
裏見瀧迄　往復　金壹圓貳拾錢
霧降瀧迄　往復　金壹圓貳拾錢
大日堂䂓滿廻り　金七拾錢
細尾迄　片道　金七拾錢
馬返迄　往復　金壹圓
馬返迄　片道　金六拾錢
御宮廻り　金七拾錢
駕籠舁人夫一日買切　金壹圓
チエリヤ駕籠人夫四人は頭書賃金の倍額非常な惡路又は夜中にして雨雪泥濘の節は三割以上の増賃
案内人日當　金參拾錢

霧降瀧、裏見瀧迄何れも一里半、車三時間、籠四時間にて往復するを得べし。

中宮祠迄四里餘、人力車ならば約七時間、籠ならば約九時間にて往復するを得べし。遊覧の時間は此外たるべし、途次裏見瀧へ廻れば約一時間は増すべし。

湯元へ七里餘、普通往復は二日を要す、上りは車にて約六時間乃至七時間、籠にて九時間を要すべし。

P267 注釈参照

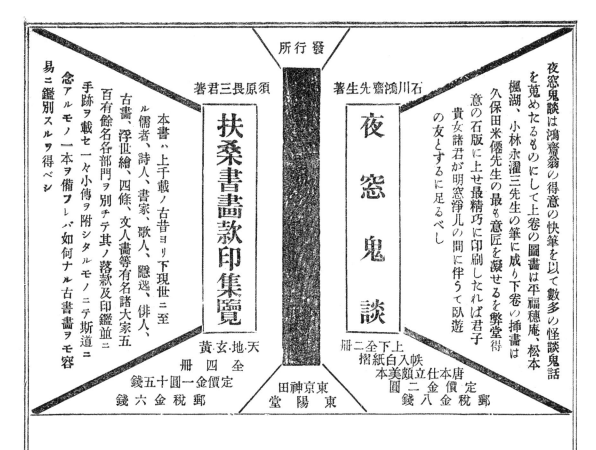

大正元年八月卅一日印刷納本

同　年九月　三　日發　行

著作權所有

發行兼印刷人　東京市神田區駿河臺袋町十一番地　吾妻健三郎

編輯人　同市下谷區徒士町一丁目五十五番地　田中市之助

發行所　東京市神田區通新石町三番地　東陽堂

電話本局九七〇番

振替貯金口座東京壹壹九〇六番

日光電車案内

電車發着時刻表

明治四十五年五月十一日改正

下り（中禪寺方面行）

汽車着	停車場發	警察署前	神橋	安川町	田母澤橋	花石町	荒澤橋	白崖下	觀音前	精銅所前	岩ノ鼻
	四、四五	四、五三	四、五九	五、〇二	五、〇六	五、〇八	五、一五	五、二一	五、二三	五、二六	
	五、四〇	五、四八	五、五四	五、五七	六、〇一	六、〇三	六、〇九	六、一五	六、一七	六、二〇	
	六、一五	六、二三	六、二九	六、三二	六、三六	六、三八	六、四四	六、五〇	六、五二	六、五五	六、五八
	六、四五	六、五三	六、五九	七、〇二	七、〇六	七、〇八	七、一四	七、二〇	七、二三	七、二五	
	七、二五	七、三三	七、三九	七、四二	七、四六	七、四八	七、五四	七、五九	八、〇一	八、〇四	
八、二〇	八、三〇	八、三八	八、四四	八、四七	八、五一	八、五三	八、五九	九、〇五	九、〇七	九、一〇	九、一三
	九、〇〇	九、〇八	九、一四	九、一七	九、二一	九、二三	九、二九	九、三五	九、三七	九、四〇	
	九、四〇	九、四八	九、五四	九、五七	一〇、〇一	一〇、〇三	一〇、〇八	一〇、一五	一〇、一七	一〇、二〇	
一〇、二五	一〇、三五	一〇、四三	一〇、四九	一〇、五二	一〇、五六	一〇、五八	一一、〇四	一一、一〇	一一、一三	一一、一四	一一、一七
	一一、一〇	一一、一八	一一、二四	一一、二七	一一、三一	一一、三三	一一、三八	一一、四四	一一、四六	一一、四九	
一一、三五	一一、四〇	一一、四八	一一、五四	一一、五七	一二、〇一	一二、〇三	一二、一〇	一二、一六	一二、一八	一二、二一	一二、二四
	一二、三五	一二、四三	一二、四九	一二、五二	一二、五六	一二、五八	一、〇四	一、一〇	一、一二	一、一五	
	一、一〇	一、一八	一、二四	一、二七	一、三一	一、三三	一、三九	一、四五	一、四七	一、五〇	
一、三五	一、四〇	一、四八	一、五四	一、五七	二、〇一	二、〇三	二、〇九	二、一五	二、一七	二、二〇	二、二三
二、四五	二、五五	三、〇三	三、〇九	三、一二	三、一六	三、一八	三、二四	三、三〇	三、三二	三、三五	三、三八
	三、三〇	三、三八	三、四四	三、四七	三、五一	三、五三	三、五九	四、〇五	四、〇七	四、一〇	
	四、〇〇	四、〇八	四、一四	四、一七	四、二一	四、二三	四、二九	四、三五	四、三七	四、四〇	
四、四〇	四、五五	五、〇三	五、〇九	五、一二	五、一六	五、一八	五、二四	五、三〇	五、三四	五、三七	五、四〇
	五、二五	五、三三	五、三九	五、四二	五、四六	五、四八	五、五四	六、〇〇	六、〇二	六、〇五	
	六、〇五	六、一三	六、一九	六、二二	六、二六	六、二八	六、三四	六、四〇	六、四二	六、四五	
七、〇〇	七、〇五	七、一三	七、一九	七、二二	七、二六	七、二八	七、三四	七、四〇	七、四二	七、四五	
	七、三〇	七、三八	七、四四	七、四七	七、五一	七、五三	七、五九	八、〇五	八、〇七	八、一〇	
	八、三五	八、四三	八、四九	八、五二	八、五六	八、五八	九、〇四	九、一〇	九、一二	九、一五	
九、一五	九、二〇	九、二八	九、三四	九、三七	九、四一	九、四三	九、四九	九、五五	九、五七	一〇、〇〇	

上り（停車場方面行）

岩ノ鼻	精銅所前	觀音前	白崖下	荒澤橋	花石町	田母澤橋	安川町	神橋	警察署前	停車場着	汽車發
	五、三五	五、三七	五、三九	五、四四	五、四八	五、五〇	五、五三	五、五六	六、〇二	六、一〇	六、三〇
	六、三五	六、三七	六、三九	六、四四	六、四九	六、五一	六、五八	七、〇一	七、〇五	七、一〇	
七、〇〇	七、一九	七、二二	七、二四	七、二九	七、三三	七、三五	七、三八	七、四一	七、四七	七、五五	
	七、四五	七、四七	七、四九	七、五四	七、五九	八、〇二	八、〇八	八、一一	八、一七	八、二五	
	八、二五	八、二七	八、三〇	八、三五	八、三九	八、四一	八、四三	八、四六	八、五二	九、〇〇	九、一〇
九、一七	九、三五	九、三七	九、三九	九、四四	九、四九	九、五一	九、五四	九、五六	一〇、〇	一〇、一〇	
	九、五七	一〇、〇〇	一〇、〇二	一〇、〇八	一〇、一二	一〇、一五	一〇、一八	一〇、二一	一〇、二七	一〇、三五	一一、〇五
	一〇、四〇	一〇、四二	一〇、四四	一〇、四九	一〇、五四	一〇、五六	一〇、五九	一一、〇二	一一、〇八	一一、一五	
一一、二〇	一一、二八	一一、三〇	一一、三三	一一、三八	一一、四三	一一、四六	一一、五三	一一、五六	一二、〇二	一二、一〇	一二、一五
	一一、五八	一二、〇二	一二、〇五	一二、一〇	一二、一五	一二、一七	一二、二〇	一二、二三	一二、二九	一二、三五	
一二、二七	一二、四〇	一二、四二	一二、四四	一二、四九	一二、五四	一二、五六	一、〇〇	一、〇三	一、〇九	一、一五	
	一、三〇	一、三二	一、三四	一、三九	一、四四	一、四六	一、五三	一、五六	二、〇二	二、一〇	二、一五
	二、一〇	二、一二	二、一五	二、二〇	二、二五	二、二七	二、三〇	二、三三	二、三九	二、四五	
二、四五	二、五〇	二、五二	二、五四	二、五九	三、〇四	三、〇六	三、〇八	三、一一	三、一七	三、二五	四、〇〇
三、四〇	三、五〇	三、五二	三、五五	四、〇一	四、〇六	四、〇八	四、一三	四、一六	四、二二	四、三〇	
—	四、二〇	四、二二	四、二四	四、二九	四、三四	四、三六	四、三九	四、四二	四、四八	四、五五	
	四、五〇	四、五二	四、五四	四、五九	五、〇五	五、〇七	五、〇八	五、一一	五、一七	五、二五	五、三五
五、四五	五、五九	六、〇二	六、〇四	六、〇九	六、一四	六、一六	六、一八	六、二一	六、二八	六、三五	
	六、二五	六、二七	六、二九	六、三四	六、三九	六、四一	六、四四	六、四七	六、五三	七、〇〇	七、四〇
	七、二三	七、二五	七、二七	七、三四	七、三八	七、四〇	七、四三	七、四六	七、五二	八、〇〇	
	八、〇〇	八、〇二	八、〇五	八、一〇	八、一四	八、一六	八、一八	八、二一	八、二七	八、三五	
	八、二五	八、二七	八、二九	八、三五	八、三九	八、四一	八、四八	八、五一	八、五七	九、〇二	
	九、三八	九、四〇	九、四二	九、四九	九、五四	九、五六	九、五八	一〇、〇一	一〇、〇七	一〇、一五	
	一〇、二〇	一〇、二二	一〇、二四	一〇、二九	一〇、三四	一〇、三六	一〇、三九	一〇、四二	一〇、四八	一〇、五五	

日光停車場より岩ノ鼻まで（中禪寺馬返手前まで）約五哩半電車の發着は前表に示せる通り上下共汽車發着に連絡す茲に電車の便に依り名所の順路を擧ぐれば大要左の如し

名所	電車の乘降場よりの距離
東照宮	神橋より西方約五丁
二荒山神社	同 約七丁
三代靈廟	同 約七丁
三佛堂（輪王寺）	同 約四丁
慈眼大師堂	同 約八丁
瀧尾神社	同 約十二丁
律院	同東北方 約六丁
霧降瀧	同 約一里十丁
釋迦堂（殉死の墓碑あり）	田母澤前
寂光瀧	同西北方 約二十五丁

名所	電車の乘降場よりの距離
羽黑瀧	田母澤より西北方約廿七町
含滿淵	下河原より南方 約七丁 花石町より東方 約四丁
大日堂	花石町より南方 約三丁
裏見瀧	裏見より西方 約十四丁
清瀧權現	白崖下前
清瀧觀音	觀音前
中禪寺湖、華嚴瀧	終點岩ノ鼻より西方 約一里十八丁 此間人車の便あり
般若、方等瀧	中禪寺道途中 約一里劍ケ峰向ふ
湯元湖、溫泉	中禪寺を經て西方 約三里 此間人車又ば馬車の便あり
足尾町	終點岩ノ鼻より西南方 約四里 此間人車を利用し峠向より馬車の便あり

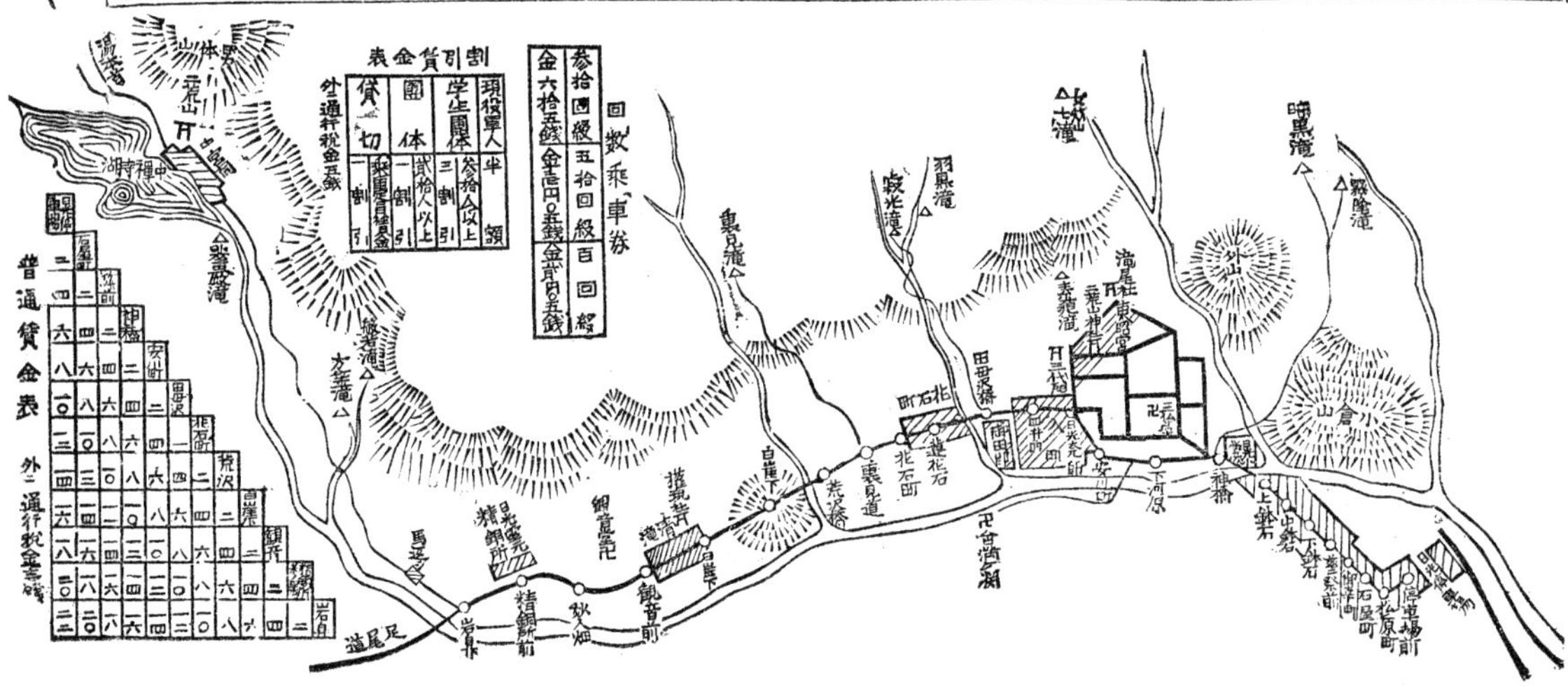

日光・現在の写真 01（【 】内頁数は注釈記事の頁数に相当）

※写真 14・17・23・24・25 は玄梅正明氏提供

01 野口「日枝神社」（旧 生岡山王社 明治４年改称）【P218】

02 現 JR 日光駅（開業明治 23 年〈1890〉）【P170】

03 旧日光市役所庁舎（建物は大正 8 年頃〈1919〉完成、
令和４年〈2022〉記念公園として整備【P179】

04 西町に残る「背割水路」【P260】

05 二荒山神社唐銅鳥居柱根の「返花」【P217】

06 東照宮五重塔・石鳥居【P188】

日光・現在の写真 02（【 】内頁数は注釈記事の頁数に相当）

07 陽明門（平成の大修理竣工）
2017 年 3 月 6 日【P192】

08 東照宮神輿舎（主祭神家康公神輿）【P192】

09 東照宮奥社唐銅宝塔、唐門（「鋳抜門」）【P196】

10 東照宮奥社石造唐門（慶安 2 年〈1649〉唐銅に交替）【P196】

11 開山堂（勝道上人座像、奥・本尊地蔵菩薩）【P210】

12 輪王寺（三仏堂、金剛桜）【P201】

日光・現在の写真 03（【 】内頁数は注釈記事の頁数に相当）

13 相輪橖（令和 4 年に明治 8 年移転後初めての大改修)・三仏堂（奥）・護摩堂（左）【P202・203】

14 含満淵（「並地蔵」、奥「親地蔵」。明治 35 年水害前）【P224】

15 寂光滝 (布引滝・七段滝とも)【P259】

16 裏見滝・厳冬（奥)【P256】

17 馬返茶店「つたや」（明治 35 年水害直後）【P228】

18 第一いろは坂剣ヶ峰茶屋跡展望台より般若滝（右）・方等滝（左）を望む【P229・260】

日光・現在の写真 04（【 】内頁数は注釈記事の頁数に相当）

19 方等滝？（下段。上段砂防ダム）
【P229・260】

20 般若滝？【P229・260】

21 滝尾神社楼門扁額「女体中宮」（二荒山神社蔵）【P222】

22 華厳滝・厳冬（1986年10月25日滝口左側崩落）
【P253】

23 男体山・中禅寺湖・中宮祠集落・白根山（奥）※空撮
【P231】

24 中禅寺湖全景（上野島・遠方富士山）※男体山山頂より
【P231】

日光・現在の写真 05（【 】内頁数は注釈記事の頁数に相当）

25 戦場ヶ原全景（中央は国道121、右・太郎山）※空撮【P241】

26 戦場ヶ原・夏（開拓村農場、男体山）【P242】

27 開拓村・厳冬（右・太郎山、左・山王帽子山）【P242】

28 湯の湖・厳冬（湖尻より奥・金精山、温泉ケ岳【P251】

29 湯元温泉 源泉地域（自然湧出源泉の湯小屋）【P244】

30 滑川滝（奥・新滑川橋）【P256】

本書記載の山・湖沼・瀑（滝）の位置

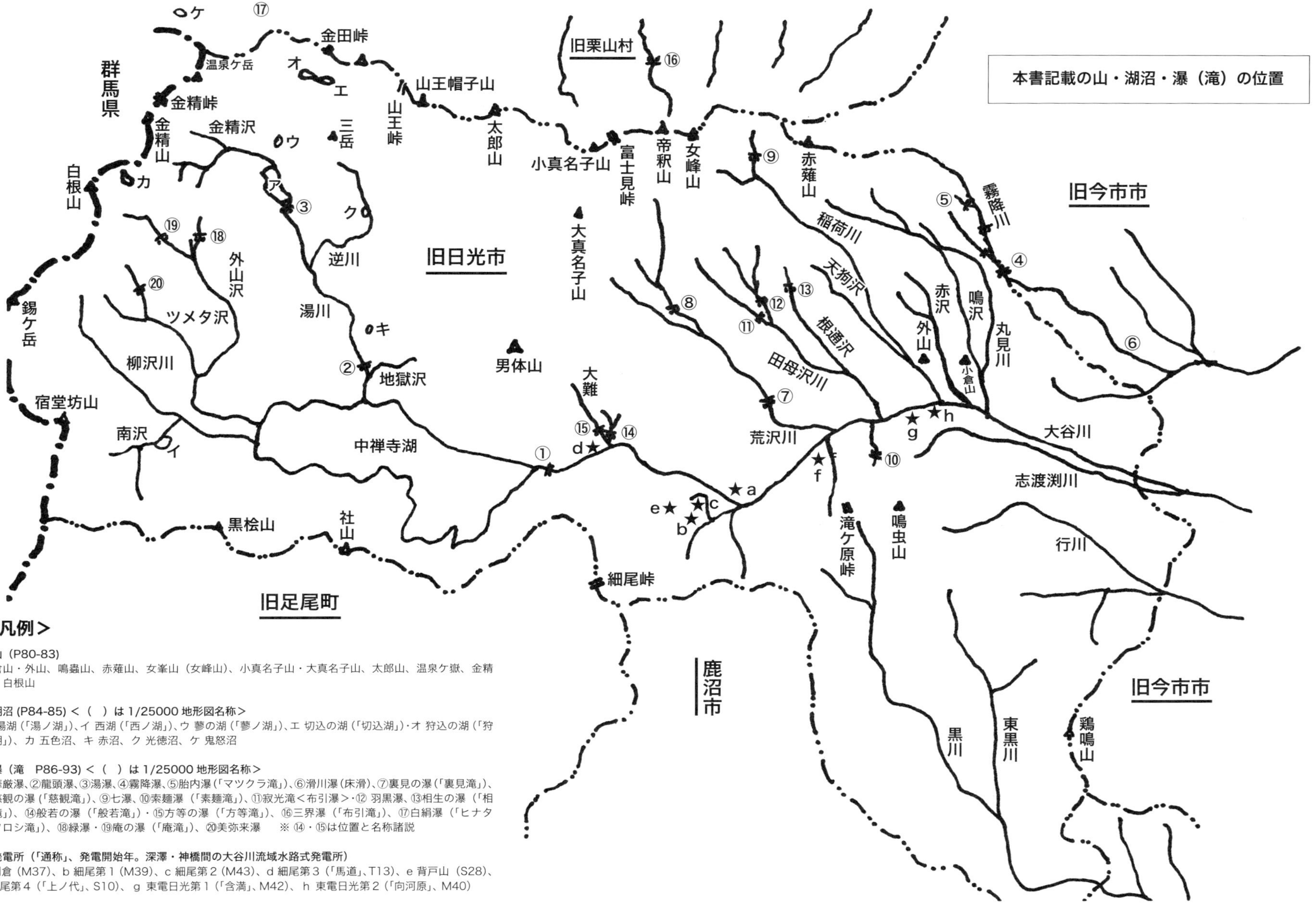

＜凡例＞

◎山（P80-83）
小倉山・外山、鳴蟲山、赤薙山、女峯山（女峰山）、小真名子山・大真名子山、太郎山、温泉ケ嶽、金精峠、白根山

◎湖沼 (P84-85) ＜（　）は 1/25000 地形図名称＞
ア 湯湖（「湯ノ湖」）、イ 西湖（「西ノ湖」）、ウ 蓼の湖（「蓼ノ湖」）、エ 切込の湖（「切込湖」）・オ 狩込の湖（「狩込湖」）、カ 五色沼、キ 赤沼、ク 光徳沼、ケ 鬼怒沼

◎瀑（滝　P86-93）＜（　）は 1/25000 地形図名称＞
①華厳瀑、②龍頭瀑、③湯瀑、④霧降瀑、⑤胎内瀑（「マツクラ滝」）、⑥滑川瀑（床滑）、⑦裏見の瀑（「裏見滝」）、⑧慈観の瀑（「慈観滝」）、⑨七瀑、⑩索麺瀑（「素麺滝」）、⑪寂光滝＜布引瀑＞・⑫ 羽黒瀑、⑬相生の瀑（「相生滝」）、⑭般若の瀑（「般若滝」）・⑮方等の瀑（「方等滝」）、⑯三界瀑（「布引滝」）、⑰白絹瀑（「ヒナタオソロシ滝」）、⑱緑瀑・⑲庵の瀑（「庵滝」）、⑳美弥来瀑　　※ ⑭・⑮は位置と名称諸説

◎発電所（「通称」、発電開始年。深澤・神橋間の大谷川流域水路式発電所）
a 別倉（M37）、b 細尾第 1（M39）、c 細尾第 2（M43）、d 細尾第 3（「馬道」、T13）、e 背戸山（S28）、f 細尾第 4（「上ノ代」、S10）、g 東電日光第 1（「含満」、M42）、h 東電日光第 2（「向河原」、M40）

二社一寺等の建物等配置図

（「日光パーフェクトガイド」より。一部修正）

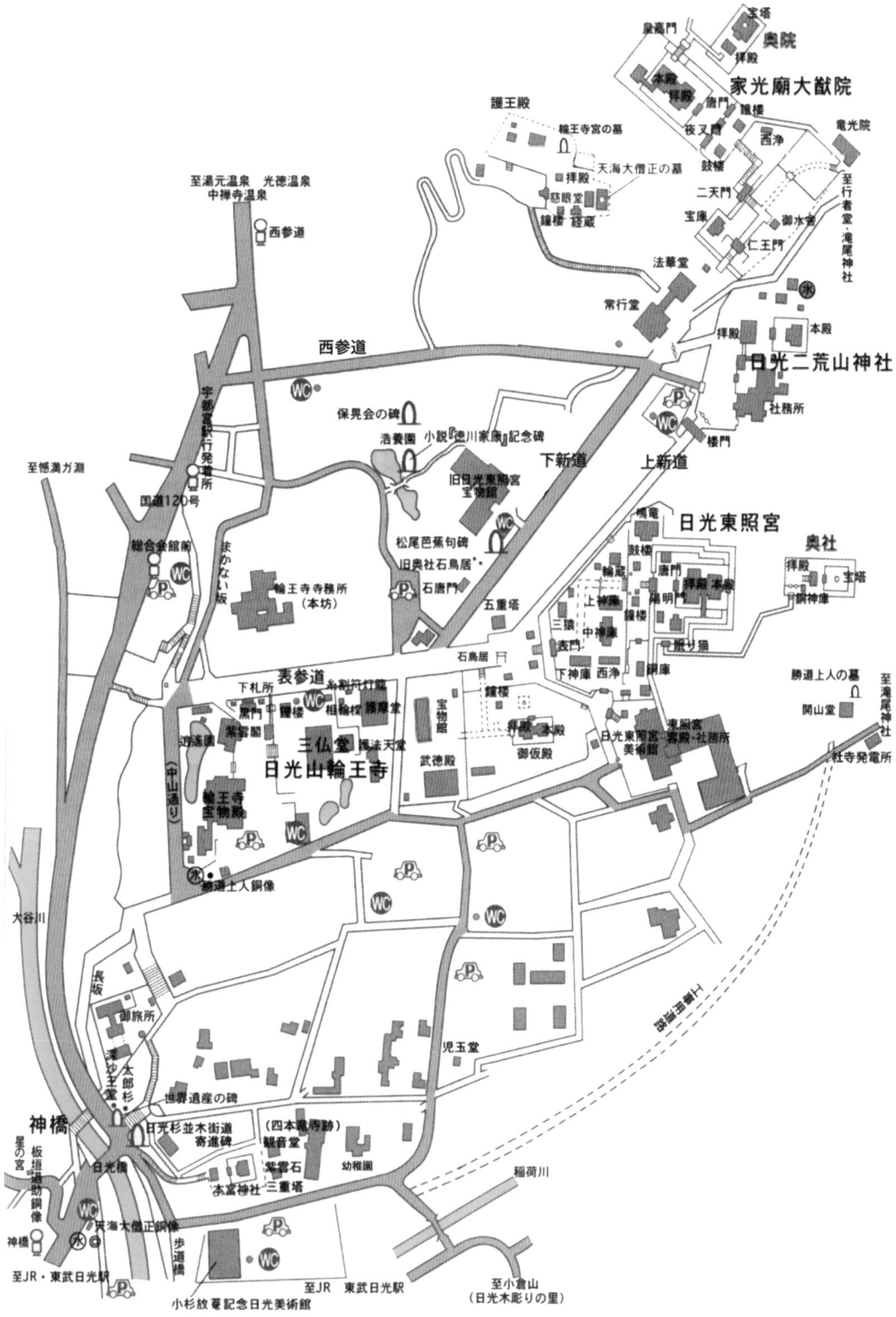

世界遺産「日光の社寺」登録建造物一覧表

改訂新版「日光パーフェクトガイド」P117 より

日光二荒山神社

●本　殿　１棟
●唐　門　１棟
●掖門及び透塀　２棟
●拝　殿　１棟
●鳥　居　１棟
●神　橋　１棟
●別宮滝尾神社本殿　１棟
●別宮滝尾神社唐門　１棟
●別宮滝尾神社拝殿　１棟
●別宮滝尾神社楼門　１棟
●別宮滝尾神社鳥居　３棟
●別宮本宮神社本殿　１棟
●別宮本宮神社唐門及び透塀　２棟
●別宮本宮神社拝殿　１棟
●別宮本宮神社鳥居　１棟
●神輿舎　１棟
●大国殿　１棟
●末社朋友神社本殿　１棟
●末社日枝神社本殿　１棟

日光東照宮

■本殿・石の間及び拝殿　１棟
■正面及び背面唐門　２棟
■東西透塀　２棟
■陽明門　１棟
■東西廻廊（１）（附）潜門　２棟
●上社務所　１棟
●神楽殿　１棟
●神輿舎　１棟
●鐘　楼　１棟
●鼓　楼　１棟
●上神庫　１棟
●中神庫　１棟
●下神庫　１棟
●水　屋　１棟
●神　厩　１棟
●表　門（１）（附）篰子塀　１棟
●五重塔　１棟
●石鳥居　１棟
（１）（附）鐘舎
（２）（附）燈台穂屋
（３）（附）燈台穂屋
（４）（附）銅神庫
（５）（附）渡廊
（６）（附）銅庫門及び板塀
（７）（附）非常門及び銅板塀
（８）（附）内番所
（９）（附）西浄
（10）（附）東通用御門（社家門）
●坂下門　１棟
●奥社宝塔　１棟
●奥社唐門　１棟
●奥社石玉垣　１棟
●奥社拝殿　１棟
●奥社銅神庫　１棟
●奥社鳥居　１棟
●奥社石柵　１棟
●仮殿本殿・相の間・拝殿　１棟
●仮殿唐門　１棟
●仮殿掖門及び透塀　２棟
●仮殿鳥居　１棟
●仮殿鐘楼　１棟
●御旅所本殿　１棟
●御旅所拝殿　１棟
●御旅所神饌所（１）（附）渡廊　１棟
●旧奥社唐門　１棟
●旧奥社鳥居　１棟

日光山輪王寺

●本堂（三仏堂）　１棟
●相輪橖　１棟
●本坊表門　１棟
●開山堂　１棟
●常行堂　１棟
●法華堂　１棟
●常行堂法華堂渡廊　１棟
●慈眼堂廟塔　１棟
●慈眼堂拝殿　１棟
●慈眼堂経蔵　１棟
●慈眼堂鐘楼　１棟
●慈眼堂阿弥陀堂　１棟
●児玉堂　１棟
●護法天堂　１棟
●観音堂　１棟
●三重塔　１棟
■大猷院霊廟本殿・相の間・拝殿（１）（附）厨子　１棟
●大猷院霊廟唐門　１棟
●大猷院霊廟瑞垣　１棟
●大猷院霊廟掖門　１棟
●大猷院霊廟御供所　１棟
●大猷院霊廟御供所渡廊　１棟
●大猷院霊廟夜叉門　１棟
●大猷院霊廟夜叉門左右廻廊（１）（附）潜門　２棟
●大猷院霊廟鐘楼　１棟
●大猷院霊廟鼓楼　１棟
●大猷院霊廟二天門（１）（附）左右袖塀　１棟
●大猷院霊廟西浄　１棟
●大猷院霊廟水屋　１棟
●大猷院霊廟宝庫　１棟
●大猷院霊廟仁王門（１）（附）左右袖塀　１棟
●大猷院霊廟皇嘉門（１）（附）左右袖塀　１棟
●大猷院霊廟銅包宝蔵　１棟
●大猷院霊廟奥院宝塔　１棟
●大猷院霊廟奥院鋳抜門　１棟
●大猷院霊廟奥院拝殿　１棟
●大猷院霊廟別当所竜光院（１）（附）玄関　１棟

(公財)日光社寺文化財保存会管理

●本地堂　１棟
●経　蔵　１棟

※■＝国宝（９棟）　●＝国重要文化財（94 棟）（附）＝附指定物件（木造建築物のみ、棟数には含めない）

注釈「日光大観」

【題詞】

「秀霊」輪門諶照題

輪王寺門跡を「輪門」と称し、輪王寺第76世大僧正彦坂諶照氏による。

【日光山歌】

著者は本書作成時に明治天皇崩御（明治45年7月30日）に遭遇し、大正元年8月5日万感の想いを込め本歌を詠む。

【凡例】

本書にかける著者山下の姿勢・意気込みがひしひしと伝わる凡例。

特に、世間一般に流布する案内書は時に「煩瑣に失し、粗雑に流れ」たもの多い故、「実況を探査し」、従前の「誤謬を正し」「正確」を期している。その際、現地を巡り「古今の事実を探査」し、行政や社寺に加え、その道の専門家の見解を尋ねた。

【目次】

目次は、「日光大観挿図及写真目次」（P9～10）及び「記事目次」（P11～12）よりなる。前者は三区分され、挿図・写真等、記事中間の写真、木版よりなる。当時の様子を視覚的に提供するこれらは『百聞は一見に如かず』であり、特に着色された頁大の挿図や写真は臨場感溢れ貴重である。

後者は、東照宮・二荒山神社・輪王寺の記述が中心であるが、自然関係にも意を配り山岳・湖・瀑（滝）の解説も加える。更に、この種の案内書では触れることの稀な「西澤金山」・「日光精銅所」の詳細な記事は注目される。

【挿図　陽明門】

参拝者で賑わう陽明門前付近。当時の参拝者の多様な姿（洋装・和装の人々、軍人・子供・写真屋・案内人等）が活写され貴重。

【写真　社寺長職者及び町長・警察署長】

日光町の有力者の写真。（　）に在任期間を記す。

「東照宮宮司阿知和安彦氏」（明治45年4月～大正5年12月在任）

「二荒山神社宮司村上信夫氏」（明治42年6月～大正3年7月在任）

「輪王寺門跡彦阪諶照氏」（勝道上人より数え第76世、明治35年～大正10年在任）

「日光町長西山真平氏」（日光町第8代町長　明治43年～大正3年在任）

「日光警察署長中津川秀太氏」（明治42年12月～大正元年12月在任）

【写真　東照宮】

【写真　明治四十五年六月一日東照宮官祭当時の記念撮影】

「前列中央に烏帽子直垂を著したるは公爵徳川家達公なり」

東照宮春季例大祭（現在は5月17日）は、当時6月1日で東照宮官祭と称した。写真は例大祭における神輿渡御祭《しんよとぎょさい》（通称「千人武者行列」）に際し、渡御のために神輿を神輿舎《しんよしゃ》より発出前の記念撮影である。なお、公爵徳川家達《とくがわいえさと》公（1863～1940）は、第15代徳川慶喜の跡を継いだ第16代徳川宗家当主。写真に御宗家や輪王寺僧侶・警察官等が映るが、今日この種の写真撮影はない。

【地図　日光付近之図】

図は『ケバ』（毳）を用いて高低・傾斜等の地形を表現。ただ、南北を縮小し東西を拡大している為、特に位置関係が不正確となり、且つ縮尺が不明である。

記載事項で金山・古峰ヶ原・蓼ノ湖・上野島・銅山・行政界は位置誤り。金盛峠は金精峠、御子内は神子内、七野は七里、大真子山・小真子山は各々大真名子山・小真名子山の誤り。満願寺はこの時期には輪王寺、また図中の栗山沢峯・富士見山・行者山は名称不明。

＊ふたらのみやま（P23～P25）

◎全山の概要（P23～25）

P23で「日光」の地名の由来を数点記すが、民間信仰と仏教の結合した諸説あり。

①アイヌ語のフトラ（熊笹）がフタラ（二荒）に転化した。

②観世音菩薩が住む観音浄土補陀洛山《ふだらくさん》（梵語 potaraku）がフタラに転化した。

③男体・女峰両山に二神が現れた故に二《ふた》現山《あらわれやま》と呼ばれフタアラに転化。

④本文の「山間の洞穴より春秋の二次暴風の起こるあり」の通り、丹勢山の西側の岩壁（通称「屏風岩」）の洞穴より春秋二度暴風が吹くとして二荒《ふたら》の名がつけられた。

⑤本文の「空海の登山に當たり二荒を音読し更に日光の文字を之に充」説。

⑥男体山は大日如来威徳の輝く山故「大日如来光明遍照」の句説。

P23下段7行目
「東照宮の号と符合するも一奇と謂うべし」

東照宮の名称である東照であるが、家康は死後朝廷より東照大権現の神号を賜る。山王一実神道の本地垂迹説《ほんちすいじゃくせつ》に則り、家康公の本地仏が東方薬師瑠璃光如来であることに、つまり公は東に照る如来が権《かり》に現れた神であるとする。神としての家康公の本地仏である薬師如来を祀るのが、東照宮境内の本地堂（薬師堂）であり、本文P44下段の「写真　東照宮本地薬師堂」、及び本文P44下段14行目「本地堂とも称す神仏混淆時代の遺物なり」を参照。

P23下段後8～13行目

諸山の高さ（尺表示）は正確性を欠く為、右側に1／25000地形図の標高を記す。

男体山	8195尺 (2483.3m)	→	2486m
女峰山	7866尺 (2383.6m)	→	2483m
赤薙山	7560尺 (2290.1m)	→	2010.5m
太郎山	7920尺 (2400.0m)	→	2367.7m
大真名子山	7870尺 (2384.8m)	→	2375.6m
小真名子山	7720尺 (2339.3m)	→	2323.1m

P24上段5行目
「目撃するに及び。導者一々指示して云く」

山内は空間的に広く多くの社殿堂宇がある。それらを効率的に見学・参拝するには案内する人が欠かせない。その人達が本文の「導者」で、今日では一般に「社寺殿堂案内人」、（単に「案内人」「ガイド」とも）或いは江戸期からの名称である「堂舎曳《どうしゃび》き」（現在は「堂者引き」）とも言う。

P24上段12行目
「東照宮の大祭行列。輪王寺の強飯、延年舞。二荒山神社の」

東照宮の春秋例大祭の行列を記しているが、正式名称は「神輿渡御祭」、通称「百物揃千人武者行列《ひゃくものそろえせんにんむしゃぎょうれつ》」をいう。詳細は本文P51～58を参照のこと。

P24下段2行目
「深澤一帯の美観を以て之に挙るも己に十分なり」

深澤《みさわ》は紅葉と急流・渓谷美の名所である。P99上段後2行目に、「霜辰紅葉の美観推想するに余りあり。又一橋を得之を栄橋と言ふ。同年十一月架かる所。此辺を深澤と称す。或は御澤又は三澤に作る。」とある。
大谷川は華厳ノ滝下流で華厳渓谷の深い谷を形成し、深澤の女人堂《にょにんどう》付近で男体山東麓を深く切り込む大薙《おおなぎ》が北方から合流し、急流を為す大谷川は深澤の深い渓谷を刻む。奥日光は「全山錦繍ならざる所なきをや」（3行目）と記す如く地域全体が紅葉の名所と言えるが、特にＰ99の記述やＰ144「挿図　幸橋上りの眺望」で深澤の紅葉を推奨する。

今日、日光市内と中宮祠地域とを結ぶ道路は、下り専用の第1、上り専用の第2いろは坂（昭和40年〈1965〉完成。それに伴い同7年〈1932〉設置の馬返・明智平間ケーブルカー1.2㎞を同45年廃止）である。しかし、今日の第1いろは坂の前身に当たる道路の拡幅がなされ、中宮祠への乗合自動車の運行が許可されたのが大正14年（1925）であり、本書出版時の深澤付近の道路情況は、先に引用した、Ｐ144「挿図　幸橋上りの眺望」の如くであったであろう。なお、両道とも昭和60年無料化。

江戸期まで奥日光地域は女人牛馬禁制の地で（明治5年〈1872〉女人登山許可）、女人・牛馬の入山は厳しく禁止されていた為、女人は深澤の女人堂（地蔵堂）で男体山を遙拝し引き返さざるを得なかった。本文の霜辰は霜晨《そうしん》（霜の降りた朝「広辞苑」）。

P24下段11行目

「男体の絶頂に攀《よ》づべし。〜白栲を着たる信徒にあらざるも」

男体山登拝祭において山頂を目指す者は、本文Ｐ112〜118の挿図にある様な白栲《はくこう》（シロタエ、白妙・白装束）に身を包み参加した。詳細はＰ112「黒髪の白栲」参照。

P24下段後4行目

「山路亦開拓して〜人車を通ずべく。目下岩鼻までは電車の利便さへあり」

日光における近代的交通手段の導入は、明治16年（1883）県知事三島通庸により鉢石宿大通り各所にあった石段・大木戸撤去に始まる。明治23年（1890）宇都宮・日光間鉄道開通、同21年に日光・細尾間の軽便馬車（後に牛車）鉄道が開通し、続いて、日光駅・清滝岩ノ鼻間電車軌道開通が同43年（1910）であり、本文の電車はこれを指している。その後電車軌道は大正2年（1913）に馬返まで延伸され、日光駅と馬返が直接結ばれ、奥日光開発への弾みがつく。大正期には中宮祠への道路改修が精力的になされ、同14年（1925）には中禅寺への乗合自動車通行が可能となる（当時の日光町の動きはＰ3〜4参照）。

なお、岩ノ鼻は古河の「足尾銅山日光電気精銅所」（明治39年〈1906〉創立）の位置した清滝集落の西端で、この地は中宮祠と足尾への道路分岐点に当たり、又地形的には馬返より南東流してきた大谷川が北東に流れを変える地点に当たる。

【挿図　（上図）「日光旅館小西別館之全景」、（下図）「小西旅館本店之図」】

上鉢石町の神橋近くに位置する小西旅館本店（本館）及び別館は、明治期〜昭和期の日光を代表する和風旅館。現在、旅館の経営者は当時と変化したが、本館は木造3階建で、一部改造が見られるが、現存し当時の様子を留める。別館は改築され洋風化し、当時とは様子を一変させた（本文Ｐ5）。

◎勝道上人の功績（Ｐ27）

P27上段4行目

「上人の千艱万難《せんかんばんなん》は空海嘗て健筆を揮ひて巧に之を叙述し開山碑に載せたるも読む者

すら多からざるは遺憾なり」

勝道上人の事績に関しての第一級の史料は本文の記す空海による「開山碑」である。碑に関しては本文P111～112に記されているが、難解であり、著者の記すとおり「読む者すら多からざる」のが実状である。上人の簡単な年譜を記す。〈〉は空海関係。

・天平7年（７３５）若田藤糸丸が下野国高岡郷仏生寺《ぶっしょうじ》（現真岡市）にて誕生
・天平宝字5年（７６１）下野薬師寺で鑑真弟子の如宝より剃髪（法名厳朝、後に勝道）
・天平神護2年（７６６）大谷川渡河（紫雲立寺創建。後の四本龍寺）
・神護景雲元年（７６７）男体山第一回登攀失敗。二荒神祀る（後の本宮神社）
・天応元年（７８１）、男体山第二回登攀失敗
・延暦元年（７８２）男体山第三回登攀成功。中禅寺湖畔に草庵作る
・延暦3年（７８４）第四回登攀。山腹に神宮寺建立（後中禅寺）千手観音手刻
・延暦8年（７８９）上野国総講師に叙任
・弘仁8年（８１７）入寂（墓所山内仏岩）（仏岩・上野島・瑠璃ケ壺に分骨）

〈弘仁5年《８１４》空海「開山碑」撰文（京都高尾神護寺にて）。碑文はP111～112。同11年（８２０）空海登山。滝尾・寂光権現勧請（後滝尾神社・寂光神社）〉

＊旅路のやどり（P27～P31）

◎日光町（P27）

明治22年（１８８９）町村制実施にともない日光町成立。
（日光山内・日光町〈東西両町〉・蓮花石村が合併し旧日光町〈明治7～22年〉成立。後に久次良《くじら》・清滝《きよたき》・細尾《ほそお》・所野・野口・七里《しちり》・山久保《やまくぼ》・北和泉の各村が合併。同24年 人口６５６７人）

昭和29年（１９５４）町村合併促進法で小来川村《おころがわむら》と合併し日光市成立。
（昭和30年の人口は旧小来川村２２７３人、旧日光町３０５３０人、計３２８０３人）

平成18年（２００６）今市市・藤原町・足尾町・栗山村と合併し新日光市成立。
（面積１４４９・８３平方km、人口８０９８１人。なお、本文中「磐戸《いわと》町」は現東和町）

なお、日光町役場は神橋畔（現在天海大僧正の銅像が立つ）に明治25年新築。昭和27年7月に中鉢石町の旧大名ホテルへ移転し、昭和29年日光市成立に伴い日光市役所となる。平成18年（２００６）新日光市誕生に伴い、市役所機能は旧今市市の新日光市役所に移る。旧日光市役所は大正８年（１９１９）建築の和洋折衷入母屋造りの風格ある建物で、建物下に広がる広場と併せて「旧日光庁舎記念公園」として整備（令和4年4月1日竣工）。

○日光停車場（P27）

P27下段後1、P28上段5、9行目
「日光停車場は磐戸町と松原町の間より～今は相生町～今より二十三年前の設置」
「停車場前には～電車発着場あり～目下岩鼻まで開通す。又人力車数十両あり」
「各旅館の出張店は道の左右にその擔《たん》（かつぐ・になう）を連ぬ。徒歩の客」

日光における近代的交通手段整備の最初は明治21年（１８８８）の細尾・日光間の馬車鉄道の開業である（鉄道は後に牛車に変えられ、市民には牛車軌道として親しまれた）。軌道敷設は、社寺参拝者の便のためでなく、足尾銅山の諸物資搬入・搬出

を目的としたものであり、既に明治19年（１８８６）に開通していた細尾と足尾の神子内《みこうち》間の索道に細尾で連結した。牛車軌道を受け継ぐ形で、同41年（１９０８）設立の日光電気車軌道株式会社により同43年に電車軌道（市民間では通称「電軌《でんき》」と呼ばれる）が開通し、同23年（１８９０）に開通していた日本鉄道会社（後の国鉄日光線）日光駅と結ばれた。明治中期より社寺参拝や奥日光の観光地化が盛期を迎えつつあり、古河精銅所の隆盛と相まって、日光駅前には多くの商店が林立し新たに相生町が形成された。駅前に出来た店は、鉄道により来晃した観光客を相手とする奥日光地域の旅館の所謂出店（本文の「出張店」）で、市民は「腰掛け茶屋」と呼んでいた。なお、東武鉄道日光線全通は昭和４年（１９２９）である。

近代交通手段の整備は諸方面に大きな変化をもたらす。従来の徒歩・駄馬（Ｐ10挿図「日光名物女馬子」）に加え、明治10年代には人力車の導入が進んだ。鉄道が開通し来晃者が増大する20年代末には、数次の中禅寺道改修もあり、人力車の盛期を迎えた（例えばＰ100挿図「けはしき坂を下るハイカラ」）。引用のＰ28上段５行目「～人力車数十両あり」は、鉄道に加え電軌も開通し盛期を迎えた人力車利用状況を示している。しかし、人力車利用の盛期は大正前期までで、自動車利用に急速に転換する。例えば、大正６年に日光・馬返間、同14年馬返・中宮祠間に乗合自動車の運行が開始される。

本文中の鉄道乗降客数統計は、当時の汽車利用の実態を知る貴重な客観的資料である。比較のため「第65回栃木県統計年鑑」（令和元年２０１９年版）により、ＪＲ日光駅と東武日光駅の乗車人員数を記すと、ＪＲ日光駅４０２，０００、東武日光駅６４４，３２１人である。明治44年の乗車人員が２３４，２９２人であり、令和元年のそれが１，０４６，３２１人であるから鉄道利用は約4.5倍となっている。

○旧日光町（Ｐ28～30）

Ｐ28下段３行目

「もとは木戸門の設けあり～一條の清渠道の中央～道路亦平坦なり～三島通庸」

松原町から鉢石町迄の江戸期鉢石宿《はついしじゅく》（日光街道最後の宿場町）には、松原町の宿入口、御幸町と鉢石町との間、鉢石町の宿出口の３カ所に木戸があり、道路（日光街道）中央には大谷川より取水した水路が通り、宿全体が稲荷川扇状地に形成された集落故に全体が傾斜し道路所々には段差があった。しかし、栃木県知事三島通庸（第３代官選知事１８８３年10月30日～１８８５年１月22日。鹿児島県出身。県庁を栃木市より宇都宮市に移転）が、明治16年（１８８３）に道路改修（今日の様に道路中央の水路は側溝とし、道路の段差を解消）し近代交通への抜本的対応が図られた。

Ｐ28下段３行目

「松原町～石屋町～御幸町～寛永十七年ここに移さる～新町と呼びし～稲荷町」

山内にあったこれら３町の俗家（町家）は、家光による東照宮寛永大造替《かんえいだいぞうたい》（寛永11～13年（１６３４～１６３６）に伴う山内地域の再編整備（「坊中屋敷割」。～寛永17年）により、山内から現在地に移転した。そして、幕府は寛永18年移転の衆徒・一坊・町人等へ移転料７３７０両を支給した。この結果山内地域は俗家の全く無い社殿堂宇と院・坊のみの地域となり、比類無き『聖地』となった。

なお、御幸町《ごこうまち》は寛永大造替以前山内の現中山通り辺にあり新町《しんまち》と称されたが、現在地に移転するに際し天海大僧正より御幸町の名を賜った（「大僧正天海書付」〈寛永11年癸酉　6月朔日　御幸町蔵〉）。

また、稲荷町は「稲荷川大洪水」〈寛文2年（1662）〉により壊滅的な打撃を受け、大谷川左岸地域（現在日光小学校等が立地）から右岸の現在地に移転した。

P28下段後2行目
「上鉢石町より松原町までの間にある旅館は左の如し」

明治と共に内外からの参拝者・観光客が増加し、それらを迎える宿泊業は活況を呈し、P29に記載されている当時の日光東町の旅館名一覧は貴重である。特に、P29下段に詳細のある上鉢石の小西旅館（電話二番）御幸町の神山旅館（電話八番）は双璧を為し、当時の写真や案内書に頻出する。

しかし今日、記載のこれら旅館は殆ど姿を消し、小西旅館（経営者は変更したが営業継続）や大野屋旅館、上州屋旅館等が存続するのみであり、宿泊業（だけではなく観光業全般）における時代の変化は激しい。

更に、P29下段の明治44、45年の日本人・外国人の宿泊者数統計も貴重である。特に外国人の宿泊者の多さは、自然と歴史・文化を兼ね備えた日光の特殊性を示して余りある。そこで、大正期との比較の意味で新型コロナ感染症拡大の影響を受けない時の「日光市観光客入込数宿泊数調査統計書」（平成31年1月～令和元年12月。日光市）の数字を記す。

宿泊者数は新日光市3，293，938人、旧日光市1，187，092人であり、うち外国人宿泊者数は新日光市119，253人、旧日光市75，982人である。近年の宿泊者数の最大は、東照宮御鎮座400年にあたる平成27年（1～12月）で、新日光市3，521，034人、旧日光市1，554，278人であった。

【挿図　ふりこめられてもけしきよき 日光の山　The brilliant view though in rain】

○名物（P30）

P30上段7行目
「当町には絵葉書、写真等の商店多く。又外国向の骨董店も少からず」

日光は国内の一般的観光地と違い、前記の如く外国人観光客が非常に多い。その為、本文の如く絵葉書等の土産物店、骨董店や毛皮店が鉢石町や西町の一部に見られる。

列記されている名物（「ミヤゲ」土産物等）は、今日でも「日光名物」として観光客等に喜ばれている。ただ、大谷川海苔、埋木細工、寄木細工、山女《むべ》蔓《つる》細工（籠類）等は今日では殆ど姿を消している。また、曲物《まげもの》として「栗山桶《くりやまおけ》」が記されているが、江戸期より日光連山の北に位置する純山村の旧栗山村（現日光市栗山）地域と日光との交流は、山王峠や富士見峠を通じて活発で、山の産物（粗加工品・素材）を日光で加工し商品化する形態をとった。

○日光山殿堂の参拝並に拝観の手続（P30～31）

P30下段7、12行目
「当山には参拝の場所に限界あり。二荒山神社は御拝殿浜縁」
「此の限界以内を拝観せむとする者は。左に定める拝観料を納めざるべからず」

社寺の拝観は、本文の通り無料で自由に概観を拝観出来る場所と、拝観料を納め拝観できる区域とに分かれる。特に境内広く多数の国宝・重文級の建物が集中する東照宮や大猷院では、それぞれ入口に当たる表門（仁王門）以内が拝観料が必要となる。本書当時の拝観は「社寺合同事務所（現在の「日光社寺共同事務所」）より必ず案内人を附添ふる」（P31上段7行目）事が原則であった。これに加えて、「先ず鉢石町の殿堂案内人会所に申し出る方法」（P31上段8行目）があった。

　現在の社寺拝観であるが、有料・無料の拝観場所は当時と同じ。拝観方法は基本的に有料区域でも、個人・団体で自由に拝観可能。但し、拝観場所は多くの場合案内人《「堂者引き」（江戸後期には制度化し、現在は「日光殿堂案内組合」等）が専門的に社寺の案内をする。江戸期「堂者曳き」）》を利用すると効率的且つ内容的にも深く拝観できる。

　本文末に月毎の社寺拝観者数が掲載されているが、年や季節による人数の多寡が大きく、特に冬季の極端な減少は今日でも問題である。例えば拝観者は平成27年（2015）の東照宮400年式年大祭及び同29年の陽明門平成大修理完成で激増し、そして新型コロナウイルス感染症の拡大により平成31～令和3年に激減した。通常状態である同30年の東照宮の月毎拝観者数は下記の通りである。尚、紙数の関係で輪王寺・二荒山神社の統計は略。

1月	106,171人
2月	85,665人
3月	158,078人
4月	196,802人
5月	249,643人
6月	212,303人
7月	194,123人
8月	252,530人
9月	238,030人
10月	315,225人
11月	273,045人
12月	116,673人
計	2,398,288人

　拝観者最少は2月、最多は10月で、10月は2月の3・68倍。拝観者数は平成30年は明治44年の18・2倍。

＊みやまの志をり第一（P32～P39）

◎神橋より東照宮に至る（P32～39）

P32上段2行目

「上鉢石町の尽る処左に「下乗石」あり。因て此処を下馬と称す。二碑屹立《きつりつ》す。一を台賜記念林碑。一を軍人紀功碑」

　江戸期、日光街道最後の宿である鉢石宿の末端に大木戸があり、大木戸と大谷川との間の狭い空間に「下乗石」が立つ。大谷川に架かる日光橋に向かい左手、金谷ホテルへの坂道斜面下に本文の記す二つの碑が立つ。それらと近接し国道119号（旧日光街道）近くには、戊辰戦争の際日光山を戦火から守った偉大な功績を讃えるため、板垣退助の銅像及び石碑（昭和42年〈1967〉）が建立された。国道を挟み対面には日光への東照宮勧請等日光山再興に絶大なる貢献をした慈眼大師天海大僧正の銅像（日光出身の彫刻家倉沢実氏作。昭和51年〈1976〉）が立つ。

　「台賜記念林碑」は、篆額《てんがく》は山形県出身の第15代官選栃木県知事（1911～1914）岡田文治による。内容は、明治43年（1910）八月の洪水に際しての日光警察長中津川秀太氏の、署員及び消防隊員の督励等の多大な働きにより市街地が災害を免れた事及び記念植林事業計画・実施に対し、日光田母沢御用邸（明治31年〈1898〉竣工）に滞在していた東宮殿下・同妃殿下（後の大正天皇・同妃殿下）より御下賜金があり、それを基にして植林をした事を記念したもので「明治四十五年一月に竣成」した（記念林に関しては本文P153

～154に詳細あり。碑は小規模で、二荒山神社神橋受付所の裏手にあり目立たない)。

板垣退助銅像の斜め後ろに「軍人紀功碑」(「軍人顕功碑」)の大きな石碑が立つ。碑は明治の元勲山県有朋の篆額、南摩綱紀撰、高島張輔書によるもので、日清戦争(明治27年〈1894〉)に従軍した「下野国上都賀郡従軍者五百又九人戦闘守備能尽其職」の功績を讃え、「明哉晃神神霊山精」な日光山に碑を建てその功を永遠にならしめるとの意図で建立したものである。なお、日清戦争従軍者は、上都賀郡全体で509名、日光町45名、小来川村12名であった(日光市史 下巻)。

P32下段後5行目

「南の山上に磐裂神社ありもと星宮と呼べり」

神橋南岸の小山(精進峰又は精進岳。日光修験の冬峰の宿となり勤行堂があった)の東側中腹にあるのが磐裂神社《いわさくじんじゃ》(主祭神は磐裂根裂神)である。この神社は本地虚空《こくう》蔵菩薩《ぞうぼさつ》、垂迹星宮(明星天子で神としては磐裂神)で、明治4年の神仏分離迄は星宮《ほしのみや》と称し、神仏分離により現在の名称となる。

日光東西両町は星宮・虚空蔵菩薩を鎮守とし祀るが、具体的には東町は虚空蔵尊(別当鉢石山観音寺)、西町は磐裂神社(二荒山神社境外末社)。

なお、勝道上人と明星天子との縁は深く、例えば上人が7歳(天平13年〈741〉)の時のある夜、明星天子が現れ信心怠りなきよう告げられる(「補陀楽山建立修行日記」、「日光山志」)。

P33上段6行目

「深砂大王出現し青赤の両蛇を放ちて橋とす」

勝道上人の大谷川渡河の説であるが、明星天子の使いとして深砂大王《じんじゃだいおう》(四天王の一人兜跋毘沙門天《とばつびしゃもんてん》の化身、北方の守護神)が現れ山菅の橋を架け上人の渡河を援けたとの説。これにより神橋《しんきょう》は山菅橋・山菅《やますげ》の蛇《じゃ》橋《ばし》とも言う。現在、大谷川北岸の太郎杉近くに深砂大王を祀る深砂王堂(深砂王社、深砂王祠とも)がある。堂は山内の鬼門に当たる北東(艮《ごん》・丑虎《うしとら》)にある外山《とやま》の毘沙門天と対をなす裏鬼門にあたる南西(坤《こん》・未申《ひつじさる》)に位置する。つまり、神橋の下を流れる大谷川は俗界(日光町)と聖域・神域(山内)とを分かつ境(結界)に当たり、神橋は両界を繋ぐ重要な役割を有する。勝道上人は神仏の加護を得て人力では不可能な結界を越えたのである。

尚、橋は現在二荒山神社所有・管理。深砂王堂は輪王寺が管理し、毎年3月1日に輪王寺僧侶総出仕による法要実施。

【挿図　大谷川の鮎つり "Ayu" (a kind of trout) fishing in the Daiya】

【写真　神橋 "Shinkyo," the Sacred bridge】

P33上段後3行目

「寛永十三年にて～是より将軍家並に例幣使等の外は渡ることを禁止」

勝道上人の大谷川渡河の後は、蛇橋の跡に小さな橋が架けられたと伝える。大同3年(808)に国司橘利遠が神人《じにん》(神社に奉仕する人)で大工棟梁の山崎太夫長兵衛に命じて独特の構造の大きな橋を架け、以後16年に一度掛替えられ、工事は長兵衛子孫が代々行い橋掛長兵衛と称された(「二荒山神社」「日光その歴史と宗教」)。

寛永13年(1636)の東照宮寛永大造替時に、現在のような「総朱塗、擬宝珠鍍金、橋裏板行桁黒塗」になるとともに、通行は厳しく制限され、一般人の利用は下流に架けられた仮橋（今日の「日光橋」）の利用となった。前述の通り、神橋は二荒山神社が所有・管理し、今日でも二荒山神社祭礼や特別の場合を除き通行・渡橋は全面的に禁止・制限されている（見学は可）。

なお、寛永大造替では「神橋御渡初御供養の御導師とともに天海老大僧正なり」であった（主に「日光山志」）。

P33下段1、2、後10行目

「～一大朱橋を現す。配色殊に妙なり。人をして覚えず仙境に入るの思いあらしむ」

「明治三十五年の大洪水に流落せしが。四十年の秋架設の功成りて旧観に復せり」

「神橋の川上に高座石～鼻突石、読誦石といふ有名な巨石ありしよしなるが」

神橋誕生の秘話の如く、勝道上人の大谷川渡河は深砂大王の助けがあり可能であった。上人は俗界より神仏の聖なる世界に渡ったのであり、この事を知る著者は、「仙境に入る」事となり身の締まる思いを抱いたのである。

神橋は明治35年の大雨と男体山山津波（「新薙」誕生）により中禅寺湖が溢れ、大谷川は大洪水を起こし、橋は流失すると共に流域一帯に大被害をもたらした。被害の一端は、本文P96～97「憾䍅が淵」を参照。

なお、神橋の川上に存在したという高座石・鼻突石・読誦石に関しては、本書以前の多くの史料に登場するが、本文同様今日もこれら巨石は確認できない。

P33下段後1行目

「日光橋を渡れば。右に霧降瀑に行く道あり。次の右の阪は二荒山本宮に～中央の阪は東照宮御旅所～左に進めば右に深砂王社～長阪～瀑泉」

東照宮寛永大造替時に今日の姿となった神橋の下流に、一般人の通行のために架けられた橋（江戸期「仮橋」、今日「日光橋」）を山内側に渡ると道は幾つかに分岐する。渡橋後右方面道路は「霧降瀑」（霧降滝）へ、正面の石段を斜めに上ると二荒山神社別宮本宮神社・輪王寺四本龍寺（跡）へ。正面の小空間には平成11年（1999）の世界遺産「日光の社寺」の登録記念碑が建つ。碑の脇の石段を上ると東照宮御旅所《おたびしょ》を経由して山内に至る。

日光橋を渡り国道120号を左折すると、道路右脇に「太郎杉」が聳え、その脇（＝神橋を渡った正面）に深砂王堂（本文では「深砂王社」）が建ち、輪王寺により3月1日に法要が営まれる。御堂脇で国道と分かれて幅広の急坂の「長坂」があり、坂の途中左手に小さな流れであるが落差大きい「ながさか滝」を経て、山内の入口とも言うべき勝道上人像前に至る。

P34下段3、7行目

「左角は保晃会事務所にて向いは悉く輪王寺の構内なり。其の裏門内の奥に二社一寺拝観券の交付所あり」

「是れ東照宮表門の大通りなり。～此地を御殿地と呼び来れり。～称は残りけるなれ。～今や～真成の御殿地となりしは。因縁ありと謂うべし」

現輪王寺三仏堂・紫雲閣等の位置する広大な空間は、四周を高石垣に囲まれている。これはこの地に江戸期将軍御殿と日光山本坊が位置し、警備・防御等に堅固な構造物を必要とした名残である。江戸期にはこの石垣に、「町表」（現「表参道」）側に正門である「表門」（現「黒門」）と中山通り東端に「裏門」とが、両門脇には「番所」（＝門番小屋）を付随させ守りを固めていた。

明治と共に空間は参拝者等に開放され、特に番所はその役割を終え撤去される。表門（黒門）は現在に引き継がれるが、裏門は本書出版後の大正11年に英国皇太子来晃を機に撤去され周囲は広場となり、其処に昭和30年に憾満ガ淵より運んだ巨石の台座（「黒がらす石」）上に勝道上人銅像が立つ。

裏門付近は変化が激しいが、その背景は時代の変化と共に劇的に変化した此の地の山内に於ける優れた位置にある。つまり、明治と共に山内諸堂舎の開放が進み、加えて明治23年（1890）日光・宇都宮間鉄道、同43年日光・岩の鼻間「電気軌道」（通称「電軌」）の開通等がある。特に電軌の「停車場」（今日の「停留所」）が日光橋を渡った地点に設けられた為、停車場「神橋」が山内参拝の起点となり、結果的に山内では裏門地点が社寺参拝ルートでの入口となったのである。本書出版時には此の地には裏門が存在し、増大する参拝者の為に拝観券交付所が設置されていたが、門自体は早晩撤去される状況となっていたのである。

現表参道地域を含む山内には、寛永大造替に伴う山内地域の大変革まで多くの町家と堂舎が混在（「聖俗混在」）していた。それ故地域を貫く中心道路は、江戸期には「町表」と称され、この名称は昭和初期に「表参道」・「西参道」が使用されるまで使用された。将軍御殿は寛永4年（1627）東照宮御仮殿付近に創建されたが、火災後の寛永18年（1640）に表参道左側（西側）の座禅院に移転したが、再度の火災後に表参道右側（東側）に移転していた日光山本坊と貞享2年（1685）に一体化し、以後変化無く近代に至る。本文の「御殿地」（史料により「御殿跡地」等）の名称は表参道西側に一時移動したときの名称であるが、明治と共にこの地に御用邸が設置され本文は「真成の御殿地」と言う。

【挿図　杉間の神橋　The Sacred Bridge, seen through crypsomeria trees】

【挿図　日光名物女馬子　A woman pack horse driver, a noted scene of Nikko】

P34下段後1行目。P39上段5、後5行目

「御用邸は朝陽館称し。東照宮社務所に属せし～明治十九年五月～移し～落成」

「西町の方面に下る阪路あり。御賄阪といふ。一に不動阪とも称す」

「傍より入れば日光公園なり。保晃会の設くる所～保晃会碑を建つ～明治二十五年～日光大修繕事務所は其の一角を占拠す」

幕府滅亡により日光山は解体し、東照宮・二荒山神社・輪王寺の二社一寺となった。明治と共に社寺を訪れる参拝者・観光客が増加し、東照宮は江戸期東照宮の別当寺院であった大楽院の建物を「御殿地」に移築し、「朝陽館《ちょうようかん》」と命名し民業に利用したがその有効活用には程遠い状況が続いた。日光の持つ各種優位性（自然・気候・東京との距離等）と朝陽館の有す建物・周囲の環境（眺望・緑・御殿跡地としての広大な石垣に囲まれた空間等）とが相まって、明治29年（1896）「日光（又は山内）御用邸」が設置された。

東照宮が山内に鎮座し、以来山内にあった俗家は一掃され、山内地域は社寺関係に埋め尽くされ聖地化された。社寺の活動維持には建造物補修・食料等日常の膨大な消費があり、それを供給する人々・地域が必要であり、それを主に担ったのが西町である。本文にある「賄坂」の地名は、山内と西町の関係を象徴的に現している（P36～37「御山内縮図」参照）。

幕府滅亡と共に日光山は巨大な後ろ盾を

一挙に失い困窮のどん底に落ちる。社寺の多くの建造物は荒廃の危機に直面するが、この状況打破の為に立ち上がった民間有志が結成したのが保晃会（明治12年〈1879〉～大正5年〈1916〉）である。会は社寺建造物補修等に大きな功績を挙げたが、それと共に日光御用邸の北隣に「保晃会に付随する公園」として明治26年に「浩養園」（「日光公園」とも）と言う大きな公園を造成した（P36～37「日光山全図」明治42年測量の「公園」の部分）。保晃会碑はこの公園内の瓢箪形の池の畔（通称「瓢箪池」）の巨石台座（日光町安良沢産。巨大な碑の石は宮城県雄勝石）に建つ。ただ、公園である浩養園に多額の費用を費やした為、その造成は保晃会の設立趣旨に合致するのかとの非難が当時起きた。

　保晃会の動きや「古社寺保存法」（明治30年〈1897〉）の制定等を背景に、山内の社寺が協力し明治32年に「日光社寺大修繕事務所」が設立された。後、明治34年に「社寺合同事務所」と名称変更し、社寺職員が配置され、事務所は三仏堂の石階（石段）下の輪王寺御供所（今日の三仏堂駐車場付近）に置かれ、此処で拝観券が交付されたのである。のち大正3年（1914）再度名称変更があり「日光社寺共同事務所」となり、その後分離独立を伴う組織改編等があり、現在当該事務所は山内の中山通り東端（勝道上人像の対面）にある。

　なお、「日光社寺大修繕事務所」の発足時の位置は、中山通りの保晃会事務所に間借りし、後に浩養園内に移転（左記挿図の内「明治42年実測図」参照）。

　また、左記挿図の内「明治42年実測図」は、組織としてはこの時「社寺合同事務所」と変化している。

【地図　日光山内新旧対照図「御山内縮図」・「日光山全図」】

【挿図　うまい処をつかまへた人】

＊葵のひかり第一（P39～P64）

◎東照宮（P39～50）

＊女峰山から南方に伸びる尾根の最南端に位置する恒例山《こうれいさん》（降霊山・仏岩山とも。標高774ｍ）中腹南側緩傾斜地に造営された東照宮は、神社入口に当たる石鳥居より奥社「宝塔」迄に、石鳥居・表門（仁王門）・唐銅鳥居・陽明門・坂下門・銅鳥居・（拝殿）・鋳抜門《いぬきもん》と、実に多くの鳥居・門が配置される。多くの鳥居・門等の間に社殿を配置し、大猷院も同様であるが、遠近法により視覚的効果を狙う直線でなく、緩傾斜地形を巧みに活かし高みに至る複雑な曲線である。この曲線状道路と建物配置は、神社（神廟）における社殿・門等の配置に対する独自の価値観に基づくものと推察できる。東照宮機関誌掲載の左記論文を参照されたい。

　「東照宮建築に投影された日光の文化的景観について」

　（大河直躬「大日光」75号平成17年）

P39下段6行目

「正保二年乙酉十一月三日勅して宮号を賜う～現在の廟社は寛永十三年丙子改築竣成」

　徳川家康が薨去し東照大権現として神号を勅賜され、彼を祀る神社として東照社が元和3年（1617）に創建された。三代将軍家光の正保二年（1645）に宮号が宣下され東照社は東照宮となる。二代将軍秀忠時に創建・造営された東照社は簡素な白木造りの社殿であったが、祖父家康を尊崇する家光はそれらを寛永11～13年

（１６３４～１６３６）全面的に撤去・新築し（「寛永大造替《かんえいだいぞうたい》」）、東照宮は豪華絢爛たる今日の姿となった。

なお、寛永大造替により元和創建時の社殿は撤去されたが、元和期の奥社拝殿は徳川氏発祥の地とされる群馬県太田市世良田に移築され、本殿を新築して、寛永21年（１６４４）東照宮が勧請され「世良田東照宮」となる。

Ｐ39下段10行目

「境外大手道より進めば俗に千人石段と唱ふる十級の石階あり」

東照宮前の大きな参道（本文の「大手道」）。現「表参道《おもてさんどう》」の名称は、東照宮創建以前は付近に社寺と民家が混在していた関係もあり、「町表《まちおもて》」「町表通り」が一般的で、時に「大路《おおじ》」「大路の道」とも称した。これら名称（特に「町表」）は明治以降も使用され、「表参道」の名称が用いられる昭和初期迄続いた。

本文の「千人石段」は今日一般的呼称でなく、一般には「千人枡形」と称される。但し、この名称は五重塔前の広場をも指す場合があり定説はない。城郭建築に於いては表門と一体となった門前の空間を一般的に「千人枡形」と言う。とすれば、東照宮の場合「千人枡形」は五重塔前＝表門前の空間が該当すると考えられ、「千人石段」を「千人枡形」とするのは疑問が残る。

なお、「十級石階」とは10段の石段のことで、この表現は本文各所で使用。

Ｐ39下段10行目

「此石階～敷石に照り降り石といへる石あり～この事いづれの記にも見えざれば～多く知らるるに至れりといふ」

この石は「千人石段」（「千人枡形」）の最上部の敷石の１段下の段の中程にある石で、石は「斜に半面を割し」、つまり斜に二分された一方の部分が湿度の上昇により「湿潤の色」（黒色）に変化する。この為石が白い時は「照り」＝晴天、黒い時は「降り」＝雨天と、予め天気を知る事が出来るとされ有名である。

本文ではこの石を「先年輪王寺門跡より～言上せしことにより多く知らるるに至り」と記しているが、定説とは言い難く著者の推測かと思われるが不明である。

Ｐ39下段後４行目

「石階を上れば花崗岩の大鳥居正面に屹立す。高さ二丈七尺六寸五分」

我が国有数のこの石造大鳥居（他に京都八坂神社、鎌倉鶴岡八幡宮一の鳥居等）は、筑前藩主黒田長政の寄進により東照社造営翌年の元和４年（１６１８）（家康三回神忌）に建立された。現在の東照宮の社殿建築群の殆どは、元和期の社殿を撤去し、新たに建立された関係上石鳥居は最古部類にあたる。石材は黒田の領国である筑前国糸島半島小金村（現福岡県糸島市）の可也山《かやさん》（標高365ｍ）山麓産である。

なお、東照宮の社殿建築群の殆どは幕府の直接経費で建てられたが、この石鳥居や五重塔（後述）・御水屋（後述）は数少ない大名個人の寄進による。

Ｐ40上段１行目

「唐銅の勅額～後水尾天皇の宸翰なり」

後水尾天皇（１５９６～１６８０　第108代　在位１６１１～１６２９）は、２代将軍秀忠の娘和子を中宮とする。山内には後水尾天皇の宸筆になるものに、東照宮石鳥居・陽明門及び奥社の銅鳥居の扁額「東照大権現」、家光の廟所大猷院二天門の扁額「大猷院」等がある。なお、幕府と後水尾天皇との関係は微妙なものがある。

【写真　東照宮石鳥居 "Ishino-torii," the stone shrine entrance,of the Tōshōgu】

【写真　東照宮五重塔　Gojū noto, The pagoda, of the Tōshōgu】

P40上段3、後10行目

「左方石柵内の辨柄塗（初層は朱塗）極彩色の五重塔あり」

「酒井讃岐守忠勝の献進する所。文化十二年焼亡の後再建せしものなり」

「表門石階の下左右に石燈籠二基〜酒井忠勝の寄進。石鳥居左右の二基〜有馬中務少輔忠頼の献納」

五重塔は慶安3年（1650）に若狭小浜藩主酒井讃岐守忠勝（1587〜1662。幕府老中 1624〜1638大老1638〜1656）の寄進による。ただ、五重塔は文化12年（1815）落雷により焼失、直後の文政元年（1818）に小浜藩主酒井忠進（老中1815〜1818）により再建され現在に至る。

塔は「総高十丈五尺」（約36ｍ）で、心《しん》柱《ばしら》を4層より鎖で吊し礎石より浮かす独特の耐震・耐風構造である。2012年に完成した東京スカイツリー（634ｍ）の構造は、鉄骨を組み合わせた東京タワーやエッフェル塔の構造と異なり、塔中央に円筒形の心柱（＝五重塔の心柱）を有する制震構造で、東照宮等の五重塔の構造に近似する。そして、「塔の初層内部に本尊五智如来並須弥の四天王其諸尊を安置す」（「日光山志」）る。東照宮は平成24年（2012）五重塔初層を一般に公開し、現在に至る。

なお、五重塔と共に表門（仁王門）石段下左右の石灯籠も、寛永18年に酒井忠勝が寄進しており注目される。この灯籠の前面には「御寶前」と、更に石鳥居左右の石灯籠前面には「日光山東照宮廟前」と刻されている。これら廟前灯籠は、蓮弁・「返花《かえりはな》」の上に燈籠全体が載り、神仏習合の考えの基に東照宮があることを明確に示し注目される。その他、境内二之鳥居や二荒山神社唐銅鳥居等も同様である。参拝の際には是非独特の構造であるこれらに注目されたい（P167の写真一覧参照）。

P40上段後6行目

「右方には番所並に案内所、茶店あり」

文中の番所とは、「日光山志」に「二王御門の下にあり日光組頭支配の同心見張りを勤む」とある「御番所」で、老中配下の日光奉行配下の「七カ所御番所同心」（42名、高15石三人扶持。「日光市史」）が勤める。P41下段後1行目の「厩に隣て内番所あり」の番所は、表門を入り左手の厩脇にあり表門より内側境内の見張りを行う。

なお、江戸期には八王子千人同心が「日光火の番」を勤め（承応元年〈1652〉〜慶応4年〈1868〉）、東西両町に設けられた「火の番屋敷」より山内数カ所に設けられていた「御番所」に立ち寄りながら山内を巡回し任務に当たった。本文の仁王門下の番所はその一つであり、現在は存在しない。その場所には現在の日光社寺共同事務所の「社寺共通拝観券中央受付所」がある。この社寺「共通拝観券」は昭和2年より開始され、東受付所が現在の天海大僧正像付近、中央のそれが東照宮表門下、西が西参道の旧東武観光センター付近の3カ所に設置された。ただし、平成25年（2013）に共通拝観券より東照宮・二荒山神社が離脱し、現在制度は休止中。

本文の「案内所・茶店」であるが、この案内所は石鳥居右後方石段奥の位置にあり、かつての仁王門前の番所の建物を利用している(「表番所」の表示あり)。今日「茶店」は表門内の東照宮境内及び御仮殿境内には一切無い。

なお、東西両町の「火の番屋敷」のうち、東のそれは寛文2年（1662）の稲荷川洪水で流失し、翌年下鉢石町の大横町に移転し、寛政3年（1791）西町のそれに統合される（「日光市史　中巻」）。

P40上段後1行目

「表門の左右に石垣あり。其の石材中二大石のあるあり。東なるを阿房丸~西なるを海帯石といふ」

阿房丸《あぼうまる》（高さ1丈5尺許、横3間4尺許）

海帯石（「日光山志」「日光名所図会」等では滑海藻《あらめ》石《いし》。本文の漢字は不明。〈横1丈45尺、高さ1丈許〉）であるが、これら巨石の謂われは「其謂は定かならず」（「日光山志」）である。

東照宮で石垣や建物の礎石として用いられている石の殆どは、東照宮背後の女峰山麓産の安山岩である。緩傾斜地に立地した東照宮故に石は多用され、例えば寛永大造替の総経費約57万両のうち石関係が約12万両を占めている（約21%）。使用された最大の石が阿坊丸で、私見では、堆積28・49立方m、約71トンとなる。なお、東照宮で利用されている安山岩以外の石は、例えば御本社本殿の礎石（亀腹石）は旧今市市長畑産の花崗岩、先の石鳥居は筑前国産の花崗岩である（参考　大阪城石垣の最大の「蛸石」は約130トンと推定）。

P40下段2、後4行目

「石階を上れば~表門~即ち旧仁王門なり」

「神仏分離の際金剛力士（左輔~）の二体を撤去せしが。近頃又之を復置したり」

日光では諸状況により全国より遅れて明治4年に神仏分離が断行され、仁王門の仁王像（右の阿像弼那羅延金剛《ひつならえんこんごう》、左の吽像輔《ほ》密遮金剛《みっしゃこんごう》）は撤去され、大猷院の二天門に移された為、仁王門は表門と称された。しかし、「撤去せしが。近頃又之を復置したり」とある様に、明治30年仁王像は元に復された。但し、この門は東照宮の総門としての位置にあり、今日も表門と言うのが一般的。なお、門は表面が仏殿様式で仁王像、裏面が神社様式で狛犬がおり、前述の表門石段下石灯籠や石鳥居裏の左右石灯籠とともに、東照宮の神仏習合状態を良く示す。

P41上段1行目

「門内幅一丈五尺の参道は悉く四盤石畳にて~其の左右は一面に栗石を敷詰たり」

表門より陽明門に至る石畳を記しているが、「四盤」は四半《しはん》と考えられる。「四半敷」とは石畳の一種で、方形の敷石をその継ぎ目が石敷の縁に対して45度になる様に斜めに敷いたもの（「広辞苑」）。また「栗石」とは、「河原に散在する直径10~15㎝ぐらいの丸石」（「広辞苑」）であり、境内の石畳脇のみならず東照宮や大猷院の建物周囲及び石垣裏側に敷きつめ水捌けを良くし石垣強化の為に広く敷き詰められている。山内の社寺の場合、栗石の多くは鬼怒川支流板穴川のものが用いられている。

なお、老杉の大木の林立する山内では、毎年大量の杉葉等が落ちるためその清掃（「栗石返し」と称する）を、春の東照宮例大祭直前に旧日光市民総出の奉仕により江戸期より実施している。

【写真　東照宮表門 "Omote-mon," the

outer sacred gate of the Tōshōgu】

【写真　東照宮上・中神庫 "Shinko," the first and second sacred warehouses】

【写真　東照宮下神庫 "Shinko," the third sacred warehouse】

P41上段後7行目

「右の方に三神庫相並びぬ」

三神庫《さんじんこ》とは、境内奥より上神庫《かみじんこ》・中神庫《なかじんこ》・下神庫《しもじんこ》の3棟の神庫の総称。奈良正倉院同様の校倉造りの建物は、東照宮春秋渡御祭（「百物揃千人武者行列」）で使用する装束や、流鏑馬で使用する諸道具類を格納する。3棟は外見が似ているが装飾等細部は若干異なり、特に上神庫の側面（妻）上部の2頭の象の彫刻は、本文の様に、象を見たことのない狩野探幽が下絵を描いたと伝える。三神庫中では中神庫が最大の建物。

P41下段後6行目

「次を厩とす」

一般には神厩《しんきゅう》又は神厩舎とも。本文の通り、建物上部の長押《なげし》には猿の動作（猿の一生＝人の一生）を刻んだ8面（正面5面、西側3面）の彫刻があり、有名な三猿の彫刻がある。彫刻は左から右に猿の一生を描いているが、それは人の生き方（教訓）をも示している。有名な「見ザル、言わザル、聞かザル」の彫刻は2番目。神厩舎内部には昼間御神馬がおり、祭礼時に使用される。最初の御神馬は家康が関ヶ原の戦で乗った馬とされ、元和2年死去し滝尾神社参道脇に「御神馬碑」が建つ。なお、古来猿は馬を病・災害（火災）から守るとする（インドから中国に伝わる）信仰があり、室町期までは猿を馬屋（厩）で飼う週間があったと伝える。

P41下段後1行目

「厩に隣りて内番所あり。～俗に赤番所と唱ふ。社殿の警衛者監視し居れり。維新以前は日光組頭支配の同心勤番せしといふ」

重要建造物の林立する山内の警備は江戸期より厳重であり（山内に7カ所の「御番所《ごばんしょ》」）、特に東照宮においては厳重を極めた。前にも触れたが、東照宮にはかつて御番所が、表門前石垣下（石垣中の大石「阿房丸石」の前で今日の「共通拝観券受付所」の場所。現在扱い中止中）と、「神厩舎」（御神馬が居る）の西（通称「赤番所」。「内番所」とも。今日東照宮のお守りやお札扱所）及び裏御門の3カ所にあった。

江戸期の日光山支配は独特且つ複雑であるが、御門主輪王寺宮を筆頭に、その支配下に組織は大きくは社寺方と幕吏方とに二分される。本文の「日光組頭支配の同心」とは、老中配下で日光奉行配下になる「七カ所御番所同心」（42名、高15石三人扶持）を言う（「日光市史　中巻」）。そして、支配機関とも言える「日光奉行所」や「火之番屋敷」及びそこに属する同心屋敷は西町（今日の四軒町・下本町）に集中する（P36～37「御山内縮図」参照）。

なお、P42の2葉の写真（「東照宮神厩」「東照宮水屋」）のキャプションは逆である。また、水屋建物の右に映る建物は輪蔵（経蔵）である（後述）。

【写真　東照宮神厩 "Shinkyu," the sacred stable of the Tōshōgu】

【写真　三猿 "San-yen," three wise monkeys hear not, say not, see not】

【写真　東照宮水屋 "Mizuya," the holy water of the To-sho-gu】

P42上段6行目

「清水常に盤底より湧出し四方に溢る。其

の覆屋は」

盤底より溢れる清水とあるが、この水（「御供水《ごくうすい》」）は東照宮北方に位置する滝尾神社横の白糸ノ滝より引水し、東照宮境内地中を通り、サイフォンの原理で水盤（長さ2.6m、幅1.2m、高さ1m）の底より溢れる構造。溢れた水は上神道に落ち、最終的には現在の表参道両側の側溝に導かれる（明治38年迄は参道中央の「水道」を流れた）。肥前藩主鍋島勝茂の寄進による「水盤舎」（俗に「御水屋《ごみずや》）』「手水舎《てみずしゃ》）」とも）は、石鳥居と同じく元和4年（1618）の「元和造営」時の寄進であり、「寛永大造替」により造営された現在の東照宮社殿より以前の古いものである。なお、唐破風の覆屋を支える四隅の3本ずつ計12本の支柱は、東照宮では数少ない花崗岩製である（大猷院の御水舎も同数の花崗岩支柱）。

P42下段4行目

「御水屋の前に唐銅の鳥居を建つ。俗に二の鳥居と称す。～左に輪蔵を見る」

この青銅製の鳥居（「唐銅鳥居《からかねとりい》」）は、寛永大造替時建立（鋳物師椎名兵庫作）で、明神鳥居の柱根の台石上に「返花」と「蓮弁文」があり注目される（唐銅鳥居としてはわが国最初と言われる）。神仏習合の一端を示すこの様な唐銅鳥居は、元禄8年（1695）に木造鳥居として建立され、寛政年間に唐銅に改築された二荒山神社の鳥居がある（P167写真一覧参照）。

輪蔵は天海《てんかい》版一切経（1453部6323巻。完成に12年を要す）を収蔵する「経蔵」であり、四半敷石を敷き詰めた堂内中央に回転式の八角形大書架（「輪蔵」書架の前に傅太子の像）がある。俗に言う「笑堂」とは、本文のように、堂中にある2体の木像（輪蔵の発明者である中国後梁の傅太子の子の普成、普建の像）の1体が笑っている様子を言う。輪蔵は本地堂とともに、東照宮境内にある仏教関係建物。

【写真　東照宮飛越ノ獅子 "Tobikoe-no-shishi," a lion carved together with the fence】

【写真　東照宮鼓楼 "Korō," the drum tower of the Tōshōgu】

P44上段3行目

「鐘楼の前に朝鮮国献備の洪鐘あり」

江戸時代朝鮮国（李氏朝鮮〈1392～1912〉）より「朝鮮通信使」が計12回日本を訪れたが、その内、寛永13年（1636年12月21日）（家光招待。東照社21回神忌直後で一行217名の大規模使節）、同20年（1643年7月26日）（幕府要請。寛永大造替で山内の聖地化完成）、明暦元年（1655年10月18日）（大猷院参詣。三代将軍家光追悼）の3回日光山を訪れた。

陽明門に向かい右側のこの洪鐘《こうしょう》（大きな釣鐘・巨鐘の意。通称「朝鮮鐘」）は、寛永20年に四代将軍家綱の誕生祝賀に際し献納された。梵鐘の竜頭（鐘の上部で梁に吊す部分）の下に小さな穴が空いていたので「蟲蝕鐘《むしくいかね》」と言われる。また、陽明門に向かい左側には明暦元年の来晃時に献納された銅燈籠（通称「朝鮮燈籠」）がある。

【写真　東照宮鐘楼 "Shōrō," the bell tower】

【写真　東照宮本地薬師堂 "Yakusidō," the temple for the yakushi Buddha】

P44下段12行目

「左に進めば皷楼の西に薬師堂あり。本地堂とも称す。神仏混淆時代の遺物なり」

薬師堂の名称は、神仏習合の考えにより、神である家康（「東照大権現」）の本地《ほんじ》仏である「東方薬師瑠璃光如来」(薬師如来・薬師様)より来る。日光山における神仏分離令は明治４年に発令・実施された為、本書の「神仏混淆時代の遺物なり」との表現となったのであろう。堂内は薬師如来を中心に、左右に日光・月光菩薩、十二神将を祀る。堂は東照宮境内最大の建物で、三神庫と同じく総朱漆塗、内陣天井には狩野安信筆の龍が横たわり、「鳴龍」として有名であったが、昭和36年3月15日全焼した。堂の復元工事は昭和38年に開始され、鳴龍は堅山南風画伯により描かれ(縦6m、横15m)、遷座法要は輪王寺により昭和42年12月14日執行された。本地堂の創建は東照社創建時の元和3年(1617)で、この時には堂は御本社東方の回廊内側であったが、寛永大造替時の寛永13年(1636)御本社回廊外(=陽明門の外)の現在地に東照宮最大の建物として移築・竣工した。

　そもそも東照宮は神仏習合の考えにて造営されたため、東照宮における神と仏の分離は大きな混乱を生起させ、東照宮と輪王寺との諸対立は1世紀以上経過した今日も続いている。

【写真　陽明門柱の彫刻木目の虎 The Mokume-no-tora the tigers carved along the grain】

P45上段3行目

「上段の正面に在るを陽明門とす」

　陽明門の彫刻群の精緻さ・豪華絢爛さ等々の詳細は本文に譲るとして、東照宮の建物中随一であるのは無論、日本を代表する建造物である。

　ただ、家光による「寛永大造替」で一新された建造物を費用面から見ると、左記の如く興味ある事実が浮かぶ。東照宮に於ける最重要社殿はどの建物であるか自ずと明らかである。なお、陽明門とは平安京大内裏外郭の十二門の一つで、東の正門の一つ。

　左表は「日光山東照大権現様御造営御目録」寛永19年　秋元但馬守等」による(材木・銀等略)。

御本社(本殿)	75,099両
御拝殿	52,710両
御陽明門	23,487両
御本地堂	40,381両
御輪蔵堂	20,510両
御橋	17,179両
御仮殿	18,261両
御唐内	7,401両
御神輿	8,112両

P45下段後6行目

「神輿舎は門内西方に在りて東に向ふ。～舎内に三神輿を蔵す」

　神輿舎《しんよしゃ》には3基の神輿がある。現在、神輿は中央に主祭神の徳川家康、左側配祀神《はいしじん》(左神)の豊臣秀吉、右側配祀神(右神)の源頼朝である。なお、神仏分離以前は、主祭神が家康公(東照大権現)、左神が山王神、右神が摩多羅神《またらじん》であった。魔多羅神は「天台宗で常行堂・三昧堂の守護神。円仁が唐より帰朝の時空中より呼びかけたという」(広辞苑)。日光では嘉祥元年(848)慈覚大師円仁創建の輪王寺常行堂で、本尊阿弥陀如来の脇仏として魔多羅神を祀る。また、日光への山王神の勧請は慈覚大師円仁によると伝える。

　東照宮春秋例大祭に実施される「春秋神輿渡御祭」(「千人武者行列」)では、春季は3基の神輿(秋季は主祭神家康公の神輿のみ)が、御旅所《おたびしょ》迄渡御、そして御旅所にて御旅所祭が執行され、その後東照宮へと還御《かんぎょ》する。寛永13年(1636)制作の初代神輿は、重さ約300貫(1,125kg)と大変重量であったが、昭和44年に軽量化(約200貫)が図られた。旧神輿は御仮殿南側に平成27年（2015）に新築・開館した「日光東照宮宝物館」に展示されている。

ところで、神輿渡御祭は『儀式』であり、江戸期よりの伝統に則り遂行される。例えば神輿が神輿舎から発出する時、神輿舎内から神輿舎石段下までは専ら宮仕《みやじ》・神人《じにん》が扱い、一般人の担ぎ手は神輿に触れることが出来ない。石段下からは供奉の一般担ぎ手が役を担うのである。ここで重要な役割を担う宮仕・神人について若干記す。神前に奉仕する彼らの起源は、貞観年間（850年代）とされ、以後連綿と日光山に奉仕した。天正18年（1590）の秀吉による日光山領没収により無禄となり塗炭の苦しみの中にあったが、天海により再び用いられ以後東照宮・二荒山神社に奉仕することになった。明治4年の神仏分離によりその職は廃絶されたが、進んで神前に奉仕し続け、その子孫の者達が昭和48年（1973）「神徳会」を結成し現在に至る。東照宮美術館前庭に「宮仕・神人之碑」（平成11年〈1999〉建立）がある。

P45下段後3行目

「（陽明門内）東方には神楽殿あり。～ここに平日八乙女（巫女）一人在り」

神楽殿は陽明門内側境内の東部に、黒を基調にした三間四方の純和様建築。江戸期には日光山の神事関係奉仕者として社家・伶人《れいじん》（楽人）・宮仕《みやじ》・神人《じにん》そして八《や》乙《おと》女《め》（巫女《みこ》）が居り、彼らは日光東西両町を中心に地域的に集住していた。本文の記す八乙女は江戸期9名の内8名が下鉢石町の大横町に住した。現在は人数は減じ又江戸期のような世襲でなく出自は関係なく二荒山神社に属する。現在でも東照宮春季例大祭時には、以前は神楽殿であったが、祈祷殿にて神楽を奉仕する。P48のイラストに「Miko, a site dancer　さかりのむかししのばるる巫女」と、神楽殿で奉仕する八乙女（巫女）を描いているが現在はいない。

P46上段6、12行目

「神楽殿に対して旧社務所あり。（旧護摩堂）」

「一基の灯籠を安ず。東福門院の御寄附なり。陽明門以内は他に燈籠なきを以て之を一本燈籠と称す」

護摩堂では江戸期には日光山門主である輪王寺宮が、天下太平を祈願「正五九の中旬護摩修法あり」（「日光山志」）した故に護摩堂と称した。神仏分離に際し仏教関係法具類は撤去されるとともに護摩堂の名称は廃され、名称は社務所とし社務に利用された（「日光名所図会」明治35年）。本文では旧社務所と記すが、明治期東照宮別当大楽院の地に社務所が移転したため旧と記している。更に、社務所は平成7年（1995）に新築された現在の社務所・客殿に移転し、木造の旧社務所は現在「東照宮美術館」となっている。

なお、旧護摩堂は今日では参拝者等の御祈祷に使用されている為「祈祷殿」と称されるが、現在も正式名称は「上社務所」である。神楽殿脇にある陽明門内側境内唯一の唐銅灯籠（「一本灯籠」）は、二代将軍秀忠の娘で後水尾天皇の中宮となった東福門院（和子〈1607～1678〉）の奉納。

P46上段後10、8行目

「正面の門を唐門といふ桁行一丈梁間六尺三寸。四方唐破風造り」

「正面破風の棟上に銅獣を載す形は獅子なり。里俗に之を恙の虫といふ」

陽明門を潜ると正面に東照宮の最も神聖

な御本社域の門として、全体を白い胡粉で至る所精緻な彫刻で覆われ、門としては小規模な四方に唐破風の軒を有する国宝唐門が位置する。門は江戸期にあっては御目見得以上の幕臣及び大名のみが潜れたが、今日でも一般人の利用は極めて制限され、祭事に関係する限られた人が限られた時のみ利用が許される等厳しく制限されている。

写真「東照宮唐門恙《つつが》の虫　Tsutsuganomushi An imaginery evil animal」は、四足を鎖に繋がれた獅子とも虎とも称される恙虫が南北棟上に2体、東西棟上には鰭《ひれ》を切られた（「又尻切れ」）龍が2体いる。何れも災禍を防ぐ(災いを鎖にて閉じこめ)夜・昼の守り神として門上に載せられていると言われる。唐門を飾る多数の精緻な彫刻群の、東照宮の他の社殿も同様であるが、故事等その謂われは本文を参照されたい。

【挿図　さかりのむかししのばるる巫女　"Miko," a site dancer】

【写真　東照宮唐門恙の虫　"Tsutsuganomushi," An imaginery evil animal】

【写真　東照宮唐門 "karamon," the inner gate after Chinese fashion】

P46下段後6行目

「唐門の左右より拝殿本殿の周囲を廻らすに瑞籬を以てす」

御本社域（唐門の内側境内で本殿・拝殿とそれを繋ぐ石の間のある空間。）を囲む瑞籬《みずがき》（延長87間。通称「透塀《すきべい》」。国宝）を指す。唐門の左右に広がる華麗な彫刻と彩色を施し、塀の内側が透かして見える。彫刻は上段欄間に山野の植物と鳥、下段腰羽目板に波と水鳥である。

P47上段5、後2行目

「拝殿は南に面し。両妻入母屋正面千鳥軒唐破風、向拝附」

「殿内を東、西、中の三区に分かつ」

神としての家康（「東照大権現」）を祀る東照宮の心臓部である御本社は、「権現造」（拝殿・石の間・本殿が一体となり一棟を構成）のわが国を代表する傑作である（三者一体となり国宝）。幕府は御本社造営に最大限の力を注ぎ、「寛永大造替」での造営費用を記した「日光山東照大権現様御宮造営御目録」(寛永19年)に依れば、「御拝殿」52，710両、「御本社」75，099両で、この二者で総費用約53万両の約24％を占める。なお、陽明門は23，487両であり、費用面から見ても御本社域の重要性を如実に示している。

特に江戸時代においては、御本社内は拝礼等の諸制限は厳格を極め、身分により入れる区分が違い、段一段・畳一畳により区分される。その一端は、例えば植田孟縉は「御唐門の内では庸人の具に拝覧すべき所ならねば知りがたし階下にて拝み奉る折からその荘厳なること十が一も心に諳んじがたく適つたへ聞けるも御深秘なれば大概を誌せり」と記す（「日光山志巻五」）。著者植田さえも入室はできなかった。

拝殿正面の唐破風向拝には金鈴が掛けられているが、神仏分離以前は鰐口《わにぐち》が架けられていた。拝殿の内部であるが、P19後2行目「殿内を東、西、中の三区に分かつ」とある様に3室に分かれる。江戸期の使用方法は、「東の間」はP47下段後12行目「聴聞所と称し」とあるが、今日この呼び名はない。参拝客には「将軍着座の間」の名称で案内している。将軍着座の間は襖で二つに区切られ、奥の間が「将軍着座間」、次の間が「御三家着座間」）となる。

「中の間」は畳「六十三畳」と広く、天

井は格天井で狩野探幽以下一門が競作した百種の龍を描き（「百間百種の龍」）、長押には「三十六歌仙」の扁額が懸かり、正面に「金幣」が立てられ、長押に「直径二尺五寸」の鏡が懸かる。鏡は寛永15年に若狭小浜藩主酒井忠勝（寛永15年〈1638〉〜明暦2年〈1656〉幕府大老。五重塔及び表門前石段下の石灯籠も寄進）の嫡男酒井忠朝奉納。

「西の間」も二つに分かれ、奥の間が「法親王着座間」、次の間が「大臣家着座間」となっていた。拝殿内部は三区分されていたが、現在では参拝者は一切の区別無く案内される。ただ、東照宮の重要行事等では一般参拝者は入室不可能で、内部利用は三区分される。例えば春秋例大祭時には、中の間に神職、東の間の奥の間に徳川御宗家、次の間に幕府側近家臣団、西の間に例祭執行奉仕参列者等が位置を占める。

【写真　東照宮拝殿 "Haiden," the hall of worship of the Tōshōgu】

P47下段後3行目

「石の間は拝殿と本殿との間に〜此席にて神官参拝者に神酒を頒つ」

拝殿と本殿の二つの建物を繋ぐ「渡殿」の役割を担う石の間は、権現造りの一大特色であり、特に寒冷地日光に於いては、此の空間により二つの建物が冷えた外気に晒されることなく連結される。本文では一般参拝者がこの空間に入り神酒を頂戴する事が記されているが、今日その様な事はあり得ず、通常入室は拝殿迄である。春秋例大祭等の東照宮の大きな祭礼に於いても、此の空間への入室は神職・御宗家・関係者代表の限定された人のみである。

P48上段1行目

「本殿は三級石壇の上に建ち。〜外陣を幣殿〜次は内陣〜内々陣〜特別祈祷祭を依頼すれば〜内陣に列することなれば」

先述の如く、本殿は特別な最重要建物で、内部は幣殿（外陣）・内陣・内々陣の3室で構成されている。東照宮社殿群の中で最大の経費を費やした社殿である。本文10行目「通常は内陣に入るを許されど特別祈祷祭を〜」と記されているが、今日如何なる場合においても一般人は拝殿迄の参拝であり、石の間への入室も非常に限定的であり、ましてや本殿の階段に上ることはあり得ない。一般人の内陣入室は見聞きしたこと事無く筆者にとって誠に驚きの記述である。今日本殿に入室を許されるのは神社の最高責任者である東照宮宮司と徳川御宗家当主のみであり、御宗家夫人さえ不可能である。

なお、「三級の石段」とは3段の石段である。また、春季例大祭等の大きな祭礼時には、幣殿に設けれた祭壇（「神饌台」）に皇室よりの金幣や多くの供物を、上御供所より神職が手渡しで供える。

伝聞であるが、本殿の修理でも女子職人の入室は厳禁との事である。

【写真　東照宮眠猫 "Nemuri-neko," the sleeping cat】

P48上段後11、7行目

「東廻廊の北詰に戸口あり。其の内を上御供所とす。廻廊の隅より下御供所に通ずる門を石門といふ」

「銅庫の傍にある清水は。御供水にて遠く滝尾神社前より樋を埋めて之を引く」

東照宮で最も有名な建物である陽明門に接続してその左右に、本殿・拝殿の御本社域を囲むように回廊（陽明門東側のそれを東回廊、西側が西回廊。総延長は約220ｍで、廊下・柱・天井等総朱漆塗で、外側壁面の欄間に多数の彫刻。本文は廻廊と記すが回廊と記す）が延びる。

東回廊と石の間を繋ぐのが約10間の御供廊下で、御供所で用意された本殿へ供える御供はこの廊下を通る。下御供所は神前に供える御供を揃える建物で、東回廊を出て現在の社務所に至る石段の途中にある（現「斎館」）。東照宮境内に引き込まれる清水（「御供水《ごくうすい》」）は、東照宮の北西約「長延十町余」（P48上段後6行目。約1.1km）の滝尾神社横の白糸滝付近より取水し、埋樋にて境内に引水し御水屋（御水舎）等に利用する。

P48上段後6、3、下段1行目

「又東廻廊に潜門ありて上の蛙股に一匹の睡（眠）猫を刻す。～左甚五郎の作と」

「此門を出れば奥宮入口の門あり。阪下門といふ。桁行二間」

「門内は石階並に石敷参道にて～曲折二町余にして奥宮に達す」

東回廊から奥社に至るときに潜《くぐ》る門が「潜門」で、門上部で「蛙股《かえるまた》」（「上方の荷重を支えるための蛙の股の形をした部材」広辞苑）に、有名な「眠猫」の彫刻がある。「眠猫」の真裏に雀の彫刻がある。猫が目を覚ませば雀は食われてしまうが、猫は眠っており雀は安泰である。猫と雀は共存しており、（家康公により）戦国の世は終わり平和な時代が訪れた事を象徴的に示していると言われる。

潜門に近接して奥社に通じる坂下門（本文は「阪下門」）がある。門は唐破風の屋根と左右に袖塀がある小規模の一脚門で、「唐門」同様に白胡粉塗りで、金の七宝焼金具の装飾。江戸期門は将軍社参時及び「唯毎五十年大祭の時」（P49下段4行目）以外は開けず、「開かずの門」と称されたが、今日では常時一般参拝者が利用する。

なお、寛永大造替で元和創建当時の社殿の殆どは姿を消したが（但し前述の如く当時の拝殿のみは群馬県太田市の世良田東照宮拝殿として現存）、この門は創建当時のものである。奥社への「曲折約二町余」（約218ｍ）の石の参道は、一枚石の階段・柵・敷石等見るべき物が多い。使用されている石は「聞く石塔は赤薙山の産」（P49上段後2行目）とあるが、石切場は女峰山から続く尾根の中程にあり通常は「女峰山産」とする。赤薙山からの尾根は稲荷川左岸となりその尾根筋とするのは難。

P49上段2行目、後2行目

「拝殿の後石垣の上に総唐銅鋳抜の門あり。～初は唐門なりしが。慶安二年改造」

「聞く石宝塔は赤薙山の産、～又改造の際は久次良村～椎名兵庫～鋳造せり」

家康公の神柩を納める宝塔前の門は、慶安2年（１６４９）に石造唐門から「総唐銅鋳抜の門」に変えられた。門は青銅で、門の扉を除いて、柱・梁等を一体として鋳型で作成した独特の物（「鋳抜」）である（大猷院奥院宝塔前の間も同様に鋳抜門である）。この時替えられた石造唐門であるが、永く奥社近くの山中に置かれていたが東照宮350年祭時に発見され、現在は東照宮旧宝物館（現日光社寺文化財保存会事務所）横に移築されている。唐門は屋根・扉が各々1枚の安山岩で作られており一見の価値大である(石造唐門と鳥居は共に重要文化財、P168の写真一覧参照)。

P49写真のキャプション「東照宮奥社」は、「奥社」が拝殿と宝塔を含めた名称である故、鋳抜門と宝塔のみの場合「奥社鋳抜門及び宝塔」とすべきである。

なお、奥社の石造宝塔は寛永18年（1641）に「赤薙山の産」（前述の通り正しくは女峰山産）安山岩により建立されたが、天和3年（1683）5月の大地震により倒壊した。この時の事が本文引用の宝塔前扉背の銘とともに「旧記」に見える。

「（五月）二十三日辰中刻大地震御宮（東照宮）御堂（大猷院）石ノ宝塔九輪同慈眼大師石塔ノ九輪同時ニユリオトシ大ニ損ス」

「同二十四日巳刻大地震～御宮御堂御宝塔御笠石大ニ損ス」

それ故5代将軍綱吉の命にて、山内西方の久次良《くじら》村（現日光市久次良町）にて鋳造した唐銅製宝塔に造り替えた。鋳造された宝塔は現在の二荒山神社前の西参道を通り、現二荒山神社社務所脇（江戸期の三仏堂東側）より東照宮奥宮に引き上げられた。家康墓所の宝塔は、元和期木製→寛永期石製→天和期以降唐銅製と変化し現在に至る。

宝塔は総高約5ｍ、「直径四尺、高さ一丈一尺余」で、八角9段の石積の上に据えられている。宝塔前（墓前）には朝鮮国王より献納の鶴・亀の燭台、香炉、花瓶の3具足がある。

なお、最初の木製宝塔は「多宝塔形式で、全高20尺（約6.6ｍ）を越し、下層平面の一辺が16尺位の大きな建物」と推定される。石造宝塔は「笠石の径16尺という巨大なもの」（「日光市史　中巻」）。

【写真　東照宮奥社"The grave of Iyeyasu"】

P49下段4行目

「幕府時代は貴賤を論せず全て奥宮の参拝を許さず」

先述したが、奥宮（奥社）は最も神聖な場所故、江戸期より参拝は極めて厳格に規制されていた。「日光山志」では、山内を描いた挿絵には奥宮は全て「白雲」に覆われ、また奥宮に至る参道及び石段を含めて記述は皆無である。例えば、「日光山志」の「御本殿」の記述に、「（御本殿）御内陣、御宮殿ありといふおそれ多ければ略す」とある。本書においてもＰ49上段の簡単な記述のみである。

奥社域には、銅鳥居（慶安2年〈1649〉創建。後陽成天皇宸筆銅製勅額「東照大権現」）、銅庫（銅神庫とも。朝廷より宣命等保存）、石段（10段）、石段下の一対の狛犬（松平右衛門大夫正綱〈家康側近。日光杉並木寄進〉、秋元但馬守奉朝《やすとも》〈家康・秀忠・家光三代に仕える〉。両者とも奥社造営時総奉行。奥社域への個人の寄進等は一切無く狛犬奉納は極めて異例）、拝殿（間口約5間余、奥行3間余、入母屋造り）、鋳抜門、宝塔、宝塔墓前の香炉・花瓶等（朝鮮国王献上）がある（松平正綱・秋元但馬に関してはＰ58上段後3行目参照）。

蛇足ながら、大猷院奥院の堂等配置は東照宮奥社のそれと似ており、勿論大猷院は仏教様式故に規模・装飾・色彩等とは異なるが、皇嘉門、参道、銅包宝蔵、石段、拝殿、鋳抜門、唐銅宝塔（家光公霊柩）となる。

なお、寛永大造替後の寛永20年（1643）に家光の発願を受けて大僧正天海により奥社拝殿前に造立された相輪橖《そうりんとう》は、慶安2・3年の大地震により傾き、同3年（1658）に本地堂西の上新道に移転し、明治7年神仏分離で現在地に移築。令和4年春全面改修（Ｐ169の写真一覧参照）。

P49下段8、9行目

「参拝の～表門内なる宝物拝覧所に入り」

「但宝物は文化九年（1812）宝庫の火災に其の過半を失ひしよしにて」

現在宝物拝覧所はない。御鎮座350年時に現在の日光社寺文化財保存会事務所となっている建物が宝物館として建てられたが、400年式年大祭記念事業として平成27年（2015）に現在の東照宮宝物館が御仮殿の南に新築・開館した。本文P49〜50に記されている宝物類は現宝物館に展示。文化9年（1812年12月30日）の火災は、東照宮別当大楽院（場所は現東照宮美術館地）からの失火で、東照宮宝蔵に引火・延焼し、極めて残念なことに神宝・刀剣多数を焼失した（宝物は本文参照）。

◎東照宮の例祭及び神輿行列（P50〜53）

【挿図　日光山御例祭の行列】

東照宮の神輿渡御行列は、「百物揃千人武者行列」として県内外に広く知られ、ともすれば昔の衣装を付けた単なる神輿《みこし》の行列と考えられ勝ちである。しかし言うまでもなく、この行列は家康の遺骸を久能山東照宮より日光東照宮に改葬した時の行列を再現したものであり、それは飽くまで神事の一環として神霊の乗った神輿が東照宮と御旅所（久能山とみたてる）とを往復する神輿渡御の儀式である。P50上段後4行目で、当時のこの行事次第を略記するが主要部分を略記。

「例祭は六月を大祭とし。九月を中祭とす。〜六月一日栃木県知事奉幣使として参向。午前八時官祭あり。奉幣使は衣冠を正し。恭しく幣帛を捧げ祝詞を〜宮司は祭服にて三神輿に御魂移〜三時御発輿〜二荒山神社に神幸〜宵成と称す〜宮司以下全て供奉夜を徹す〜翌二日十時整列〜十一時発輿」となる。

なお、P50行列次第、P51挿絵「日光山御例祭の行列」に関しては左記参照。

○現在、神輿渡御祭は次の如く進行するが、主要祭事の概要を示す。

渡御祭名称

春季例大祭（五月十七・十八日）
秋季渡御祭（十月十七日）。

春季例大祭

〈十七日＝例大祭・宵成祭・流鏑馬神事、
十八日＝神輿渡御祭〉

・例大祭
・本文のように、第二次大戦前は大祭直前に奉幣使が参内し幣帛を本殿の幣殿神饌台に捧げたが、現在は行われない。但し50年毎の神忌には皇室よりの奉幣使が参向。
・拝殿にて例大祭執行
神職・徳川御宗家・旧幕臣関係者・供奉世話人等参列。

・遷霊祭《せんれいさい》
神輿舎前にて執行〜神輿に御祭神の神霊を遷す儀式〜

・宵成祭《よいなりさい》
遷霊祭の後、渡御行列供奉立《ぐぶたて》（整列）、神輿3基（P45参照）が上新道を通り二荒山神社へ。神輿3基を二荒山神社拝殿に奉安。神霊を二荒山神社本殿に遷霊。拝殿にて神職・神人等が神輿を徹夜で警護（「宵成」）。

・流鏑馬神事《やぶさめしんじ》
本文記載の大正期には実施せず。現在は表参道を会場に、小笠原流鏑馬神事を神振《しんしん》行事として奉納。

・神輿渡御祭
渡御に先立、神輿を迎える為の御《お》

迎榊《むかえさかき》が神徳会により御旅所より二荒山神社到着。
二荒山神社本殿より拝殿の神輿に遷霊。境内にて渡御行列供奉立《ぐぶたて》。
午前11時神輿発輿し、御旅所へ渡《と》御《ぎょ》（上新道・表参道・中山通経由）

・御旅所祭《おたびしょさい》
御旅所本殿に三神輿据える。拝殿に三品立七十五膳《さんぼんたてななじゅうごぜん》の最高の供物を据え祭典執行。二荒山神社の八乙女により舞奉納。祭典中に本殿と拝殿の間で東遊《あずまあそ》びの舞奉納。

・神輿還御《かんぎょ》
13時、行列を整え、神輿東照宮へ還御。神輿は神輿舎へ奉安。

・還御祭
拝殿にて神輿より神霊を御本社へ遷霊。神輿渡御祭の祭典終了。

秋季渡御祭

〈渡御規模は春季の半分程度の供奉人数約500人。渡御の神輿は御本社神輿のみ渡御、宵成なし、供奉役柄は約40種、春季は約60種。一日間の祭典〉

・秋季祭
御本社拝殿にて祭典〜神職・供奉世話人等参列〜

・神輿渡御祭
御迎榊（御旅所より陽明門内の神輿舎へ）、遷霊祭（神輿舎前にて神輿に神霊を遷す）、神輿渡御祭(中神庫前にて供奉立て。午前11時、神輿御旅所へ渡御)
御旅所祭（春季と同じ）
神輿還御《かんぎょ》（13時、行列を整え神輿東照宮へ還御。神輿は神輿舎へ）
還御祭（春季と同じ）

ところで、渡御行列に関しP50下段7行目「行列次第は左の如し」として列記され、P51に行列の挿絵(「日光山御例祭の行列」)がある。この行列の内容構成は、P53〜58に詳細が列記されている。

P50下段〜P51上段の大正期と今日の渡御行列の表現等との若干の違いを記す。

・行列先頭に「町長」↓奉行・前駆幹事長・産子会会長・産子会副会長。
・後尾に署長↓産子総代・後衛副幹事長。「神職」・「主典」↓「祢宜」。
・「児子」（12人警護2人）↓「稚児」。
・「子供猿」（30人警護2人）↓三神輿の後に各々「子供猿」（各々8人）。
現在は三神輿の後に各々「旧同心」配置。
「里山伏」の位置↓行列最後尾に。

なお、行列の前後左右で行列参加の供奉《ぐぶ》員《いん》の誘導や世話の役は、主に旧日光市民の世話人があたる。行列奉仕の供奉員は、基本的に旧日光市・今市市域（旧御神領域）住民によるが、近年の少子高齢化・過疎化の影響もあり企業等の協力による供奉奉仕も必須の事となりつつある。例えばその様な社会状況を背景に、東照宮は平成4年（1992）神輿奉昇会《しんよほうきょうかい》を結成し協力企業より供奉奉仕の協賛を得ている。日本全国何処も同様の課題を抱えるが、今日伝統行事を維持することは大変難しい。

◎御旅所に於ける祭事（東遊）P53〜P58

江戸末期の詳細が記されている。祭事の詳細は、P53下段4行目に「今も昔と大差なきが如し」と記す様に、神輿渡御祭は東照宮にとって伝統ある最重要神事である故に、本書出版の大正期と一世紀後の今日でも規模・手順等内容は殆ど変化しない。尚、神輿渡御に伴う御旅所（赤柵で囲まれた約2000坪の境内に本殿・拝殿・御供所の

3棟が建つ。本殿の位置は以前山王権現が祀られていた所とされる）での行事に関し、P53上段～下段に「東遊《あずまあそび》」に関しての記述があるが、内容は今日も同様である。ただ、下段5行目の歌曲を補足すると、「一歌、二歌、駿河舞、求子歌、大比礼《おおひれい》」の五曲である（「日光市史　下巻」）。尚、境内には東遊再興の碑が建つ。

P53下段14行目
「東照宮の神輿行列は。明治以前に行はれたるものと同じ。但三綱僧其の他仏法に関せしものを除却したるに過ぎず」

「日光山志」に依れば、江戸期渡御行列で「三綱僧」は、「～八乙女・三綱僧・社家～」の位置であり、「三綱僧一人騎馬素袍着《すほうぎ》一人白張四人相随～里俗等是を一時僧正と唱ふ一坊中より勤む」とある。また、「日光名所図会」（明治35年刊）においても、江戸期同様の位置に三綱僧《さんごうそう》が配される。明治期も江戸期同様の記述があるが、同書はP206で「左に日光山志を引かむ」とあり、同書の記述は明治4年の日光山神仏分離でこの僧侶は行列より除かれていた事実の確認漏れかと考えられる。

ところで、三綱僧とは日光山の「一坊」（日光修験の山伏）が勤める役で、馬に乗り、素袍1人、白張4人を従える。「一坊」とは「衆徒」である僧侶より下位に位置づけられる修行僧（山伏）である故、「日光山志」の引用文の如く、日光山に於ける「三綱」役の僧侶の本来の位置・格からすると、渡御においてこの役を勤める場合は、「一時僧正」と言われる如く身分を越えた臨時の僧としての認識である。

なお、「衆徒」とは日光山に属する大坊で領地を有する。その起源は古代まで遡るが、江戸期には日光山20カ院で各120石を拝領した。「一坊」とは日光山に属する小規模の坊で、仏教関係では「衆徒」の下位に位置づけられる。

【挿図　東遊之画】

◎日光廟社造営の深旨（P58）

P58上段10、後4行目
「初め二代将軍秀忠公の東照宮廟社を造営するや」
「間接に諸侯の財を散ぜしめ再び戦旗」

2代将軍秀忠による元和期の東照宮造営を一般に「元和創建《げんなそうけん》」と言い、寛永期の三代将軍家光による創建時東照宮の大規模造り替えを「寛永大造替《かんえいだいぞうたい》」と言う。今日の東照宮の姿は家光公の意図したものである。

本文の記す如く、ではこれら2回の造営に関する幕府の意図はどの様なものであったのか。それを表記の「深旨」として、寛永大造替は「諸侯の財を散ぜしめ～絶滅せしめ」との考えであるとの説を記している。

しかしこの種の考えもあるが、現実はこの造営は総経費約56万両全てを幕府が直接支出しているのである。東照宮境内の建造物で諸藩が負担したそれは全く存在しない。諸藩の寄進は精々燈籠程度の寄進であり、多大の経費を要した五重塔・御水舎・杉並木の寄進は特に功績のあった幕閣重臣である。諸藩の関与する場は無い。

◎東照宮造営のことども（P58～64）

東照宮造営に関し日光廟修理技師大江氏が専門的見地から縷々見解を述べられている。内容的には、造営の目的と期待（P59）、建築工費と工事期間（P60）、建築経営の方法（P61）、銅瓦と漆塗（P62）、造営に使用された手間と材料の一例（P63）である。一読すれば明らかの様に、修理技師としての専門的立場から建築及びその周囲の事項に関してかなり詳細且つ率直具体的に記されている。

◎**戊辰の戦役に於ける日光殿堂の保護者（P64）**

戊辰戦争の折、山内が戦火を回避出来た事情を略記。9行目の「諶厚師」とは、18行目の「彦坂諶照」の厳父で輪王寺枝院護光院住職。幕府滅亡と神仏分離により混乱した明治初期の社寺間関係の正常化に大きな足跡を残し、特に疲弊した輪王寺の中興に尽力し、今日の日光山輪王寺の15枝院体制の基礎を築いた。

＊のりのともしび（P65～P80）

「のり」（法）→「法燈・法灯仏法」

◎**輪王寺（P65～68）**

【山内に展開する輪王寺諸堂について記しているが、当時の状況と現状はかなり異なる為、「日光山新旧対照図」（P36～37）の「御山内縮図」（「日光山志」所載天保八年の図）、「日光山全図」（明治四十二年測量）、及びP173の「二社一寺等の建物等配置図」を参照されたい】

P65上段2、7、後4行目

「輪王寺は東照宮に詣る途上の右方に在り。表黒門は旧御殿地なる日光御用邸に向ふ」

「金剛櫻といふ。此櫻もと御霊殿門の東」

「～本堂移転の工事終らむとするころ此処に之を移植せしむ」

今日、山内の表参道（江戸期名称「町表」等）を東照宮に向かい左方（西側）に輪王寺本坊が、右方（東側）の広大な境内に輪王寺三仏堂・護摩堂・相輪橖・紫雲閣逍遥園・護霊殿等が位置する。

江戸期日光山の本坊は元和7年（1621）に現東照宮御仮殿付近に創建されたが、寛永3年（1626）焼失した為、一時「町表」西側の座禅院に避難し、寛永18年（1641）に「町表」東側の現三仏堂～紫雲閣の地に移転し、その後貞享2年（1685）西側より移転・再建された将軍御殿と一体化する。しかし、明治4年原因不明の出火により焼失し、同7年再建。第二次大戦後表参道西側の日光（山内）御用邸が民間に譲渡され、その建物を利用し昭和37年に表参道東側より輪王寺（東）本坊が移転した。

慶長18年（1613）家康により日光山貫首に任じられた天海は、鎌倉期に日光山の中心寺院であったが14世紀末に廃絶となっていた光明院を復活し（位置は今日の輪王寺護摩堂～三仏堂仏堂付近。護摩堂脇に光明院稲荷が祀られている）、その表門として「黒門」があり、これを貞享2年に「町表」西側より移転した将軍御殿の表門として引継ぎ現在に至る。

旧御殿地は、寛永18年に現東照宮御仮殿地付近にあった将軍御殿が焼失し「町表」西側に移転したが、貞享元年（1684）再度焼失し、御殿は「町表」東側の地に移転し本坊と一体化。西側の地はそれ以降江戸期を通して空き地となった為「旧御殿地」（名称は「御殿跡地」「御殿地跡」等）である。ただ、本書掲載「御山内縮図」では幕府への配慮からか？「御殿地」となっているが、既に「御殿」は移転しておりこの記述は正確性を欠く。

なお、この広大な「旧御殿地」の空き地は単なる未利用地でなく、度重なる日光山堂舎修復時の作業小屋が配置されたり、或いは火災時の緩衝地として役割等、重要な役割を担う事に注目しなければならない。空き地であった「旧御殿地」には、明治19年に江戸期東照宮別当大楽院の表書院が移築され（8月11日竣工）、各種用途に利用された後、この土地の有する優位性（喧噪から隔絶された広大な土地、周囲を江戸期造成の堅固な石垣が囲む、周囲の歴史・自然環境等）から明治26年に日光（山内）御用邸となった（同年5月設置の内部決済、8～9月土地建物受領、10月御用地編入）。

御霊殿は現輪王寺宝物館に隣接し、歴代法親王の霊牌を安置する建物で、建物正門は中山通りに面し、菊の御紋章が刻された勅使門は平時は使用しない。本文の記すように、輪王寺金堂である三仏堂前にある山桜の老木である金剛櫻は、御霊殿庭園より移植した。

【写真　金剛櫻 "Kongō-sakura," a cherry tree planted by Arch-priest Kongō】

P65下段8、後4、2行目。P66上段1行目

「是を輪王寺本堂となす即ち三仏堂なり」

「三大座像を安置せり。是れ三仏堂の名ある所以なり。嘉祥元年慈覚大師叡山の中堂に擬して創建する所。～根本中堂～後に金堂と改む」

「仁治年間～座主弁覚僧正之を恒例山の下今の東照宮鐘楼の辺に移せしが」

「元和三年更に新宮の東に転せり。慶安元年再び営造するに及び壮観を極めたり～九年工を起し～十四年十一月～工を終り」

現輪王寺三仏堂の前身である「三大座像を安置せり」御堂は、慈覚大師円仁により嘉祥元年【（848）（?・「日光山輪王寺史」。一説に天長6～10年〈829〉頃説「日光その歴史と宗教」菅原信海）】に、「滝の山麓」（現滝尾神社付近?）に創建と伝え（「日光市史　上巻」）、後本文の通り弁覚により「恒例山の下」（現東照宮陽明門南辺鐘楼辺）に日光山の中心御堂（金堂）として移建されたと伝える。この御堂は元和3年（1617）二代将軍秀忠の東照社（宮）創建に伴い、「新宮の東」つまり現二荒山神社社務所付近に移転。その後寛永19年（1642）の大雪で大破したが、三代将軍家光により「慶安元年（1648）再び営造」され（2月に正保から慶安と改元する為、「日光市史　中巻」では正保4年）、巨大な御堂として蘇る。明治4年（1871）の日光山神仏分離に伴い解体され、解体材は上新道脇に野積みされていたが、明治9年6月の明治天皇行幸時に御下賜金があり、護法天堂（祖師堂）を北の現在地に移転した広大な平坦地である現在地に移転（明治9年～12年移転工事、14年入仏式）した。

山内最大の巨大な木造建築物である三仏堂は、その後「昭和大修理」（昭和29～36年〈1949～1961〉、及び「平成大修理」（平成19年～令和2年〈2007～2020〉）を実施。なお、三仏堂正面の巨大な「金堂」の扁額は、三仏堂が日光山及び（近代以降の）輪王寺の本尊（三仏↓千手観音・阿弥陀如来・馬頭観音）を祀る仏堂である事を示す。

【写真　三仏堂と相輪樘 "Sanbutsu-do," a Temple for three Gods of Buddha a pagoda for Sacred books】

P66上段8、11行目

「かくて輪王寺の旧号～鐘楼あり。～東照宮仮殿内に置きしが明治十四年ここに移す」

「現時の鐘は天保二年の改鋳～旧鐘は万治三年五月の鋳造～三人の承仕之を掌り」

日光山の歴史で「輪王寺」と言う独立し

た寺院は近代まで存在せず、それ故「旧号を復す」事はあり得ず本文の記述は誤り。「輪王寺」の名称は、承応3年（1654）後水尾天皇の第3皇子守澄法親王が日光山貫首となり、明暦元年（1655）輪王寺宮号を勅賜された事による。

現三仏堂の西南にある鐘楼は、江戸期東照宮御仮殿にあり、江戸時代は時の鐘としてそれを担う3人の僧（「鐘撞承仕《かねつきしょうじ》」）が、御仮殿南側石垣下の現東照宮宝物館等の地に住した。承仕僧の住んだ3カ坊（本文の「久善坊・円音坊・蓮蔵坊」）は、幕府終焉により無住化し撤去され、空き地となる。なお、P36〜37「御山内縮図」で、御仮殿境内に3カ坊が記されるが、蓮蔵坊の名が欠落。

P66上段15、後5行目

「直立する相輪橖とす」

「新宮馬場の傍(三仏堂旧地の付近)に移し」

相輪橖は天海により寛永20年(1643)5月に東照宮奥宮（奥社）に建立され（同年10月天海没し大黒山廟所に埋葬、慈眼堂創建）、慶安3年（1650）6月に本地堂西の上新道脇石垣上（現上新道の江戸期名称は「新宮馬場」。この地には常行堂・法華堂が移築されていたが慶安元年に坂元の現在地に移築し空き地）に移建。さらに神仏分離により明治8年現在地に移建。

なお、本文の「三仏堂旧地」は、拙文の通り「常行堂・法華堂の旧地」となる。

P66下段2、5行目

「本堂の背後を廻れば薬師堂と大師堂あり。薬師堂は〜橋の北にある小堂を云」

「祖師堂は〜もと内権現堂と称し〜三天を祭りて護法天堂と称せしことありき〜今は大師堂とのみいへり」

祖師堂つまり開祖勝道上人を祀るお堂は、中世期座主弁覚により創立され、「内《ない》権現堂《ごんげんどう》」とも称した。のち、一時開運の三天（七福神中の特に毘沙門天・大黒天・弁財天）を本尊として祀る日光山の護摩祈願所となり護法天堂と称した。しかし後に神仏分離により三天は本堂に移し、両大師を祀る堂に復し大師堂となった。今日、本堂に移された先の開運の三天は、三仏堂裏・相輪橖横に平成10年（1998）建立の護摩堂に安置され、庶民の願いを護摩を焚き祈祷する護摩祈願所となっている。

また、明治14年（1881）三仏堂が現在地に移転したため、旧護法天堂の建物そのものは新しい護摩堂東隣の現在地に移築された（祖師堂・三仏堂の位置はP36〜37「明治42年実測図」を参照）。

薬師堂は旧護法天堂の東隣にあり、石造薬師像は現在護摩堂に祀られる。

日光山第24世弁覚が創建した光明院の地主神として建立された稲荷社は、現在光明院稲荷と称し、嘗ての光明院旧地に建つ表参道東脇の現護摩堂西隣に祀られる。

なお、両大師とは、天台宗中興の祖とされる天台座主慈恵大師良源（912〜985）と、日光山中興の祖で東照宮の日光山勧請に尽くした慈眼大師天海（1536?〜1643）である。天海は良源を尊敬し、天海没後2人を信仰する両大師信仰があり、今日も「両大師講」がある。

P66下段7、後7行目

「本坊光明院の鎮守と為したりき」

「本堂の東なる池の東岸に景山公の碑あり。もとは旧養源院の境内に」

日光山を開いた勝道上人創建の紫雲立寺（後四本龍寺）が、12世紀末の兵火により焼失した為、日光山24世弁覚が延応2年（1240）新たに本院を創建し、四條天皇より光明院の称号を賜る。代々の別当（座主）の居坊となり、延慶元年（1308）の仁澄法親王以来7代の皇族別当があり、応永年間（1394～1428）末に別当である慈玄大僧正の応永27年（1420）の退転まで日光山の中心寺院（本文の「本坊」）であった。この後は御留守居権別当と称し座禅院住職が山務を執り、日光山は所謂座禅院時代となり、この時代は慶長18年（1612）天海が日光山貫首となる時まで続く（P68の「輪王寺沿革」参照）。

「景山」とは、水戸徳川家9代藩主徳川斉昭（1800～1860）の号で、碑は三仏堂北東の「放生池」畔にある（15代将軍徳川慶喜は斉昭の第7子）。

養源院とは、水戸徳川家初代頼房（家康の11男。母は家康側室お万の方）の養母英照院（天正5年〈1578〉～寛永19年〈1642〉。家康側室お梶の方の院号）が、彼女の妹で家康の側室お六の方（慶長2年〈1597〉～寛永2年〈1625〉。家康薨去後出家し院号が養源院）が日光山で没した為、山内北部の仏岩谷の現在地に日光山の枝院として創建。養源院は代々水戸家が大檀家となり、江戸期は日光山衆徒20カ院の一つ。明治4年の神仏分離で廃寺となり、現在寺院跡には堂宇は一切無く、養源院及び英勝院の二つの墓石が立つのみ。

なお、養源院の位置はP36～37の挿図「御山内縮図」参照。又、詳細説明はP80の「山内有名の墳墓」中の「養源院殿並に英照院殿墓」参照。また、「景山公七絶碑」「三宝荒神石祠」は、P36～37の挿図「日光社寺大修繕事務所所蔵実測図」（明治42年測量）参照。

P67上段2行目
「（三仏堂前の）石階を下れば二社一寺合同事務所の拝観券交付所あり」

今日の三仏堂を中心とする広大な境内には、江戸期日光山本坊・将軍御殿が位置し、周囲を高く堅固な石垣が囲繞した閉鎖的空間であった。この空間に明治と共に相輪樘（明治8年）や三仏堂（明治14年入仏式）が移転し、この空間は江戸期とは全く対照的に参拝者・観光客を迎える開放的な空間となった。多数の国宝・重文が存在する二社一寺参拝には拝観券が必要であり、拝観券交付所（献饌料《けんせんりょう》納付所とも。饌＝神への供え物の意）で求めた。

明治となり日光山は庇護者幕府の崩壊により困窮の極に達した。社寺の窮乏により貴重な文化財の散逸や社寺建造物の荒廃を防止・修復の為に、民間人が立ち上がり明治12年（1879）「保晃会」が設立され、社寺建造物の修復に大きな実績を上げた（会は38年間活動し大正5年〈1916〉解散）。この動きや「古社寺保存法」（明治30年）の制定等を背景に、山内の社寺が協力し明治32年に「日光社寺大修繕事務所」が設立された。後、明治34年に本文にある「社寺合同事務所」（本文では「社寺」を「二社一寺」）と名称変更し、社寺職員が配置され、事務所は本文にある三仏堂の石階（石段）下の輪王寺御供所辺り（今日の三仏堂前の第一駐車場付近）に置かれ、此処で拝観券が交付された。後大正3年再度名称変更があり「日光社寺共同事務所」となり、その後分離独立を伴う組織改編等があり、現在事務所は山内の中山通り東端の勝道上人像前にある。

なお、社寺の国宝等貴重な建造物の保存修理・防災の為の専門的組織として二社一寺共同基金拠出により（財）日光社寺文化財保存会がある。

P67上段4、9、下段後11、8、3行目

「御霊殿は本坊に接して東に在り〜輪王寺歴世法親王殿下の御霊牌を安置す」

「次に和洋折衷の宝物所あり」

「是より裏門に出づ。普通の拝観所は〜裏門より入り。拝観券を得て巡拝し」

「輪王寺本坊は表門を入りて右方に在り。四年五月火災後六年に旧地に就き新築」

「寺務所は其の連棟中に在り」

　御霊殿はP36〜37「日光社寺大修繕事務所所蔵実測図」には残念ながら表示されないが、現在の紫雲閣奥にあり、菊の御紋章の勅使門が中山通りに面する。宝物所の位置はP36〜37実測図では三仏堂東側にあるが、現在輪王寺宝物館として紫雲閣横にあり、輪王寺の国宝・重文を多数含む宝物を所蔵・展示。

　江戸期石垣の囲繞した本坊・将軍御殿域には、「町表」（表参道）に面する表門（現「黒門」）と、中山通りに面する「裏門」（本坊・将軍御殿域南東隅の今日の勝道上人像付近。現在は広場。P36〜37実測図は「表門」と表示するが誤り）があり、各門には警備の為の「門番小屋」が付随して厳重を極めた。明治と共に門番小屋は撤去され、本坊域は開放的な空間となった。明治23年には日光・宇都宮間鉄道が開通し東京と直結し、社寺参拝が容易になり参拝者の増大をもたらした。参拝者は神橋・長坂を通り山内に至り、「裏門」附近で拝観券の交付を受け（購入し）、三仏堂参拝、その後「表門」・表参道経由し東照宮に至る巡拝コースとなる。この巡拝コースの電車軌道の起点は「停車場」神橋となる（P166「日光電車案内」参照）。

　なお、「裏門」は本書出版後の大正11年の英国皇太子の来晃に合わせ撤去され、付近は今日見る様な開放的空間となる。また、御霊殿の門は、本坊等の門である表門や裏門とは別にあり、中山通りに面する。

　本文のように輪王寺本坊は明治4年5月13日の火災後、表門（黒門）を入った右方の元の位置で新築され、明治9年の明治天皇来晃の際行在所として利用される。なお、本坊火災は、1月の神仏分離令後の大きな混乱の中で発生し、今も原因不明である。嘗ての輪王寺本坊・寺務所は現在の紫雲閣付近にあり、表参道西側にある現本坊からすると東に位置し東本坊と呼んだ。

◎輪王寺の沿革（P68）

　本文の如く輪王寺の歴史は長く複雑であり、重要事項を箇条書き的に列記する。

・天平神護2年（766）勝道上人開山（紫雲立寺創建。後四本龍寺。一山本坊）

・神護景雲元年（767）勝道上人二荒山大神を祀る（現本宮神社。二荒山神社勧請）

・弘仁8年（817）教旻《きょうびん》（勝道弟子）嵯峨天皇より日光山座主の宣旨を賜う。

（一山の総号は満願寺。一山の中心寺院＝本坊は四本龍寺）

（本文P68・70は、勝道を開祖日光山第1世、教旻を第2世座主。「日光山輪王寺史」、P70「日光山の列祖」）

・弘仁11年（820）空海来晃？（滝尾神社・寂光神社創建？）

・天長6〜10年頃（829〜833）慈覚大師円仁来山？

（三仏堂・常行堂等創立？）

・仁治元年（1240）座主（24世）

将軍実朝護持僧弁覚が光明院創立。
（光明院を一山の本坊〈本院〉とする。
弁覚は日光山中興の祖）
・建長5年（1253）座主（26世）
六条尊家が別当（座主）補任（本
拠は鎌倉）
・延慶元年（1308）座主（28世）
仁澄法親王別当補任。
（以後7名の皇族座主。日光山は「衆
徒36坊、支坊300余」「往古社領66郷」
と伝え広大）
・応永年間（1394〜1428）末別
当（37世。本文P36で36世）慈玄退山。
座主中絶。
（約150年続いた光明院廃絶。現表参
道脇に光明院稲荷、護法天堂残）
（座禅院住職が御留守居権別当とし
て山務管掌。昌瑜《しょうゆ》〈38世〉〜昌尊
〈52世〉。壬生氏との関係深まる）
・天正18年（1590）秀吉日光山領没収。
寺屋敷（山内）・門前（鉢石）・足尾
のみ安堵。日光山極度に衰退。
・慶長18年（1613）天海日光山貫首
として仮本坊座禅院へ（座主53世）
（御留守居権別当昌尊〈52世〉退山。
元和元年〈1615〉本坊光明院
再興。）
・元和7年（1621）本坊創建（現東
照宮御仮殿の地）
（寛永3年〈1626〉焼失〈本文
P36は13年とするが誤り〉）。
（一時座禅院仮本坊、寛永18年新築
再建、明治4年焼失、同7年再建）
・元和2年（1616）家康薨去。翌年
東照社（宮）創建。
（江戸期日光山＝衆徒20カ院、別当
5カ院、支坊80坊、承仕3カ坊、
本坊、学頭（修学院）の計110カ寺。
院等の名称はP71参照。
・承応3年（1654）の守澄法親王《もりずみほうしんのう》日
光山門主に補任（第55世）東叡山兼
務。明暦元年（1655）日光山門
主に輪王寺宮号勅賜。
・以下はP70〜71「輪門御歴代」参照。

◎日光門主（P68〜69）

日光門主誕生の経緯とその特殊性を史料を用いて記すとともに、最後の宮門跡門主《みやもんぜきもんしゅ》の公現法親王《こうげんほうしんのう》の還俗迄を記す。（注釈略）

◎輪王寺門跡の中興（P69〜70）

輪王寺門室廃止から輪王寺号復活に至る動きを記すと共に、法脈継承の経緯を記す。
（注釈略）

◎日光山の列祖（P70）

開祖勝道上人より歴代座主等列記。P70〜71は資料的にも整理されている（注釈略）。

◎輪門御歴代（P70〜71）

本文は輪門御歴代として輪王寺宮門跡門主と、明治からの御門主名を記す。承応3年（1654）の守澄法親王《もりずみほうしんのう》日光山門主に補任（第55世）から、明治2年（1869）の第67世公現法親王が伏見宮復帰迄の12人13代（第59世公遵《こうじゅん》法親王は第61世再任）の所謂「皇族座主」の名を列記。

なお、明暦元年（1655）日光山門主に輪王寺宮号勅賜。輪王寺宮は日光山門主として日光山（東照宮・二荒山神社・寺院関係全体）及び日光御神領を統括し、更に東叡山寛永寺・天台宗本山比叡山滋賀院の三山を管領。輪王寺宮は平素は江戸寛永寺に住し、年3回（4・9・12月）来晃し重要祭祀を執行。

明治と共に日光山体制は終焉を迎え、二社一寺は各々独立（今日の日光東照宮・日光二荒山神社・日光山輪王寺）した。輪王寺の長である門主は、第68世慈亮以降輪王寺一山寺院（一山15カ院）より選出される。

◎輪王寺寺中　山内旧寺院（P71）

現在の輪王寺は15の枝院（支院）より成り、輪王寺一山《いっさん》を構成。15の枝院の旧歴は多様であるが、明治15年までに揃い、本文は各院名を列記。本文はそれに加えて、神仏分離以前の日光山を構成する寺院関係の内、中心的な（規模の大きい）「衆徒」20カ院の名を列記している。江戸期天台の三本山（比叡山・東叡山・日光山）の一つである日光山は大小「110カ寺」よりなり、空間的にはそれらが山内地域と西町地域に展開した。その事により各々の地域性が形成され、例えば山内は俗家の無い社寺のみの聖地となり、西町は社寺と一体となり社寺を支える機能を有する地域つまり社家町・僧坊町《そうぼうまち》となる。社寺参拝者や宿泊機能が優先する東町は宿場町・門前町・鳥居前町として、西町とは対照的な地域性を有した。

◎強飯（P71～75）

◎強飯の次第（P39～41）

P71下段後1行目、P72上段7、14行目、P75上段後8行目

「日光の強飯は昔より名高き式なり。即ち飯を強るの義にて、世に之を日光責と称す」

「近代まで当山に行はれし峯行の中に強飯の式に似たる秘密の修法ありしを」

「此式幕府時代は毎年四月祭礼の外正月本坊～歳晩餅練の日大楽院にて」

「右は明治四十五年六月二日執行せしを記せる～最近の例なるが。全く古式のまま」

「強飯式」（飯を強いる儀式。山伏が三升入り山盛りの大椀を持ち、「七十五杯一粒残さず喰え喰え」と受者を責め立てる故に「日光責」として知られる）の発祥は、中世期に盛んとなった峰修行の修験者が、峰々の宿本尊に供えた御供を持ち帰り、座主を始め日光山の者達に振る舞った事に始まると言われ、滝尾神社別所（明治の神仏分離で廃止、跡地のみ）で行われた式を起源とされる。後に、日光三社大権現の信仰強化や、東照宮が鎮座すると東照大権現の神威発揚等も加わる（本文の「強飯僧」の「受者」への口上参照）。

「秘密の修法」とは、山伏の行う「三天合法の秘法」で、日光三社大権現（男体山大権現、女峰山大権現、太郎山大権現）の本地仏である千手観音・阿弥陀如来・馬頭観音が、それぞれ天部（仏法を守護する八部衆一つで天界に住むものの総称「広辞苑」）の三天（大黒天・弁財天・毘沙門天）となり、一体となる修法（「三天垂迹」）。それ故、強飯式は「三天合行供《さんてんごうぎょうく》」とも称される。そして、強飯式では大黒天の宝梃《ほうつえ》、弁財天の如意宝珠《ひょいほうじゅ》、毘沙門天の金甲《きんこう》が受者（頂戴人）に授けられ、大椀飯を頂戴すれば（三天より御供を頂戴）、七難即滅、七福即生、四魔退散、家運長久等運が開けるとする。

この儀式は、江戸期には4月の東照宮春季例祭（2、3、4、17日に実施。受者・会場は2日、3日が受者輪王寺宮、会場本坊奥書院。4日が受者日光奉行・組頭・火の番、会場本坊小座敷。17日が受者徳川家名代・御三家名代・藤堂家、会場本坊。「日光市史　下巻」）及び正月に日光山本坊、歳末に東照宮別当大楽院で執行した。東叡山寛永寺に居る輪王寺宮の初登山の時、将軍社参の時（「旧記」）も実施した。明治・大正期には（本文の如く）6月2日に執行し、賓客の要望でも執行したようである。昭和47年迄は5月2日に三仏堂で3回実施。今日では4月1日開山堂での輪王寺開山祭の翌2日に、一般頂戴人が受者となり、堂の扉を閉め暗闇の三仏堂で、午前・午後の2回執行する。強飯式は今日と当時とでは、実施日、実施回数、実施会場が異なるが、式の内容は同じである。宗教行事である式は三つに別れ、「三天合行供」修法、「採燈大護摩供」修法、「強飯式」よりなる。

なお、強飯式は日光山（近代以降輪王寺）の行う宗教行事であるが、「強飯」（飯を強いる）の儀式は全国各地に見られ、民俗芸能としても注目される。県内でも日光市七里の生岡《いくおか》神社大祭時実施の「子供強飯式」（食べ物は高盛飯でなく里芋。昔は旧正月8日に、現在は毎年11月25日実施。市指定重要無形民俗文化財）、旧粟野町（現鹿沼市）発光路《はっこうじ》の妙見神社の「強飯式」（毎年1月3日。国指定無形民俗文化財。日光責めの流れをくむとされる）等々ある（「日光市史　下巻」）。

【挿図　強飯式】

◎延年舞（P75）

P75上段後3、下段12、後4行目

「今は六月二日三仏堂の庭上に舞台を設け之を執行す。幕府時代は毎年四月十七日大祭前に行い。又三月二日新宮の祭礼にも」

「～異邦より将来し給ふ秘曲の舞～摩多羅神の神事の秘舞」

「四月十七日御神祭の砌《みぎり》も新宮の社前にて此踏舞終りて後御神事を始らるる」

延年の舞は、本文引用の「日光山志」にある様に、慈覚大師円仁が「異邦」（唐）より帰朝の折り、摩多羅神が空中より呼びかけたと伝えわが国に将来された。日光では円仁が嘉祥元年（848）来山時に伝えたとされる。常行堂（本尊阿弥陀如来）の守護神とされる摩多羅神《またらしん》（堂内では本尊後方に位置）の神事の秘曲舞として、毎年大晦日の夜より正月七日の朝まで行われる国家安泰・五穀豊穣を祈願する修正会《しゅしょうえ》とともに、この舞を奏し慶祝したと伝える。芸能と関わりが深く、中世の頃盛んに信仰され、鎌倉期には日光山中興の祖とされる弁覚（第24世座主）により、二荒山神社新宮の神の祭礼（弥生祭）時の3月2日に新宮の神事とともに奉じるよう移動。更に、元和3年（1617）の東照宮創建とともに、（旧暦）4月17日の東照宮春季例大祭（「神輿渡御祭」）時にも二荒山神社新宮前でも行われた（当時は二荒山神社新宮と三仏堂は隣接する。P76「常行堂と法華堂」も参照）。新暦の現在は東照宮春季例大祭時の毎年5月17日に、三仏堂に舞台を設けて日光三社大権現と諸仏諸神に天下泰平・国土安穏を祈願し舞う。

ところで、東照宮神輿舎の3基の神輿は、明治以前は、中央主祭神家康公・左神配祠神山王神・右神配祀神摩多羅神で、その紋は各々葵紋・巴紋・抱茗荷紋《だきみょうがもん》である。そして、この茗荷紋は東照宮神輿渡御祭の行列中で右神輿と一体的に配される。春季神輿渡御祭では神輿三基が出るが、行列は「～御本社神輿～御左神輿～」と続き、そして行列は「～茗荷太鼓・鉦鼓・御枕木・御幣・素袍着・御右神輿・子供猿・同心～」となる。（P50参照）。左右神輿の配祀神は現在では武将（左神豊臣秀吉、右神源頼朝）に変化しているが、行列の内容構成は江戸期のままである。

なお、延年舞は、倶舎（仏教の講義を取

めた者）の徳を讃えるところから「倶舎舞」「釈氏舞」とも呼ぶ。舞衆は２人（上座・下座）で挿図の如く独特の装束を着る。「其の装束は本邦考案のものならむ」との考えもあるが、異邦的・古典的色彩の濃い舞曲である。

【挿図　延年之舞】

◎四本龍寺（P76）

P76上段2、5、12、後5行目

「四本龍寺は日光東山本宮の背後に在り。天平神護二年三月勝道上人～第一に建立せし古刹～後ち～橘利遠～改造し大成する」

「当山を四神峰と号し。此処東位に在るを以て四本龍寺と名けしよし。（東は青龍）」

「寺に並びて～三重塔は鎌倉将軍実朝公の建立～寛永造営の際～移せり」

「当寺の西、東山谷に唯心院あり。～仮に草庵を結れし旧蹟なり」

　二社一寺（江戸期「日光山」）の位置する山内の地域名として「三山五谷《さんざんごこく》」が言われる。「三山」は東山・中山・西山、「五谷」とは東山谷・中山谷・南谷・善女神谷・西谷である。四本龍寺《しほんりゅうじ》（本尊千手観音菩薩）や本宮神社は、山内東部で稲荷川・大谷川に挟まれたやや高い尾根筋である「東山」に位置し、東山と中山の間にあるやや低い谷筋の「東山谷」に唯心院（輪王寺の枝院の一つ）が位置する。風水論の考えに因れば、山内は四方を「四神」（玄武・青龍・朱雀・白虎）に囲まれ、「東山」の地は「青龍」の居住する東方の山並に対する適地となる。

　天平神護2年（766）大谷川を渡った勝道上人が、東山谷に最初の草庵を結び、草庵より東の方角（「東位」）の紫雲のたなびく処に一坊を建立し「紫雲立寺」（後四本龍寺）と名付け千手観音を祀った。後大同3年（808）に下野国国司橘利遠は官費修造の勅許を得て大規模寺院とし、中世期の延応2年（1240）座主弁覚が、日光山の本院（本坊）として光明院を創設するまで日光山の中心寺院として存在。東山谷の草庵には正保二年（1645）衆徒が入り、名称は橋本坊より唯心院に変更し、輪王寺枝院15カ院の一つとして現在に至る。

　本文では三重塔は「実朝公建立」と記すが、実朝が公暁（2代将軍頼家の子、鶴岡八幡宮別当）に討たれたのが承久元年（1219）であり、現時点では仁治2年（1241）将軍実朝供養の為建立されたと言われる（「日光市史　上巻」）。

　なお、歴史的に日光山は源氏・鎌倉幕府との関係が深い。例えば、源頼朝は文治二年（1186）下野寒川《さむかわ》郡（栃木県小山市）田地15町を三昧田として常行堂へ寄進（堂は頼朝堂とも称される）。P70「日光山の列祖」中の日光山における皇族・貴族座主の例等参照。

◎床の神事（P76）

P76上段後1、下段4、7行目

「床の神事は四本龍寺に於て輪王寺の衆徒毎年一月二日の夜之を執行す」

「交々舞を奏す。（当床舞と云）舞畢《おわり》て「コバンコバン」と呼ぶ」

「明治維新の後一旦廃絶せしが再び復興せり」

　正月2日の夜に採灯護摩《さいとうごま》の後、「当床舞《とうとこまい》」と言う俗舞を行っていた。本文では「再び復興せり」とあるが、何時の頃迄続いたか不明であり現在では廃絶。現在四本龍寺では本尊千手観音の縁日に当たる5月15日に、輪王寺一山僧侶により鎮護国家の為金光明経《こんこうみょうきょう》を読誦する「開創会」を執行する。

◎常行堂と法華堂（P76〜79）

P76下段10、12、後10、7行目。P79上段8行目

「常行堂、法華堂は新宮馬場の新道を過ぐれば。大猷廟に至る左方に相並べり」

「常行堂は一に頼朝堂ともいふ」

「嘉祥元年円仁〜創建〜三神庫辺に在りしを東照宮造営の際ここに移せり」

「本尊は宝冠の弥陀仏。脇仏は四菩薩、後堂に摩多羅神を安置」

「二堂は比叡山に模して創建する所にして」

　常行堂・法華堂（「二ツ堂」）は、東照宮表門内側三神庫辺りに創建されたとされる。本文では創建の地より直接現在地に移動したと記されているが、先ず東照宮元和創建に伴い元和5年（1619）に上新道にある現二荒山神社楼門の北側石垣上の地（＝東照宮本地堂西側）に移転し、その後慶安2年（1649）現在地の坂本に移転する。

　本文の「新宮馬場」は明治中期頃までの現在の「上新道」の旧名である。「新道」は慶安3年（1650）に造成された現表参道より常行堂や大猷院に至る文字通りの新道であったが、明治中期に「下新道」の名称となり、同時に「新宮馬場」は「上新道」となる。それ故、本文の記す「新宮馬場の新道」と言う表現は、何故にこの表現になったか著者の考えは不明であるが、新宮馬場と新道は全く別個に成立しているのであるから不適切な表記と言えよう。

　嘉祥元年（848）の創建と伝える山内における最古の部類に入る常行堂・法華堂は、本文の記すように、比叡山延暦寺西塔地区にある渡廊《とろう》により結ばれた常行堂・法華堂を原型とする極めて珍しい建物である。堂内に祀る諸仏のうち「摩多羅神」に関しては、P45及びP75参照。

◎開山堂（P79）

P79上段後11、下段2、5行目

「開山道は〜仏岩は往昔西の山際に在りし岩にて仏像に似たるもの並びありし」

「上野島等に埋骨の処あれば〜荼毘後各所に配葬せし〜徒弟の小塔三基相並べり」

「開山堂の南に小祠あり。産宮《さんのみや》と称す。〜仏岩谷には空海の建立せし小玉堂あり」

　「仏岩」は地形的には女峰山から続く尾根筋の末端に位置する「恒例山」の東南端にあたる急崖である。この名は急崖に仏像に似た岩が在った為と言われるが、地震による崩壊で今は確認できない。この急崖下の岩窟に数体の石仏が並び、急崖前の平坦地に勝道上人の五輪塔と開山堂（上人を地蔵菩薩の垂迹とする故「地蔵堂」とも）が建つ。

　上人は弘仁8年3月1日（817）四本龍寺にて遷化し、仏岩谷にて荼毘に付され、遺骨は分骨され、開山堂裏の墓所、中禅寺湖上野島及び菖蒲ケ浜地獄沢の瑠璃ケ壺《るりがつぼ》の岩窟の3カ所に配葬されたと伝わる。勝道上人の命日にあたる（新暦）4月1日に、上人の威徳を偲び輪王寺一山僧侶により堂にて「開山会」法要が執行される。

　開山堂の南隣に「楊柳観音《ようりゅうかんのん》」を祀る産宮《さんのみや》（通称「香車堂《きょうしゃどう》」）がある。妊婦は御堂に奉納されている「香車」駒を拝借し、出産後は拝借してきた駒の返却とともに御礼の「香車」駒を奉納する。県内に広く知られた安産信仰の社である。産宮左に陰・陽2個の自然石を配した「陰陽石」がある。

　小玉堂（「児玉堂」とも記す重要文化財）は、空海が滝尾での修法（「仏眼金輪《ぶつがんきんりん》」の修法を17回）結願の夜（弘仁11年9月〈820〉）、滝尾神社横の白糸の滝辺の池（「八葉蓮華池《はちようれんげいけ》」）より大小2つの玉が飛び出し、小さい方の白玉が名乗った虚空蔵菩《こくうぞうぼ》薩《さつ》（菩薩の化身・神格化が金星「星の宮」）を祀ったとする御堂。堂の前に鳥居が立つ朱塗りの御堂は、禅智院北側にある。

なお、大きい方の玉（妙見菩薩＝妙見尊星《みょうけんそんしょう》）は中禅寺に妙見堂（菩薩の化身が北極星）を建て納める。妙見堂は明治35年の男体山山津波以前の中禅寺境内にあった（「日光山縁起絵巻６」、「日光山志　巻之四」には中禅寺末社の一つとして記載）。

◎慈眼堂（P79～80）

P79下段後11行目、P80上段7行目

「その地は常行、法華二堂の間より南の阪路を二町程登れば」

「慈眼堂拝殿の坤位に当山輪王寺宮御歴代法親王の御廟あり。宝塔十二基を算す」

堂の名は日光山第53世（本文P70「日光山の列祖」に従う）天海大僧正の大師号「慈眼」による。前述の如く、山内坂元の地に建つ常行堂・法華堂は「渡廊《とろう》」により結ばれ、慈眼堂への坂路（「延命坂《えんめいざか》」）はその廊下を潜り、安養沢に架かる石橋（私見であるが山内唯一にして最古？）を渡り大黒山を登る。天海大僧正の命日10月2日には輪王寺一山僧侶による法要（「長講会《ちょうごえ》」）が営まれる。慈眼堂拝殿の「坤位《こんい》」（坤の方位つまり南西。未申《ひつじさる》）に宮内庁管理の御廟（12人の輪王寺宮法親王墓石）がある（12人の法親王名はP70「輪門御歴代」参照）。

◎能久親王殿下の御廟（P80）

本文の如く北白川宮能久親王は、日光山の最後の輪王寺宮（第67世公現法親王）で、台湾で客死。廟所《拝殿（「護王殿」）・御宝塔等》は大黒山に。

◎山内有名の墳墓（P80）

秋元但馬守泰朝墓（山内中山通り照尊院境内に。注釈略）

養源院殿並英照院殿墓（山内仏岩地区北部廃寺跡に。注釈略）

教旻《きょうびん》座主墓（東照宮美術館＝旧社務所東側に。注釈略）

＊葵のひかり第二（P91～P95）

社寺についての本文の記載順序は、東照宮「葵のひかり第一」（P39～64）→輪王寺「のりのともしび」（P65～80）→二荒山神社「千とせの神垣」（P81～90）→大猷院「葵のひかり第二」（P91～95）となる。つまり記述は、東照宮（神社）→輪王寺（寺院）→二荒山神社（神社）→大猷院（寺院）となり、神社と寺院が交互に記される。この記述順は多くのガイドブック、例えば「日光パーフェクトガイド」（日光観光協会監修、下野新聞社）等、でも採用されている記述順である。

しかしこの記載方法では、輪王寺と大猷院とは各々が独立した別個の寺院であるかの誤解を生む恐れがある。自明の如く大猷院は三代将軍家光の廟（墓所）であり、日光山輪王寺に帰属する。故に本注釈では神社と寺院を大別し東照宮→輪王寺→大猷院→二荒山神社の順とする。

○山内西部の大黒山中腹に造営された大猷院は、日光山輪王寺に属する日本を代表する大規模「霊廟」。大猷院では参道より奥院「宝塔」に至るまでに、仁王門・二天門・夜叉門・皇嘉門《こうかもん》・（拝殿）・鋳抜門《いぬきもん》と実に多くの門が配置される。各門は、東照宮同様、直線でなく地形を効果的に利用した独特の複雑な曲線をなし、参拝者の被葬者に対する崇拝の感情を自然に昂揚させる効果を生む。霊廟守護の役割果たすことは無論であるが。

読者の　皆さんの理解の一助に、東照宮・大猷院の堂宇・門等の配置略図を下記に掲載。

【東照大権現廟所「東照宮」配置】

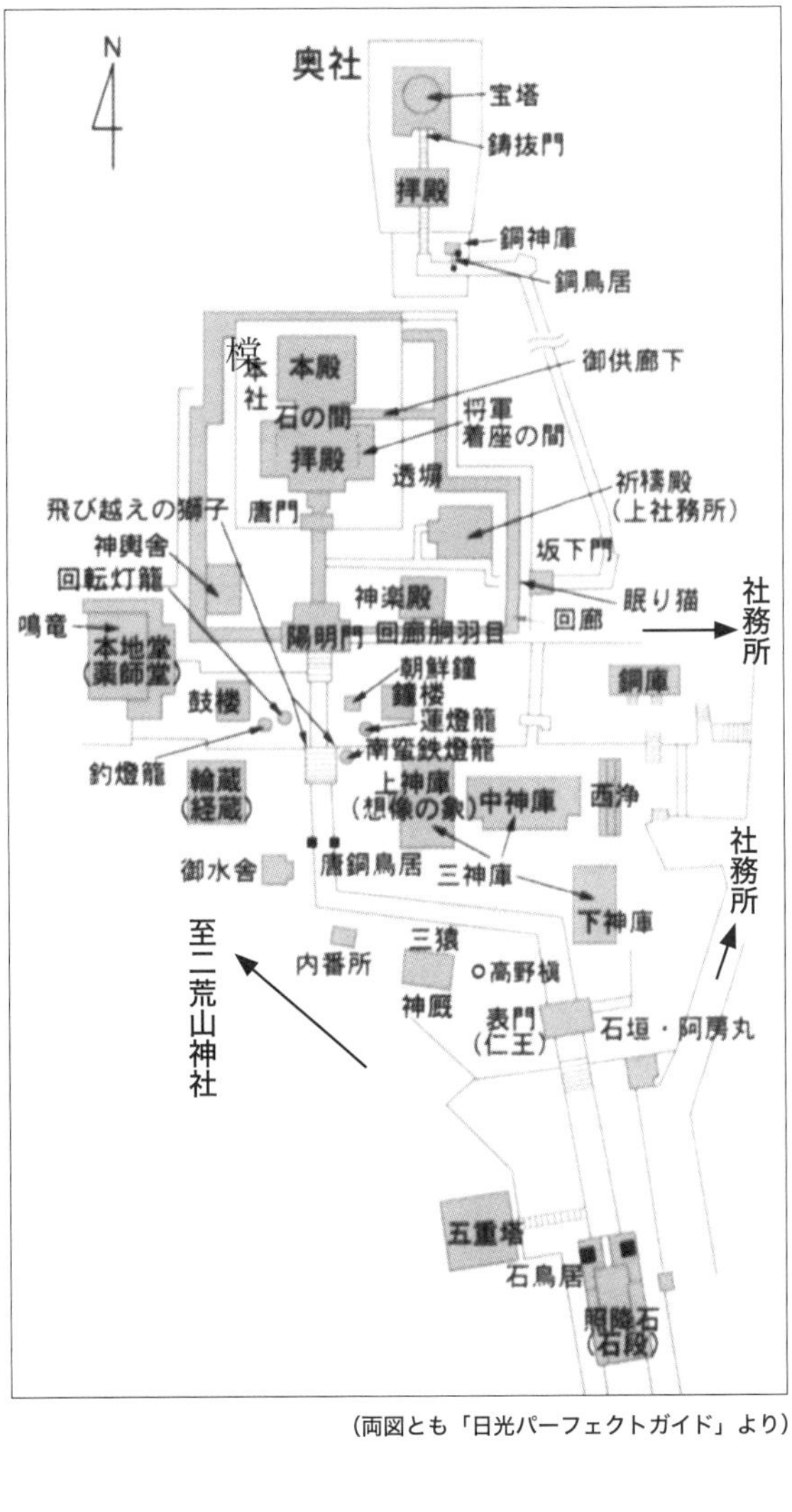

【三代将軍家光廟「大猷院」配置】

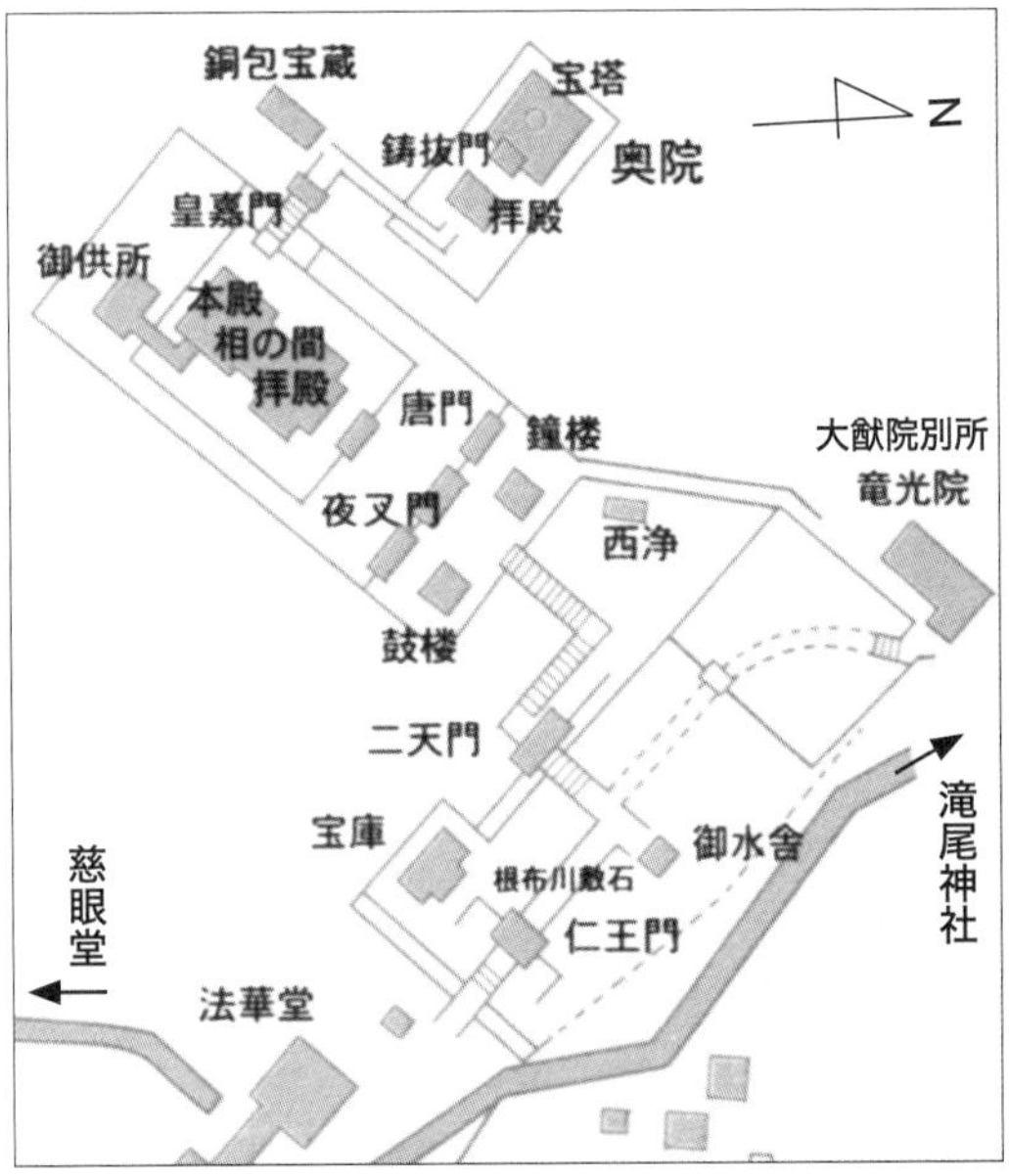

（両図とも「日光パーフェクトガイド」より）

◎大猷院殿の霊廟（P91～95）

P91上段2、6、8、10、後1行目

「大猷院殿とは徳川三代の将軍家光公の諡《し》號《ごう》～慶安四年四月二十日薨去（四十八歳）」

「地勢は東照宮より高く且つ幽趣」

「東照宮大鳥居前より左に折れ新道を経。常行、法華二堂の前を過ぎて進めば。左に拝観券改所、請願巡査派出所等あり」

「石缸を渡れば～是を大猷院の表門」

「石路を進め～御手洗屋あり。水盤は花崗岩にて～花崗岩の柱十二本」

3代将軍家光の戒名は「大猷院殿贈正一位大相国公」で、その廟名が「大猷院」。

地勢的には大猷院が東照宮より高い位置にあるように記されているが、これには若干注意が必要である。詳細図より検討すると、大猷院御本殿は673・6m、東照宮御本殿は660・9mであり、大猷院奥宮宝塔は691・5m、東照宮奥社宝塔は704・7mである。つまり、確かに本殿・拝殿に関しては大猷院のそれが東照宮のそれより高い位置にある。しかし、最重要施設である宝塔では東照宮のそれが大猷院のそれより若干高い（約13m）位置にあるのである。家光の「死んだ後も大権現様にお仕えする」の遺言、つまりP91の5行目「遺命により此処に葬り」とある如く、家光が尊崇する祖父である大権現の傍で護ろうとすることに加え、大権現家康より高い位置に埋葬されることはあり得ない。とすれば、「東照宮より高く」はやや不適切で乱暴な表現と言えるであろう。

山内の表参道奥に位置する東照宮の石鳥居前を左折し、慶安3年（1650）に造成された山内では新しい「新道」（現「下新道」）を進み、常行堂・法華堂（「二ツ堂」）の前を進むと、「拝観券改所」つまり現在の「参拝券売り場」がある。但し、本文の「請願巡査派出所」は現在はない。

大猷院・東照宮等を含む山内では大変多くの石が使用されているが、東照宮でも記したが、その殆どは女峰山中腹より切り出した安山岩の石である。大猷院の石缸《せっこう》（石橋）は、大猷院北方を水源とし、仁王門・御水舎を迂回した安養沢《あんにょうざわ》に架かる橋である。そして、大猷院の仁王門・御水舎・別所龍光院は、地形的には安養沢の形成した谷の低い位置に建つ。また、本書で多用される石階とは石段である。

仁王門を入り続く石路（石畳）の石は、日光産ではなく名石として名高い神奈川県産の根府川石で、雨に濡れると赤・青に変色する。御手洗屋（御水舎・水盤舎）は、東照宮御水舎（肥前鍋島勝茂寄進）同様花崗岩で、覆屋には水を司る霊獣の龍が狩野安信により描かれている。龍は水盤の水に映り「水鏡《みずかがみ》の龍」と言われる。

【写真　大猷院仁王門 "Niōmon," the outer gate of the Iyemitsu Temple】

P91下段後4行目、P92 5行目

「之を二天門と為す。左右に広目、持国の二天の像を安置す。門は東北に面し」

「(二天門の）門背左右に～風神～雷神～是はもと陽明門にありしもののよし」

二天門とは本文の通り、仏法の守護神帝釈天に仕え四方を守る四天王のうち、正面左側に持国天像（東）、右側に広目天像（西）の二天を置く事より門名がある。二天門の背面には、明治4年の神仏分離により東照宮陽明門より移設された、災禍消除（且つ陽明門）の護神である風神（4本の指は東西南北を示す）・雷神（3本の指は過去・現在・未来を示す）の2像がある。なお、二天門は二社一寺にある多数の門のうち最大の門である。門の構造は明確に3区分され、下段は朱色で簡素、中段は黒色、上段・軒下は朱・緑・青色で調効・装飾が集中し、後水尾天皇筆「大猷院」の扁額がある。

ところで、著者は東照宮等を含めた多くの門を記す中で、突然この二天門に関してのみ門の向きに注目し、それが東北であると記す。東北方向には尊崇する祖父家康が眠る東照宮があり、遺言にある如く、それを護ろうとする家光の意志があると考えるのは至極当然である。しかし、この事以外に次を一つ加えたい。門及び建物の向きに注目すると、二天門・夜叉門・拝殿・本殿は全て同方向の東北を向き、その方向は恒例山頂南側（この地には寛永18年〈1641〉に天海が家光の世嗣誕生を祈祷した天狗堂〈「元三大師堂」〉があった「旧記」）をかすめ外山に至る。外山は日光山の鬼門にあたる北東、つまり艮《ごん》（丑虎）に当たり、山頂には護り神である毘沙門天が祀られている（次項に記すが、毘沙門天を守るのが夜叉である）。この事からすると著者は、東照宮守護に加え、大猷院の建物配置を根本で規定する「風水思想（論）」について言外に触れたとも推察できる。

表門から続く石路から石段を21段で二天門に達し、右折し石段を36段、更に左折し37段で夜叉門に達する。とすると結果的に夜叉門の位置で地形的には安養沢の谷底から大黒山の斜面を約26ｍ（建物約8階分）登った事になる。

【写真　大猷院二天門 "Niten mon," the inner gate of the Iyemitsu Temple】

【写真　大猷院夜叉門 "Yasha mon," the inner-most gate of the Iyemitsu Temple】

P92上段後3、下段後10行目

「正面の第三門を夜叉門とす。両面左右に～夜叉を安置するを以て此名あり」

「此の如く牡丹尽くしになしたれば。一名を牡丹門とも呼べり」

第三門とは、仁王門・二天門に続く門で、東照宮で言えば唐門の前に位置する陽明門に当たる。門の正面左右に建陀羅《けんだら》・毘陀羅《びだら》、背面左右に烏摩勒《うまろく》・阿跋摩《あばつま》の四夜叉を安置する。夜叉は、仏法帰依後は諸天（特に毘沙門天）を護るとされる異形の鬼。門は単層で、彫刻・彩色は他の門に比較しかなり簡素。

P92下段後2行目

「第四門を唐門～大唐破風造銅葺にて」

夜叉門よりやや高く石段を数段上るレベルに、大猷院でも東照宮同様の位置に同様の門である最小の門の唐門が位置する。門に接続して左右に袖塀が連なり、門柱は前面に2脚、背面に控柱がある。本文の如く門全体に細かく精巧な細工が施され、全体的に優美・繊細で気品ある姿をしている。大猷院の唐門は、白と金を基調とする豪華・華麗な東照宮のそれと比較すると地味である。なお、唐門・左右袖塀・拝殿・相の間・本殿の建物配置は、（建物内部の詳細は神式・仏式で異なるが）基本的に東照宮と同じである。

P93上段後2行目～P94上段

「唐門を入れば即ち拝殿なり。～間（相）の室～本殿～内陣の荘厳なること推して」

拝殿・相の間（室）・本殿が一体となった「権現造」である。東照宮とは異なり拝殿と相の間の床は同レベルで、本殿は相の間より一段高い造りとなっている霊廟建築の代表的傑作で、全体が国宝。本殿は外陣・内陣とに別れ、内陣奥に須弥壇が設けられ逗子の中に家光公の位牌を祀り、横に歴代将軍位牌も祀る。相の間は将軍参列の法要時には将軍着座の間となり、平時の法要時には一山僧侶の読経に使用。本殿は彫刻等に金を多用し別名「金閣殿」とも称される。

なお、本殿・拝殿を繋ぐ「相の間」的な役割を果たすのが東照宮では両殿より数段低い「石の間」であり、そこに「御供廊下」が接続し、更に回廊に繋がる。大猷院の場合、御供所の建物は本殿等を囲む透塀の外に設けられ、廊下で本殿南側に繋がる。更に、東照宮の場合拝殿は東の間（「将軍着座の間」・「御三家着座の間」）、中央の間（礼拝者）、西の間（「法親王着座の間」「大臣家着座の間」）の３つの空間に分かれるが、大猷院の場合拝殿は３つの空間には分かれず、64畳の大きな座敷となる。

【写真　日光大猷院唐門及拝殿 "Kara-mon," and "Haiden," the chinese fashion gate and the Hall of worship】

【写真　日光大猷院拝殿内部 The interior of the Iyemitsu temple】

P94下段1、後10行目。P95上段5行目

【写真　皇嘉門 "Kōka mon," a gate for the tomb】

【写真　大猷院奥ノ院 The tomb of Iyemitsu】

「奥院入口の門に達す。之を皇嘉門とす」

「奥院拝殿の前に達す。～殿後の石壇上に唐銅鋳抜の唐門を～唐銅宝塔を鎮す」

「御供所は御霊屋の別当龍光院にして。境内西北隅に在り」

奥院（神社の東照宮では奥社・奥宮）は家光公の墓所であり、透塀により囲まれた本殿・拝殿域とは全く別個に、大黒山中腹斜面に諸施設が配置される。その入口に当たる位置に、山内では唯一の中国明朝の建築様式で「竜宮造」の皇嘉門が建ち、今日においても門より奥は一般人は立ち入り禁止となる。皇嘉門（東照宮では坂下門）より石段が続き、石段途中左手に銅包宝蔵《どうづつみほうぞう》（鎧蔵）があり、右に折れ更に石段を上り、左に折れると拝殿に至る（東照宮では拝殿直前に銅鳥居がある）。拝殿背後に唐風の唐銅鋳抜門と石柱に囲まれた空間に、「八稜五級」（八角形をした五段の石積）の基石上に、家光公の眠る唐銅宝塔が建つ。大猷院は霊廟であり、「大猷院廟」「御霊屋」とも言う。

大猷院別所の龍光院は承応2年（１６５３）創建され、大猷院入口に当たる仁王門から続く石畳の正面奥に位置する。

◎両忠臣の墳墓（P95）

P95上段後9行目

「深く恩顧を蒙りたれば。殉死せむとせしも猶お思う所あり生涯廟前に奉仕」

３代将軍家光は慶安４年４月20日（１６５１）薨去した（48歳）。家光の死に殉じ同日割腹した堀田正盛、阿部重次、内田正信、三枝守重、奥山安重５名の忠臣に付いては、Ｐ98上段５行目の釈迦堂に詳細あり。本文の記す「家光公の二忠臣」の内、阿部豊後守忠秋（武蔵忍城主。寛永10年〈１６３３〉～寛文〈１６６６〉老中）の墓は、山内より滝尾神社へ向かう所謂「滝尾下向道」の大猷院御手洗舎横の柵外にある。法名「秀玄院天国空烟（煙）大居士」。墓の傍らに「空烟地蔵」が立つ。

また、一方の忠臣梶定良の墓は、奥の院柵外近くの大黒山にある。法名「照光院月嶺円心大居士」。家光薨去後の47年間に亘る忠臣梶氏としての事績については、墓の傍らに立つ「左兵衛督梶君之碑　従五位下守大学頭林衡撰」（P95）の碑が詳細に記す。梶氏は家康霊柩に随い来晃し、田母沢の釈迦堂境内に住した後、居を後の日光奉行所の地に移し、47年間大猷院廟を守護し、加えて日光山の政務に深く関わった。幕府は梶氏死去後の元禄11年6月4日に日光目付を2名に増員し、直後の元禄13年（1700）日光奉行を設置して目付を廃止し、日光山の直接支配体制を強化した。

なお、幕府は寛文3年（1663）に殉死を禁止。

*千とせの神垣（P81〜P90）

◎二荒山神社（P81〜84）

P81上段2行目

「二荒山神社は国幣中社にして祭神は〜三座なり。その本社は日光町大字日光山内に在り」

二荒山神社の振り仮名がフタラヤマジンジャとなっているが、正しくはフタラサンジンジャである。国幣とは第二次大戦前の神社の社格を表し、中社とはその第二位を示す。P83上段12行目にも「明治六年三月七日国幣中社に列せられたり」。

なお、二荒山神社の現住所は、詳しくは「日光市山内《さんない》2307番地」。

また、P84「神階」及び「歴朝の崇敬」を参照されたい。「三座」に関しては、P89「別宮本宮神社」の注釈「日光三社大権現思想」を参照。

【写真　二荒山神社 The Futara Shrine】

P81上段4行目

「東照宮大鳥居〜高石垣の簓塀に沿ふて今の新道《しんみち》即ちもとの新宮馬場《しんぐうばば》を行けば」

この記述は著者山下氏の真摯な姿勢・文章からは想像できない不可解な文章になっているが、その背景にはこの道の名称に関する混乱があると考えられる。

東照宮五重塔から簓塀《ささらべい》に沿って二荒山神社に至る道路の名称は、現在「上新道」（ウワシンミチ、ウエシンミチ等呼称混乱）であるが、江戸初期より明治中期までは「新宮馬場」シングウババと称した。この道路と並行に慶安3年（1650）新たな道路が造成され、「新道」シンミチと称した。並行するこれら道路の名称は、江戸期を通じ「新宮馬場」と「新道」の名称が定着していた。しかし、明治中期（20年代半ば）になり新宮馬場を「上新道」、新道を「下新道」（シタシンミチ、シタシンドウ等呼称混乱）と称するようになったが、この新しい名称は今に至る混乱をもたらした。つまり、上新道は中世期以来のかなり古い歴史を有している道であり、決して「上の新しい道」ではないのであるが、それを上新道と呼んだ処に原因がある。この混乱を著者山下氏が認識していた故にか、文章は「今の新道《しんみち》即ち新宮馬場《しんぐうばば》」となんとも歯切れの悪い不可解なものとなっている。これら山内主要道の名称詳細に関しては、拙著「世界遺産日光山内の道」〈主要道の沿道状況と名称変遷）下野新聞社〉参照。

P81上段7、上段後10行目

「二町許にして唐銅の鳥居あり〜「二荒山神社」の額〜有栖川宮の御筆なり」

「むかしは鳥居なかりしが。元禄八年三仏堂後の喬杉四株を伐採して建設し〜寛政年間〜唐銅に改む」

東照宮五重塔前より二荒山神社に向かい「上新道」を進み、楼門を潜ると二荒山神社境内東端に本文の唐銅鳥居がある。江戸時代になっても長らく「新宮馬場」（上新道）には鳥居が無かったが、本文のように、元禄8年（1695）木造鳥居が建立され、その約1世紀後の寛政11年（1799）に唐銅鳥居に建替えられた。鳥居には時の日光山第58世貫首公寛法親王筆の扁額が架けられていたが、明治12年有栖川宮筆の「二荒山神社」扁額に替えられた。鳥居は柱の下部の根巻《ねまき》部分に蓮の花弁と「返花」があり、神仏習合状態を示す（P167の写真一覧参照）。なお、この種の鳥居は、東照宮御水舎前の唐銅鳥居も同様である。上新道には昭和52年「男体山頂鎮座一千二百年祭記念事業」として現在の楼門が建てられた。

P81上段後6、3、下段2行目
「右に社務所あり。三仏堂の移転後之を」
「殿前には皇族下乗の榜示あり。渡廊の次を唐門とす～本社を環護す」
「正殿～奥行六間二尺八寸八棟造、銅瓦葺、和様出組二重繁垂木」

輪王寺三仏堂は現在地に移転する明治4年の神仏分離までは、二荒山神社境内の現二荒山神社社務所が建つ場所にあった（三仏堂の移転工事は明治9～12年で、同14年に入仏式挙行）。

「右に社務所」とは、著者が東照宮より「上新道」を西方に向かい、二荒山神社境内に入りその右を言う。

本文の記す拝殿の前の榜示《ぼうじ》（たてふだ）は現在はない。二荒山神社の建物配列は、拝殿・渡廊（渡殿）・唐門・正殿（本殿）となる。二荒山神社本殿は、東照宮元和創建（元和3年〈1617〉）直後の同5年二代将軍秀忠公により造営寄進された八棟造りの独特の建築様式で、山内の諸堂宇中最古の建造物で重要文化財。本殿は平成26～令和2年に大修理を実施。

P82上段1行目
「唐門外の東北に皇太子殿下及び常宮、周宮両殿下御手植の松あり」

日光には明治26年日光御用邸、同31年田母沢御用邸が設置され、皇太子殿下（後の大正天皇）や常宮・周宮両殿下は度々来晃された。特に大正天皇の来晃は行啓11回、行幸13回に上り、又両殿下も度々来晃された。避暑の来晃では長期間滞在され、山内の社寺を度々訪れている。

なお、明治天皇は明治45年7月30日に崩御され、即日大正天皇が即位された。本書の出版は同年8月31日印刷、9月3日発行であるから、出版時を尊重すれば、本文の「皇太子殿下」の表現は「天皇陛下」との表現にとの考えも成立する。しかし、植樹された時点を尊重すれば「皇太子殿下」となる。著者は後者を選択したと考えられるが、真意は何れであるか不明。

【写真　二荒山神社化燈籠
An enchanted lantern】

P82下段3行目
「又社地の西に日枝、御友の支社及神輿舎、宝庫等あり～阪下に～櫻樹あり」

滋賀県大津市の日吉神社《ひよしじんじゃ》（戦前はヒエジンジャ。日吉大社《ひえたいしゃ》）。主神は大山咋神《おおやまいくのかみ》（東本宮＝明治以前の旧称二宮《にのみや》）、合祀神は大己《おおなむ》貴神《ちのかみ》（西本宮＝旧称大宮《おおみや》）。延暦寺地主神（天台宗鎮護神）である山王神（山王権現）の日光への勧請は、慈覚大師円仁の来晃（天長6～10年頃〈829～833?〉、嘉祥元年〈848?〉）によるとされる。

日光山周辺地域には「山王七社」（西本宮〈大宮〉、東本宮〈二宮〉、宇佐宮〈聖真子《しょうしんじ》〉、牛尾宮〈八王子《はちおうじ》〉、白山宮〈客人《まろうど》〉、樹下《じゅげ》宮〈十禅子《じゅうぜんし》〉、三宮宮〈三宮《みぐう》〉で〈　〉

は明治以前の旧称）のうちの幾つかが左記の如く存在した。

例えば、二荒山神社新宮の地には「日光山志」「日光山名跡誌」では山王社（現日枝神社）・十八王子社（現在なし）。滝尾神社の地には「日光山名跡誌」では山王社《さんのうのやしろ》（「向拝造りなり前に鳥居あり此社は嘉祥年中慈覚大師御造営聖真子大権現」）と記され、社は現存しないが場所としては下乗石柱近傍の位置と推察される。東照宮御旅所域には「日光明細記」に「御旅所とて別に宮殿の設あるにあらず山王社」とある。花石町には「日光山名跡誌」に「蓮華石町十八王子これは此町の鎮守」とあり、現花石神社である。そして日光の入口野口には「生岡《いくおか》山王社」（「栃木県の地名」）又は「野口山王社」（「日光山志」）と称され、明治四年改称の現日枝神社があり、東和町には白山神社がある（P167の写真一覧参照）。

日光地域に於ける日吉神社は明治4年の神仏分離以降多くが姿を消したが、前記の通り現在二荒山神社新宮拝殿西の「神苑」内に「日枝神社」（社殿は明治42年に本殿後方より移築、祭神は大己貴神。重要文化財）と、東和町の白山神社、野口の「日枝神社」が往時の姿を留める。

「御友の支社」は現在の朋友神社《みともじんじゃ》を言う。社殿建立は江戸中期宝暦3年頃（1753）と考えられ、御本社祭神の大己貴命のお供として御神功を助け、医薬の神として崇められる。

坂下の櫻樹は、「日光名所図会」（明治35年）にもあるが、確認できない。

P82下段8行目、P83上段13行目

「左に～神宮暠壽氏がしるしし二荒山の由緒」「輪王寺伝ふる所は本文の紀（記）事と異なるものあり。日光山沿革略記に」

二荒山神社前宮司神宮氏（P17写真。出版時の宮司は村上信夫氏）の語る神社草創期の歴史と、輪王寺の伝える歴史にはかなりの齟齬がある。特に本文P84上段5行目に「前宮司の記す所は一切に仏法に関する事を避けたる」様に一方的な記述もあり、且つ古代～中世の歴史は曖昧で不確定な点等ある。それ故、詳細は「二荒山神社」（大正6年刊）及び「二荒山神社略年表」、「日光市史」（上中下3巻、昭和54刊。特に巻末の年表）等を参照されたい。

P84上段8行目

「明治四年一月の令達に依り～輪王寺の管理を脱し。旧社家六人を廃して更に宮司、祢宜、主典を置けり」

江戸期における日光山の支配体制は、輪王寺宮を頂点に社寺側と幕吏側（日光奉行等）とに大別される。それ故当時は本文の言う輪王寺と言う独立した寺院は存在せず、ましてや「輪王寺の管理」はあり得ない。日光山の東照宮・二荒山神社等の神社には、社家（神職）・八乙女の直接神社に属する者達や神社に奉仕する宮仕《みやじ》・神人《じにん》、及び神社に配属されている「社僧《しゃそう》」（神社にいる僧侶）がいた。上記神社関係と共に日光山の寺院関係では、山内及び周辺の西町に約百十の院・坊が存在した（P71「輪王寺中山内諸寺院」参照。但し、輪王寺寺中とは誤りで、日光山の寺院関係が正しい表記）。

日光山体制は極めて特殊な体制であり、誠実な著者山下氏が「輪王寺の管理を脱し」と記す誤解がある。栃木県知事よりの「明治四年一月の令達」（＝日光山神仏分離）により、神社における封建的な身分制に基づく社家等は廃止され、独立した神社に勤務する神職の職階制（宮司・祢宜・主典等）が整備される。

◎神階、◎歴朝の崇敬、◎臣下の尊崇（P84～85。注釈略）

〈日光二荒山神社の朝廷や幕府・在地有力者等との密接な関係が知られる〉

◎宝物（P85。注釈略）

◎古書画（P85。注釈略）

〈二荒山神社には貴重な宝物、例えば皇族よりの御下賜御物、名刀、御神宝、男体山頂奥宮出土品等多数伝わり、一部は二荒山神社中宮祠の宝物館に展示。国宝大太刀銘「備前長船倫光《ともみつ》貞観五年二二月日」（南北朝期14世紀）、国宝小太刀銘「来国俊《らいくにとし》」（鎌倉時代14世紀）、他国宝2点。重文多数。なお、宝物一覧は「日光二荒山神社名刀御神宝」（令和2年12月）参照。

◎神額　◎境内支社（P85～86。注釈略）

本文の如く明治4年の神仏分離により諸堂等は悉く撤去し現在に至る。御友(朋友)神社・日枝神社は境内末社、北野神社は滝尾神社の境内末社。

◎弥生祭（P86）

P86上段後12、2、下段3、6行目

「当社現今の祭典は四月にして。十三日に神輿飾式を為し。十七日～官祭及び～明治六年～改定せしものなり。之を弥生祭と称す」

「官祭の式終わりて後。市中各町より屋台～出すこと明治以前に異なるなし」

「当山諸祭事中最も荘厳繁華を極る随一の祭事なり」

「狂言などの事に就き互いに競争し」

日光の春の祭典を代表する弥生祭は、明治6年の太陰暦から太陽暦への改暦により、実施時期が3月から1カ月ズレ4月となったが、「三月会」の名称を「弥生」と言い換えたのみで実施。神社の神事である祭典は4月13日から17日迄の5日間実施される。

神事最後の17日には、東西各町（東西15町）よりの花屋台（日光では一般的な家体の文字は使用しない）が神社に繰り入れる。この神社の神事に付随した市民総出の弥生祭の「付祭《つけまつ》り」は、旧日光市における最大の祭りの一つとして連綿として今日迄存続する。但し、「付祭り」に各町が競って出す「万燈・ハリ物・狂言」等は、今日では姿を消すとともに、花屋台も数を減じつつあり、往時の賑わいには至らない。

なお、各町では祭り執行の為の、全国的にも珍しい、独特の「若い衆制度」が保存・継承されており、貴重な民俗文化財として注目されている。

◎三月会（P86～87）

同頁上段「弥生祭」で、祭の概要を説明しており、下段の本項では明治以前の名称「三月会」に関しその歴史・次第・内容等を詳細に説明。（注釈略）

◎武射祭（P87）

P87下段10、17行目

「武射祭は毎年二月四日。中宮祠の社頭に於て行ふ～もとは正月四日なりし～改暦後も尚ほ旧暦の正月四日を撰みたりしかど。近き頃之を今の日に改められた」

「射場に至り湖面に臨み。西南に向い国家鎮護の祓為し。偶矢を発つ」

武射祭は、本文末尾（P87後3行目）にあるように、二荒山神と赤城山神が戦場ケ原で戦ったと伝える神話「神戦譚《しんせんたん》（物語）」

を伝える祭事で、その歴史は室町期に遡るとされる。古くは「蟇目式神事《ひきめしきしんじ》」（鏑矢の音により妖魔を降伏させるとする神事で、狩猟民族伝承の色彩が強いとされる神事）と呼ぶ。二荒山神社中宮祠社殿での神事の後、湖畔の射場にて赤城山の方角（西南）に当たる中禅寺湖に向かい矢を射る。放矢は神社神職と地元弓道連盟の関係者による。実施日は古来正月4日であったが、明治維新後一時中断した後、旧暦正月4日（＝新暦2月4日）に実施。本書発行の大正期には新暦2月4日であったが、今日では新暦正月4日に実施する。神事の詳細は本文参照。

◎鎮火祭《ひしずめのまつり》　◎鎌倉起神事《かまくらだちしんじ》
◎竹の会《たけのえ》　◎十神事《じゅうしんじ》

　P88に記されるこれら神事は、本文に「維新後廃絶せり」の如く現在も実施されず。

◎端午禅頂《たんごぜんちょう》と船禅頂《ふなぜんちょう》（P88〜89）
P88下段後2行目。P89上段1、5、7、10行目

「端午禅頂〜役僧二荒山山上に登り〜祭事を行ふの例なりしが。維新後廃絶せり」

「船禅頂とて〜船を出し湖水を廻り社堂を巡拝し。中禅寺に至り上陸す」

「是も亦維新後に廃絶せり」

「禅頂とは禅定の儀に基き。山頂に禅定するの意より〜禅頂と書し来りしにや」


　神仏習合状態にあった江戸期には、東照宮や二荒山神社には「社僧」と言われる僧侶が奉職していた。神仏分離によりこれら僧侶は神社から離れ寺院に属することになり、更にこれら禅頂は元来仏教関係が中心であった関係上、二荒山神社にとっては本文に記すように「維新後廃絶せり」となる。しかしながら、今日この端午禅頂（5月5日）、船禅頂（6月1日、15日、17日）は形式を替えて、前者が二荒山神社、後者が輪王寺が主体となり実施している。前者に関しては、P112「登拝祭」に詳細な記述あり。後者概要は次の通り。

　船禅頂は中禅寺立木観音堂を起点に、中禅寺湖畔の霊場（寺ケ崎の薬師堂跡、松崎の日輪寺跡、千手ケ浜の千手観音堂等）を巡拝・修行する。江戸期は6月11日〜19日（「日光山志」）、大正期は本文の通り、現在は8月4日に輪王寺僧侶と一般信者が参加し実施。

　ところで、著者山下は、10行目で日光で用いられている「禅頂」に関し、「〜禅頂と書し来りしにや」と素直に推察している。「禅定」とは「①心を静めて一つの対象に集中する宗教的瞑想、②修験道で霊山に登って修行すること」（広辞苑）とある。つまり、修行行為そのものである。日光の「禅頂」とは修行行為そのものを行う「場」が霊山山頂であり、霊水・霊湖となる。具体的には男体山の山禅頂・男体禅頂、中禅寺湖の社堂や霊跡を廻る船禅頂（「をかしき名」）となる（P118〜145参照）。

◎別宮本宮神社（P89）
P89上段後10、5、下段2行目

「別宮本宮神社は日光字東山に在り。味耜高彦根命を祀る。延暦九年の創建にして。もと本宮大権現と称せし〜旧別所は」

「社頭は大谷川に面して東北に稲荷川」

「正殿は〜三間社流れ造り〜笈掛石と名く。昔時冬峰行者出峰の時。笈《きゅう》を立」


　本宮神社はもと本宮権現と称したが神仏分離で現在の名となり、現在日光二荒山神社（もと新宮権現）の別宮。位置は日光市山内2384番地で、山内の地区名としては東山地区に位置する。祭神の味耜高彦根《あじすきたかひこね》命《みこと》は、神仏習合による日光独特の「日光三社大権現思想」(左記)では太郎山に当たり、その本地仏は馬頭観世音菩薩である。

〈三山・三神・三仏が一体とする独特の神仏習合思想。その関係左記の通り。
男体山・大己貴命《おおなむちのみこと》・千手観世音菩薩。
女峰山・田心姫命《たごりひめのみこと》・阿弥陀如来。
太郎山・味耜高彦根命・馬頭観音。〉

本宮神社の創建は、「二荒山神社年表」等で日光開山とされる神護景雲元年(767)とする。本殿の造り詳細は本文の通りであるが、特に本殿の背面に扉があり、それを開けると御神体の御山を拝することが出来る独特の構造をしており、山岳信仰(崇拝)の名残を留めると言われる。

社殿は大谷川と稲荷川に挟まれたやや高い位置にあるが、近代以前の稲荷川河床は現在よりもかなり高く(明治初期の写真に明らか)、社殿と稲荷川との比高は左程ではなかったと考えられる。例えば、「二荒山神社年表」によれば神仏は神護景雲元年(767)現本宮神社の地に創建されたが、嘉祥3年(850)恒例山南に移転する。そしてこの時の新たな社殿を新宮と称し、旧地を本宮と称する。この移転の原因の一つが稲荷川洪水の危険性回避が挙げられる。

なお、天台・真言密教の影響を受け日光連山を廻る入峰修行(「日光修験」)が中世期に盛期を迎える。日光山の修験者(山伏)の行った入峰修行の総称を「三峰五禅頂《さんぶごぜんちょう》」《春峰《はるみね》(華供峰)、夏峰(補陀落峰)、冬峰の三峰と五禅頂(5隊に分かれ秋に実施。総禅頂とも)》と言い、本文の「冬峰」(12月13日~3月2日)はその一つで、日光山発祥の地のこの地を出発地とした。

笈《きゅう》とは「物・書籍等を入れ背負う箱」(広辞苑)で修験者が使用。

◎滝尾神社(P89)

P89下段10、後12行目

「滝尾神社は~田心姫命を祀る。弘仁十一年七月空海、当山に来り滝尾山を開き。女体中宮を勧請して滝尾大権現と崇むると」

「滝尾に至るには二荒山の本社の西阪より~稲荷川に沿うて行を滝尾本道とす」

先述の様に、「日光三社大権現思想」に依れば、滝尾神社の祭神は田心姫命《たごりひめのみこと》(山は女峰山)で、弘仁11年に空海により勧請された(二荒山神社・輪王寺とも同一年とする)。本文の「二荒山神社の本社」とは現在の二荒山神社新宮を指し、その西阪(坂)とは、新宮から行者堂への坂道を指す。この道は古来一般には滝尾神社を参拝し、神社から新宮への降り道で「滝尾下向道」と称する。現在滝尾神社は二荒山神社別宮。

空海が神霊を請すると「端厳美麗《たんげんびれい》、金冠《きんかん》瓔珞《ようらく》」の天女(女体神霊)が現れ、其地に社堂建立、手書「女体中宮門」を掲げたとされる(「日光山滝尾建立革創日記」)。女峰山頂には二荒山神社の境外末社の女峰山神社がある。稲荷川に沿い両側に老杉の林立する「滝尾本道」周辺には、中世期多数の僧坊が林立し繁栄、かなり誇張されていると考えられるが、(その数は)「これより谷々を見おろせば院々僧坊およそ五百坊にも余りぬらん」(永正6年〈1509〉「東路つと」柴屋軒宗長)状態があり、中世期日光山の中心的な地域であった。また、今日の鉢石町に関する記述もあり、中世期に既に門前町の萌芽を確認できる(「日光市史 上巻」)。

P89下段後3行目、P90上段1行目

「~牛王橋といふ。左方の不動堂は明治

「三十五年の水害に倒壊～瀑泉岩角より～白糸瀑と称す。俗に素麺瀑と呼ぶ」
「石階を登れば、旧別所あり。～強飯の式は此別所より始りたり」

本文の「明治35年の水害」とは、その年9月の男体山山津波を伴う大水害で、男体山麓の中禅寺倒壊（後に現在地の歌ガ浜へ移転）、大谷川が氾濫し神橋や憾満ガ淵の化地蔵・慈雲寺流失等被害甚大。大雨は滝尾神社にも大きな傷跡を残し、特に天狗沢の谷筋の低地は大変で、倒壊した不動堂の本尊は運慶作と伝える（「日光山志」）。

白糸滝は滝尾神社と行者堂の位置する阿弥陀ヶ峰の間の小渓谷を流れる天狗沢にある滝。本文には「俗に素麺瀑と呼ぶ」と記すが、これは「此滝を素麺滝といふは誤なり。素麺は含満の南にあり」（「日光山志」）の如く誤りである。滝手前に大正天皇観瀑（大正5年）の碑が立つ。

なお、明治4年の神仏分離は滝尾神社の仏教関係堂塔等を殆ど撤去させ、例えば「別所」もその一つである（P89に詳述）。

【写真　滝尾白糸滝 The Shiraito Waterfall, Taki-no-o】

P90上段5行目
「正面に石の鳥居あり。～梶氏の建る所」
「次を楼門とす。～もとの仁王門なり。空海が「女体中宮」の額は～鐘楼は之を毀撤せり」

石鳥居は三代将軍家光側近の梶定良の寄進による。梶氏に関しては本文P95の「両忠臣の墳墓」に詳述がある（参照の事）。

楼門であるが、「もとの仁王門」とあるように、神仏分離により背面にあった風神・雷神は撤去された。分離以前の名称は「仁王楼門」（「日光山志」）。この楼門に空海手書きによる「女体中宮」の扁額が掲げられていたが、撤去され、中宮祠の二荒山神社附属宝物館に保管されている（P170の写真一覧参照）。

P90上段後1、下段6行目
「門外に石柵もて囲める一廓左右に一つ宛《づつ》～一坪許内に篠を栽。神箭の料とす」
「旧本地堂、千手堂、多宝鉄塔堂～は輪王寺の所轄に属す」

本殿（正殿）は瑞垣が囲み、正面に二脚の唐門がある。本文の篠竹は門前の左右に一対あり、縁結びの笹として親しまれる。神仏分離以前（神仏習合時代）滝尾神社には、仏関係の諸堂塔等（例えば「日光山志」に依れば、「不動堂、別所、唐銅地蔵尊、経筒、鐘撞堂、千手堂、本地堂、根本堂、多宝鉄塔堂」等）が林立していたが全て撤去され、その他多数の仏教関係宝物（例仏舎利一粒・滝尾建立記・阿弥陀経・大錫杖等々）は輪王寺に移管され、滝尾神社の様相を一変させた。

なお、特に多宝鉄塔堂内の「鉄多宝塔」は、高さ「一丈許」（基壇を含む総高２３７・８cm）、塔構造を忠実に再現し、基壇・相輪・塔心・軸部等6個に分鋳して組み立てている。塔脇の銘に「奉新造滝尾鉄塔光明院法印昌宣願主文月坊宗広文明二天甲寅（１４７０）庚寅3月12日大工宇都宮住人大和太郎」とあり、室町期滝尾神社の繁栄等を伺え貴重である（重文）。江戸末期の滝尾神社俯瞰図は「日光山志　巻之二」の「滝尾権現社」参照。

＊山路の栞（第二）（P96～P100）

◎西町　近藤氏と恒心会（P96）
P96上段2、5、6、上段後6、4行目
「西町は入町とも称し。～御賄阪より西～

山内より中宮祠～足尾への通路なり」「幕府時代は～日光奉行の屋敷あり～連りて妙道院の隣地～同心の屋敷」「火之番屋敷あり。是は～両組同心駐在せしが。寛政の初に下鉢石の駐在を廃し」「また奉行屋敷の前側には東に教光～諸坊ありたり。旧図に就て之を検すべし」「今は屋敷寺坊はなく。旧奉行屋敷跡に日光ホテルあり」

P96上段の西町に関する文章は、P36～37挿図「日光山内新旧対照図」を参考にされたい。本文では西町の範囲を、東は山内の賄坂《まかないざか》から西は田母沢《たもざわ》までとする。ただ今日の西町の範囲は東は神橋から西は久次良《くじら》(地区)である。

前記「対照図」が引用している「日光山志」(本文は誌と記すが誤り)所載の「御山内縮図」で明らかの様に、空間的には山内を除いた西町の半分程度は院・坊(P71「輪王寺寺中　山内旧寺院」で110カ寺)が占め、原町・上中下各本町・上中下各大工町・板挽町等の一般人居住区が半分を占める。町北部の奉行所関係者区域と町名が示す様に、「西町」は聖地日光山を直接的に維持する為の職人町・役人町的性格を有し集落地理的には社家町・僧坊町と言える。この様な地域的性格は、社寺参拝者を対象とした商業・宿泊的機能の卓越した門前町・宿場町としての「東町」と対照的である。

元禄11年(1698)家光側近の梶定良(P95「両忠臣の墳墓」参照。「大猷院定番」、幕府の目付と伴に日光山の管護に当たる)が没したが、これを契機として名実ともに日光山の支配は幕府の直接支配に移行する。従来の日光目付を廃止し、元禄13年(1700)に「日光奉行」が設置され、日光山及び日光神領(72カ村・約2.5万石。今日の日光市域と宇都宮市・鹿沼市域の一部)の支配に当たった。奉行所及び奉行役宅や同心・組頭、その他楽人等の屋敷が西町北部に位置し、町西端の妙道院迄連なる。

道路(今日の国道120号の前身)を挟み「奉行所」や「組頭ヤシキ」の南側に「火之番屋敷」が位置した。「火之番」は家光薨去翌年の承応元年(1652)に鎗奉行に属する八王子千人同心が「日光火之番」を命じられたのに始まる(廃止は明治元年〈1868〉)。火之番屋敷は当初東西両町(本文の「両組同心」)にあったが、稲荷川左岸(現日光小付近)にあった屋敷は寛文3年(1662)の稲荷川大洪水により下鉢石の大横町に移転し、その後寛政改革に伴い寛政3年(1791)に西町の火之番に統一された。

近代になり奉行所跡地には、明治21年に「日光ホテル」が開業し、社寺参拝者の増加や奥日光の観光地化に伴い規模を拡大し、日光を代表するホテルとなったが大正15年焼失した。ホテル跡地は諸変化の後に昭和15年に古河電工が「入町クラブ」を設置したが、現在は輪王寺「密法殿」が建つ。火之番屋敷跡地は、民地としてあり現在はコンビニエンスストア等が建つ。

なお、田母沢川近くの妙道院は、「日光山志」等によれば、寛永5年(1628)天海大僧正により仏岩谷に建立され、寛永17年(1640)に釈迦堂(最初山内の「中山」の地にあるが、天海により元和7年〈1621〉に仏岩谷に移転「晃山編年遺事」)と伴に現在地に移転。院は「一山の光花院(「香華院」「菩提所」)と定められ寺領二百石」(「日光山志」)。妙道院は明治初年に焼失し廃絶となり、今日山門内の境内には釈迦堂(七間四方、総赤塗り、方形造。本尊阿弥陀如来、脇士文殊・普賢両菩薩座像）のみ建つ。境内西には慶安４年（１６５１）家光の死に殉じた５名の忠臣の墓５基（「殉死の墓」。堀田正盛・阿部重次等）と、徳川譜代家臣の墓19基（藤堂高虎・土井利勝・松平正綱等）等がある。釈迦堂参道の右に延命地蔵堂（別名「犬引地蔵尊」）が、左に安川町の氏神である八幡神社。妙道院・釈迦堂・殉死の墓・犬牽地蔵尊に関してはＰ98上段にも解説あり。

Ｐ96上段後１、下段１、14行目

「～近藤金次郎氏の家なり」

「～恒心会の幹事たり」

「～孟子の語に基て」

恒心会《こうしんかい》の詳細不明。今日安川町には近藤氏縁者在住。会の趣旨は本文の通りであり、「恒産なき者は恒心なし」（広辞苑。孟子。恒心＝恒心《こうしん》　つねに変わらぬ心）。ただ、本文は近藤氏個人に関し記し、案内書の類としては適切な記述とは言えない。注釈略。

◎憾鋡が淵（Ｐ96～97）

Ｐ96下段後２、Ｐ97上段１、後６行目

「即ち憾鋡は「カンマン」の仮字なり。故に又含満に作る。何れにても差支なし。但ガンマンと濁りて読むは非なり」

「明治三十五年九月二十八日大暴風雨ありて大谷川の水勢猛激し。～未だ全く回復せず」

「絶壁に「カンマン」の大梵字を剜《ざん》す。～弘法の投筆といふは誤なりといふ」

含満淵（地形図。一般には「含満ケ淵」・「憾満が淵」とも）は大谷川を挟んで東大附属日光植物園の南側で、男体山の火山活動早期（約２万年前）溶岩流が形成した岩盤を、大谷川が激流となり穿ち独特の景観を為す。地名は慈雲寺（後述）を創建した天海の高弟で、上野本覚院開基の公海大僧正（日光山第54世門跡。天海大僧正の跡を継ぐ）の命名による。名称は不動明王の真言（マントラ）である「ナウマクサンダ　ウンタラタ　カンマン」よりとされ、本文の通り漢字地名は梵字カンマンの当て字であり、ガンマンと読む字を充てるのは濁音となり（例含満）適切とは言えない。また、淵の名は古くは、ナウマクサンダに「曩莫《なうまく》三曼多淵《さんまんだぶち》」を充てたとの説あり。

「明治三十五年～大暴風雨」とは、台風及び低気圧に伴う大暴風雨でその被害は日光のみならず全国的なものであった。特に日光の被害は甚大で、男体山腹の山津波により中禅寺は壊滅（現在の歌が浜に移転）、神橋流失等あり、含満淵の諸施設等も流失し周囲の景観は一変した（Ｐ169の写真一覧参照）。

なお、公海大僧正は山内養源院の山順《さんじゅん》僧正に依頼し、霊屁閣《れいひかく》対岸の絶壁に梵字でカンマンと刻したとされるが今日確認不能。

【挿絵　かんまんかふち】

Ｐ97上段後２、下段２、６、12行目

「南涯岩石相連る処。上に一亭を設く。～霊屁閣といふ。蓋し護摩壇址なり」

「水涯路傍に石地蔵数百体を列す。～其の数の多くして～之を化地蔵と呼べり」

「化地蔵を過ぎて其の奥に～納骨塔」

「突き当たりに杉林～慈雲寺の旧跡といふ」

慈雲寺は承応３年（１６５４）に公海大僧正の創建であったが、明治35年の大洪水で流失し、輪王寺により昭和48年本堂が再建された。また、師は本堂のやや奥の大谷川河畔の岩壁上に護摩壇を設け、その址に祈祷所霊屁閣が立っていたがこれも同35年に流失、輪王寺により昭和46年に再建された。本堂奥の大谷川右岸に約70体の地蔵が並ぶ。地蔵は当初100体以上あり、天海の弟子100人が各々一体づつ彫ったと言われる。地蔵群の最奥（大谷川上流）の巨岩上に納骨堂及び親地蔵と言われる大きい地蔵があったが、これも明治35年堂もろとも流失。化地蔵の謂われは本文の通り。地蔵群は並地蔵《ならびじぞう》・百地蔵・化地蔵とも言われる。

◎中宮祠道（P97〜100）

P97下段後5、4行目。P98上段2行目

「幸の湖即ち旧中禅寺の湖水と華厳の大瀑と〜必ず観ざるべからざるものなり」

「今や新道開けたれば人力車を駆りて登る〜軌道は岩鼻まで通ずれば。一里半は電車を利用するを得べし」

「下河原町の停留所より阪路を登り左折すれば入町に出づ。ここに田母沢御用邸あり」

霊峰男体山の火山活動による溶岩により古大谷川が堰き止められ形成された湖である中禅寺湖に関しては、P100「旧中禅寺湖」で項を改め触れる。明治23年（1890）の宇都宮・日光間の鉄道開通の前々年に、足尾銅山の開発と連動して日光・細尾間の馬車鉄道が開通した。明治39年（1906）には清滝に古河鉱業会社により「日光電気精銅所」が設立され、本文にある「日光電気軌道株式会社」による「電気軌道」（略称「電軌《でんき》」）が、明治43年（1910）に日光駅・清滝岩鼻《いわのはな》間が開通した。（P166の「日光電車案内」参照）。無論軌道は第一義的には古河関係の諸物資輸送（足尾銅山や精銅所関係物資）の為であるが、二社一寺の参拝・観光に加え明治5年の奥日光への女人・牛馬結界解除による奥日光の自然等を目的とする観光客の便の為でもあった。東京と直結し増加する観光客に対応するべく交通も急速に近代化する。例えば中禅寺への道路では、既に明治11年「中禅寺道不動坂拡幅幅一丈」（「下野新聞」7月27日）とあり、駄馬・人力車用に（日光の人力車は明治30年代に最盛期を迎え、「電軌」導入により急速に衰退）改修され、以後断続的に道路改修が為される。そして、清滝地区の西端に位置し中禅寺方面と足尾方面との分岐点でもある岩鼻で電軌から下車した客は、人力車・駕籠等に乗り換え大谷川左岸に沿い中禅寺に向かった。

ところで、神橋付近で大谷川を越えた軌道は、左岸の下河原を通過し、西町の2カ所の急坂（現日光総合会館西、元日光奉行所前で現輪王寺密法殿前）を経て、平坦な四軒町《しけんちょう》に至る（P96上段の西町に関する本文参照）。そして、日光の有す歴史・自然特に避暑地としての優位性は他地域を圧倒し、既に明治26年（1893）には山内御用邸が造営され、同31年に田母沢御用邸が竣工する。そして、田母沢御用邸造営に伴い、御用邸敷地に当たった西町の一部（原町・上本町）住民は、幕府滅亡と共に庇護を失い僧侶等は四散し、殆どが無住化した江戸期の院・坊跡地の存在する西町東部地域に移転し、現安川町を形成した。田母沢御用邸の西隣の田母沢御用邸別邸に隣接した地に、明治42年山内の仏岩の東京大学理科大学附属植物園日光分園が移設された。現東京大学大学院理学系研究科附属植物園日光分園（通称「東大植物園」）。

【写真　馬返に至る途上の渓流 Rapids on the way of Uma-gaeshi】

P98上段後12、11、9、7、4、3、1行目

「町の儘《つく》る処に羽黒、寂光の瀑に通ずる」

「〜華石町に出づ。もと蓮華石町〜町の南側に方二間許の蓮華石あり」

「〜荒澤より。切通しなる白崖《しらがけ》を踰ゆれば。」

やがて清瀧に達す、～人家四五十煙あり」

「ここに清瀧神社を鎮座す。～また清瀧寺並に清瀧観音堂あり。寺は弘法大師の開基にて観音は勝道上人の手刻なりといふ」

「此門外に紀伊国屋文左衛門が建てし榜示《ぼうじ》石標《せきひょう》あり」

「日光電気精銅所あり。工場の付近職工宿舎の連るを見る」

「岩鼻に著す。是を目下電車の終点と為す。ここに一茶亭ありて」

西町の西端で現国道120号が田母沢を渡る直前にある八幡神社横を右折し、田母沢に沿い約2km上流に若子《じゃっこ》神社・寂光滝がある。寂光滝の北約0.8kmの田母沢に羽黒滝が、羽黒滝北東0.5kmの田母沢支流の根通川《ねどおりがわ》に相生滝がある。

田母沢を渡ると花石町に至る。現花石町(本文華石町)は明治7年(1874)蓮華石村より改称。地名の由来となった巨石の形状が蓮の花に似ている事より蓮華石と称される。弘仁年間(810～824)勝道上人がこの巨石上で男体山を遙拝しその時現れた神を祀ったのが花石神社(明治2年「十八王子社」より改称)とされる。

花石町とその隣の久次良《くじら》町を過ぎ、荒澤の深い谷を越えた軌道は「白崖」の切り通し部分を通過し清滝に至る。この白崖は男体山の火山活動末期(1.3万年前頃)の「荒沢軽石流」と称される白色の噴出物で、その堆積層は厚さ約25mとされる(「日光市史　上巻」等)。軌道は丘陵となっている軽石堆積層を切通しとして敷設、附近の地域名は割山《わりやま》である。なお、この白色の軽石は建築資材のコンクリートブロックとして、高度成長期には盛んに利用されたが、現在はそれを扱った建築会社も営業を止めた。本文では清滝地区は「人家四五十煙」と記されているが、これは「工場の付近職工宿舎の連なるを見る」と述べている事を考えると、精銅所関係者以外の人家つまり工場立地以前から清滝に住んでいる人達を記していると推定される。例えば、幕末慶応年間の清滝村の戸数32、男88・女86・計174人、石高134石(「日光市史　中巻」)。そして「日光山志」では、清滝村「民戸三十宇散在シ陸田モアリ」とし、現在も水田は皆無である。これらに記されている日光精銅所立地以前から居住する人達は、丹勢山麓(溶岩円頂丘。標高1398m。約7～5万年前活動)の現清滝1～4丁目に多く居住する。それ以外の工場関係者居住地域は、清滝の中心部の工場周囲を占め、新旧居住者で地域的に大まかな棲み分けが為されている。

工場発足時(明治39年7月1日)の名称は、古河鉱業会社(大正9年4月22日古河電気工業KKに)「足尾銅山日光電気精銅所」で、市民は通称「精銅所」と呼ぶ。工場はその後大いに発展し、本書出版翌年の大正2年(1913)には大正天皇・皇后の行幸啓もあった。精銅所の「日光和楽踊り」(通常8月5・6日開催)は、精銅所の工員達が地方の盆踊りを会社向きに改め、避暑に来られた大正天皇がそれをご覧になられた事を発祥とする。「踊り」の歌詞の一部は次の如し。

「ハアーエー日光よいとこハヨイヨイお宮
と滝の中は和楽のアレサヨー精銅所
ハアーエー丹勢山からハヨイヨイ精銅所を
見れば銅積む電車がアレサヨー出入りする
～略」

(お宮=東照宮、滝=華厳滝、電車=日光軌道、丹勢山)

古河は中禅寺湖の豊富で安定した水量を利用して、大谷川水系に次々と自家用水力発電所を設け（詳細は後述）精銅所を拡張すると共に、昭和27年には清滝東部にアルミニウム工場も併設し繁栄した。しかしながら、二十世紀末には急速な円高や安価な海外アルミニウムの流入により、アルミニウム工場の主力は古河の場合福井県三国に移設され、日光工場は近年最終的に操業を停止した。現在清滝地区では精銅所の銅関連精密加工工場のみが存続し、古河電気工業ＫＫ「日光事業所」として操業している。清滝地区における精銅所の存在は圧倒的であり、地域経済・社会等々は工場の動向に左右される。例えばその一端は地域の人口動向にも端的に顕れており、その具体的数字はＰ264「日光精銅所」の注釈に記したので参照の事。なお、本文中「踰ゆれ」は「ユゆれ」となり誤り、正しくは「こ踰《ゆ》れ」となる。また、「著す」は着の誤り。

清滝地区に入る坂道右に清滝神社《きよたきじんじゃ》がある。清滝の名は弘仁11年（８２０）弘法大師空海が滝尾権現開基の際、社背後の岩壁から落ちる一条の滝を見、これが中国大鷲《だいじゅ》山《さん》の清滝の地形に似ることから命名したと伝える。滝の前面に祠を建て「金比羅大権現」を祀り清滝権現とし、その左（西）に別当寺「勝福山金剛成就院清瀧寺《せいりゅうじ》」を建てた。明治４年の神仏分離により清滝権現は清滝《きよたき》神社となり、寺院は勝福山金剛成就院清瀧寺となる。寺は後述の円通寺と明治42年（１９１９）合併し、観音堂のある西に移転し、現在の清瀧寺となる。現清瀧寺に属する本尊千手観音は、勝道上人が中禅寺立木観音を手刻した際の余木を以て手刻したと伝わる古い千手観音像で、女人禁制の為中禅寺に登れない女巡礼者の為に「中禅寺前立」として便を図ったとされ、観音堂は長興山福聚院円通寺に属した。女人参詣により円通寺は栄えたが、明治5年の奥日光への女人禁制の解除と共に女人の中禅寺登山が可能となり、「中禅寺前立」としての役割は減少し円通寺は衰退した。これらの事により現在清瀧寺の本尊は、観音堂の千手観音と、本殿の阿弥陀如来とである。

なお、江戸期までは清滝観音の前が、丹勢山麓を通る中禅寺道と大谷川と並行する足尾道との分岐点となり、境内に「追分の碑」の道標が立つ。

Ｐ98下段3、7行目

「右折すれば大谷川上流の河原に出づ。～洪水の跡歴々～一大石上水神の碑～ここより堰入れ。清瀧の電気に供給」

「是を馬返と為す。～乗馬を返したるを以て名く～茶店一戸あり。「蔦屋」といふ」

日光電気軌道（通称「電軌」）の終点である清滝の岩鼻《いわのはな》で右折すると、道は大谷川左岸に沿い「馬返」に至る。途中横手《よこて》の豊川稲荷社の前付近の大谷川より取水し、水は沼の平・別倉山を潜り、翌年開設（明治39年7月1日）する日光電気精銅所へ供給する為の別倉発電所（明治37年12月竣工、同38年4月送電開始。水路延長約1.7㎞、落差60ｍ。「下野新聞」「日光市史　下巻」）に導かれる。なお、前述したが、古河鉱業会社は大谷川の水を利用する発電所を次々に設置し（大谷川に沿って、細尾第1・2・3〈深沢〉、4〈上ノ代〉の計5カ所）、精銅所や足尾銅山及び輸送用に電気を供給した。発電所は現在も古河の重要な資産であり続けている（Ｐ172図参照）。

明治5年5月の「神社仏閣の地の女人禁制を廃止」する太政官布告により、奥日光への女人・牛馬結界が解除される迄、女人・牛馬は奥日光への上り口の馬返で引き返すほかなかった。馬返に出来た小集落は細尾村(現日光市細尾)の分村で、幕末期には「家作等も能くて往来に軒をつらねて茶店三四宇あり酒食など商ふ」(「日光山志」)状態であった。尚P99写真(「馬返し」)は、明治35年の大洪水より若干年月が経過し、大正2年の「電軌」の馬返迄の延長の時の間と考えられる。

【写真　馬返し"Umagaeshi,"Station on the way of Chiujenji】

日光地域における近代交通の充実、例えば「電軌」が明治43年に日光・岩鼻間、本書出版翌年の大正2年に延長され岩鼻・馬返間開通。昭和7年に馬返・明智平間ケーブルカー、同8年明智平・展望平台ロープウェイが開通。結果的にこれらの開通は交通結節点としての馬返の繁栄をもたらした。しかし、1960年代以降の自動車交通の隆盛に伴い日光の交通体系は激変し、例えば第一いろは坂開通(昭和29年)、第二いろは坂の開通(同40年)、日光軌道廃止(同43年)、ケーブルカー廃止(同45年)等がなされ、交通結節点としての馬返の優位性は失われ単なる通過点となり、馬返集落は衰退を余儀なくされ、殆どの住民は離村した。

なお、写真の『蔦屋《つたや》』(伊藤幸七宅)は、明治9年の明治天皇日光巡幸に際し、中宮祠巡幸の往復小休憩に利用された。茶店は廃業したが小憩された奥座敷は近年まで現存したが現在無住(P169の写真一覧参照)。

【写真　馬返し水神塚"Suijin-Tsuka,"the tomb of water God】

P99上段8、後7、2、下段2行目

「前二荒山を仰げば峭壁《しょうへき》面に一大洞穴あるを見る。~風穴~春秋の二回大風」

「山迫りて路儘《つ》く乃ち一橋を架す幸橋といふ。明治四十二年九月の竣功(工)に係る。橋畔崖腹に縁りて桟道を通ず。~霜辰紅葉の美観推想するに余りあり」

「又一橋を得之を栄橋といふ。同年十一月架する所。此処を深澤と称す」

「傍に黒柱の破屋あり。之を深澤の地蔵堂と唱ふ。~土人は女人堂といへり」

中宮祠に向かい馬返を過ぎると国道右手に前日光山(名称は「男体・女峰の小き山ゆえ前二荒とも小二荒ともいふにや」「日光山志」)の岩壁(「屏風岩」)が迫る。岩壁に「竪一丈許幅六七尺程にぞ見ゆる。其深浅知られず」(「日光山志」)の洞穴があるが、それに関しての言伝えは本文の通り。

道(現第一いろは坂)は大谷川に架かる幸橋付近から急になり、大谷川は峡谷となり激流となる(挿絵　幸橋上りの眺望　P144~145参照)。幸橋・栄橋を渡り、右手からの「大薙」を造る川に架かる橋を渡ると、前面に中禅寺道最大の難所剣ケ峰が迫り、峰の上り口のやや平坦な深澤《みさわ》の地に地蔵堂が建つ。この別称「女人堂《にょにんどう》」は、女人禁制故に奥日光中禅寺迄達せない女性達が、この地で男体山を遥拝する故に名付けられた。「晃山勝概」(明治20年)に「嶮路を登らんとする所に設く酒食麁なるも亦労を慰むべし」として「深澤茶屋」を記す。位置は地蔵堂の僅かに手前であると考えられるが現在はない。

尚、この当時の中禅寺道の状況は、「馬返に車を捨てて桟道を登る。路は深澤に入りて大谷の水は急頼弁騰睨視す可らず、渓をなし左右する。幸橋、栄橋は昨夏東宮殿下の行啓を迎る可く架せられたときく」(下野新聞　明治43年8月5日)で正にP144~145挿絵の如くであった。

P99下段3、5行目

「是より阪路を登れば剣ケ峰の茶亭に達す」
「右の深谷二瀑懸る。右を方等といひ左を般若といふ。茶亭より坐して望む」

剣ケ峰を越え不動坂手前のやや平坦なところに、「方今は輿馬共に支障なる事なし此処にも亦茶亭を設けて遊客を待つ」（「晃山勝概」明治20年）と記すように、明治と共に盛んになる中禅寺への観光客（駕籠・人力車・馬等を利用）を相手とする剣ケ峰の茶店が開かれた（自動車交通の現在はない）。現在この地には昭和29年のいろは坂（現第一いろは坂）開通当時の栃木県知事小平重吉の記念碑とともに、般若・方等の二滝を示す二荒山神社の石碑と、昭和29年竣工の大薙の砂防堰堤を紹介する国土交通省日光砂防事務所の案内板が立つ（P169の写真一覧参照）。

この平坦地より北方に望む般若滝・方等滝の滝名には左記の如く古くより混乱がある。

本文では茶店より見て、「右（東）を方等、左（西）を般若」とする。幕末期の「日光山志」では、方等滝「北の方なる深渓より瀑布飛流す滝幅三尺許高さ四五丈程」、般若滝「坤の山谷より落ち来る滝幅八九尺高さ三四丈許水勢は方等滝より大にまされり」と記す。つまり般若滝は方等滝の坤（コン・ヒツジサル・西南）の位置つまり西（左）となる。両滝の落差にはさほどの差はないが、明らかに般若滝の方が幅広で水量大で、方等滝は「深渓」つまり深い谷より流水する。同様の記述が「日光明細記」（明治33年）で、方等滝「北方を望めば瀑布の飛流すること十余丈」、般若滝「同所より西南にあたる飛泉の高さ十二三丈、幅三四間方等に比すれは水勢遙に盛なり」とある。内務省の全国地誌編纂事業の一環として日光町が提出した「地誌編輯材料取調書」（明治18年）には、方等滝「高五丈余幅七尺許其滝ハ水勢細々トシテ幾百条ノ糸ヲ下ケタル如ク下流ハ大谷川ニ入ル」、般若滝「高五丈幅一丈余水勢ハ最モ急激ナリ其下流ハ大谷川ニ入ル」、とある。

そして地図や挿図でも、「日光山名所図会」（明治21年）中の挿図では、「はんにゃ滝」として方等滝より左（西）に水量多く滝そのものを大きく描いている。また、詳細な銅版地図「日光山全図」（明治19年発行）では、位置的に東に方等、西に般若滝が位置し、明らかに般若滝を大きく描いている。

つまり、以上の五史料では、般若滝が西に、方等滝が東に位置する。滝の幅・高さは史料により異なるが、般若滝の水勢に関し3史料とも共通する。

ところが、前記史料とは全く逆の記述の史料も確認できるのである。

例えば、国土地理院発行「地形図」（手元の陸地測量部の大正2年発行地形図〜平成27年発行1／25000地形図迄一貫する）、「日光パーフェクトガイド」（日光観光協会監修）、「栃木県大百科事典」（下野新聞社）では、前記史料とは逆に右（東）が般若滝、左（西）が方等滝となる。古くは、「晃山勝概」（明治20年）では、般若滝「高さ五六丈幅三四尺此滝も水ハ少なけ里とも滝の裏を自在に潜行せる事を〜評して小裏見と云ふ」、方等滝「般若の滝の西南に懸れり高さ八九丈幅二三間般若に比し水勢遙かに盛ん」と記す。「日光名所図会」（明治33年）は、方等滝「高さ八九丈、幅二三間」、般若滝「高さ四五丈、幅八九尺水は少なく」と記す。滝の幅・高さは二史料で異なるが、般若滝は水少なく・水勢は盛んでないと記す。同様な川の状態を示すのが「大日本地誌」（明治40年、山崎直方著）で、

「右の潺々《せんせん》（さらさら流れる浅い川）たるを般若と為し、左の鏜々《とうとう》（太鼓を打つ大きな声）たるを方等と為す」。そして、この説の延長に、前記二荒山神社の石碑及び国土交通省日光砂防事務所の案内板がある。

以上、般若滝・方等滝に関する史料の記載内容は二分され、結論を得ることは難しい。しかし、両滝を記した知り得る最も古い史料の「日光山志」の記述は貴重であると言えよう。前者の記述の延長に次の断定的見解もある。「日光―社寺と史跡―」（沼尾正彦著、金園社、昭和50年）で沼尾は、「（地図や案内所・指導標・バスガイド嬢も）左が大きい方等、右が小さい般若という～しかしよく調べてみると、どうも滝の名前が反対らしく、明治以前の本（「日光山志」と考えられる）には反対の記載も見られ、明治末期に地図を作るときに間違えたらしい」と記す。同様に「郷愁の日光」（解説　中川光熹　随想舎　1995年）で中川は、「かつて旧陸軍の陸地測量部が地図作製の時、誤って記入したともいう」と伝聞を記す。

混乱発生の時期が「明治末期」かどうかは不明であるが、筆者も沼尾・中川両氏と同様に、西（左）般若滝、東（右）方等滝ではないかと考えるが如何がであろうか？（P140の写真、及びP169の巻末写真一覧参照）

なお、現在剣ケ峰の茶店の地には、第一いろは坂の展望台があるが茶店はない。

【挿図　ちか道 The short cut】

【写真　中の茶屋磁石岩 "Jishakuishi," a magnet stone】

P99下段8、後6行目、P100上段1、後9行目

「盤旋して登れば平地を～茶亭あり中の茶屋と呼ぶ～磁石石といふ」

「前方谷を隔てて阿含瀑を認む。～是より路益々険峻不動阪といふ。もと不動堂ありし～平坦なり～此処を大平《おおだいら》と称す」

「左に華厳瀑への新路あり～星野氏即ち五郎平翁は観瀑の新路を開きし者」

「是より直行すれば大尻より中宮祠に至る」

中禅寺道登り口の深澤地蔵堂から苦労して剣ケ峰を越え、北方に般若・方等滝を望む茶屋に至り、更に急坂を登ると、中の茶屋の平坦地に至る（地蔵堂から茶屋迄を地蔵坂という）。ここには明治天皇中禅寺行幸（明治9年）の際、この地で休憩・野立をされた際の記念石柱（「明治天皇中茶屋御野立所」。昭和14年9月史蹟指定）が立つ。また、P100写真の磁石石の巨岩及び道路を挟んだ所には「二荒山神社登拝旧跡」の石柱と朱塗建物がある。今日の自動車交通の時代にはいろは坂が開通し、深澤茶屋・剣ケ峰茶屋・中の茶屋は何れもその役割を終えた。

中禅寺への中間地点に当たる中の茶屋は眺望抜群であり、南側の深い華厳渓谷を挟み対岸斜面中腹に阿含滝を、そして斜面には春には「やしおつつじ」の群落を望める。尚、深澤茶屋・中の茶屋・地獄茶屋（P121）は18世紀中頃には日光山より設置を許可され、中禅寺道の草刈や樹木等の除去等を担った。享和2年（1801）よりは茶・菓子に加え餅・酒も提供した（「二荒山神社」）。

中の茶屋から中禅寺湖手前の大平迄の急坂を不動坂という。名称は坂の終わるところにかつて不動尊を安置するお堂が建っていたことに因るが、明治4年の神仏分離により堂は廃され、現在は第一いろは坂の下り口の岩壁を刳り貫き不動尊を祀る小さな祠がある。

坂を上り詰め中禅寺湖までの比較的平らな処を大平《おおだいら》（「日光山志」）という。大平より中禅寺湖に至る道路の半ば左側に、華厳渓谷に下る「華厳滝壺道」が細尾村（日光市細尾）出身の星野五郎平が7年の歳月をかけ明治33年に拓いた（「下野新聞」明治33年）。氏が華厳渓谷の谷底の滝壺近くに設けた「五郎平茶屋」に至る途中に、「新たに発見されたるの新滝にして其状恰も白雲の天上に登る如き観あるにより土地の雅人五百城《いおき》氏と城数馬《じょうかずま》氏の命名せし」（「日光名所図会」明治35年）とされる「白雲瀧」があり、急斜面を流下する滝の中程に「鵲橋《かささぎはし》」（ジャクキョウ。天に架かる橋）が架かる（P135の写真「白雲の滝」参照）。茶屋の位置した滝壺近くからの華厳滝の眺望は壮観であったが、昭和5年8月（1930）に男体溶岩の岩盤を約100m刳《く》り貫き滝壺近くに展望台を設けた華厳滝エレベーターが開業すると衰退を余儀なくされ、「昭和10年には落盤により五郎平茶屋は消滅した」（「下野新聞」）。

なお、「五郎平茶屋」より華厳渓谷を下り、大谷川右岸の谷壁にある阿含瀧を望むには、「近時は新道も開かれたれば観覧するに尤も便利なり」（「日光名所図会」明治35年）とあるが、華厳渓谷は落石多く危険であり、今日では廃道となった。

また、華厳渓谷を下り深澤近くには、古河電工の細尾第三発電所（「馬道発電所」とも）があり、此処で取水した大谷川の水は神橋上流で古河関係5カ所、東京電力2カ所の計7カ所の発電所で利用されている（P151の「日光精銅所」及びP172図参照）。

*さちのうみ（P100～P112）

◎旧中禅寺湖（P100～101）

【挿図　けはしき坂を下るハイカラ A beauty down the steep】

P100下段2、4行目。P101上段5行目

「幸の湖は男体山の南に在るを以て一に南湖といふ。或は中宮祠湖と称す。即ち旧中禅寺湖なり」

「此地は海面を抜くこと四千二百尺にして。東西約三里、南北一里許。～深きは～五十尋《ひろ》（1尋＝5尺＝1.5m）に達すといふ」

「幸の湖の称は明治九年天皇陛下中宮祠に行幸あり。～大光栄とし。尊とき御恩徳を記念せむが為めに～「幸之湖」と題し～下付せられたり」

中禅寺湖は地形的には男体山噴出の溶岩流（華厳溶岩。約2万年前）が、古大谷川を堰き止めて形成された堰止湖で、湖面標高1269m（本文の4200尺は約1386mとなり誤差大）、東西6.5km（本文3里は約12km）、南北1.8km（本文1里）、面積11.5平方km、貯水量1.2立方km。湖底は東西に平坦で平均水深約95m、寺ケ崎と北岸大崎の中間付近で最大深度163mである。湖の南岸は八丁出島・松ヶ崎・梵字岩等の突出部があり出入りが多く、対照的に北岸は成層火山である男体山の噴出物が堆積し平滑である。上野島《こうずけじま》は中禅寺湖唯一の島で、勝道上人首骨納塔、慈眼大師の宝篋《ほうきょより》印塔（共に県指定文化財）がある。島の名称は「延暦八年勝道に上人位授与と上野国総講師補任」に因むとする（「栃木県の地名」「中禅寺私記」）。湖への流入河川は千手ケ浜への外山沢川・柳沢川、菖蒲ケ浜への湯川等。流出は湖尻から大尻川となり、湖尻下流0.5kmで華厳滝となり、大谷川は深い華厳渓谷を形成しながら激流となり馬返に下る。現在湖水の水位は大尻と華厳滝との間にある県営中禅寺ダム（昭和35年完成。滝落水量調節、下流水田用水、下流発電用水、湖水位調節等目的）で調節されている。中禅寺湖の最大水深163ｍと華厳滝の高さ97ｍとを考えると、古大谷川は現大谷川より北方を流れていたと推定されている。

　湖の名称は、本文見出しは湖名「幸の湖」の下賜経緯もあり「旧中禅寺湖」と記すが中禅寺湖（「地形図」等）が一般的である。「南湖」と言う名称は、古くは勝道上人の男体山への4回目の登山に関し、「去延暦三年（784）下旬更上経五箇日至彼南湖辺」（空海撰「沙門勝道歴《れき》山水瑩《えい》玄珠之碑」。一般に「勝道上人開山碑」と称し、碑は輪王寺蔵。本書Ｐ111～112に全文）に見え、以後一貫してこの名称も用いられる。明治9年の明治天皇東北巡幸に際しての日光への行幸は6月6～8日で、輪王寺を行在所（現輪王寺紫雲閣の地、旧東本坊）に中宮祠にも巡幸した（「日光市史　下巻」。輪王寺逍遥園前に「行幸記念碑」あり）。「幸の湖」の湖名の下賜は巡幸後の事で、経緯は本文の通りである。また、中禅寺湖の湖名はこれ等の他に、第3代将軍家光命名の「雪浪湖」や、二荒山神社中宮祠に因み「中宮祠湖」等がある。なお、中禅寺湖と男体山の関係に関し深田久弥の一文を引用する。

「すべての湖はその傍にそびえ立つ山の姿で生きてくるが、中禅寺湖と男体山という取り合わせほど過不足なく、彼我助け合って秀麗雄大な景色を形作っている例も稀である。天の造型の傑作というほかない」（日本百名山）。

Ｐ101下段後14、10行目

「聞く所に拠れば始て魚を放ちしは明治六年にて。其の魚はイハナなりき」

「～米国産のマスを放ち。漸次繁殖を謀りしに。～三十九年に宮内省御料局より其の湖畔に養魚場を開設し」

　中禅寺湖は水温低くその上落差大なる華厳滝が魚類の遡上を拒み、更に日光山開基以来奥日光は殺生禁断の地であった関係で、近代に至るまで魚類生息のない湖であった。この湖に魚を放流したのは、本文では「聞く所に拠れば」とするが、「日光市史」「下野新聞」によれば、明治6年5月（1873）の細尾村戸長星野定五郎による大谷川産のイワナ・コイ・フナ等の放流である。

　この後、明治14年に農商務省水産局が深《み》澤《さわ》に孵化場を設け、琵琶湖・根室より卵を移し孵化させ、同15～17年に湖水に放流した（「日光市史」）。ただ、「日光社寺と史跡」（沼尾正彦著）では、「同6年に人工ふ化放流の為米国よりニジマスの卵を輸入し養鱒事業の為の養魚場を深澤に設けた」とするが、前記の通り「日光市史」「下野新聞」（同書の出典は不明）。及び本文よりすると誤りと考えられる

　その後、深澤の孵化場は同23年に菖蒲ケ浜に移転、本文の如く明治39年（1906）に宮内省御料局が農商務省よりふ化・養魚事業を受け継ぎ、帝室林野局直営日光養魚場となる。この事の背景には、既に明治21年には広大な奥日光の官有地は御料地として編入されていることに加え（面積11,316ヘクタール）、明治と共に日光は特に避暑地として注目され明治26年に山内御用邸、31年に田母沢御用邸が設置され、皇室と日光との関係は密で特別なものがあった事によると推察される。

　養魚場は第二次大戦後水産庁に移管し、現在（国立研究開発法人）水産総合研究センター中央水産研究所内水面研究所となり、サケ・マス養殖技術・優良品種開発、

遊漁管理・種苗放流研究等と普及啓発（「さかなと森の観察園」の一般開放）を行っている（日光市中宮祠２４８２―３）。

○歌が浜　立木の観音（P101〜102）
P101下段後5、1行目、P102上段1行目
「歌が浜は幸の湖の東岸〜勝道上人此処にて勤行せし時。天人降りて詠歌讃嘆〜湖水の排出口〜南岸橋。俗に大尻橋といへる」
「古峯ヶ原及び足尾道なり。木標之」
「進めば右に仏国大使の別荘あり」

　中禅寺湖の水は湖東の湖尻より大尻川となり流出し、下流約0.5㎞に華厳滝を形成。湖尻に架かる大尻橋を渡ると日光山輪王寺別院中禅寺とその門前集落のある歌ケ浜（地名由来は本文の通り）に達する。本文の「古峯ケ原道」とは、鹿沼市の古峯神社へ至る道を指しているが、これは古くからの山岳修験ルートで、中禅寺・茶ノ木平・細尾峠・薬師岳・地蔵岳・古峯ケ原のコースである。「足尾道」は、歌ケ浜より湖岸を通り、狸窪・半月峠・深沢・足尾の山岳ルートか、阿世潟・阿世潟峠・長手沢・久蔵川・足尾のルートが有り、何れも徒歩で可能である。後者ルートは半月山（１７５３ｍ）を越える前者ルートに比べ、阿世潟峠越えの比高の小さいルートであり且つ中禅寺・足尾間の最短ルートである。しかしこのルートは明治期に足尾銅山からの有毒ガスによる煙害により久蔵沢の植生が甚大な被害を受けて山崩れの多発により廃道となった。この為、このルートに替わり前者ルートが開発され昭和初期には大いに栄えた。しかしこの後昭和40年代には、足尾銅山の閉山と共に煙害も途絶え、後者ルートが徒歩道として改修され、前者ルートは廃道となった。ただ自動車交通の時代になり、かつ昭和53年（１９７８）に「日足トンネル」が清滝・足尾間で開通すると徒歩道も廃れた。

　ところで、中禅寺・足尾間の連絡道建設の動きは、中禅寺湖一周の道路建設案と連動して建設が進められたが、途中の半月峠迄の中禅寺湖スカイライン（7.5㎞。県道「足尾・中宮祠」線）となり昭和47年（１９７２）開通した。スカイラインの中禅寺湖展望台からは中禅寺湖・男体山が、半月峠展望台からは眺望抜群で足尾方面の景色を楽しめる。

　中宮祠は海抜１２６９ｍと高く冷涼な気候に恵まれ、明治初期に女人牛馬禁制が解かれると、避暑・登山・釣り・観光等の恵まれた自然を求め訪れる人々が急速に増加し、中禅寺湖岸には外国人等の別荘が次々と立地した。大正から昭和初期にかけての盛期には欧米の外交官や要人が集い、奥日光は「夏場の外務省」と呼ばれたが、第二次大戦により衰微した。外国大使館別荘には、歌ケ浜地区のフランス・ベルギー、砥沢地区のイギリス・イタリア等があり、今日仏・伊の大使館別荘は一般に開放されている（ヨットの浮かぶP101写真「中禅寺湖の白帆」は盛時中禅寺湖の一端を示している）。なお、中禅寺湖北岸の男体山麓には、戦後企業・公共団体・各種法人等の保養所が多数設けられたが、今日それらの多くは閉鎖され中宮祠地区の衰退の一因となっている。

【写真　中禅寺湖の白帆 The yachting at chuzenji】
P102上段5、後12、2行目
「左に吉祥堂、金剛堂並に不動の石像など列り〜石壁の下湖に〜一基の鳥居立てり。舟にして至るものはこれより上陸すべし」
「立木観音堂は石壁の上御料林の山下に在り目下堂宇は建築中にて」

「是れ勝道上人が～立木のまま此尊像を刻みて～千手観音とす～明治三十五年～ここに移しまつれるなりとぞ」

日光山輪王寺の別院である歌ケ浜の中禅寺は、勝道上人手刻と伝える本尊「十一面千手観音菩薩立像」（重要文化財）が有名であり、それ故通常寺は「立木観音」とも称され親しまれている。中禅寺の建つ場所には、本文の様に、元々金剛堂・吉祥堂等が存在し船禅頂の巡拝寺であるが、明治35年9月（1902）の男体山の崩壊による山津波（現在の「観音薙」を形成）により、山麓にあった中禅寺が中禅寺湖迄押し流され壊滅し、現在地の歌ケ浜で再建された。本文の「堂宇建築中」とは、中禅寺の新築・再建工事が進行中である事を記している。

　ところで、中禅寺は寛永2年（1625）以降日光山の直轄となり、日光山の一山住職より1名が年番となり寺務を執り、中禅寺上人と称された。明治5年以前は奥日光は女人・牛馬禁制の聖地であった為、女子の立木観音参拝は不可能であり、清滝の長興山福聚院円通寺の勝道上人が中禅寺立木観音を手刻した際の余木を以て手刻したと伝わる「千手観音像」が「中禅寺前立」としての役割を担った。明治42年円通寺は清瀧寺と合併し、千手観音は清瀧寺本尊として観音堂に安置されている。（P98参照）。

今日中禅寺境内には元から存在した堂宇と伴に、波之利《はしり》大黒天堂《だいこくてんどう》・愛染堂・鐘楼、再建された立木観音堂（「千手観音」は、男体山の祭神である「大己貴命」の本地仏とされる）、昭和44年創建の五大堂（開山1200年記念事業で創建）は神仏分離以前は東照宮の護摩堂に安置されていた「五大明王像」を祀り、天井画「瑞祥龍」は堅山南風画伯作。

　なお、P102の写真「中禅寺湖歌ケ浜の晩鐘」には、11行目「一基の鳥居立てり」の朱塗り鳥居と石垣が映っているが、今日此の地には中禅寺湖スカイライン及び遊覧船乗り場の岸壁が造られ、鳥居や風景は姿を消した。

【写真　中禅寺湖上野島　Uyeno islet, Chuzenji】

【写真　中禅寺湖歌ケ浜の晩鐘 The Knell of Parking day, Utagahama】

【挿図　中禅寺立木観音】

〈P105～109は簡単な湖畔の名所案内であり、左記に一括して略記する〉

○寺が崎　○老松が崎と黒檜山　○上野島

○赤岩崎　○白岩　○千手崎

　勝道上人による開闢以来、中禅寺湖は観音浄土の聖地であり、湖岸には嘗て九ケ寺が存在していたとされる。延暦3年（784）の上人第4回の男体山登頂後、上人と弟子達が舟により湖畔の寺院（後日、歌ケ浜の金剛堂、寺ケ崎の薬師堂、松ケ崎の日輪寺、千手ケ浜の千手堂等建立）や霊跡（巫女石・千手石・梵字石等）を巡拝したとされ、現在も実施されている輪王寺による「船禅頂」の始まりである。

○「寺が崎」～今日「寺ケ崎」の薬師堂は無く旧跡のみ。

○「老松が崎」～今日「松ケ崎」、「黒檜山」は「黒檜岳《くろひだけ》」と記す。

○「上野島」～中禅寺湖唯一の島。本文中の「梵字岩」は位置的には湖の南西岸にある。

○「赤岩崎」として、本文に「日輪寺旧蹟の先にありて風光亦賞すべし～湖中に冠岩と称す石あり。之を赤岩といふ」とあるが、説明に事実誤認がある。湖南岸の日輪寺の近くに「赤岩」はなく、湖北西岸に位置し、冠岩は赤岩とは離れた千手ケ浜近くの突端にある。

◯「白岩」～湖南西岸で梵字岩の東にあり、北西岸の赤岩と対す。

◯「千手崎」～今日「千手ケ浜」と記す。

本文に「惜哉野火の災に罹りて焼失せり」とあり、長く旧跡のみ存在したが、平成28年日光山輪王寺により「千手堂」として再建された。

なお、中禅寺湖周辺の寺院旧跡・霊跡の分布は左記参照。

「日光山縁起絵巻」（日光二荒山神社蔵）

「日光山輪王寺宝ものがたり」（輪王寺　東京美術）

【写真　中禅寺湖（白岩の静波　The ripples near the white rock）】

【写真　中禅寺湖（赤岩の紅葉　Crimson maples at the Red rock）】

【挿図　中禅寺湖畔旅館の画】

◎中宮祠（P106～109）

P106下段10、13、後9、3行目。P109上段3、後9行目

「右に婦女の形～一石～巫女石といふ。牛石と共に古来其の名高し。伝説」

「勝道上人此地に中禅寺を建設せし以来。地名を～中禅寺と呼び来りしが。神仏分離に際し中宮祠と改めたり。然れども通名には依然として中禅寺と唱え居れり」

「旅館は入口の方よりすれば。橋本屋～小金山の九軒あり」

「気候は八月七十一二度。極暑の時と雖も八十二度より上りしことなし」

「当地は戸数七十戸、人口三百あり～多数の増加を見む」

「レーキホテル（湖辺旅館）は南岸橋の東丘に在り。帝国式を西洋室に」

古い歴史・観音浄土の聖地・女人牛馬禁制の地等の『特殊地域』としての中宮祠（中禅寺）は、数々の神話・伝説の類に彩られる。「巫女石」とは、昔ある巫女が女人禁制と言っても自分は神に仕える身であるからと、深澤の女人堂を越え中禅寺の湖畔に来ると、たちまち身がすくみ石になってしまったとの伝え。同様なのが「牛石」で、牛馬禁制を破り牛車の牛がやはり石になってしまったとの伝え。現在、前者は中宮祠集落入口の大鳥居横に在るが、後者は不明。

勝道上人が延暦元年（782）男体山登頂に3回目で成功し、同3年の第4回登頂後弟子と共に中禅寺湖を探索し、その時湖上に千手観音が現れ湖北岸に神宮寺（12世紀頃より中禅寺）を建立し、上人手刻の本尊「千手観音像」（通称「立木観音」、二荒権現の本地仏）を安置した。明治4年の神仏分離により、二荒山神社中宮祠と中禅寺に分かれる。神社は湖北岸に二荒山神社中宮祠、男体山頂には二荒山神社奥宮が位置し現在にいたる。寺院は二荒山神社と同一境内にあったが、明治35年の男体山山津波により崩壊し現在の歌ケ浜に移転した。

本文は「依然として中禅寺と唱えり」と記すが、現在北岸・東岸集落の行政地番・地名は一括「中宮祠」である。ただし、中宮祠・中禅寺の名は今日でも混同されている（例えば日光警察署中宮祠派出所、日光市立中宮祠小学校、中禅寺郵便局等々）。

中宮祠の旅館に関し「挿図　中禅寺湖畔旅館の画」（P107）がある。旅情たっぷりに描かれた挿図はかなり模式的であるが、信仰の地から避暑地・観光地として姿を変え賑わう明治後期以降の中宮祠集落及び中禅寺湖の一端を良く示している。しかし、そもそも近代に至るまで、中宮祠には行者や湯元への湯治者を相手とし、夏季のみ営業する6軒の茶屋＝茶店（通称「六軒茶屋」）があるのみであった。聖地である中宮祠での「茶屋」営業は、日光山に属する枝院の僧侶である「中禅寺上人」（禄高拾五石）による許可が必要であった。茶屋の許可は寛保元年（１７４１）に始めて４軒が許可され、続いて文化３年（１８０６）２軒が追加許可され、これにより「六軒茶屋」となった（「二荒山神社略年表」）。

近代に至り奥日光の開放がなされ、明治20年代には「茶屋」から旅館への脱皮が進み、中禅寺湖北岸を中心に定住集落の形成が進んだ。Ｐ107挿図右端の外国人宿泊中心「レイキサイドホテル」（本文は「レーキホテル」、日光での通称。令和２年改築一新され経営は従来の東武鉄道より「ザ・リッツ・カールトン日光」となる）が現在地の大尻に明治27年開業。男体山登拝・避暑・登山等の客を相手とする旅館が（経営の多くは地元日光、特に細尾地区出身者が多数）営業開始し活況を呈した。大正から昭和初期にかけて中禅寺湖畔には多くの民間別荘とともに、大使館の別荘も建てられ（「夏場の外務省」と称される）、避暑地として賑わった。第二次大戦後そのにぎわいも消えたが、今は一部別荘（英、日、伊）は記念公園として整備され公開されている。

第二次大戦前後の混乱の後、中宮祠地区の宿泊関係は順調に発展し、バブル経済崩壊前の80年代に盛期を迎えた。例えば、86年にはホテル・旅館22、民宿18、宿泊者数２５３,０００人を数えた。しかし、90年代のバブル経済崩壊や東日本大震災後の観光業を取り巻く諸情況は一変し（例えば旅行形態は団体旅行から個人へ）、中宮祠地区の宿泊業を始めとする観光業は大変厳しい状況にあり、現在はホテル・旅館９、民宿10と減少している。時代にあったリゾート地として中宮祠地区の有する優位性を如何に発揮するか正念場を迎えている。

中宮祠地区の集落規模は、本文「戸数70、人口300余」とあり、また「多数の増加を見込む」とあるように推移し、昭和40年代にピークを迎え、例えば昭和45年の人口は２００８人を記録した。しかし、前述したが諸般の事情により以後減少が続き、令和３年の人口は214世帯、計408人（男200人、女208人）であり、経済活動と共に集落としても嘗ての勢いが失われている。

中宮祠地区に於ける小学校は、明治35年４月（１９０２）に「日光尋常高等小学校中宮祠分教場」として創立したが、創立間もない同年９月男体山の山津波により教員死亡・校舎流失等の甚大な被害を受けた。学校は二荒山神社の「行人小屋」（男体禅頂をする修行者等宿泊）を暫《しば》し仮校舎とし、大正５年集落東部の現在地に移転新築した。郵便関係では、外国公使等の避暑客の便のため明治29年（１８９６）電信事務を扱い、同31年に郵便窓口事務開始、同35年に電話交換開始、同38年に中宮祠郵便局が設置された。

中宮祠は高地であり、梅雨は殆どなく夏冷涼で冬は厳寒である。本文の８月72°Ｆは22.2℃、10月中旬50°Ｆは13.3℃、冬季の日中23°Ｆはマイナス５℃、朝夕18°Ｆはマイナス7.8℃である。因みに、８月の平均気温は東京29.1℃、中宮祠22.6℃であり、中宮祠地区の避暑地としての優位性は極めて明瞭である。

【カット　無題〜中禅寺湖・上野島・白鳥等】

◎二荒山中宮祠（Ｐ109〜112）

Ｐ109下段10、後５、３行目。Ｐ110下段後２行目

「祭神は大己貴命にして田心姫命、味耜高彦根命を配祠す。神仏分離以前は山上の社を男体山三社大権現と称し～中禅寺権現、日光権現などと呼びたり」
「もとは境内に三層の朱塔、鐘楼等ありしが。～鐘楼は歌ケ浜に移されたり」
「社務所は其の東に～昔時の中禅寺別所なり。不断火とて～今は絶えたり」
「山腹湖北の地に立木観音を手刻し。寺を創して中禅寺と称す。又堂の側に一祠を設け。山神を崇めて鎮守とし中禅寺大権現と称す～中宮祠の起原（源）なり」

日光における神・仏宗教は山岳信仰と密接に関係し、特に二荒山神社の祭神では男体山が大己貴命《おおなむちのみこと》、女峰山が田心姫命《たごりひめのみこと》、太郎山が味耜高彦根命《あじすきたかひこねのみこと》とする。これら三神は三社大権現として、それぞれ男体山大権現、女峰山大権現、太郎山人権現となる。そして、この三社大権現に対応して本地仏が考えられ、次の如く日光独特の神仏習合思想である「日光三社大権現思想《にっこうさんしゃだいごんげんしそう》」となる。これらの関係は左記の、三山・(垂迹) 三神・三社権現・(本地) 三仏。

尚、輪王寺三仏堂〈元「日光山金堂」〉は本地三体の仏像を祀る。

男体山・大己貴命・男体山大権現・千手観世音菩薩
女峰山・田心姫命・女峰山大権現・阿弥陀如来
太郎山・味耜高彦根命・太郎山大権現・馬頭観世音菩薩

男体山頂には二荒山神社奥宮が鎮座し、山頂西の巨岩上に太郎山神社、8合目に滝尾神社が祀られる（本文の「山上の社を～」となる）。なお、男体山は地形学上は比較的新しい火山であり、山体を多くの薙と言われる浸食谷が刻み今日の山容を造る。薙には山体東南で第一いろは坂よりも観察できる大薙、北側の御神仏薙、南側の古薙、明治35年の大災害をもたらした南側の観音薙等が体表的である。男体山山頂には巨大な馬蹄形の噴火口（北部火口壁は噴火により欠け北に開ける。直径約400～800m、深さ約200m）がある。

男体山が古くより信仰の対象であった事は、山頂部から発掘された奈良期からの各種宗教関連遺物（古銭・銅鏡・銅印等）で明らかであり、それらは中宮祠社務所横の宝物館に展示されている。本文の記述は、勝道上人が延暦元年（７８２）第３回の男体山登攀を試み、山頂を極め二荒山大神を祀り（現二荒山神社奥宮）、同３年第４回登攀後中禅寺湖北岸の男体山麓に神宮寺（「神宮精舎」・「中禅寺」とも〈「日光名所図会」〉。「建神宮精舎号中禅寺」〈「日光山志」〉）及び（二荒山神社）中宮を創建した事を記している。つまり、男体山は開山当初より神仏習合・神仏混淆であり、本文の如く（「もとは境内に～」）神社と寺院は当に一体化しており、近代に至るまで神・仏の堂舎等諸施設は混在していた。が、神仏分離と男体山山津波（「観音薙」を形成）により、今日の様に中禅寺湖北岸の二荒山神社中宮祠と歌ケ浜の輪王寺別院中禅寺とに空間的にも完全に分離した。

不断火とは、中禅寺別所（江戸期まで中禅寺を神社の別当寺院とする。日光山の枝院の僧侶が「中禅寺上人」として期限を決め寺務を司る。「日光山志」において、開闢以来明治維新まで、大囲炉裏において「法燈」の象徴としての火を絶やす事はなかった。昔時においては日光市民がこの不断火から分火し、家においてそれを絶やす事無いよう大事にしたとの伝えがある。

【写真　中宮祠二荒山神社拝殿】

The Futara Shrine Chugushi】

◎勝道上人開山碑（P110～112）

「開山碑」は難解且つ諸説ある故左記参照。「日光山輪王寺史」（日光山輪王寺門跡教化部　昭和41年）

＊黒髪の白栲《はくこう》（P112～P121）

◎登拝祭（P112～114）

P112下段後6、3、1行目

「二荒山の奥社即ち黒髪山の～三社を登拝することと～信徒の団体を成して」

「毎年五月十五日に開山祭～八月十五日より同月二十一日まで七日間を登拝祭」

「男女を問はず白衣にて日々登山を許～一人金三十五銭～一府八県の信徒なり」

本文では男体山の名称に関し、二荒山《ふたあらさん》と黒髪山《くろかみやま》の二つの名称を記している。男体山の名称は実に多様で、例えば「日光山志巻四」は「二荒山、補陀洛山、黒髪山、黒上山、日光山、男体山などと号せり」と記す。補陀洛山の補陀洛とは、観世音菩薩の住む山の梵語 Potalaka（光明山）を言う。補陀洛《ぼたらか》を二荒《ふたら》と記し、補陀洛山が二荒山《ふたらさん》となり、二荒山《にこうさん》ともなる。なお、二荒山は弘法大師空海来晃の際に日光山《にこうさん》としたとも伝へ、これが日光《にっこう》の始まりと言われる。黒髪山の名称は、日光連山の中でも一際高く積雪深く白く輝くも、樅・栂等の針葉樹の深緑は遠望すると漆黒に見えることより名付けられた伝える。黒髪山は時に黒上山とも記される（なお、黒髪山の名は万葉集等古歌に多数見える）。男体山・女峰山・太郎山の三山の名称は、三山の山容とそれぞれに符合させた神々に由来する様である。つまりどっしりと雄々しい山容の高峰男体山に大己貴命（父）、裾野長くなだらかな女性的な山容の女峰山に田心姫命（母）、男体女峰よりやや低く雄々しい山容の太郎山に味耜高彦根命（子・長男）となる。尚、「日光」の地名由来に関してはP177参照。

本文で詳述している如く、信仰の山である男体山頂に鎮座する三社への参拝登山は「登拝祭《とうはいさい》」と言い、現在の登拝祭は（本文の大正期と現在の期日には若干のズレがある）、4月25日開山祭、8月1日午前0時より8月7日迄の登拝祭、9月21日の仲秋登拝祭、11月11日閉山祭となる。男体山は二荒山神社の御神体であり、登拝には神社への奉納金千円必要。登拝祭は明治の神仏分離迄は「男体禅頂《なんたいぜんちょう》」「山禅頂《やまぜんちょう》」と言い、宗教色・信仰色が強く、御神体である男体山頂に登ることにより心静かに安寧・真理を得る一種の「行《ぎょう》」である。それ故厳格な規律があり、例えば婦女子の参加厳禁、精進潔斎（中宮祠での一周間のお籠もり・別火・水行等）、登拝時の白の行衣等。登拝は一般的に信者が「登拝講」を組織し、各講毎に二荒山神社境内に「行小屋《ぎょうごや》」を設け（その数二十数棟とも。登拝小屋《とうはいごや》、禅頂《ぜんちょう》小屋《こや》）、講を中心に活動した。講は栃木県内は勿論関東各地に存在し、本文では遠く長野県・福島県を記すが、江戸時代後期には最盛期を迎えたとされる。参加行人の数は例えば「天保15年（1822）の行人は4583名と記録されている」（「栃木県の地名」）。明治時代後期の様子は挿図やP118「団体乗車割引表」を見れば一目瞭然である。男体山登拝は近代に至るも、本文や挿図に見える如く、高度成長期までは大変盛んであった。現在も講組織は二荒山神社の努力等により活動しているが、戦後登拝祭の中心は講より個人に移り、登拝時の白い行衣（「白栲」・「白装束」）や精進潔斎等の厳格な宗教的決まりは薄れ、登山・スポーツ・レジャー等の色彩が強くなっている。現在では勿論行小屋の施設はなく、宿泊必要な人は中宮祠の旅館等を利用する。登拝は二荒山神社中宮祠本殿脇の登拝門（登拝口）より頂上を目指す。なお、本文や案内書等で多用される日光独特の用語である「禅頂《ぜんちょう》」に関しては、「禅定《ぜんじょう》」との関係で前記P89の注釈参照のこと。

【挿図　男体山登拝之図3枚】

　図は登拝大祭時の熱気を示して余りある。挿図中の右図は男体山八合目滝尾神社付近の急斜面を小田原提灯を掲げ登る白袴（白装束）の行者を、左上図は男体山頂付近で篝火を焚き御来光を待つ行者と混雑ぶりを、左下図は二荒山神社中宮祠の二之鳥居を過ぎ社務所前に参集する多数の行者を描いている。

【写真　男体山頂奥社 The summit shrine of Mt. Nantai】

　現在男体山頂である火口周辺には、二荒山神社奥宮、銅鳥居、社務所、休憩舎（旧社務所）、「対面石」、神剣（本文では「鉄剣」信者の寄進による）が、そして旧噴火口西縁の巨岩上に太郎山神社がある。

　なお、噴火口上の三角点2484m（旧図での標高）、独立標高点2486m（現在の男体山標高）。

【カット　男体山へ登る白衣の人及び団体乗車割引表】

○登拝者の宿舎　禅頂小屋（P118）

P118下段後14、9、6行目。P119上段1行目

「登拝者は一時多数に来会～中宮祠境内～に宿舎の設け～今は之を登拝小屋と唱へ。むかしは之を禅頂小屋と称したりき」

「現時の信徒はこの宿舎に就かず。旅館に投ずるもの却て多しといふ」

「聞くむかしは禅頂する行者には日光御門主より御賄を下されしよしにて」

「むかしは禅頂小屋に～今は旅館も少からねば此の如きは稀なりとぞ」

　男体山への登拝は、登拝祭の期間に限定され、しかも登拝（大）祭は7日間と極めて短期間である。多数の登拝者が短期間に集中し、しかも近代以前は中禅寺湖周辺に定住する事は不可能であった為、仮設の「禅頂小屋」（「登拝小屋」・「行小屋」）数十棟が必要であり、其の混雑ぶりは本文の通り。

　なお、本文に「日光御門主より御賄を下されし」とあるが、江戸期は中禅寺・二荒山神社とも日光御神領に属し、宗教関係は日光山の下にある故、形としては両社寺を含めた長たる御門主である輪王寺宮よりの心配りがあったと言うことを記している。

○昔の禅頂者

P121上段6行目

「中禅寺上人とて衆徒中より年番に当れる僧先達し。小聖、社家等の諸役人之を率ぬ七日の寅刻より登山す」

　江戸期日光山（及び日光領）は、輪王寺《りんのうじの》宮《みや》を頂点に社寺（宗教・日光山）と幕府（政治・奉行所）との一体的支配、換言すれば非常に特異であるが「神政政治」とも言える独特の支配機構を採った。衆徒とは日光山の総計百十カ寺の内の大規模等の二十カ院を言い、日光山の諸法会・講論・庶務等を勤仕した（禄高百二十石）。彼らの中から年番として中禅寺に出仕し、「中禅寺上人」として奥日光の社寺の宗教関係と統治関係の両者を統率し、同時に奥日光湯元の湯守（湯屋を経営）や入湯者・入湯料等をも支配した。中禅寺上人としての禄高は十五石である（「日光史」）。

明治6年（１８７３）の太陽暦への改暦以前、つまり近世期の「男体禅頂」（「山禅頂」）は、中禅寺上人の先達で、日光山修験者、登拝講中のものが禅頂行法を行う。行人は7月1日から5日頃までに中禅寺に上り、6日迄参籠し湖水で水垢離《みずごり》（潔斎水行）、7日寅刻中禅寺上人達の引率で登頂した。中禅寺には参籠のための「禅頂小屋」が多数設営された（「旧記」）。「挿図　男体山登拝之図3枚」（P114～115）参照。なお、本文の記述の様に、中宮祠登山の前に居住地の「精進小屋」に入るものもいる。中禅寺は明治の神仏分離により日光山輪王寺別院の中禅寺と二荒山神社中宮祠とに分離し、男体山登拝祭関係の一切は二荒山神社が執行。なお、男体山全体が御神体であり、二荒山神社中宮祠の境内である。

【写真　華厳滝】
【写真　幸の湖（旧中宮祠湖）】
【写真　戦場ケ原】

＊山路の栞　第三（P121～P125）

◎湯元道（P121～123）

P121上段後2、下段1、2行目
「菖蒲か浜日光山志には菖蒲沼（アヤメガヌマ）とあり。湖畔の小部落にして二三の茶店を」
「北の山中に洞窟あり瑠璃壺と称す。勝道上人の遺骨を納めしよしを伝ふ」
「林間の路を行けば左に帝室林野管理局日光出張所あり。養魚場を設く」

菖蒲ケ浜地域は湯川や地獄沢が中禅寺湖に流入する地に形成された三角州的な低湿な小沖積地である。この地域に関し、本文引用の幕末期の「日光山志」に、「菖蒲沼・南湖の北寄の入江を謂ふ」の記述の如く元来低湿地であり、小集落の記載はなく、本文の「二三の茶店を見る」との小集落の形成は近代以降と思われる。

勝道上人は弘仁8年（８１７）自らが離怖畏所と定めた山内仏岩の地で入寂（83才と伝う）、茶毘にふされ、分骨された上人の遺骨は山内仏岩の墓所と中禅寺湖の上野島と男体山西麓の瑠璃ケ壺の洞窟の3カ所と伝わる。が、後者の窟は不明である。

養魚場に関しては本文P85、注釈P232で記したが、簡単に再掲する。明治14年に農商務省水産局が深澤《みさわ》に孵化場設置。同23年に菖蒲ケ浜に移転。同39年（１９０６）に宮内省御料局が農商務省よりふ化・養魚事業を受け継ぎ、帝室林野局直営日光養魚場となる。移管の背景には日光と皇室との密な関係があり、明治21年には広大な奥日光官有地は御料地に編入されている（面積11，316ha）。

養魚場は第二次大戦後水産庁に移管し、現在（独）水産総合研究センター中央水産研究所内水面研究所となり、サケ・マス養殖技術・優良品種開発、遊漁管理・種苗放流研究等と普及啓発（「さかなと森の観察園」として一般に開放）。

なお、ここでP149「西澤金山」と関連する（現）東京電力菖蒲ケ浜発電所に関し簡単に記す。金山は川俣村民が発見したものを、日光の高橋源三郎が明治26年独力で開発始め、同38年西澤金山探鉱ＫＫ設立。会社は拡大する金山での電力需要増と湯元温泉集落への電気供給を目的に、同42年に地獄沢より取水する菖蒲ケ浜発電所建設に着手し、大正5年11月運転開始。

【写真　中宮祠菖蒲ケ浜養魚場 The trout hatchery, Chugushi】

P121下段後11、3行目

「地獄川の橋畔に地獄茶屋と称するあり」

「左の丘上なる支亭に入れば龍頭瀑を観るを得」

男体山麓の湧水を源とする地獄川は、安定した豊富な水量があり、川に架かる往来橋を越えた所に茶屋がある。茶屋は古くこの地点が「湯元を〜旅人中休の為設く」（「日光山志」巻之四）。丘上の支亭とは現在の「竜頭の茶屋」で、当時の戦場ヶ原への道路は、現在の国道と異なり、湯川を越えず竜頭滝（奥日光三名瀑〜華厳滝・湯滝〜の一つ。男体山の溶岩が湯川を堰き止め形成。長さ約200ｍ、落差約50ｍ、Ｐ135に記述）に沿い上る。

なお、江戸期馬返・湯元間には、深澤茶屋・中の茶屋・中禅寺六軒茶屋・地獄茶屋があり、本文の明治〜大正初期には剣ヶ峰茶屋・三本松茶屋が加わり、中宮祠集落は大規模化している。

【写真　戦場ヶ原 "Senjyoga-hara" the "battle fields" plain】

P122上段後11、下段1、後9、7、3行目。

P125上段1行目。

「男体山の西麓一面の平原〜戦場が原といふ一に赤沼ケ原〜又は標芽原と名く」

「赤沼といふは原の東隅に沼あり清水湧出す〜開祖上人閼伽の水を汲給ひし」

「戦場ヶ原は千町が原にて広き原野の意なりしを神戦の古伝説あるより附会」

「湯元への通路は其の中央を貫き。三本松など称するもの〜風致を添ふる」

「戦場が原の盡《つき》る処に一小川横る。之を逆川といふ。却て湯元の方に流るる」

「左に湯瀑へ降る路あり。此辺山林にて水楢の大樹多し〜野火に遇て」

男体山の火山活動（約1.3万年前）による竜頭溶岩及び軽石が高山（１６６７ｍ）と男体山との間を埋め、其の堆積面に形成された湿地が、男体山・太郎山・三岳等の周囲山地からの河川による堆積等により戦場ヶ原の広大な湿原・原となる。日本有数の高層湿原である戦場ヶ原の標高は、南端の赤沼茶屋附近で１３９１ｍ、中央部の三本松茶屋で１３９５ｍと、北部がやや高くなる。原全体の面積9平方㎞、その内の湯川・小田代ケ原・湯湖を含む原中央〜西部地域の約１７４・７ヘクタールが、平成17年（２００５）「ラムサール条約登録湿地」となった。

戦場ヶ原の名称に関しては、赤沼原・閼伽沼原・戦場ヶ原・千町が原・千畳が原・標芽原・忠女治原と多々あるが、戦場ヶ原が一般的である。名称の謂われに関しては、伝説等多様であり、本文の通りである。

湯元への道路は戦場ヶ原の中央を南北に貫く。この道と戦場ヶ原中央の三本松茶屋で分岐し、光徳牧場・山王峠を経て栗山村川俣に至る道路は、西澤金山開発により造成された。「写真　戦場ヶ原」（Ｐ120）は、男体山を背景に三本松茶屋付近の様子で、中宮祠と湯元を結ぶ四輪馬車や木柵で囲まれた簡単な（馬）小屋らしき建物、そして今日では道路両側に繁茂するズミの木が全くない一面の草地が映る。「写真　戦場ヶ原」（Ｐ122）は、太郎山・山王帽子山を背景に、三本松茶屋の名称となった3本の松と小屋そして2本の木の間の荷物を背負った人物がみえる。2枚の写真は今日の三本松茶屋附近の風景と全く異なり、1世紀以上前の様子を知らせ貴重である（Ｐ171の写真一覧参照）。

本文では逆川が「湯元の方面に流れる」と記しているが、根拠不明で又地形上も考えられない。ただ、嘗て戦場ヶ原の乾燥化が現在ほど進行しない時期には、大雨時に湯川が溢れ原は湿地化し、降水量の如何によるが、逆川の湯元方面でなく光徳方面への逆流の可能性を否定し得ない。

湯元への道路は逆川を越えると三岳山麓の斜面を上り、その途中に湯滝・湯滝茶屋へ下る道路がある。本文は時期不明であるが戦場ヶ原の野火を記している。それとの関連は不明であるが次の記録を確認できる。享保3年4月8日（1718）の「菖蒲ケ沼大野火」での赤沼茶屋焼失の記録（「日光市史」中巻）、寛保3年（1742）の中禅寺大野火では中禅寺権現の御神体を避難させたとの事実（「大日光」39号）。

戦場ヶ原中央の国道120号と男体山西麓との間のやや乾燥した土地に、昭和21年満州引揚者を対象とした入植（11戸20名、73・3ヘクタール。「下野新聞」）がなされ、高原での農業開拓が開始された。高地で気候厳寒しかも男体山の火山灰質土壌地の農業は苦難の連続であったが、冷涼な気候を活かした高原野菜等（大根・キャベツ・白菜・レタス等）に活路を見出した。特に、春化処理法を活かしたイチゴ苗の『山上げ栽培』（低地で育てたイチゴ苗を夏季に冷涼な高地で冬を体験させ、それを低地に運び秋～初冬に実を付けさせる）は特筆される。しかし、栃木県内平地（鹿沼・宇都宮等）でのイチゴ栽培農家に大型の冷蔵庫が普及した昨今は『山上げ』は不要となり、戦場ヶ原の農業の中心は埼玉県・千葉県等首都近郊地域の園芸業者と連携した観賞用植物等の栽培に転換、或いは農家が農業を離れ宿泊業・物産業等に転換している。なお、広大な戦場ヶ原への入植記録には、烏山の士族黒羽光孝の明治初期の入植があるがその顛末不明である（「下野新聞1877年7月20日」）。

今日戦場ヶ原のほぼ中心に位置する三本松の地には、数軒の茶屋（物産店）と県営駐車場が立地し、戦場ヶ原散策や周囲の高山と広大な原の形成する見事な眺望等を求める観光客で賑わう。ただ、戦場ヶ原を縦断する国道両側には、原の乾燥化に伴いズミの木等が茂り、特に道路東側は防風林として植林された唐松の美林となり、高層湿原の現状・将来を危惧する声もある（P171の写真一覧参照）。

なお、戦場ヶ原は中禅寺湖周辺の中宮祠集落とは距離的にはかなり離れているが、行政区画上は中宮祠に属する。

【挿図　湯本及湯の湖】

＊出湯のけふり（P125～P127）

◎湯本（P125～126）

【写真　湯本 Yumoto】

P125上段後12、3、下段11、後2行目。P126上段1、5行目。

「湯本或は湯元と書す。本名は日光入湯本と称し。湯平と号す。もとは中禅寺温泉と呼べり」

「戸数二十余あり。現在の温泉旅館は南間新十郎～六軒とす」

「気候は鉢石町に比して約十度低し～烈暑の候と雖も八十二度を昇らず」

「十一月に至れば家には雪囲を施し。主人のみ家を守りて他は皆山を下る」

「浴客は五月より十月に至るを期として来遊せり」

「目下湯本より大平まで三里十余町の間電車を通ずるの計画あり」

本文では「本名は日光入湯本と称し」と記すが、明治初期に清滝村に属し、同22年以降日光町に属し、名称は湯元で統一されている。湯ノ湖（詳細はＰ132で）は三岳溶岩により湯川が堰き止められ形成された堰止湖で、湖北部に金精沢・五色沢が小沖積地を形成し、その末端に湯元の温泉街集落が形成されている。「湯平」とは湯元の温泉街集落が立地する平坦な沖積地を言い、温泉街の北には通称「ドブ」と謂われる低湿地があり、湿地東部～北部に源泉が並ぶ。温泉街の旅館等宿泊施設の温泉は、やや離れた「ドブ」地域の源泉より現在は「塩ビ管」で、以前は木樋で引湯した。

開湯の歴史は古く勝道上人により発見され「薬師湯」と称されたと伝え、温泉神社の永正10年（１５１３）銘「薬師像銅祠」が最古の記録である（「日光市史　上巻」）。江戸期は日光神領に属し中禅寺上人（日光山の衆徒20カ院のうち中禅寺の職務にあたる僧侶）の支配・監督（女人禁制・入湯時期・温泉宿経営等厳しく制限）の下にあった。例えば「湯守」（湯宿経営者）は、毎年大小柄杓2本、湯船の修復用の「ねば土」を用意し、湯船小屋の修復等の義務があり、又入湯者は「湯銭」百文を納めた。江戸期の「湯守」の数は、例えば「堂舎建立記」（元禄8年〈１６９５〉）では「温泉宿屋九軒」、「日光山名跡誌」（享保13年〈１７２８〉）では「湯守屋八軒」、「温泉紀行」（宝暦2年〈１７５２〉）では「湯戸は丸、米、万井、幹、桔梗、坂本、水車、増田、花等九戸」、「日光山志　巻之四」（天保8年〈１８３９〉）では「温泉の浴室九軒」と記され、常時8～9軒の存在を確認できる。そして、これら自炊小屋形式の宿泊施設（通称「湯守り九軒」）は、夏季（江戸期は旧暦4月8日前後から9月8日まで、本文の新暦「五月より十月」で男体山の開閉山と連動）のみ営業し冬季は営業を休止した。なお、湯元温泉のこの時期の名称は「中禅寺温泉」或いは「二荒山温泉」である。

標高約１５００ｍの高原にあり夏は文字通り冷涼、冬は厳寒となる。本文の華氏気温を摂氏で記すと、午前2時45°F↓7.2℃、正午60°F↓15.6℃、午後4時55°F↓12.8℃、烈暑82°F↓27.8℃、隆冬マイナス12°F↓マイナス24.4℃である。数字の様に湯元の冬季は寒さ厳しく且つ降雪多く、それ故に湯宿の経営は冬季間営業を休止し、建物周囲には防雪の為に戦場ヶ原に自生する茅を編んだ「雪囲」を設けて下山した。この時、本文では「主人のみ家を守りて他は皆山を下る」とあるが、湯宿経営者の殆どは元々日光在住者が湯元に進出した関係上日光に家を所有しており、夏は湯元で冬は日光との形態を採った。それ故「主人が冬期間湯元に残る」と言う事は稀であり、主人でなく留守番の者が残った。ただ、この様な経営形態は、冬季スポーツ（スケート・スキー特に湯元では前者）の導入・発展や近代交通の普及（鉄道の首都圏直結・自動車導入）等により大正末期～昭和初期頃には「湯宿」は通年営業の「旅館」となり、経営者等は年間を通して湯元在住となる。なお、宿泊形態が湯宿から旅館への変化は入浴形態の変化ともなり、それまでの宿泊施設外の共同風呂利用から旅館での内湯・内風呂入浴となる。温泉詳細は次項参照。

ところで、本文は「戸数二十余～旅館六軒」と記し、具体的旅館名を上げている。それらは当時の湯元を代表する旅館であるが、特に湯の湖畔に位置した「南間」（「南間ホテル」）は繁盛し、第二次大戦終戦間際の昭和20年7月には当時の皇太子（現上皇陛下）の疎開先になった。しかし「南間ホテル」は平成期に廃業し、由緒あるホテル別館の建物は栃木県益子町に移築され、「ましこ悠和館」として一般公開されている。

湯元集落の大正15年の人口は155人（男77人・女78人）。昭和期の温泉及び奥日光観光の拠点としての充実発展は著しく、昭和53年の人口は計293人（男152人・女141人）である。1990年代のバブル経済崩壊や東日本大震災後の低成長期における観光業を取り巻く情況は湯元地区においても厳しく、令和3年の人口は、計166人（男80人・女86人）であり、約100年前とほぼ同数である。

「湯本より（中宮祠の）大平迄電車」の計画とあるが、大正2年（1913）には馬返迄電車軌道が延伸されるので計画は当時の日光の勢いかも知れない。なお華氏から摂氏は次を参照。

【摂氏C＝（華氏°Fマイナス32）÷1.8】

◎温泉（P126〜127）

P126上段9、下段後8行目

「湯本温泉は黒髪山の西北に〜赤薙・女峰の山脈温泉山の南麓に湧出す」

「温泉には内湯、外湯の別あり。内湯は」

前述の如く、湯本は現在は湯元と記す。本文は温泉山（現在名「温泉ケ岳《ゆせんがたけ》」）が「赤薙・女峰の山脈」と連続し、湯元と近接するかの如く記すが、女峰山・赤薙山は湯元とは距離的にかなり離れ、又赤薙・女峰両山の火山活動時期は50〜30万年前と日光火山群の中ではかなり古く適切でない。

湯元温泉の温泉は、温泉ケ岳や三岳に囲まれた「湯元盆地」の盆地床の北東隅の沼沢地で、NW〜SE方向の帯状に湧出する。科学的調査に拠れば、温泉水は沼沢地（通称「ドブ」）を涵養地として流下し、湯ノ湖に排出している。それ故に温泉の自然湧出量は年や季節による変動があり、湯ノ湖の水位と湧出量には相関関係がある。湯ノ湖水位と温泉水との関連性は、本書出版時に明らかであったか不明であるが、経験的知見かP126上段後10行目に「湖水湛る時は熱し乾く時はぬるし」とある。

温泉湧出量の年・季節的変動は温泉の利用にとってはマイナス要因であり、且つ温泉宿泊施設の増大・発展は温泉利用量の増大をもたらした為、ボーリングによる温泉利用も不可欠となった。温泉の湧出形態は、自然湧出（自噴）・ボーリング自噴・ボーリング動力揚湯の3形態で、現在湯元温泉の湧出量としては自然湧出は極めて少ないのが実状である。

湯元の温泉利用で忘れてならないのは、湯元の温泉水の中宮祠地区への引湯である。中宮祠地区は火山である男体山麓に在りながら温泉には恵まれず、温泉確保は地区の長年の悲願であった。この為、中宮祠地区への引湯実現へ向けて昭和24年（1949）「奥日光振興組合」が結成され、そして同年「奥日光開発株式会社」結成（社長は湯元随一の旅館である南間ホテル社長南間栄氏）、同30年（1955）ボーリングが成功し、30年代初期には中宮祠・光徳・菖蒲ケ浜地区に引湯が実現し、各地区が「温泉地」となり、中宮祠も念願の「中禅寺温泉」と称する事となる（しかし、前述の如くこの名称は歴史的には近代以前の湯元を指す地名であるのであるが）。

ところで、本文P126には「河原湯・緞子湯」等々11の源泉の特色、P127にはそれら源泉のやや詳細な成分等が記されている。各宿舎はこれら源泉より引湯して「内湯」とし、地区には従来からの共同の風呂として「外湯」があった。当時の宿泊者は湯治目的の客が中心であり、彼らは今日と異なり自炊しながら長期間滞在し、宿は客の自炊のための施設を整えた。そして、必然的に集落には自炊客相手の食料等の販売店が立地した。湯元においてはこの自炊形式の旅館営業も、避暑客・観光客の増大と共に変化し、特に昭和3年（1928）11月28日の湯元大火以降自炊宿の設立はなく、旅館の営業形態は大きく変化した。客室毎の浴室と大浴場を備えた旅館の大規模化・近代化と対照的に、伝統的な古くからの共同浴場は次第に役目を低下させ、昭和40年代半ばには最後まで残った共同浴場である「御所湯」・「河原湯」も役割を終え、残念ながら湯元には往時を偲ばせる共同浴場は皆無となった（「日光市史　下巻」、拙著「日光地域の集落地理学的研究」等参照）。

【源泉成分分析表】（表は大変貴重）

*みやまめぐり（P128～P131）

◎小倉山　外山（P128）
P128上段2、4、7行目
「小倉山は海抜二千六百七十五尺。萩垣面の北」
「此山は独り従容として風景絶佳。小倉の春暁は昔時日光八景の一たり。山上には小舎ありて休憩に便ず」
「外山は海抜三千尺。～頂上に毘沙門を祀る。日光山の鬼門に当たる～遠近の風景一《いち》眸《ぼう》の中に在り」

小倉山は「独り従容として」とあるように、日光連山の山容とは全く異なるなだらかな姿は特異である。「日光八景」とは、正徳元年（1711）東照宮秋季祭で来山した輪王寺宮公弁法親王（第57世門跡）が次の日光山の8秀景を選び、陪従の者等と詩作した。八景は「小倉春暁、鉢石炊煙、含満驟《しゅう》雨、寂光瀑布、大谷秋月、鳴虫紅楓、山菅夕照、黒髪晴雪」。江戸に滞在中の朝鮮通信使一行にも詩作を求め「日光山八景詩集」として印刷。「日光名所図会」に詳細掲載。「海抜抜二千六百七十五尺」（883m）と記すが標高は754m。なお、現在は「山上の小舎」はなく、山麓には「日光スケートセンター」がある。

外山は二社一寺の位置する山内の鬼門に当たる艮《うしとら》(丑虎・北東)に位置し、「毘沙門天」を祀る。山頂付近は岩が露出し鉄鎖を利用し登頂するが、毘沙門堂が位置する山頂は樹木少なく、日光連山を始め遠く宇都宮の古賀志山や筑波山まで望め眺望は非常に良い。外山の毘沙門天は古くより庶民の信仰を集め、現在でも正月3日の縁日は登拝者で賑わう。なお、日光山の裏鬼門に当たる坤《ひつじさる》（未申・西南）には、神橋横に輪王寺が管理する「深砂王堂」（四天王の一人深沙《じんしゃ》王＝多聞天の化身の毘沙門天を祀る）がある。外山の高さ「海抜三千尺」（990m）と記すが標高は880m。

小倉山・外山・恒例山（南麓に東照宮が立地）は、女峰山から続く尾根の末端に位置するが、地質的には女峰山・赤薙山と異なり大谷川の南岸に広がる足尾山地と同様の古生代の地層である。外山の麓には天台宗安楽律法流の寺院である興雲律院（開基は日光山第58世座主の公寛法親王。享保3年〈1718〉第53代天台座主）が位置する。

◎鳴虫山（P128）
P128上段後4、下段2行目
「鳴蟲とは蟲の鳴くの謂にあらず。～本名を大懺法嶽《だいせんほうだけ》と称す」
「当山の紅葉は昔時より有名にして。八景の一～冬峰行者の懺法修行の処」

鳴蟲山（現「鳴虫山」。海抜1103・6m）は山内の南方にあり、足尾山地の最北端に位置する高山。神橋南の断崖である精進峰（峰東側中腹に磐裂神社《いわさくじんじゃ》が位置する）の頂きには採灯護摩壇があり、修験者の行う日光山での入峰修行のうち主に日光連山の南側で行う冬峰・春峰（華供峰）コースの出発点となる。鳴虫山頂には入峰修行場跡がある。なお、懺法とは「罪を懺悔する儀式」（「広辞苑」）。

◎赤薙山（P128）
P128下段6、後5行目
「赤薙山は女峰山の東～海抜七千五百六十尺。～表土剥落し山骨露出し」
「女峰より峰伝へに登れば約一里あり。半腹以上凸乞たる怪岩のみなれば」

赤薙山は「海抜七千五百六十尺」（2495m）と記すが標高2010・5mの成層火山。女峰山と赤薙山とは同一火口で赤薙山は火口壁の東端に当たる。女峰山と赤薙山とを結ぶ「一里ケ曽根」のヤセ尾根は火山の火口壁の稜線に当たり、南側の火口壁は爆裂火口として崩壊し、其処を水源とする稲荷川が深く雲竜渓谷を形成しながら南流し、神橋下流で大谷川と合流する。山名の由来は本文の様に諸説ある。なお、赤薙山東麓の霧峰高原には日光キスゲの大群落がある。

◎女峯山　蔓延松（P128～129）
P128下段後1行目。P129上段15、後2行目
「女峰山は女貌或は女寶に作る。男体山に対して～海抜七千八百六十六尺」
「巌頭に二荒山神社の境外末社女峰山神社あり。田心姫命を祀る」
「町長西山氏が日光山を帝国公園と為すの第二請願書の一節に」

女峰山の標高は女峰山神社の位置する独立標高点で2483m、三角点で2463・7m（本文の海抜7866尺＝2596m）の日光火山群東部の火山。女峰山・赤薙山の火山活動は火山群の中でも古く約50～30万年前と推定され、火口壁は北側で痩せ尾根となり南側で崩壊し、両山を源流とする稲荷川は深い雲竜渓谷を形成し、火山性堆積物よりなる崩れやすい山体を浸食し急流となり南下する（国土交通省日光砂防事務所資料に拠れば、稲荷川は流域面積12.4平方km、長さ9.3km、平均勾配1／10の急流）。寛文2年6月（1662）の稲荷川大洪水では雲竜七滝付近の斜面が大規模に崩壊し、萩垣面～日光小学校付近にあった稲荷町の殆ど萩垣町・鍛冶町が壊滅し（死者140人余。流失家屋300軒余）、東西2カ所の「日光火之番」のうち東の「火之番屋敷」は下鉢石町の大横町に移転した（東は寛政3年〈1791〉廃止され、西のみとなる）。大変な荒れ川である稲荷川治水のため、大正7年（1918）国による稲荷川水路改修工事が開始され、多数の砂防堰堤群の構築等多大な努力がなされている。関係機関「国土交通省日光砂防事務所」「栃木県県土整備部日光土木事務所」。

ところで、明治と共に奥日光の諸規制（「女人牛馬入山禁止」・中禅寺上人の支配等）の撤廃や、市内・市外交通の近代化が進展し、奥日光においては避暑地・観光地化等が進展し、国立公園への機運が高まった。明治44年（1911）2月貴族院・衆議院議長に「日光ヲ帝国公園ト為スノ請願書」を提出し、翌年には本文の「町長西山氏が日光山を帝国公園と為すの第二請願書」を提出した。この種の請願書は以後大正3、6、7、11年と提出した。そして、日光・

那須・尾瀬を主要区域とする国立公園の指定は、大雪山、阿蘇くじゅう等4地区と共に、実に第1回請願から23年後の昭和9年12月（1934）であった。そして、平成19年（2007）に尾瀬地域が尾瀬国立公園（総面積37200ヘクタール）として日光国立公園より分離独立した。

なお、安山岩を主体とする成層火山である女峰山中腹より切り出された石材は、東照宮・大猷院等の山内の社殿堂宇の礎石や石垣等に多用されている。勝道上人が山頂に滝尾権現を祀り如宝権現と号し、女峰山頂の女峰山神社は二荒山神社境外で田心姫命を祀る。

◎小真名子山　大真名子山（P129～130）

P129下段後8、4行目。P130上段3行目

「小真名子山は七千七百二十尺。帝釈山の麓に馬立～処あり。栗山に赴く～荷物運搬及び駄馬の継替～此より登ること十八九町」

「大真名子山は海抜七千八百七十尺」

「此剣前後三丁～の間四脚の鉄梯を架せり。御嶽講の行者は毎年登攀」

小真名子山（本文「海抜7720尺」＝2548m）と記すが標高2323・1m、大真名子山（本文「海抜7870尺」＝2597m）と記すが標高2375・6mは男体山の北東にあり、両山とも円錐形のトロイデ型火山（鐘状火山）である。特に大真名子山の山頂南側の8～9合目（本文「表坂」）は、「千鳥返し」の名がある急峻地形で今日も鉄梯を架している。大真名子山の北側はやや緩やかであり、小真名子山との間の峠をなす「鷹巣」（現「鷹の巣」標高2110m）には、本文では開山時に「茶店を設け」た様であるが、今日では祭礼・茶店はない。

小真名子山とその東方に聳える帝釈山（標高2445m）との間に富士見峠（標高2036m）がある。日光から峠に至る途中に「馬立《うまだて》」（馬をつないで置く所「広辞苑」）があるが、此処は女峰山・富士見峠・志津・日光への分岐点に当たり、嘗ての徒歩交通の時代は馬立の地名の如く「荷物運搬及び駄馬の継替を為す所」であったが、自動車交通時代の今日では日光・栗山の交通路は別に確立しており、往時の繁栄の姿は全くなく登山路のみとなる。

嘗ては女峰山・両真名子山・太郎山を廻る峰修行（「三山がけ」と称す）が盛んであった。山岳信仰・峰修行等の信仰の山である両山の山頂には、小真名子山頂に「健御名方命」を祀る小真名子山神社の石の小祠、大真名子山頂には「味耜高彦根命」と「御嶽神」の合祀社殿である大真名子神社が、また社殿傍ら石上に日野権現の大きな銅像が建つ（両神社は二荒山神社の境内末社）。

処で大真名子山の木曽御岳神信仰の歴史は、日光連山の回峰修行と比べると非常に新しい。御岳神勧請の動きの端緒は嘉永4年（1851）の大川繁右衛門らの動きであったが、具体的には大真名子山登拝の許可は文久3年（1863）であった。明治5年の奥日光女人牛馬結界解除により、女性を含めて大真名子山登拝は、本文「御嶽講の行者は毎年登攀」の如く講組織でなされ盛んとなる。ただ、同4年の神仏分離により御岳神の修祓は中宮祠二荒山神社で受けるようになる。御岳（嶽）神社は大真名子神社の境内末社（「日光市史　下巻」）。

なお、聞き慣れない山名の「真名子」は「真子《まこ》」（「妻や子を親しみ慈しんでいう称」或いは愛子「マナゴいとしご・最愛の子」（広辞苑）であり、三山信仰に喩えるなら、父

＝男体山（大己貴命）、母＝女峰山（田心姫命）、長子＝太郎山（味耜高彦根命）、そして子供達（大真名子山・小真名子山）となる。

◎太郎山（P130）

P130上段7、後12、7、2行目

「太郎山は大真名子山の北～海抜七千九百二十尺。大真名子山より高きこと五十尺」

「土石崩壊し～太郎山の新薙なり～日光の三大難所と唱ふるは。女峰の剣峰、大真名子の千鳥返、太郎山の新薙なり」

「頂上に唐銅の鳥居ありて小祠を安す。味耜高彦根命を祀る。～一本梵天岩と称する～巨巌～三本梵天等の奇岩あり」

「『御花畑』にて～其の美いふべからず。此御花畑は噴火口址ならむとの説」

　太郎山（本文「海抜7920尺」＝2614m。標高2367・7m）は、男体山の北、大真名子山の北西に位置するトロイデ型火山（鐘状火山）。山頂の火口（ほぼ円形で直径約250m）は一部低湿地となり「御花畑」（地形図では「花畑」）と称するが、現在では大雨時には池をなすが、鹿による食害もあり、「お花畑」は大きく減少し、殆ど乾燥地・草地となっている。本文では「大真名子山より高きこと五十尺」と記すが、平成13年修正測量の1／25000地形図では、太郎山2367・7m、大真名子山2375・6mで、実際は大真名子山が太郎山より約8m程高い。

　太郎山山頂部の火口北側の火口壁下の青銅鳥居（明和3年〈1766〉の銘あり）をくぐると、本文の「一本梵天岩・三本梵天岩等の奇岩」があり、奥の山頂に日光三所大権現の一つで本宮神社の祭神である「味耜高彦根命」を祀る太郎山神社の小祠（日光二荒山神社末社）がある。また、寛永2年（1626）には太郎山南側山腹に月山権現を勧請する。太郎山以北には高山が無く、360度のパノラマを楽しめる山頂の眺望は抜群。太郎山の南側は、「新薙」に見る如くトロイデ型火山特有の急斜面をなし、岩盤が露出し（日光連山では大きな岩盤の露出は極めて珍しい）、「日光の三大難所」と言われる危険箇所である。近接する大真名子山・小真名子山・太郎山の三山に祀られる神々の位置では、長子として太郎山が優位な位置を占めるのは、独立峰で且つ男性的な山容（ずんぐり・ごつごつ・どっしり）にある様である。「日光名所図会」はその様子を、「峰頂高く天を摩す、太郎の名に愧《は》じざるべし」と記す。

◎温泉ケ嶽（P130）

P130下段5、9行目

「温泉が嶽は一に湯嶽と称す。～温泉其の麓より湧出するを以て名く」

「其の登路は一里半西澤金山道を行き」

　本文の如く温泉《おんせん》ケ嶽（現「温泉《ゆせん》ケ岳」）。本文「海抜6726尺」＝2219・8m。標高2333・1m）は湯元集落の北西に位置する。噴出した溶岩は東に流れ、三岳との間に蓼《たで》の湖《うみ》（地形図「蓼ノ湖《うみ》」）を始めとする鞍部を形成。山頂付近はトロイデ型火山（鐘状火山《しょうじょうかざん》）の特徴を示すが、東側は平坦な地形となる。群馬県と栃木県との境をなし、山頂には温泉神社、薬師堂の小祠あり。

　なお、本文で「西澤金山道～」とあるが、西澤金山（跡）への道は現在戦場ヶ原で湯元道と分岐し、山王帽子山と三岳との間の山王峠を越えて至るのが主である。本文の記述する道は徒歩のみ可能な道であり、湯元から蓼ノ湖を経て切込湖の西側より金田峠を越え西澤金山へ下るコースである。が、大正10年代に金山は廃鉱となり山王峠越えの道は廃れた。第二次大戦後山王峠越えの道は林道として復活・整備された為、徒歩道としての金田峠越えルートは廃れた。国土地理院の地形図では昭和40年代迄確認できるが、50年代以降図上からはルート及び峠名も消えた。一部山岳ガイドブックの地図ではルートは消え峠名のみが記される（「山と高原地図13「日光」昭文社）。

◎金精峠（P130）

P130下段後11、8、7行目

「金精峠は〜海抜六千七百二十六尺。〜伊香保へも通ずるを以て近来交通漸く将さに頻繁」

「峠の中腹に金精権現と称し来れる小祠あり。鄙野《ひや》の説を伝ふ」

「山中に肉蓯蓉《にくしょうよう》と称する異草を生し。補腎の功ありとの説あるより。金精の名も」

　金精峠は栃木県と群馬県との境界にあり（本文「海抜六千七百二十六尺」は温泉ケ嶽と同じであり誤りか）、標高２０２４ｍの峠頂上に「金精権現」を祀る金精神社の小祠がある。峠直下の１８５０ｍ付近に昭和40年（１９６５）延長755ｍの金精トンネルが完成し、日光・尾瀬両国立公園及び広く群馬・栃木両県を結ぶ連絡道路として大きな役割を果たしている。しかしながら、国道120号の一部「金精道路」（総延長８１４１ｍの有料道路。近年無料化）は標高１８００ｍ弱を通る山岳道路であり、現在も冬季は積雪の為閉鎖される事が大きな弱点となっており、標高の低い地点を通り冬季閉鎖のない道路・トンネル建設の声も上がる。

　金精権現（通称「金精様」）の信仰は、男根信仰であり、本文に「鄙野の説」とある如く土俗信仰・俗説であるが、江戸期にはかなり栄えたらしい（「日光史」星野理一郎）。本文で紹介する俗説の「肉蓯蓉」という山中によく産する「きむら茸《たけ》」に関して、「日光山志」は「きむらのむの音をまに替へて、卑劣の唱を罵ること、笑ふべきにあらずや」と記す。つまり、きむらはきまらとなり、「まら」とは「魔羅《まら》」で僧の隠語で陰茎を指す俗説。なお、「きむら茸」は「黄紫茸」と記し、高山に生える薬用一年生寄生植物「オニク」（御肉）の別称（「広辞苑」等）。これ以外の俗説は数説あり。

　金精峠の西南約0.5㎞の尾根続きに金精山（標高２２４４ｍ）がある。溶岩円頂丘の火山で、特に南東斜面では大きな山体崩壊（高さ約700ｍ、幅約400ｍ）が見られる。岩盤が露出した崩壊地（一つの岩でなく全体）は笈吊岩《おいづるいわ》との名がある。笈とは「修験者等が仏具・食器等を入れて背負う箱」（「広辞苑」）で、岩の名は「嘗て夏峰行の修験者が笈を背負っては岩を登れない為、下に笈を置き、岩の上に達してから残した笈を吊り上げた」との伝えから名付けられたと言う。金精山は白根山・（金精山）・金精峠・温泉ケ岳・太郎山・大真名子山・小真名子山と続く日光修験の補陀洛夏峰のコースに当たり、山頂には如意輪観音、山腹には宿跡がある。

◎白根山（P130〜131）

P130下段後3行目。P131上段2、5、12、後11行目

「白根山は前白根、奥白根の二山あり。前白根山は〜海抜七千七百六十六尺。白根火山即ち奥白根の外輪山なりといふ。盛夏の候と雖も峡間には残雪尚ほ皚皚《がいがい》たり」

「頂上に小石祠あり。白根山神社前社と称

す。俗に之を太郎神社と呼べり」
「奥白根山は海抜八千五百〇二尺にして日光第一の高山なり。～頂上に唐銅鋳造の小社あり。白根山神社奥社と称す。大己貴命を祀る。もと白根権現と称せし」
「山頂には数多の噴火口あり～此山は上下両野の国境」
「噴火は近世数回あり。寛永二年～慶安二年～明治五年、六年、八年」

日光連山は日光火山群とも称される如く多くの火山よりなる。活動時期は様々で、古くは200～300万年前活動の白根山西南方の錫ケ岳（栃木・群馬境）・笠ケ岳（群馬県）等、30万年前頃活動の女峰山・赤薙山等、2万年前頃の男体山、そして白根山（奥白根山）は本文の記すように日光火山群中で有史以来数回の活動記録を有す火山である。近年の活動は本文の通りであるが、降灰を伴う噴火は明治22年にあり、直近では平成5～7、13、23年に火山性地震の活発化があった。

白根山は、前白根山（標高2373m）と関東以北の日本で最高峰である白根山（前白根山と区別する為一般に「奥白根山」とも記すが、地形図では白根山・前白根山。標高2578m。本文「七千七百六十六尺」＝2560m）からなる。両者の活動時期は異なり、前者は第3紀と古く、後者は前述の通り現在活動中である。（奥）白根山は溶岩円頂丘（溶岩ドーム）を有するズングリした地形で、山頂南西に火口、南東に数カ所の火口を確認できる。周囲には五色沼（水深5m）・弥陀ケ池（「日光山志　巻之四」では「阿弥陀湖」）・丸沼（水深45m）・菅沼（水位低下時には菅沼・弁天沼・清水沼に分かれる）等点在する。

白根山神社は日光山第2世座主教旻（開祖勝道上人の従兄弟。天長5年〈828〉入寂。墓は東照宮美術館脇）の創建と伝える。前白根山には白根山神社前社（祭神は太郎山神社の祭神でもある味耜高彦根命。故に太郎神社とも呼ぶ）、（奥）白根山には白根山神社奥社（祭神は男体山の祭神でもある大己貴命）が建つ。両神社とも二荒山神社の境外末社である。

本文P131上段後6行目からは「日光山中特産」として慈悲心鳥《じひしんちょう》・岩燕・日光鯛《ひぐらし》・苔桃《こけもも》・沙羅双樹・石楠花・肉蓯蓉《にくしょうよう》（きむら茸）・樹衣《きりごけ》（猿麻桛《さるおがせ》）等8種類の鳥や植物名を記している。何れも山岳・高地に生息・生育するものであり、各種日光案内書には日光名物・日光名産等としてその他多くのものが記されるが略す。なお、これらに関し「日光山志　巻之四」に多数記されているが紙数関係で略す。例えば白根山関連では、「白根葵・白根蘭・白根人参」等。

＊湖水めぐり（目次では「うみめぐり」）（P132～P133）

P132上段1行目
「日光山中には四十八海と称し。大小の湖水所々に在り」

日光は白根山・男体山・女峰山等の火山性高山が林立し、其処を源とする河川が急流となり山体を穿ち、時には湖を形成し、時には大小様々な滝を形成する。本文で「四十八海《かい》」と記すが、むしろ「四十八滝」が一般的である。

◎湯湖（P132）
P132上段6、10、後1行目
「湯本温泉の注ぐ所故に此名あり。長約二十町幅広き所凡そ十七町。湖の東方に針葉樹～鬱蒼たる半島を見る。之を兎島といふ」

「南間館主余一行の為めに舟を浮ぶ〜湖の絶景は夕陽将さに没せむとする時に在り」
「湖水産する所の魚類には〜蓋し明治以後放養繁殖せしものに係る」

　本文は湯湖《ゆのうみ》・湯本と記すが、地形図等は「湯《ゆ》ノ湖《こ》」・「湯元」と記す。湯ノ湖（水面標高１４７５ｍ、面積0.35平方km、最大水深13.5ｍ、平均推進８ｍ、南北１km、東西0.3km）は三岳の溶岩流が湯川をせき止め形成された堰止《せきとめ》湖《こ》で、冬季は温泉の湧出する湖の北東部を残し殆ど結氷する。湖水は南部湖尻で湯滝を形成し、湯川となり戦場ヶ原に至る（Ｐ171の写真一覧参照）。

　湖は全体的に楕円形をなすが、湖北部は金精沢等による堆積作用が盛んで、底平・低湿な三角州状の平地が形成され、湖岸は平滑で温泉街等の湯元集落が位置する（「湯平」）。本文で記す如く「兎島」は島ではなく、地形的には湖の東側の三岳から続く高まりで陸続きの半島である。それ故、地形図では「兎島」とあるが、「兎島半島」とも。

　前述の如く江戸期の温泉利用は中禅寺上人により厳格に規制された。年間を通しての定住者はいなかったが、明治と共に諸規制が撤廃され、更にそれを受け冬季スポーツ・登山・観光等の発展は旅館を中心に定住の湯元温泉集落が形成された。本文執筆時には湖に舟を浮かべての遊興等が見られ、現在では湖周辺の散策、自然探求やボート遊び、シーズンには釣り等で賑わう。湯ノ湖の大きさを本文「長二十町」＝2.18km、「幅十七町」＝1.85kmの記述はかなり大きめ表現。

　なお、観光化の進展や宿泊施設増加等とともに生活系排水の流入により湖の水質汚濁・富栄養化が進行し、湖底にヘドロの堆積、藻（外来種のコカナダモ）の繁茂、プランクトン（ホシガタケイソウ）の大量発生等の環境問題が深刻化した。湯川水系最上流部での水質汚濁は下流域（戦場ヶ原・中禅寺湖）等にも大きな影響を与えるため、行政当局は湯元集落の下水道整備とともに湖水浄化事業に積極的に取り組み、湖北西岸に汚泥浄化施設・下水処理場を設置し（昭和62年）、湯ノ湖の水質浄化に努めている。

◎西湖（Ｐ132）

Ｐ132下段５、８行目

「幸の湖の西岸柳川を遡ること約二十丁余〜周囲凡一里〜風景最も佳なり」
「菖蒲ケ浜より千手に通ずる経路を行く」

　本文は「西湖」と記すが地形図等「西ノ《さいの》湖《こ》」。嘗ては中禅寺湖と一体であったが、外山沢川の沖積作用により千手ケ原が形成され中禅寺湖と分断され、今日の独立湖となる。周囲は湖畔までミズナラ・ダケカンバ等繁茂し、又観光客少なく、現在も当時と変わらぬ湖周囲状況であり、「風景最も佳なり」と深山の湖の趣がある。

　なお、「菖蒲ケ浜より千手に通ずる経路」とは、中禅寺湖北岸道路（徒歩）を言う。西ノ湖へは、中禅寺温泉から千手ケ浜への遊覧船利用と、赤沼茶屋から千手ケ浜への県営のハイブリッドバス利用の方法がある。後者のコースは奥日光の環境保護のため一般車両の通行は禁止されている。

◎蓼の湖（Ｐ132）

Ｐ132下段10、11行目

「蓼の湖は強飯の辞にも「蓼の湖の蓼」とある如く。むかしは多く蓼を産したるを以て」
「入湯本より西澤金山に通ずる経路を行く〜鱒を産す。明治七年入湯本の人大類九平の放つ所なり」

　本文は蓼の湖と記すが地形図「蓼ノ湖《うみ》」。湯元集落と国道120号を挟み北約0.5kmにあり、地形的には三岳と温泉ケ岳との間の谷に形成された小湖。湖名の由来は本文の記す通り周囲に蓼《たで》（湿地に生育、茎・葉に辛み。「蓼食う虫も好き好き」）が生育。

なお、本文の記す西澤金山（現在は跡）への道は、蓼ノ湖・刈込湖を経由し金田峠を超える。前述の通りこの道は山道であり、現在通行は不可能であり、自動車のルートは三岳南側・光徳経由のルートとなる。

◎切込の湖　刈込の湖（P132）

P132下段後6、4行目

「切込及び刈込の湖は蓼の湖を過ぎて山路凡三十丁余の地」

「毒龍すみける故。霊神此所に狩籠給ひしゆえ名く～両湖相距ること僅に十四五間」

「切込《きりごめ》の湖《うみ》・刈込《かりごめ》の湖《うみ》」と記すが、地形図等では「切込《きりこみ》湖《こ》・刈込《かりこみ》湖《こ》」と記す。両湖は、北側の於呂倶羅山《おろくらさん》と南側の三岳の谷間に形成された堰止湖。長径は切込湖約0.4㎞、狩込湖0.6㎞、水深約15m。両湖は名称が独立するが、細く繋がっている（1／25000地形図では両湖は一つの湖）。湖の周囲は「鬱蒼とした森林」で、深山の湖の趣あり。本文の記す、毒龍を狩り込めた霊神伝説の霊神は、勝道上人とも伝える。

◎五色沼（P133）

P133上段3、6、8行目

「五色沼《ごしきぬま》は奥白根山の東麓に在り。～湖面の色一様ならず。故に此名あり。日光山志に魔湖《まのうみこ》とあるもの此湖にあらずや」

「四辺水際より深きことは数尋にて」

「仏湖と題し。～仏舎利を出す。湖の形は山越の弥陀の尊容なりとて名けたる」

五色沼は前白根山・五色山と（奥）白根山の間にあり、深田久弥は「火口湖」と記すが（「日光百名山」）、白根山の火山活動により形成された堰止湖である。

湖名は本文の記す「湖面が複雑に変化する」により名付けられた。沼は面積8.7ヘクタール、水深5mで、標高2200m弱のかなりの高地にある為冬季は積雪深く且つ全面結氷する。本文では水際よりかなり深くなり近づく者がないと記すが、実際は異なり緩やかに水深を増し過剰な表現と言える。沼周囲の植生は亜高山帯のトウヒ・オオシラビソ・シャクナゲ等が発達。仏湖云々は確認できないが、近接する「弥陀ケ池」を記しているとも考えられる。

〈参考　尋《ひろ》＝広げた両手の幅1.8m、丁＝長さ60間、面積10反〉

◎赤沼（P133）

P133上段後7行目

「戦場ヶ原の東隅に在り。沼底泥土深く水濁りて赤色を帯ぶ～一帯の湿地」

わが国有数の高層湿原である戦場ヶ原の東端に位置し、赤沼茶屋で標高1391mである。嘗ては一面の湿地で赤沼ケ原（閼伽沼原《あかぬまがはら》）と称したが、現在は全体に乾燥化が進み、湿地の名残として小さな湿地＝沼（赤沼）がある。名称の「赤」沼は、戦場ヶ原の神戦譚《しんせんたん》伝説で、手負いのムカデが流した赤い血が沼になったとの伝説。

なお、閼伽は梵語のアーガorghaで、功徳・功徳水で仏前に添える水・花等を言う。

◎光徳沼（P133）

P133上段後4行目

「湯川の支流～光徳川の中流に在り。往時は全く沼を成せしが今は川に連り」

本文では「湯川の支流光徳川」とあるが、支流は光徳川でなく逆川《さかがわ》である。本文の通り現在の沼（周囲約300m、水深1m）は逆川の一部に過ぎない様な状態で、独自の名称を有する沼という規模のものではない。周囲には光徳牧場（昭和5年開設）が広がり、近接してホテル・温泉・駐車場等あり。
　なお、光徳の地は山王峠への登り口で、明治末～大正期に西沢金山と馬返間の荷物中継地として開けた。

◎鬼怒沼（P133）

P133下段1、2行目
「鬼怒沼《きぬぬま》は一に絹沼～もと錦沼と称せり」
「海抜七千一百尺。その広さ方一里といふ。即ち鬼怒川の水源にして。水は三方に落ち～大小の沼合わせて二十有五あり」

　鬼怒沼は鬼怒川の源流部で、栃木・群馬県境の毘沙門山（物見山）2113mの東南に位置する。鬼怒沼山2141mの火口原湖上に植物が堆積し、わが国でも類を見ない程の標高2000m（本文「海抜七千一百尺」＝2343m）に達する文字通りの高層湿原で、周囲約4㎞。本文で「水は三方に落ち。一は会津に至り」とあるが、水は柳橋沢となり全て鬼怒川に落ちる。また、「大小の沼合わせてが二十有五とあり」と記すが、数え方にもよるが、池溏《ちとう》（高層湿原の池「広辞苑」）は大小47カ所点在する。
　天空の沼からの眺望は素晴らしく、西～北方には至仏山・燧ヶ岳・会津駒ヶ岳等、南には白根山・男体山等を望め、夏季には高山植物の楽園となる。

＊自然の音楽（P134～P141）

◎華厳瀑（P134～135）

「講暇遊録」、「扶桑遊記」、「華厳瀑布歌」（P134下段にあり。注釈略）

P134下段本文3行目
「瀑畔華厳茶屋の傍巨碑を建設し。湖山翁の長編を刻す。～文人墨客の為に賞揚せらるる事此の如し。瀑亦一段の光輝を発する」

　「華厳瀑布歌」碑は華厳滝落ち口に向かい右側斜面にあり。作者小野長愿《げん》氏は三河吉田に生。通称横山洞之助。文化11年（1814）～明治43年（1910）。

P134上段2、後3、下段後3行目
「華厳瀑は幸の湖の水南岸橋の下～奔放《ほんぽう》跳盪《ちょうとう》して直下七十五丈」
「樫宇林子の来るや。適適瀑涸れて涓水注がず。空しく絶壁の天を指すを見るのみ」
「高さ七十五丈といふ～日光山志にて。攀晃山記に～五十丈。～日本地誌提要には高四十丈～高五十四間～余は何れが確実なるを知らずと雖も。最後のもの真に近きが如し」

　男体山の火山活動は日光火山群の中では比較的新しく、約2万年前から開始され（「主活動期」）、休止期を挟み、1.3万年前に軽石流や溶岩の大規模活動（「末期活動期」）があった。成層火山である男体山体の主部は主活動期に形成され、古大谷川を堰き止め、中禅寺湖・華厳滝を形成した。
　華厳滝の高さに関しての諸説、「日光山志」は75丈＝225m、「登攀山記」は50丈＝150m、「日本地誌提要」は40丈＝120m、「巡回日記」は55間＝99m、東大理学部は54間強＝97.2mを紹介しているが、「日光市史上巻」では98.7mとする。著者は「最後真に近し」とするが妥当であろう。
　滝の構造は複雑で、1上部安山岩・2上部集塊岩・3下部安山岩・4下部集塊岩・5基盤の石英斑岩となる。中禅寺湖の伏流水が前記2と3との間より玉簾の如く湧き出て細い小滝（「十二滝」）を作り、豪快な本滝とあいまり滝全体の美観を増幅させる。滝壺の深さは最深部で4.8m、広さは一辺約40mの正方形に近い形をしている（P170の写真一覧参照）。

なお、滝名は天台宗において「釈迦一代の説法を年時の上から五期に区別し、華厳時・阿含時・方等時・般若時・法華涅槃時合わせて50年」（「広辞苑」）のは「五時教《ごじきょう》」によると言われる。大谷川から馬返迄に上流より、華厳滝・涅槃滝・阿含滝・方等滝・般若滝が並ぶ（但し般若・方等滝に関しては名称と位置に関しはP140参照。また、涅槃滝は華厳滝のすぐ下流の大谷川にあり落差は20m程度）。

P135上段後9、2行目。下段2、7行目。

「観瀑の場所むかしは其の設なく。甚だ危険なり」

「新路を開きしは明治三十三年十月～星野五郎平といへる老翁（七十二）

「阪を降る約二丁にして白雲瀑に出づ。是れ翁が発見せし瀑布～其中央に吊橋を架す。之を鵲橋《かささぎばし》～一丁を進めは翁が茅亭「五郎平茶屋」あり。～華厳瀑の全体を看」

「藤村操が嘗て厳頭の感を楢樹に刻し。身を投じたるは。瀑口厳頭の右角」

この部分に関してはP100と重複する為、注釈を一部再掲する。大平より中禅寺湖に至る道路の半ばに、華厳渓谷に下る「華厳滝壺道」が、細尾村（日光市細尾）出身の星野五郎平が7年の歳月をかけ明治33年拓いた（「下野新聞」明治33年）。氏が華厳渓谷の谷底の滝壺近くに設けた「五郎平茶屋」に至る途中に、「新たに発見されたるの新滝にして其状恰も白雲の天上に登る如き観あるにより土地の雅人五百城《いおき》氏と城数馬《じょうかずま》氏の命名せし」（「日光名所図会」明治35年）とされる「白雲瀧」があり、急斜面を流下する滝の中程に「鵲橋《じゃくきょう》」（天に架かる橋）が架かる（P135の写真「白雲の滝」参照）。茶屋の位置した滝壺近くからの華厳滝の眺望は壮観であったが、昭和5年（1930）8月に男体溶岩の岩盤を約100m刳り貫き滝壺近くに展望台を設けた華厳滝エレベーターが開業すると衰退を余儀なくされ、「昭和10年には落盤により五郎平茶屋は消滅した」（「下野新聞」）。ただ、華厳滝エレベーターは有料であるため無料での華厳滝見学が望まれ、昭和54年に栃木県・環境庁により無料観瀑台が設けられた。

なお、「五郎平茶屋」より華厳渓谷を下り、大谷川右岸の谷壁にある阿含滝を望むには、「近時は新道も開かれたれば観覧するに尤も便利なり」（「日光名所図会」明治35年）とあるが、華厳渓谷は落石多く危険であり今日では廃道となっており見学は殆ど不可能である。

【挿図　にしきひろいに左りつまをうしろでとる西洋婦人Foreign ladies hunting for scenery】

【写真　白雲の瀧"Shirakumo"Water-fall】

◎龍頭瀑（P135）

P135下段後15行目。P136上段1行目

「龍頭瀑《りゅうずのたき》は幸の湖畔菖蒲が浜を過ぎ地獄川を渡り阪路に登る左方に在り」

「檉《てい》宇林子瀧の嘗て激賞し～攀晃山記に特筆す。瀑《たき》の名声是れより揚る」

男体山の活動では末期活動期（約1.3万年前）に入る竜頭滝軽石流が、戦場ヶ原と高山との間に堆積埋め尽くし、其処を湯川が急流となり竜頭滝（長さ約200m、落差約60m、幅10m）を形成した。滝は軽石層（構成は一様でなく火山岩等が混在）を急流が穿つため、所々に甌穴《おうけつ》（ポットホール）が形成され、川底は平滑でなく凹凸が出来、流れに多用な変化を与える。滝名は水飛沫を上げ勢い良く流下する状態を竜と見立てる。滝周辺は新緑・紅葉と美しく、また冬季は滝が全面結氷し、年間を通じ多くの観光客で賑わう。

滝名は本文引用の「攀晃山記」2行目に「導者云人或以此瀑充龍頭」の様に滝の形状を反映したものであり、或いは周囲の景観からの9行目にある「望中皆成錦繍世界。因又名紅葉瀑」もある。今日では国道120号は滝前面で左折するが、旧道は男体山の湧水を集めた地獄川を渡り直進し、滝の左岸を滝に沿い戦場ヶ原・湯元へと上った。

なお、地獄川の湧水は水量豊富且つ安定し、中流で菖蒲ケ浜の発電所用（大正5年運転開始。P121参照）に取水している。また、地獄川に架かる橋（江戸期「往来橋」）の袂の地獄茶屋《じごくのちゃや》は古く、「中禅寺別所の辺より～凡一里程ゆきて～湯元まで程遠ければ旅人中休の為に設く」と「日光山志　巻之四」にある。「地獄」の名は、男体山麓の洞窟の底が深く計り知れない為という。

【写真　龍頭の瀧 "Ryūzu" Water-fall】

◎湯瀑（P136）

P136上段後11、5行目

「湯川忽ち急峻なる岸壁の斜面を奔下して一大瀑を成す」

「明治八年笠原文平～観瀑の径路を開き～大槻文彦博士其の事を記す。晃山湯瀑《ゆたき》記」

三岳の火山活動に伴う三岳溶岩流が湯川を堰き止め湯ノ湖を形成し、湖南の湖尻より落差約110m、幅25m（大槻氏「高四十五丈、幅十丈」）の湯滝が流下する。湯滝は溶岩流の堅い岩盤を流下するので、流れは竜頭滝と異なり平滑であり、大槻氏は「華厳之雄大、湯瀑之偉麗、霧降綺麗、龍頭之勇壮」と形容する。

今日国道120号を左折すれば、滝壺近くの観瀑台・レストセンター・駐車場に至り、迫力ある滝の様子を下から眺められる。滝は壮観でありそれのみでも十分価値在るが、特に周囲が紅葉に染まる秋の景色は秀逸である。また、今日滝からは戦場ヶ原へのハイキングコースが整備され、奥日光の自然を堪能できる。

【写真　湯本湯瀧 "Yutaki" Water-fall Yumoto】

◎霧降瀑（P137）

P137上段後5行目。下段1、12行目。後5行目

「霧降瀑《きりふりのたき》に至らむには～日光橋を渡り。右折して小学校の前を過ぎ稲荷川」

「萩垣面～寛文二年六月の洪水に流失し。以後畑地面に住す～名く」

「霧降瀑は二級に分ち一の瀑二の瀑と称す。～岩角に触れて飛散し～大霧を作」

「華厳、裏見、霧降を以て日光の三名瀑と為す。的評にあらず。龍頭湯瀑を忘れたるが如し」

本文の「霧降滝に至らむ」コースは、大谷川に架かる日光橋を渡り、当時の日光小（大谷川左岸の現在地に昭和57年に移転。移転跡地には小杉放菴記念日光美術館が立つ）横を通り、稲荷川に架かる稲荷川橋を渡り、小倉山を経て滝に至るコースである。しかし今日、滝への主要コースは、東武日光駅近くの大谷川に架かる霧降大橋から丸見を経て滝に至るコースとなる。

滝は第三紀流紋岩の上を上下2段に分かれ（本文「二級に分ち」）流下、上下滝とも落差約25m程度で総落差は約75m。特に下段の滝での流下する水の飛散が霧となる様子により名付けられたと伝える。滝の全貌は滝正面の観瀑台よりの眺望がよい。新緑から紅葉の時期が水量も豊かで美しい。

本文の如く、一般に華厳、裏見、霧降を日光三名瀑と言うが、観点（高さ・水量・流れ方）により異なる。例えば「日光名所図会」（明治35年）は次のように記す「この滝、華厳、裏見の如く激怒近くべからざる趣を備へずして繊麗弄《もてあそ》ぶに適し」。

なお、寛文2年6月3日の「稲荷川大洪水」は、日光の歴史上有数の大災害であり、今日の日光小から稲荷川橋付近にあった集落（本文の萩垣面や稲荷町）が壊滅した（P80の「女峰山」参照）。この洪水による犠牲者の碑は、市内御幸町の竜蔵寺墓地に建つ。

【写真　霧降瀧 "Kirifuri" Water-fall】

◎胎内瀑（P137）

P137下段後2行目

「里俗之を真闇《くらやみ》の瀑《たき》と呼ぶ～岩石左右に対立し。正面の一方僅かに九尺許を開けり」

赤薙山東の丸山1689mを水源とする霧降川には、上流よりマックラ滝（霧降川の支流に）、玉簾滝、丁字滝、そして霧降滝がある。本文の記す胎内瀑《たいないたき》は、1／25000地形図での霧降川支流にある「マックラ滝」を示すと考える。と言うのは、女峰山・赤薙山を源流とする稲荷川上流の雲竜渓谷にも「胎内瀑」を確認できるが、本文の記述はこの滝の直前が霧降滝であり、直後が次の滑川瀑であるので霧降川にある滝として統一した。なお、マックラ滝・玉簾滝・丁字滝の三滝を「霧降隠れ三滝」という。

滝の形状は本文の記すとおり、川の流れが岩石を深く穿ち、岩石が上を覆い暗闇を形成する様（女性の胎内と見立てる）を表現しており、それを名称とする。霧降川にある滝のうち、霧降滝より下流の滝については次の滑川滝《なめかわのたき》を参照。

◎滑川瀑（P138）

P138上段4行目

「滑川瀑《なめかわのたき》は霧降の下流小百村に在り～上流は数丁の間白色の一枚岩にて。行人裳を掲げ。清浅の水を徒渉す」

霧降川は霧降滝下流の旧今市市小百（江戸期小百村）で名称は滑川となり、小百橋下流で小百川と合流する。滑川には上流の滝頭の滝と下流の不動滝の間に本文の「滑川瀑」がある。瀑とは一般に落差のある垂直の崖・急崖を流れ落ちる水を言うが、滑川瀑はそれとは一線を画し、平滑な川床を流れ落ちる状態を言う。本文は「数丁の間白色の一枚岩」の川床を流れる滑川瀑を一カ所の如く記しているが、「数丁の間」には上流より「床滑《とこなめ》・高百の床滑・床滑（中流）・床滑（下流・新滑川下流）」と数カ所確認できる。本文の「滑川瀑」はこれらの総称と考えられる。近年、これら一連の「滝」は川遊びや真夏の涼スポットとして注目されている。

◎裏見の瀑（P138）

P138上段9、下段3、5、10、13行目

「裏見の瀑は～荒澤川《あらさわがわ》の上流に在り。～先ず大日堂に詣るべし」

「惜哉明治三十五年洪水の為めに旧景を変じたり。～御嶽山登拝道と記せる」

「行くこと十七八町。久次良村荒澤の一茶亭に達す」

「然るに三十五年洪水の為めに岩石崩壊して奇観を失ふに至りしは遺憾の事」

「荒澤不動の石像を安置し。左側に小亭を設く。～未だ一名勝たるを失はず」

本文は「裏見の瀑」と記すが、地形図等では裏見滝《うらみのたき》。女峰山～男体山の南斜面（広大な森林地帯を「野州原」と言う）を広大な集水域とする荒沢川には多くの滝がある。これら滝のうち最下流に裏見滝が位置し、名の如く滝の流れを裏から見ることが出来る「奇観」を以て知られた（「真に無比の奇瀑」〈「日光名所図会」〉、「唯に希代の飛瀑」〈「日光山志　巻之三」〉）。しかしこの奇観（上部安山岩と下部流紋岩との間の集塊岩部分が浸食され窪地となりそれを人工的に拡幅し滝を裏から見られるようにする）も、そして「滝の傍に～荒沢不動の石像有りて、脇に龕堂あり」（「日光山志巻之三」）の姿も明治35年の大洪水により大部分失われ、「巻末写真」の如くなったが一見の価値大である。

なお、不動明王は寛永元年（1624）出羽国羽黒山荒沢寺《こうたくじ》より勧請された。滝名は、「裏見滝《うらみがたき》」・「荒沢滝《あらさわたき》」とも（「日光山志」とも。

本文は「先ず大日堂に詣るべし」と記すが、大日堂（慶安2年〈1649〉東照宮別当大楽院の恵海により建立と伝）は大谷川河畔に位置したが故に前述の洪水にて堂は失われ、一帯は惨憺たる状態となった。今日境内は輪王寺により池等ある程度整備されたが未だ途上である。また、本文Ｐ138下段2行目に芭蕉の句を引用するが、裏見滝での「暫時は滝に籠るや夏《げ》の初め」が有名。滝に至るには中禅寺に向かう街道（現国道120号。江戸期の「中禅寺道」は今日の道路と異なり大谷河畔を通る）を、荒沢川に架かる安良沢橋の手前で右折し「十七八町」＝約2㎞で滝に達する。本文に記す「久次良村荒澤の一茶亭」や滝壺近くの「左側に小亭を設く」の茶屋等は現在ない。

本文に「御嶽山登拝道」とあるが、この道路は裏見滝を経て更に野州原の森林地帯の「志津道」を登り、大真名子山に至る道を言う。これはＰ129「大真名子山」で記したが、江戸末期に大真名子山に御岳神が勧請され、講を組織し登拝する人々が増大し繁盛した事による。

なお、河川名は江戸期より荒澤川・荒沢川であるが、国道の北に広がる地域の行政地名は清滝安良沢町《きよたきあらさわまち》であり、荒沢川に架かる橋は安良沢橋となる。

【写真　裏見瀧 Urami Water-fall】

◎慈観の瀑（Ｐ12「記事目次」では慈眼の瀑）（Ｐ138～139）

Ｐ138下段後5、1行目。Ｐ139上段2、8行目

「慈観の瀑は丹青《たんぜい》、荒澤両山の間に在りて裏見の瀑の上流に位す。即ち荒澤の茶屋より志津道を登ること里余にして達す」

「慈観僧正の発見する～以て此名あり」

「町長西山氏日光山を帝国公園と為す第二請願書中に此の瀑の事を記して云く」

「明治三十五年の大水害～勝地の大部分を決壊し。来往の人を絶つ」

本文「慈観の瀑」と記すが、地形図等では「慈観滝」。本文の「丹青《たんせい》山」は正しくは丹勢《たんぜ》山（清滝町の北に聳え標高1398mの鐘状火山）。本文は「丹青・荒澤両山の間」に慈観滝が位置すると記しているが、滝は両山よりかなり北にあり位置的に誤りである。なお、地名としての「荒沢」であるが、慈観滝や裏見滝のある河川名は「荒沢川」、通称は「荒沢」である。今日周辺の行政地名は「清滝安良沢町」。本文の荒澤山とは清滝安良沢町の北部の山（1058m）と推察できるが不明。

滝名「慈観」は「慈観僧正の発見」に因むとあるが、彼は下野国阿蘇郡植野村に生まれ、日光山の華蔵院・妙道院住職の後京都修学院学頭となる。寛政6年(1794)~慶応2年(1866)。

帝釈山と小真名子山との間にある富士見峠(標高2036m)越えの道は、近代以前は日光と栗山村とを結ぶ主要交通路であったが、現在は専ら女峰山等への登山道としてのみ利用されている。この道を標高2000m付近で左折すると慈観滝に達することが出来るが道は未整備である。本文の記す「志津道」とは、荒澤茶屋(今日茶屋はない)からこの富士見峠越えの道を馬立《うまだて》迄と、馬立で峠越え道と分岐し裏男体にある志津《しず》小屋に至る道(現「志津林道」)を合わせた道として記している。なお、本文に記す様に慈観滝は明治35年の大水害でかなり崩壊したが、勇壮な姿の一端を見ることは出来る。

近代社会の発展と共に日光には史蹟に加え優れた自然景観を求め、整備の進む近代交通を利用し多数の観光客が来るようになる。これらの保護・整備は弱小自治体に於いては不可能であり、国家の積極的保護政策が必要であり、日光町は明治44年2月(1911)第28帝国議会に「日光を帝国公園となす請願書」を町長西山真平が提出し、本文の記す第2回請願を同45年1月に提出した。更に、日光町は同様の請願を大正3年、7年、11年にも提出。「帝国公園」とは後の「国立公園」で、第1回請願よりかなり時の経過した昭和9年(1934)に「日光国立公園」指定となる。なお、荒沢川にある滝は1/25000地形図で、下流より裏見滝・初音《はつね》滝・慈観滝・雲隠滝・夫婦鹿滝を確認できる。

◎七瀑(P139)

P139上段後12、8、3行目

「七瀑《ななたき》は女峯、赤薙両山の間、稲荷川の上流に在りて実に其の水源を為せり」

「七瀑は其の名の如く一大赤壁より七条の大滝相並びて懸るを以て名く」

「此瀑は幽僻深奥の地に在るを以て雲霧常に之を鎖し。晴日と雖も容易に」

日光火山群の東端に位置する女峰山2483m・赤薙山2011mを深く刻み、上流部に雲竜渓谷を形成し南流する稲荷川は、下流域で大谷川扇状地形成の一翼を担う。火山性堆積物の谷壁はもろく崩壊し易く、稲荷川の刻んだ雲竜渓谷には雲竜滝・大鹿滝・大滝・七滝・アカナ滝・胎内滝・外山滝・不動滝等が存在する。

男体山東麓から赤薙山南麓の森林地帯を野州原と称するが、この原の東部を登ると赤薙山へは達するが雲竜渓谷へは難しい。雲竜渓谷への道は、嘗ては滝尾神社裏よりほぼ稲荷川筋に上流へと進んだが、今日では砂防工事用道路を途中まで利用し、其処より稲荷川筋に沿い上流に向かう。渓谷は谷壁が流れに迫り、谷は狭くしかも川は急流であり、最大限の注意が必要である。渓谷の冬季の冷え込みは厳しく、多くの滝は氷瀑となり、クライマー垂涎の地。

なお、雲竜渓谷の名称であるが、直線的に流下する稲荷川を竜に見立て、南面する山体は上昇気流が盛んで霧・雲を発生させるため、両者を併せ雲竜の名が生まれたと容易に推察されよう。命名者には山内浄土院住職今井徳順師や、郷土史家星野理一郎氏等が挙げられが不明。ただ、「七滝」を説明する「日光山志　巻之三」に「雲竜」の名はなく、命名は近代以降の事と推察する事も出来る。なお、近代以前は渓谷・滝へは、「河に随ひて行けば、巨嵓《きょさん》多く、荊《けい》棘《し》道を塞ぎ、深山峡谷にて、滝の辺りに至り難く」（「日光山志」）であった。本文では七滝に関し番号をつけ、その各々につき説明するが、何れの番号が具体的にどの滝か不明。

◎索麺瀑（P139）

P139下段1、3行目

「索麺瀑《そうめんのたき》は向河原を～世俗瀧尾白糸瀑を誤りて索麺瀑と称す。混ずべからず」

「此瀑の高さ約二丈～其の状索麺を懸けたるの観あり。故に此名を得」

本文は「索麺瀑」と記しソウメンノタキとするが、明らかに誤りで素麺滝。滝の流量は比較的少なく細く、斜面を下る水流は素麺が流れる様である。滝へは含満ヶ淵への道を左折し、日光宇都宮道路のガードを潜り、鳴虫山の北麓を約500mで至る。本文が「混ずべからず」と記す白糸滝は滝尾神社横にあるが、滝の流れは良く似る。

◎若子　布引瀑　羽黒瀑（P139）

P139下段7、後10、7行目

「若子之をジャクコと読む～寂光なり。明治四年神仏分離の際。仏に属するものは悉く廃除し～名を改めたり」

「若子神社は～もと寂光権現と称せし～社堂亦空しく野火の焼く所となれり」

「境内の瀑布を布引瀑《ぬのひきのたき》と名く～白布を晒すに似たり～俗に七瀑《ななたき》とも」

若子神社は国道120号を田母沢橋手前で右折し約2.3㎞で達する。社殿は火災後明治20年に再建された拝殿と本殿より成り、日光二荒山神社の境外末社である（祭日は10月30日）。江戸期まで寂光寺（弘仁11年〈820〉弘法大師開基と伝える）が神社手前にあり、一帯は女峰山修験道入口且つ釘念仏発祥の地（釘念仏の道場）として賑わった。しかし、本文の記す様に寺・神社は明治17年の火災により焼失し、神社はその後再建されたが寺は廃寺となり再建されることなく、寺跡地は広場となり仏教に関係する物は皆無である。

神社横の田母沢川の支流にある急崖を「白布を晒す」様に下る滝を、「布引滝」とも、また滝が七段をなす故に「七滝」とも称すると記す。が、現在ではこれらの名を殆ど眼にする事はない。滝の名は地形図等の「寂光滝」（時に寂光ノ滝）が一般的で、滝は「高さ五六丈余、二三級に飛流す。水幅五六尺～滝の下に淵潭《えんぶち》なし」（「日光山志」巻之三）。但し、この「高さ五六丈余」は不正確で、本文の後7行目にある「凡そ十八九丈。七段」が正確（P169の写真一覧参照）。

なお、「若子　布引瀑」の表記は、この滝が「若子滝」とも「布引滝」とも呼ばれた事を示している。しかし、これには混乱があり、現在は滝名は廃寺となった寂光寺の名を採り「寂光滝」、神社名は「若子神社」と整理されている。嘗て用いられていた「布引滝」の名は今では殆ど用いない。

地形図では「布引滝」は女峰山北麓約2㎞の野《の》門沢《かどざわ》の滝を示し、「寂光滝」に「布引滝」の表記は無い（P140三界瀑参照）。滝へは旧栗山村野門よりの村道あり。

P139下段後2行目

「羽黒瀑は若子神社の東北約八町字倉下に在り。～一に一の瀑と称す」

羽黒滝（羽黒瀑）は寂光滝の北約0.5㎞の田母沢川の本流にある。本文では滝名に「一の瀑」の名があると記すが今日殆ど聞かない。

◎相生の瀑（P140）

P140上段4行目

「相生《あいおい》の瀑《たき》は一に白糸の瀑と称す。羽黒の瀑より山路八町余の処に在り。瀑は二所に分れ。雌雄を以て之を称す」

　地形図で相生滝（時に相生ノ滝「白糸の滝」は殆どなし）は羽黒滝より小さな尾根を越えた田母沢の支流「根通沢《ねどおりざわ》」に在る。根通沢は女峰山南麓の標高１５００ｍ付近に源を保つ大きな沢で、豊かな沢水は日光西町地区の飲用水・防火用水として寛永期より引水・利用された。また江戸期、西町の町割は水路を中心にされ、水路の両側で町名を異にする。この為水路は「背割水路」と称される（P167の写真一覧参照）。

　女峰山南麓の広大な林地は第二次大戦前は皇室御料地（現在は国有林）であり、根通沢は田母沢御用邸の水源として厳重に管理され、御用邸に引水し各種用途に利用。滝の詳細は本文の通り。

◎般若の瀑　方等の瀑（P140）

P140上段後2、下段1、3行目

「剣ケ峰の茶店より眺望すれば。右方の絶壁に二瀑の懸るを看るべし」

「般若は北方に懸る飛泉にして。高さ五六丈幅五六尺瀑底に至れば其の背を潜行するを得べし。故に小裏見の称あり」

「方等は般若の西南に在り。高さ七八丈幅二三間なり」

　いろは坂が開通するまで、中禅寺へは深澤の地蔵堂よりかなり直線的に地蔵坂を上り剣ケ峰を越え、中之茶屋より更に不動坂を上り大平に達した。剣ケ峰を越えたところに当時は茶屋があり、其処よりの眺望が素晴らしく、北方に般若・方等滝を望んだ。本文より判断すれば、二滝の位置関係は、北方の東側の滝が般若滝、その西南の滝が方等滝となる。

【写真　剣ケ峰方等 "Hōtō" Water-fall】
【写真　剣ケ峰般若 "Hannya" Water-fall】

　ところが、本文P99の両滝に関する記述が注目される。其処の記述は下記の通りである。「剣ケ峰の茶亭に達す。此処左右深谷にして連山四方に聳立《しょうりつ》す。右の深谷二瀑懸かる。右を方等といひ左を般若といふ。」

　この記述の先ず「左右深谷」であるが、大平に向い左は華厳渓谷、右は男体山からの大薙の谷となる。そして「右の深谷」つまり大薙側に2つの瀑があるが、北方を眺めて右は東で滝は方等滝、左は西で般若滝となる。

　つまり、同一の本で、P140の記述とP99の記述は全くの逆となる。他の資料ではどの様に記されているであろうか。客観的資料の代表例が地形図であるが、国土地理院発行の１／２５０００地形図（「日光北部」平成27年発行）では、岸野所蔵の大正2年発行の地形図から一貫して、右＝東が般若滝、左＝西が方等滝となる。

　しかしながら、両者と同様の記述の史料はそれぞれ多々あり、どちらが般若滝でどちらが方等滝か、私的には現時点で結論には至らない。即断は禁物である。

　なお、滝の形状・水量等の状態がP140・本文の通りとすれば、P140に掲載されている写真のキャプションは逆となる。P99下段5行目の注釈参照のこと（P170の写真一覧参照）。

◎三界瀑（P140）

P140下段後4、2行目。

「三界瀑《さんがいのたき》は女峰山の北裏に当り。馬立より栗山村大字野門に下らむとする坂路の中腹より之を南方に望むを得べし」

「飛流三層凡そ三四十丈～未だ経路の開通しあらざるを以て之に接する能わず」

本文の「馬立」は、日光より富士見峠を越え栗山に至る道の中継点で、男体山に至る志津林道及び女峰山への登山路の分岐点である。近代以前は文字通り「馬を用立てる」中継地として栄え小屋等あり小集落を形成。本文は峠を越え野門に至る途中から滝を望める（「滝見台」あり）と記す。滝は女峰山より北に延びる尾根の途中の三界山（標高２１７３ｍ）の北西約１㎞地点の野門沢にある。１／２５０００地形図では「布引滝」（時に布引ノ滝）と記すが、案内書等では「三界滝（布引滝）」と記される例在り。なお、滝に至る道は、今日尚「未だ経路の開通しあらざる」状態である。

◎白絹瀑（Ｐ141）

Ｐ141上段１行目

「白絹滝《しらぎぬたき》は栗山村日光沢より五六町奥に在り。一に恐《おそ》ろし瀑といふ。～其の高さ幾丈なるを知らずといふ」

白絹滝は、鬼怒川最上流部の日光沢温泉近くにある２つの「恐ろし瀑」（オソロシ滝）の内、鬼怒川左岸（＝北側斜面）つまり日向《ひなた》側の支流に存る「ヒナタオソロシ滝」（「日向オソロシ滝」とも記す）を記していると考える。滝は樹木に覆われ全体を眺めることが出来ず、「其の高さ幾丈なるを知らず」であるが、案内書により異なるが、数段の急崖を150ｍ～約300ｍと記す。

一方、鬼怒川右岸（＝南側斜面）つまり日陰（オロ）側の支流のオロオソロシ沢に在るのが「オロオソロシ滝」（「日陰オソロシ滝」とも記す）であり、約200ｍ前後の急崖の滝。

「オソロシ」の名は、「恐ろしい程の高さより落下する水流」、或いは「落下する水流の音が恐ろしい程大きい」からとも言われるが、定かでない。

◎緑瀑　庵の瀑（Ｐ141）

Ｐ141上段５、９行目

「緑瀑《みどりたき》は源を奥白根に発し～外山沢の上流二派に分るる処に在り」

「庵《いおり》の瀑《たき》は緑瀑の西。外山沢の支流に在り」

本文では外山沢の源流は奥白根山（標高２５７８ｍ）と記すが、前白根山（標高２３７３ｍ）の誤り。外山沢は上流で２つに分かれ、東側の緑沢に「緑滝」が、西側の庵沢に「庵滝」がある。両滝の位置は外山沢の源流近くでかなり山奥となるが、国道120号より小田代原を抜け、弓張峠を経て外山沢に沿い上流に向かう山道あり。

◎美弥来瀑（Ｐ141）

Ｐ141上段後10行目

「美弥来瀑《みやこたき》は外山沢とヤナギ沢の間を流る上流に在り」

本文では「美弥来瀑」と記すが、地形図では「美弥古滝」と記す。外山沢とヤナギ沢（地図では柳沢川）の間に位置し、外山沢川に合流するツメタ沢の上流にある。緑滝・庵滝同様かなりの山奥にあり、滝に至る道はない。外山沢川はこれらの川を合わせ千手ケ浜で中禅寺湖に流入する。

なお本文は、「ヤナギ澤（源を温泉が嶽に発す）」と記すが、「温泉が嶽」は湯元温泉の北方にあり誤り（Ｐ82「温泉ケ嶽」参照）。

＊杉の木立（Ｐ141～Ｐ142）

Ｐ141下段５、後７行目。Ｐ142上段２、下段２行目

「余は汽車中より旧例幣使街道及宇都宮街道（旧御成街道）の並木～又山内の社殿を均しく環護せるものを仰ぎて感嘆し」

「此大計を画せしものは～松平右衛門太夫正綱なり～幕府の財政を管理」

「株数を実算せしが～合計一万五千六百三十五本とす。之に今市より日光に至る部分を加算すれば約二万本とす」

「此杉並木の如きは未だ嘗て見ざる所なり。～之を世界第一と評して可なり」

著者は旧国鉄（現ＪＲ）日光線の汽車（明治23年宇都宮―日光間開通）により来晃したが、途中車中より杉並木の美観を眺める。現在「特別史蹟」（昭和27年指定）・「特別天然記念物」（同29年）の二重指定を受ける「日光杉並木街道」は、本文の如く、家康近臣で幕府勘定奉行（慶長14年）・東照宮寛永大造替惣奉行等に在った松平右衛門太夫正綱（天正４年〈１５７６〉～慶安元年６月22日〈１６４８〉、73才。遠江国出身。相模国玉縄藩初代藩主）が20年に渡り約20万本の杉苗を植栽し、東照宮33回神忌に当たる慶安元年に完成し、東照宮へ寄進したものである。

杉並木は例幣使街道（現国道121号の旧今市市小倉―今市間１３・１７㎞）、日光街道（〈現国道119号の大沢―日光間１６・５２㎞〉。本文の「宇都宮街道」の名称は通常使用しない。又「旧御成街道」又は日光御成道は本郷追分から幸手宿の将軍社参時に利用）、会津西街道（現国道121号の旧今市市大桑―今市間5.72㎞）の３街道（並木総計３５・４１㎞、平成３年ギネスブック認定掲載）にある。各街道の並木末端（旧今市市小倉・山口・大桑）と、終点の大谷川河畔本宮神社参道脇の４カ所に、「並木寄進碑」が建つ（碑文は「慶安元年四月十七日松平正綱」建立となっているが、建立そのものは正綱の子である松平正信が建立）。

日光杉並木街道は、４道の全長35㎞（並木杉の端から端。寄進碑間は37㎞）の両側に１２，１２６本（令和２年、県文化財課）を数える。杉並木の土地は国有、並木杉は東照宮の所有である。並木は舗装された国道の両側にあり、その上多くの自動車が通る為に振動や排ガス等による枯損や、自然の暴風等による折損が年々多数に上る。植裁以来400年の歳月が流れ、諸々の問題を抱える並木の保護は喫緊の課題であり、各種対策が講じられている。一つが、国道のバイパス設置による交通量の削減。一つが「日光杉並木オーナー制度」により得られた杉の売却代金を、「杉並木保護基金」で運用し保護事業を実施することである。後者によるオーナー契約本数は557本にのぼる（令和３年、栃木県）。

なお、本文は二社一寺の位置する山内の老杉に関し記すが、特に大きな老杉は「昌源杉」と言われる。日光山第44世座禅院権別当昌源は、１４７６～１５０４の長い在任期間中に山内に数万本の松や杉を植えたと伝わる。500年以上の歳月を経た老杉が今日の山内の植生の基本を為している。

【写真　日光街道の杉並木 Nikko】

【挿図　幸橋上りの眺望】

＊四季のながめ（Ｐ147～Ｐ148）

日光の四季に関し簡潔にその素晴らしさ等を記しており、ここでは本書出版時と異なる点等に関して簡単に注釈を加えた。

◎春光（Ｐ147）

Ｐ147上段７、後７行目

「八《や》入花《しおばな》」は「ヤシオツツジ」で、山地日光に春を告げる代表的花である。栃木県の県花で、アカヤシオ、シロヤシオ、ムラサキヤシオの総称。日光・那須・塩原等県内山地に広く分布。日光では本文の記す以外にも各所で見られ親しまれている。二荒山神社の「弥生祭」で各町が繰り出す花屋台を飾る花は時に桜と間違えられるがヤシオツツジである。

「落葉松《らくようしょう》」 カラマツの芽吹きの頃は全山「枝條悉く新芽を吐き。翠色将に滴らむとす。其の景や愛すべし」となる。また、落葉松の紅葉も素晴らしく一見の価値がある。なお、戦後成長の早い落葉松（唐松）は広範囲に植林された。鑑賞には最高であるが、植物相の単純化、果実を食す動物には最悪の状況を現出させ問題も多い。

◎夏景（P147）

P147下段7行目

「太郎の峰巓に御花畑を」 とあるが、今日太郎山頂上の御花畑は殆ど乾燥草原化し、御花畑とは言えない状況である。

◎秋色（P147〜148）

P147下段後8行目

「十月来遊者の最も多きを」 とあるが、近年の地球温暖化は日光の紅葉時期にも大きな影響を与え、全体的には嘗てとは約半月の遅れとなっている。現在では紅葉最盛期は、奥日光中宮祠周辺で概ね10月中旬〜下旬、市内山内周辺では11月初旬〜中旬であるが時には12月にズレ込む事がある。

◎冬望（P148）

P148上段後2、下段3行目

「中宮祠の付近は積雪三尺に達す」 とあるが、日本全体と同様近年の日光の積雪は大変減少しており、「中宮祠での積雪3尺」は殆ど皆無である。

「山原多ければ雪滑りを行ふを得べし」 とあるが、日光では「氷滑り」（スケート）・「雪滑り」（スキー）の導入は極めて早く、スケート（アイスホッケー・スピード・フィギュア）・スキーにオリンピック選手を始め多くの人材を輩出している。冬季スポーツ導入の概略左記の通り（「日光市史　下巻」）。

スケート

〈明治39年金谷真一・小林庄重郎ら日光にスケート紹介。大正5年金谷Hに日光最初のスケートリンク設置。徐々にスケート盛ん。同13年清滝に古河電工スケートリンク完成。昭和7年細尾スケート場完成、翌年第4回全日本スケート大会開催〉

スキー

〈明治44年新潟県高田で日本最初のスキー（テオドール・レルヒ少佐紹介）大正2年草津でスキー紹介。同4年湯元の小林愛之助が日光にスキー紹介。大正後期湯元・戦場ヶ原・中宮祠菖蒲ケ浜等でスキー増加。昭和7年湯元スキー場開設（同4年開通の東武鉄道誘客に努力）〉

＊みやまのたから（P149〜P153）

◎西澤金山（P149〜150）

西澤金山は「日光の奥山乃ち下野国塩谷郡栗山村大字川俣小字西澤」（P149上段2行目。現日光市栗山大字川俣）の鉱山事務所は「海抜四千六百六十尺」（＝1412m）にある。この地は鬼怒川上流の支流門森沢の上流西沢の上流で、山王峠の北約4km、標高約1400〜1500mのまさに深山である。鉱山の発見は古く弘化年間（1844〜48）とされ、鴻野某が一時採掘したが不正が発覚し、地域は日光神領に属しており日光奉行より没収・廃坑となった。その後明治中期川俣の村民の採鉱が許可され、後日光在住の高橋源三郎がその権利の譲渡を受けた。紆余曲折の後、高橋の奮闘により明治39年7月に西澤金山探鉱会社が、野沢泰次郎・矢板武等16名の出資により成立した（同年6月には日光電気精銅所が創立される）。会社成立後も業績は芳しくなかったが、同41年富鉱に当たり莫大な利益を上げた。以後本文（P149下段2行目）に記すように、「当鉱山は明治四十四年一躍にして。本邦重要鉱山に列したるが～四十六ケ所の内第八番に位す～生野の上位にあり」。山奥にかかわらず鉱山には鉱山関係諸設備に加え、病院・小学校・駐在所等も併設した一大鉱山集落が形成された。

　大正4年（1915）頃全盛期を迎えた鉱山も、同10年頃（1921）には急速に業績を低下させた。例えば、「明治四十四年には一千八十八人の鉱山従事人～金採鉱は殆ど中止の状態にて三四十人居住するのみ」と記される（「日光湯元と其の周囲」大正12年）。その後昭和8年（1933）年に金山は日本鉱業会社により再興されたが、同13年には休止・廃鉱となった。

　鉱山は文字通りの深山のしかも高山にあり、何と言っても最大の障壁は創業時より輸送・通信・動力手段等の確保であった。これらに対して例えば、①戦場ヶ原三本松から山王峠を越えて鉱山迄約3里に金山専用道路を開削。②鉱山より選鉱所・精錬所までは架空鉄索（リフト）を敷設。③鉱山と中宮祠間に私設電話を設置。④明治42年に男体山東麓地獄沢の湧水を利用した菖蒲ケ浜発電所を設置開始、大正5年（1916）に発電開始し鉱山・湯元に電力供給。⑤大正6年西澤金山と荒沢間に鉄索開通等。

　なお、鉱山内部状況の詳細は本文を参照。注釈は主に「西澤金山大観」（同4年）、「日光市史　下巻」による。

　掲載写真は鉱山の全盛時期のもの。現在は一帯全て森林となり鉱山の姿皆無。

【写真　経営者高橋源三郎氏 Mr.Takahashi, the Proprietor】【写真　記念館と望企閣の前景】【写真　源橋より山神坑口を望む】【写真　山神坑口】【写真　雪中全景の一】【写真　雪中全景の二】【写真　機械選鉱場内部】

◎日光精銅所（P151～153）

　明治39年（1906）の古河鉱業会社による日光清滝への精銅所の設置理由は、其の名「足尾銅山日光電気精銅所」を知れば一目瞭然である。足尾と電気がキーポイントである。明治11年古河市兵衛は足尾銅山を譲り受け開発に乗り出したが、鉱山での必要資材の搬入と採掘銅の搬出が最大の課題であり、解決法の中心は細尾峠越えの日光経由で東京へであった。例えば日光関係では、明治22年（1889）日光・足尾間道路開通、同23年足尾間籐《まとう》発電所竣工、足尾神子内《みこうち》と細尾大木戸《おおきど》間鉄索（リフト）運転開始、同年8月1日に日光・宇都宮間の鉄道開通、同26年日光駅・細尾間牛車軌道開通。これら近代的輸送手段の導入により足尾への搬入・搬出は格段に向上する。一方、足尾と渡良瀬川下流の大間々・桐生方面との物資輸送は、江戸期に銅山街道（「あかがね街道」が設けられていたが、鉄道としては日光方面よりかなり遅れた。例えば、明治42年（1908）足尾鉄道KK設立、大正元年（1912）桐生・足尾駅間、同

3年足尾駅・足尾本山駅間が開通した（同7年国有化。平成元年〈１９８９〉わたらせ渓谷鉄道）。

採掘された銅を最終製品化し如何に付加価値を最大限にするかが経営の要諦である。その為には鉱業と工業との効率的結合が必要であり、両者が同一場所か近接することが最良である。近代的輸送手段の導入により日光（製品化）と足尾（原料産出）の距離を克服し、残る課題は工場立地の用地と動力確保である。足尾は渡良瀬川渓谷の閉塞的空間により大工場の立地は制限され、日光では大谷川左岸の現清滝地域には広大な土地がありしかも足尾に近く工場立地に最適となる。加えて、清滝はＰ151の如く古河経営の阿仁等鉱山の銅の最終製品化も担ったのである。

ところで、「電気の缶詰」と形容されるアルミニウム同様銅もしかりである。古河は自然のダムと言える中禅寺湖と大谷川の水を最大限に利用するが、発電所名と発電開始年を列記する。明治38年精銅所隣接の別倉発電所、同39年細尾第一発電所、同43年細尾第二発電所、大正13年細尾第三発電所（深澤→馬道）、昭和10年細尾第四発電所（上ノ代）、同28年背戸山発電所である。華厳滝下流の深澤で大谷川から取水した水は、細尾第四発電所までの6カ所の発電所で徹底的に利用される。これら発電所は現在も古河の所有であり、古河にとり大谷川の水の重要性は計り知れない。なお、細尾第四発電所で利用した水は、その下流で漸く東京電力日光第一・第二発電所へと導かれるが、結果的に華厳滝から神橋迄の大谷川水系には計7カ所（昭和11年に細尾第一を第二に移設し、古河関係5発電所）の発電所が立地したのである。

大消費地且つ関連工業集積地京浜から遠くしかも内陸の山間地と言う不利な状況を考慮してもなお、清滝は上記の如き有利な条件を有しており、「精銅所」は国内有数の規模に拡大し、更に古河アルミ（現株ＵＡＣＪ）は昭和27年（１９５２）現在地に輸入地金利用の日光製造所を設置した。

しかしながら、高度経済成長以後の急激な円高と電力価格の相対的上昇、及び昭和48年（１９７３）の足尾銅山閉山等は、「清滝」の有した銅・アルミ工業での有利性を減少・喪失させ、工場は縮小傾向にある。工場の縮小は企業城下町としての清滝の地域としての活力を殺ぎ、清滝地区は今まさに地域存続の重大な岐路に立っている。

例えば、昭和30年（１９５５）と令和3年（２０２１）の人口の推移を概観すれば、清滝地域の衰退は明白である（次頁参照）。令和3年の人口は昭和30年のそれの、清滝地区１７・７５％、社宅地区７・４８％、旧日光市３５・４３％である。

【写真　古河日光精銅所全景】【写真　第一製線工場】【写真　展延工場】【写真　第二製線工場】

【清滝地区】	昭和30年	令和３年	【社宅地区】	昭和30年	令和３年
清滝一丁目	504人	104人	清滝安良沢町	3,302人	581人
清滝二丁目	1,075人	155人	清滝和代町	1,432人	0人
清滝三丁目	1,115人	151人	清滝桜ヶ丘町	394人	0人
清滝四丁目	846人	113人	清滝丹勢町	727人	51人
細尾町	991人	402人	清滝中安戸町	794人	27人
清滝	151人	0人	清滝新細尾町	2674人	39人
計	4,682人	925人	計	9,325人	698人
＊旧日光市	32,803人	11,622人			

（住居登録による。旧日光市・日光市史料より）

＊みやまのいろいろ（P153〜P156）

◎日光の旧八景（P153）

　正徳元年（1711）9月の東照宮秋季祭に登山した輪王寺宮公弁法親王（日光山第五十七世。輪王寺宮門跡第三代。〈1669〜1716〉が、日光山の名勝から8秀景を撰び、自らも含めて陪臣の者達に詩作をさせた。後日、同元年に来日していた朝鮮通信使一行にも詩を求め、それらを「日光山八景詩集」として纏めた。「日光山志　巻之三」に掲載されている日光山志八景の内、「小倉春暁」は法親王、他七景は正使・副使等の詩を掲載。

　なお、「日光名所図会」（明治35年）は、八景に関し40首を掲載。

◎日光植物園（P153）

P153下段8、後8行目

「日光植物分園は山内字仏岩に在り。東京帝国大学植物園の分園にして」

「聞く所に拠れば。目下田母沢御用邸の近傍に一大植物園を開設中なりと」

　開設時の正式名称は「東京帝国大学理科大学附属植物園日光分園」で、開設は明治35年11月5日（1902）。場所は日光町字仏岩（江戸期日光山枝院の「養源院」一帯）であった。しかし、用地が狭く且つ近接する稲荷川の氾濫危険により移転が計画され、現在地の花石町の松平頼寿伯爵別邸を中心に買収し、明治44年（1911）新植物園が発足した。その後数回の拡張が為された新植物園は、田母沢御用邸に隣接した関係上、御用邸に滞在する大正天皇の散歩・運動の場としての関係が深かった。現在の正式名称「東京大学大学院理学系研究科附属植物園日光分園」で、本園は「小石川植物園」（前身は徳川幕府の「小石川御薬園」。東京都文京区）である。

◎台賜記念林　◎町長と警察署長（P153〜P156）

　「台賜記念林」の碑は上鉢石町の神橋手前にあり、碑文はP32に掲載あり。P153〜155は日光警察署長中津川秀太氏並びに日光町長西山真平氏の個人的業績を記しており、その業績は歴史に記録されるべき類のものであるが、案内書に掲載するには個人の業績が中心であり注釈は割愛する。

＊Ｐ156とＰ166には、宿泊料・昼食料・人力車賃金・駕籠賃金・電車時刻表等が掲載される。これらは1世紀前の客観的数字資料であり極めて貴重である。

◎旅館宿泊料と昼食料の標準（Ｐ156）

宿泊料・昼食料で日光町・中宮祠はほぼ同額であるが、山奥の湯元は基本料がやや高め。ただ、日光町では高額宿泊料の設定がある点が注目されよう。Ｐ29掲載の日光町の旅館の内、小西旅館（電話2番は経営者交替し存続）、神山旅館（電話8番）や、西町の日光ホテル（Ｐ96）等が宿泊料では双璧である。尚、大正初期の1円は現在（2019年）では約4000円程度、大正末期の大卒初任給が50～60円、現在は約21万円程度である。

◎人力車賃金（日光神橋より）（Ｐ156）

◎駕籠賃金（Ｐ156）

日光における交通手段の変遷概略は次の通り。

明治20年代末頃迄は山駕籠・駄馬の利用が盛ん（Ｐ34の挿図「日光名物女馬子」参照）。その後、日露戦争前後（明治37・38年〈1904・05〉）から人力車が導入され、特に中宮祠へは「二人曳き人力車」での往復盛ん（Ｐ100「けはしき坂を下るハイカラ」参照）。

そして、自動車導入は記録では、明治43年（1910）の金谷ホテルで駅送迎用に導入が最初。この年に日光電気軌道（日光駅・清滝岩の鼻間）が開通する。大正5年（1916）日光自動車会社設立（一般旅客用）、日光遊覧自動車会社（遊覧用）設立と続く。本書出版時は交通手段の大きな変革時期となる。人力車賃金と駕籠賃金が記されているが、若干駕籠賃金が高い。

なお、人力車・駕籠賃金の起点が「日光神橋」となっているが、この時期「電軌」が開通し、神橋に乗降所が設置され、二社一寺拝観・見学の起点は神橋となっていた。

○参考に現在の日光駅を起点とした運賃を記す。今日の大量輸送時代の各種運賃と比較すると当時の人力車・駕籠賃金がかなり高額であった事がうかがいしれる。

[東武バス] 神橋190円、中禅寺温泉1150円、湯元1750円

[タクシー・ハイヤー] 山内1300円、中禅寺温泉5780円、湯元9380円

◎広告および奥付（Ｐ157～165。注釈略）

◎Ｐ166（裏表紙）「日光電車案内」（電車発着時刻表）

時刻表は日光駅・岩ノ鼻間の明治45年5月11日改正のものである。日光電車軌道（通称「電軌」）は明治43年8月10日開業であるから、本時刻表は開業直後の改正にあたる。電軌は大正2年10月には馬返迄延伸（2.2km）され、日光・馬返間9.6kmが全通し、奥日光観光への通行が格段に向上。

本時刻表で更に注目すべきは、片道全24便の内終点岩ノ鼻迄運行するのは7便で、残り17便は「精銅所前」であることである。既に牛車軌道が敷設され、足尾銅山の開発は大きく進み、清滝地区には明治39年「日光電軌精銅所」が設立されており、これらの事より電軌敷設の主目的は銅関連であること明白である。と共に奥日光開発の大きな弾みになった事も明らかである。

別表に名所への「電車乗降場」よりの距離が記されているが、電軌沿線の当時における「名所」が何処であるか知られる。今

日、慈眼堂・律院・釈迦堂・羽黒滝・大日堂等は観光「名所」としてはやや距離があるかも知れない。

図には電軌乗降場が記されているが、1世紀前に決定した位置が今日に至るもそれらの場所の多くは東武バスの停留所となっている事は注目される。

なお、日本は高度経済成長に伴いモータリゼーション全盛期を迎え、日光では昭和40年（1965）第二いろは坂が開通し、昭和43年2月24日に日光軌道は廃止され、第二いろは坂と行程が競合する馬返・明智平間のケーブルカーが昭和45年に廃止された（設置は昭和7年〈1932〉）。なお、ケーブルカーと連動し昭和8年開通の明智平・展望台間ロープウェイ（291・6m）は現在も運行中。

最後に、比較の意味で電軌の路線をほぼ踏襲している「東武バス」の運賃を記す。また、参考に「中禅寺湖遊覧船」の運賃も記す（令和3年10月現在の大人運賃）。

○東武バス運賃

【JR・東武日光駅より】	→ 西参道	→ 中禅寺温泉	→ 竜頭滝	→ 赤沼	→ 湯元温泉
（大人）	（320円）	（1,150円）	（1,450円）	（1,550円）	（1,750円）

○中禅寺湖遊覧船

【船の駅中禅寺より】	→ 菖蒲ケ浜	→ 大使館別荘公園	→ 立木観音	→ 始発駅
（大人）	（320円）	（1,100円）	（1,240円）	（1,400円）

＊参考：大正初期の1円は現在の約4,000円

「山内地区地勢図」（「日光市都市計画基本図」1/2500 縮小）

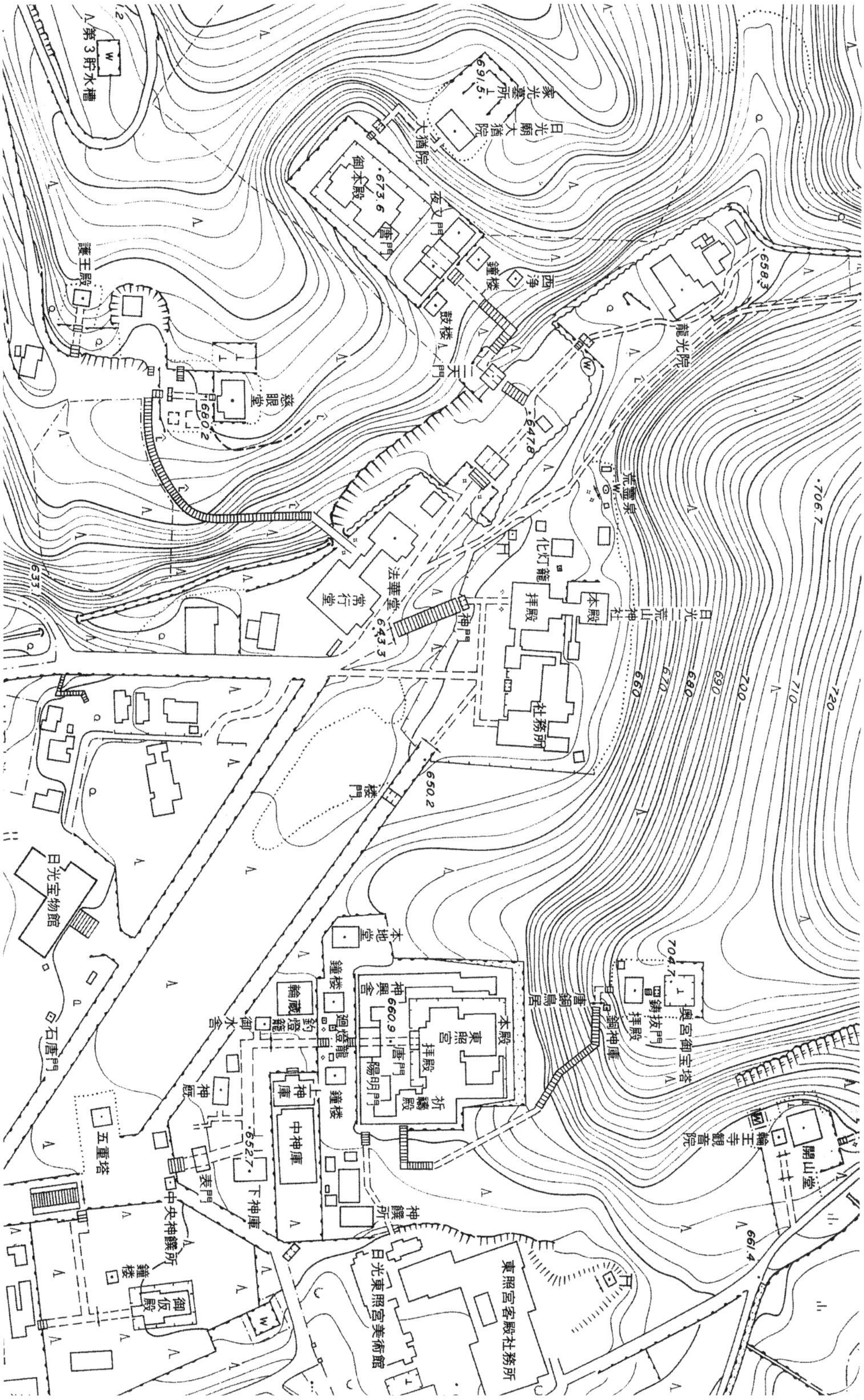

世界文化遺産「日光の社寺」地区の地勢。社寺は霊峰女峰山から続く尾根末端の緩傾斜地形等を巧みに生かし立地している。

◎参考図書

注釈を記すに際して次の図書を参考にしました。
（＊は購入容易なもの）

○「日光市史」（上・中・下巻　日光市　昭和54年）
○「日光市史　資料編」（上・中・下巻　日光市　昭和61年）
○「日光史」（星野理一郎著　日光山輪王寺門跡事務所　再販発行　昭和52年）
○「日光山輪王寺史」（日光山輪王寺門跡教化部　昭和41年）
＊「日光山輪王寺　宝ものがたり」（中里照念他著　東京美術　1992年）
○「二荒山神社」（二荒山神社社務所　大正6年）
○「日光二荒山神社名刀御神宝」　日光二荒山神社社務所　令和2年）
○「東照宮史」（日光東照宮社務所　昭和2年）
○「日光山志」（植田孟縉著　天保8年）
○「日光名所図会」（石倉重継著　博文館　明治35年）
○「日光社寺と史跡」（沼尾正彦著　金園社　昭和50年）
＊「日光パーフェクトガイド」（監修日光観光協会　下野新聞社　平成10年初版、同13年改訂初版、同29年改訂新版）
○「栃木県大百科事典」（栃木県大百科事典刊行会編集　下野新聞社　昭和55年）
○「郷愁の日光」（随想舎編・中川光熹解説　随想舎　1995年）
＊「世界遺産日光　山内の道」（拙著　下野新聞社　2020年）
○「日光地域の集落地理学的研究」（拙著　随想舎　2007年）
○「栃木県の地名」（日本歴史地名体系9　平凡社　1998年）
○「日本地誌　第5巻」（関東地方総論・茨城県・栃木県　二宮書店　1968年）
○「日本百名山」（深田久弥著　新潮社　昭和39年）
＊「1／25000　地形図」（発行　国土地理院）
次の8図。「川俣温泉・男体山
・中禅寺湖・日光北部・日光南部
・足尾・川俣湖・古峰原」）

あとがき

岸野　稔

「日光大観」復刻とその注釈を加えた小書を閉じるに当たり、先ず最初にお詫びをしなければなりません。

と申しますのは、出版物を復刻する場合、その著者の許可を先ず得なければなりません。本書の場合、著者山下重民氏或いはその御子孫の御許可、或いは発行所「博文館」の御了解と言う事になります。しかしながら、これら関係者の方々を鋭意探索しましたが、原本発行の大正元年（1912）から一世紀以上の時が経過している為か、残念ながら辿り着けませんでした。もし本書にお気付きになられましたら、是非出版社迄ご一報戴けましたら幸甚に存じます。

ところで、本小書を手に取られました読者の皆様、如何だったでしょうか？　多分驚かれたのではないでしょうか？　今日の観光案内書類（ガイドブック）と何と異なるのか！　今日のガイドブックは、上質紙で、カラフルで、写真を多用し、ハンディで、平易な内容等々です。しかし、皆さんはその本に満足されたでしょうか？　多分若干の物足りなさを感じられたのではないでしょうか？「日光大観」と並べた時、その感を強くしたのではと推察します。

観光案内書に必要なものは何でしょうか？　案内書は観光に必要な各種情報、歴史・地理・交通機関・宿泊施設・飲食店・物産店・レジャー施設等々を揃えなければなりません。「日光大観」も一応これらについての情報は掲載しております。しかし案内書として最大限力点を置かねばならないものは何でしょうか？　世界遺産山内に関してであれば、その答えは世界遺産の内容に関してであることは自明の事です。日光は多様で豊かな自然と、深く多彩な歴史を有するが故に燦然と輝き人々を惹き付けます。それ故その地の案内書に必要不可欠なものは最早明らかです。今日の案内書はどうも余計なものが多すぎないでしょうか？些末な事に意を用い、肝心な事が疎かになっていないでしょうか？

本書の出版に関し下野新聞社 齋藤晴彦氏、㈱コンパス・ポイント村松隆太氏、玄梅正明氏、輪王寺 阿部茂樹氏、二荒山神社 町井康祐氏には大変お世話になりました。篤く御礼申し上げます。

最後に、一世紀前の観光案内書を手に取られた読者の皆様が、今日のこの種の類について考える機会を持たれたならば望外の事と存じます。

著者略歴

岸野　稔　きしの・みのる

１９４６年　栃木県下都賀郡部屋村（現栃木市藤岡町）に生まれる
１９６５年　栃木県立栃木高等学校卒業
１９６９年　早稲田大学教育学部卒業（地理学専攻）
栃木県立日光高校、今市高校、宇都宮女子高校
栃木県教育委員会文化課、栃木県立博物館、県教委総務課
栃木県立塩谷高校、今市高校、宇都宮南高校校長
宇都宮大学教育学部客員教授、國學院大學栃木短期大学講師
現在　人文地理学会、日光東照宮総代
（主著）「日光地域の集落地理学的研究」（２００７年 随想舎）
「世界遺産日光　山内の道」主要道の沿道状況と名称変遷（２０２０下野新聞社）

「日光大観」を読む

2022年9月28日初版　第1刷発行

著　者　岸野 稔
発　行　下野新聞社
〒320-8686 栃木県宇都宮市昭和 1-8-11
電　話 028-625-1135（コンテンツ推進部）
F A X 028-625-9619
https://www.shimotsuke.co.jp/
装　丁　㈱コンパス・ポイント
印　刷　晃南印刷㈱